PPP 模式政府采购操作指南

崔武文 编著

中国建材工业出版社

图书在版编目（CIP）数据

PPP 模式政府采购操作指南/崔武文编著. --北京：中国建材工业出版社，2018.4

ISBN 978-7-5160-2212-2

Ⅰ.①P… Ⅱ.①崔… Ⅲ.①政府投资—合作—社会资本—应用—政府采购制度—中国—指南 Ⅳ.①F812.2—62

中国版本图书馆 CIP 数据核字（2018）第 062583 号

内 容 简 介

我国的政府与社会资本合作模式（PPP 模式）是一项推进国家治理体系和治理能力现代化建设的重要举措之一。本书总结了与 PPP 模式相关的法律法规、国务院及相关部委政策文件，并结合 PPP 项目理论与实践，着重突出 PPP 项目政府采购管理，为政府、社会资本和其他 PPP 项目参与方提供参考。

希望本书能够为我国 PPP 模式的发展起到积极作用，为 PPP 项目的实施提供操作层面的参考。

PPP 模式政府采购操作指南

崔武文　编著

出版发行：中国建材工业出版社
地　　址：北京市海淀区三里河路 1 号
邮　　编：100044
经　　销：全国各地新华书店
印　　刷：北京鑫正大印刷有限公司
开　　本：787mm×1092mm　1/16
印　　张：16.25
字　　数：400 千字
版　　次：2018 年 4 月第 1 版
印　　次：2018 年 4 月第 1 次
定　　价：56.80 元

本社网址：www.jccbs.com　　微信公众号：zgjcgycbs
本书如出现印装质量问题，由我社市场营销部负责调换。联系电话：(010) 88386906

前　　言

近年来，PPP 模式（Public Private Partnership，政府和社会资本合作）在我国基础设施及公共服务领域受到了广泛的关注。随着中国经济的快速发展，对基础设施等公共产品产生了大量需求，因此引入社会资本参与该领域的建设和运营，成为发展基础设施及公共服务和缓解财政压力的有效途径，同时也为 PPP 模式的发展提供了良好的机遇和挑战。

本书根据 PPP 模式的基本特点，分析了 PPP 模式相对于传统模式在拓宽投融资渠道、提高项目运行效率、降低项目全生命周期成本、优化分配风险、提升公共服务等方面的优势，为 PPP 项目的实施奠定了基础。

本书以国务院、财政部和发改委等相关文件为基础，从 PPP 项目的总体策划与设计出发，就 PPP 项目的实际操作进行解读，着重突出 PPP 项目的合同体系与政府采购管理。

在 PPP 项目的总体策划和设计方面，本书在财金〔2014〕113 号文的基础上，结合实际案例操作经验，详细介绍了 PPP 项目设计的思路与实施目标及具体内容，分析 PPP 项目的识别、准备、采购、执行、移交五个阶段的具体操作流程和各阶段涉及的文件清单。

在 PPP 项目的合同体系方面，本书参照财金〔2014〕113 号、发改投资〔2014〕2724 号等相关文件，构建了 PPP 项目合同框架和体系，详细阐述了 PPP 项目合同的核心条款。

在 PPP 项目的政府采购方面，本书依据相关法律并参照财库〔2014〕214 号、财库〔2014〕215 号、财政部令第 74 号、财政部令第 87 号等相关文件，介绍了政府采购的法律、政策环境，分析 PPP 项目政府采购的方式和适用条件，详细说明在各采购方式下的采购流程及要点，阐述了政府采购过程可能出现的问题。

本书编写参阅了"道 PPP"、"PPP 知乎"、"PPP 特训营"及"PPP 观察"等网络文献资料，谨向这些文献的作者致以诚挚的谢意。

限于编者理论水平与实践经验，虽经反复核证推敲，书中难免出现不足和疏漏之处，恳请广大读者和专家提出宝贵意见，以便不断完善。联系方式：cww6658@sina.com。

作者

2018 年 3 月

目 录

第1章 PPP模式基础知识 1

§1-1 PPP模式基本概念 1

1-1-1 世界银行的定义 2

1-1-2 联合国培训研究院的定义 2

1-1-3 欧盟委员会的定义 3

1-1-4 加拿大PPP国家委员会的定义 3

1-1-5 美国PPP国家委员会的定义 3

1-1-6 中国对PPP模式的定义与解读 3

§1-2 PPP模式特征 5

1-2-1 以项目为主体 5

1-2-2 有限追索贷款 5

1-2-3 合理分配投资风险 5

§1-3 PPP模式的作用 5

1-3-1 PPP模式应用目标 5

1-3-2 PPP模式融资内涵与作用 5

§1-4 PPP常用模式 7

1-4-1 PPP模式分类 7

1-4-2 PPP模式族 9

1-4-3 我国常用的PPP模式 10

1-4-4 PPP模式适用性分析 11

§1-5 PPP模式参与方 15

1-5-1 PPP实施机构 15

1-5-2 PPP参与主体 16

第2章 PPP模式设计与操作流程 20

§2-1 PPP项目设计 20

2-1-1 PPP项目设计的思路与实施目标 20

2-1-2 PPP项目设计的内容 22

§2-2 PPP项目操作流程 53

2-2-1	识别阶段	54
2-2-2	准备阶段	55
2-2-3	采购阶段	58
2-2-4	执行阶段	59
2-2-5	移交阶段	62

第3章 PPP项目合同文件 …… 65

§3-1 PPP项目合同概况 …… 65
- 3-1-1 PPP项目合同架构起政府和社会资本的长期合作关系 …… 65
- 3-1-2 PPP项目合同签约主体 …… 65

§3-2 PPP项目合同框架 …… 70
- 3-2-1 PPP项目合同体系 …… 70
- 3-2-2 PPP项目合同 …… 70

§3-3 PPP项目合同核心条款 …… 72
- 3-3-1 PPP项目产出说明 …… 72
- 3-3-2 指标体系的应用领域和定量方法推荐 …… 78
- 3-3-3 项目的合作范围及合作期限 …… 80
- 3-3-4 项目的用地条款 …… 81
- 3-3-5 项目的融资条款 …… 83
- 3-3-6 项目的建设条款 …… 84
- 3-3-7 项目设施的运营与维护条款 …… 87
- 3-3-8 项目付费机制 …… 91
- 3-3-9 项目的移交 …… 95
- 3-3-10 政府承诺与保证条款 …… 96
- 3-3-11 争议解决机制 …… 97
- 3-3-12 其他关键性条款 …… 97

第4章 PPP项目政府采购管理 …… 98

§4-1 PPP项目政府采购概述 …… 98
- 4-1-1 PPP项目采购的概念 …… 98
- 4-1-2 PPP项目政府采购的法律、政策环境 …… 98
- 4-1-3 PPP项目采购与传统采购的区别 …… 99
- 4-1-4 PPP项目政府采购方式、基本采购流程与要点 …… 100
- 4-1-5 PPP模式政府采购中特殊问题 …… 105

§4-2 PPP项目政府采购方式及其运用 …… 106
- 4-2-1 PPP项目政府采购方式 …… 106

  4-2-2 PPP 项目采购方式运用 …………………………………………… 129
 §4-3 咨询机构在 PPP 项目采购阶段的工作 ……………………………… 132
附录：PPP 项目采购法律环境 …………………………………………………… 133
 附录一：中华人民共和国招标投标法 …………………………………… 133
 附录二：中华人民共和国政府采购法 …………………………………… 141
 附录三：中华人民共和国招标投标法实施条例 ………………………… 150
 附录四：中华人民共和国政府采购法实施条例 ………………………… 162
 附录五：政府采购货物和服务招标投标管理办法 ……………………… 172
 附录六：政府采购非招标采购方式管理办法 …………………………… 185
 附录七：《关于印发政府和社会资本合作模式操作指南（试行）》的通知 … 195
 附录八：财政部民政部工商总局关于印发《政府购买服务管理办法（暂行）
    的通知 …………………………………………………………… 205
 附录九：财政部关于印发《政府采购竞争性磋商采购方式管理暂行办法》
    的通知 …………………………………………………………… 210
 附录十：财政部关于印发《政府和社会资本合作项目政府采购管理办法》
    的通知 …………………………………………………………… 216
 附录十一：财政部关于政府采购竞争性磋商采购方式管理暂行办法有关问题的
     补充通知 ………………………………………………………… 220
 附录十二：交通运输部办公厅关于印发《收费公路政府和社会资本合作操作指南》
     的通知 …………………………………………………………… 221
 附录十三：公路工程设计施工总承包管理办法 ………………………… 228
 附录十四：经营性公路建设项目投资人招标投标管理规定 …………… 232
 附录十五：公路工程建设项目招标投标管理办法 ……………………… 238

第1章　PPP模式基础知识

PPP模式（Public Private Partnership，政府和社会资本合作）是在基础设施及公共服务领域建立的一种长期合作关系。PPP模式最早由英国政府于1992年提出，目前已在世界范围内得到了广泛的推广与运用。

在中国，PPP项目的应用早在1995年就已经开始了，经过二十多年来发展，PPP项目在实践与推广中积累了成功的经验和得到了失败的教训。党的十八届三中全会《中共中央关于全面深化改革若干重大问题的决定》明确提出："允许社会资本通过特许经营等方式参与城市基础设施投资和运营。"凡属事务性管理服务，原则上都要进入竞争机制，通过合同、委托等方式向社会购买，为PPP在我国的运用和推广提供广阔的发展前景。同时，国务院加强地方政府性债务管理，将地方政府存量债务纳入预算管理，成为大规模推广PPP模式的基础。

PPP模式有利于拓宽社会资本投资渠道，增强经济增长内生动力，促进投资主体多元化。PPP模式的目的是在社会基础设施的设计、建造和运营中，引进资源、改善服务和创新经济模型，发挥资源和资金的最大价值，提供完善的服务设施和创造优良的社会效益。该模式的一个典型结构是公共部门与中标社会资本组成的项目公司签订特许合同，由项目公司负责融资、建设及经营。

PPP模式不仅仅是一种项目融资方式，更是一种提高政府对整个社会资源管理效率的方式。这种融资形式的实质是政府通过给予社会资本长期的特许经营权和收益权来换取基础设施建设，以解决政府的财政困境。PPP模式不仅是解决政府融资问题的有效途径，也是加快转变政府职能、提升国家治理能力的一次体制机制变革。PPP模式有利于简政放权，更好地实现政府职能转变，弘扬契约文化，体现现代国家治理理念。

随着国家各项改革措施的快速推进，PPP模式得到国家的高度重视，国家积极推进制度建设，加快完善相关政策体系，开展项目储备等工作，为PPP模式的规范化推广奠定了坚实的基础。2014年以来，国务院、发改委、财政部等部门发布近百个相关文件，大力推进政府与社会资本合作模式的应用。之后，发改委会同财政部、住房和城乡建部、交通运输部、水利部、中国人民银行等单位相继发文力推PPP模式，鼓励特许经营，特别支持采用BOT（建设－运营－移交）、TOT（转让－运营－移交）、ROT（改建－运营－移交）等PPP模式。本章对PPP模式的历史背景和基本理论进行解析。

§1-1　PPP模式基本概念

PPP模式也称为"公私合作制"。PPP模式是指政府、营利性企业和非营利性企业基于某个项目而形成的相互合作关系的形式，通过这种合作形式，各方可以达到比预期单独行动更有利的结果。换言之，是指公共部门通过与社会资本方建立伙伴关系来提供公共产品或服务的一种方式，是政府为增强公共产品和服务供给能力、提高供给效率，通过特许经营、购买服务、股权合作等方式，与社会资本建立利益共享、风险分担及长期合作的关系。

公私合作制中的"公"是指政府机构及其代理；"私"泛指政府机构外的一切，包括国有企业、社会资本、外资，甚至公民个人。

PPP模式主要适用于政府负有提供责任又适宜市场化运作的公共服务和基础设施类项目，包括燃气、供电、供水、供热、污水及垃圾处理等市政设施；公路、铁路、机场、城市轨道交通等交通设施；医疗、旅游、教育培训、健康养老等公共服务项目；水利、资源环境和生态保护等项目，项目类型包括新建、改建项目和存量公共资产项目。

开展政府和社会资本合作，有利于创新投融资机制，拓宽社会资本投资渠道，增强经济增长内生动力；有利于推动各类资本相互融合、优势互补，促进投资主体多元化，发展混合所有制经济；有利于理顺政府与市场关系，有利于加快政府职能转变，有利于充分发挥市场配置资源的决定性作用。

PPP本身是一个意义非常宽泛的概念，世界范围内意识形态的不同，世界各国对PPP的内涵理解不同。以下列举几个有代表性的PPP定义。

1-1-1 世界银行的定义

《世界银行PPP指南》第二版将PPP定义为：由私营部门同政府部门之间达成长期合同，提供公共资产和服务，由私营部门承担主要风险并管理责任，私营部门根据绩效（Performance）情况得到酬劳（Remuneration）。

世界银行有专门的文献对BOT论述如下：Build, Operate and Transfer (BOT) Approach is used to financing, building and operating infrastructure projects。此句表明BOT模式指要为项目进行融资、建造和运营管理。这里的融资有两层含义：授权方给被授权方以融资的权力，被授权方有权益资本与债务资本筹措的权力。除了融资外，被授权方必须建设项目、运营项目，最后还要将项目移交给授权方。世界银行的专业术语对BOT及其派生缩写BOOT、BOO的解释如下：

建设－运营－移交制（BOT），一种建设合同，即由一个私营商对项目进行全部或部分投资，项目完成后，从向公用事业出售其产出的收入中直接取得回报。项目所有权最终将移交给国家或私人投资者。

建设－所有－运营－移交制（BOOT），一种建设合同，即由一个私营商对项目进行全部或部分投资，项目完成后，从向公用事业出售其产出的收入中直接取得回报。项目所有权最初由该私营商拥有，但最终将移交给国家或私人投资者。

建设－所有－运营制（BOO），一种建设合同，即由一个私营商对项目进行全部或部分投资，项目完成后，从向公用事业出售其产出的收入中直接取得回报。该项目始终为该私营商所有，不转移给政府。

从以上世界银行对BOT、BOOT、BOO的定义看，PPP是一类"建造合同"或包含融资活动的项目组织运营模式，而不仅只是"融资方式"。

1-1-2 联合国培训研究院的定义

PPP包含两层含义，其一是为满足公共产品需要而建立的公共和私人倡导者之间的各种合作关系；其二是为满足公共产品需要，公共部门和社会资本方建立伙伴关系实施的大型公共项目。

1-1-3 欧盟委员会的定义

PPP 是指公共部门和社会资本方之间的一种合作关系,其目的是为了提供传统上由公共部门提供的公共项目或服务。

欧盟的爱尔兰对 PPP 的定义具有代表性,表示 PPP 是一种制度安排或政府部门与私人部门的一项协议(合同),协议(合同)内容包括法律责任、权利、义务,包括风险管理与财务影响,包括财政资金使用的优劣分析,包括融资、建设、运营、管理、维护等活动,不仅只是"融资方式"。

1-1-4 加拿大 PPP 国家委员会的定义

PPP 是公共部门和社会资本方之间的一种合作经营关系,它建立在双方各自经验的基础上,通过适当的资源分配、风险分担和利益共享机制,最好地满足事先界定清晰的公共需求。

1-1-5 美国 PPP 国家委员会的定义

PPP 是介于外包和私有化之间并结合了两者特点的一种公共产品提供方式。它充分利用私人资源进行设计、建设、投资、经营和维护公共基础设施,并提供相关服务以满足公共需求。

由此可见,PPP 泛指公共部门与社会资本方为提供公共产品或服务而建立的各种合作关系。

1-1-6 中国对 PPP 模式的定义与解读

国内对 PPP 尚无统一定义。本书通过梳理 PPP 的若干定义,并深入解读其内涵,最后对 PPP 进行了定义。

1. 国务院及相应部委对 PPP 的定义

(1) 国务院

政府和社会资本合作(PPP)模式是公共服务供给机制的重大创新,即政府采取竞争性方式择优选择具有投资、运营管理能力的社会资本,双方按照平等协商原则订立合同,明确责任权利关系,由社会资本提供公共服务,政府依据公共服务绩效评价结果向社会资本支付相应对价,保证社会资本获得合理收益。

——《国务院办公厅转发财政部发展改革委人民银行关于在公共服务领域推广政府和社会资本合作模式指导意见的通知》(国办发〔2015〕42 号,2015 年 5 月 19 日)

(2) 六部委

本办法所称基础设施和公用事业特许经营,是指政府采用竞争方式依法授权中华人民共和国境内外的法人或者其他组织,通过协议明确权利义务和风险分担,约定其在一定期限和范围内投资、建设、运营基础设施和公用事业并获得收益,提供公共产品或者公共服务。

——《基础设施和公用事业特许经营管理办法》(六部委〔2015〕25 号,2015 年 4 月 21 日)

(3) 发改委

政府和社会资本合作(PPP)模式是指政府为增强公共产品和服务供给能力、提高供给效率，通过特许经营、购买服务、股权合作等方式，与社会资本建立的利益共享、风险分担及长期合作关系。

——《国家发改委关于开展政府和社会资本合作的指导意见》（发改投资〔2014〕2724号，2014年12月2日）

（4）财政部

PPP是政府与社会资本通过合作来提供公共品或服务的一种模式。

政府与社会资本合作模式，是政府与社会资本为提供公共产品或服务而建立的全过程合作关系，以利益共享和风险分担为特征，通过引入市场竞争和激励约束机制，发挥双方优势，提高公共产品或服务的质量和供给效率。

政府和社会资本合作模式是在基础设施及公共服务领域建立的一种长期合作关系。通常模式是由社会资本承担设计、建设、运营、维护基础设施的大部分工作，并通过"使用者付费"及必要的"政府付费"获得合理投资回报；政府部门负责基础设施及公共服务价格和质量监管，以保证公共利益最大化。

——《关于推广运用政府和社会资本合作模式有关问题的通知》（财金〔2014〕76号，2014年9月23日）

2. 对PPP的解读与定义

PPP的现实价值在于，PPP模式是在基础设施及公共服务领域建设中发展起来的一种优化的项目融资与实施模式，PPP不是政府简单的融资平台，而是创新公共服务的社会变革，是一种以各参与方的"双赢"或"多赢"为合作理念基础的现代融资模式，特点是合作者分担投资、风险、责任和收益。

PPP模式中，通常是由社会资本承担设计、建设、运营、维护基础设施的大部分工作，通过"使用者付费"及必要的"政府付费"获得合理投资回报；政府部门负责基础设施及公共服务价格和质量监管，从公共产品的直接"提供者、经营者"转变为社会资本的"合作者"以及PPP项目的"监管者"，应用PPP模式目的是实现投入资源效率的最大化和公共利益的最大化。

对政府而言，PPP拓宽了基础设施建设的资金来源，有利于增加投资、就业，促进经济增长，帮助政府转移财务、建设、运营等风险，减少政府财政支出压力和债务负担。

对社会资本而言，PPP可以降低其参与公共领域项目的门槛，拓宽了社会资本发展空间，增加资本收益的机会，进一步激发非公有制经济的活力。

从社会效益来讲，通过"让专业的人做专业的事"，以利于在合理成本的前提下，提高社会产品供给的质量与效率，提升宏观效益。

综上所述，政府和社会资本合作（PPP）是指在政府负有提供责任又适宜市场化运作的基础设施及公共服务领域，以基础设施和公共服务的存量和增量为范围，政府为增强公共产品和服务供给能力、提高供给的质量与效率和降低财政支出（融资功能和提升基础设施与公共服务供给效果、效率与社会效益），在物有所值和财政承受力论证通过的前提下，授予企业特许经营权，通过特许经营、购买服务、股权合作等方式，与社会资本建立的利益共享、风险共担及长期合作的关系。简而言之，政府和社会资本合作（PPP），是在基础设施及公共服务领域，政府通过特许经营、购买服务、股权合作等方式，与社会资本建立的利益共享、风险共担及长期合作的关系。

§1-2 PPP 模式特征

1-2-1 以项目为主体

PPP 项目主要根据项目的预期收益、资产以及政府扶持措施的力度来安排融资，其贷款的数量、融资成本的高低以及融资结构的设计都是与项目的现金流量和资产价值直接联系在一起，因此，PPP 项目的融资是以项目为主体的融资活动。

1-2-2 有限追索贷款

PPP 项目是有限追索贷款，即贷款人可以在贷款的某个特定阶段对项目借款人实行追索，或在一个规定范围内对公私合作双方进行追索。除此之外，项目出现任何问题，贷款人均不能追索到项目借款人除该项目资产、现金流量以及政府所承诺义务之外的任何形式的资产。

1-2-3 合理分配投资风险

PPP 项目强调的是合作关系，意味着政府和企业要共同分享与承担项目的权利、责任、风险、利益。按照风险分配优化、风险收益对等和风险可控等原则，综合考虑政府风险管理能力、项目回报机制和市场风险管理能力等要素，在政府和社会资本间合理分配项目风险，根据风险分配情况合理实现利益的分享。

§1-3 PPP 模式的作用

1-3-1 PPP 模式应用目标

PPP 模式主要适用于具有一定可销售性的准公共产品或服务，如城市供水、公共交通、污水处理及垃圾处理等行业。这些领域虽具有先天的自然垄断性，但当原有的公用事业、服务的提供主体面临融资困难或服务质量和效率低下而无法满足公众日益增长的消费需求时，PPP 模式就应运而生了。各个国家对 PPP 模式范围具有不同的规定领域、重点领域，个别国家甚至将合作范围扩大到监狱管理、警察训练、军队后勤、军事训练服务和国家军事行动，但是 PPP 模式合作主要集中在有一定收益的公益性事业领域内。联合国发展署（UNDP）对 PPP 模式项目按照下列范围进行分类：①供水与水处理；②固体废物处理；③能源；④市政工程；⑤公园与娱乐设施；⑥公共交通；⑦桥梁与道路；⑧地区经济开发；⑨公共房屋建筑；⑩通信服务；⑪医疗保健；⑫教育服务；⑬其他市政服务。

1-3-2 PPP 模式融资内涵与作用

1-3-2-1 PPP 模式融资内涵

PPP 模式的一个典型结构，是公共部门与中标社会资本组成的项目公司签订特许合同，由项目公司负责融资、建设及经营。这种融资形式的实质是政府通过给予私营公司长期的特许经营权和收益权来换取基础设施建设，以解决政府的财政困境。

PPP模式融资的内涵主要包括以下内容：

（1）PPP融资是以项目为主体的融资活动，主要根据项目的预期收益、资产以及政府扶持措施的力度，而不是项目投资人或发起人的资信来安排融资。项目经营的直接收益和通过政府所转化的效益是偿还贷款的资金来源，项目公司的资产和政府给予的有限承诺是贷款的安全保障。

（2）PPP融资模式可以使社会资本更多地参与到项目中，以提高效率，降低风险。PPP模式的操作规则使私营企业参与到公共基础设施项目的确认、设计和可行性研究等前期工作中，不仅降低了私营企业的投资风险，而且能将私营企业在投资建设中更为有效率的管理方法与技术引入到项目之中，并有效地实现对项目建设与运行的控制。从而降低项目建设投资的风险，缩短项目建设周期，降低项目运作成本及资产负债率。

（3）PPP融资模式在一定程度上首先保证社会资本"有利可图"，其次是政府给予私人投资者相应的扶持政策（如税收优惠、贷款担保、沿线土地优先开发权等），提高社会资本投资公共基础设施项目的积极性。

（4）PPP融资模式在减轻政府初期建设投资负担和风险的前提下，还能提高公共基础设施服务质量。同时双方可以形成互利的长期目标，为社会和公众提供更良好的服务。

1-3-2-2　PPP模式的作用（优势）

基础设施项目具有投资额巨大、价格受到政府监管、投资回收期长及公益性等特点，决定了它不同于一般的产品或服务，不可能实现完全意义上的产业化。因此"民有民营"的模式很难取得成功。我国在基建项目建设初期所采取的"国有国营"的建设和运营模式证明，在政府经济基础薄弱的现实条件下，这一模式存在政府财政负担重、难以保证建设资金和补贴资金到位、运营效率低下等问题。为了拓展资金来源，提高效率，可以在基建项目的投资、建设、运营等不同环节建立多样化的收益模式，吸引社会投资，采用PPP模式。对于基础设施项目而言，PPP模式的引入产生以下作用：

1. 调动社会资本，提供更多的公共资产来弥补政府财政资金的不足

为发展和维持日益增长的人口所需的基础设施，政府面临的融资压力也越来越大。推进城镇化、修缮老旧设施、满足新进入城镇居民的公共需求，以及完善公共服务缺失或供给不足地区的基础设施等，都是政府部门面临的挑战。此外，由于基础设施的运营经常产生赤字，只能靠财政补贴维系，这也增加了公共资源的支出。

为解决公共需求与资金之间的矛盾，政府需在部分工程建设上引入多元化社会投资，以加快基础设施项目建设，满足公共需求。PPP模式下社会资本投资方的投资和融资，有效地缓解了政府在建设期投入的资金压力。

2. PPP是提高公共项目运行效率的工具

如何有效利用稀缺公共资源，是政府部门面临的重大挑战，许多政府部门都未能实现这一目标，原因是公共部门缺少或根本没有提高组织内部运作和项目流程效率的动力。因此，其基础设施建设和运营效率较低。

但是，社会资本进行投资或取得业务机会的目标很明确，即实现利润最大化，而利润主要通过提高投资和运营效率来获得。如果PPP的设计允许运营商实现这一目

标，那么基础设施服务的效率很可能得以提高。提高服务质量和运营效率，意味着即使在满足了社会资本的赢利需求后，也可通过合理的收费使得公共服务供给在经济上可持续。

PPP允许政府将运营职能转移给高效的社会资本方，同时保留和完善监管及监督等公共部门的核心职能。这种框架如果得到正确实施，可以减少政府的现金支出，并能向消费者提供质优价廉的服务。即使政府承担部分投资或运营成本，也能实现控制成本支出、提升服务质量的目标。因为政府的成本义务的目标、总量和结构是在一个合理的整体融资战略下确定的。

3. 降低公共项目的全生命周期成本

通过社会资本投资方的竞争性选择来提高垄断领域的竞争，为项目从设计、建设到运营整个生命周期提供一个持续的激励。同时，在透明、合理的成本核算机制、定价机制和价格调整机制下，激励社会资本投资方通过制订最佳方案、适用规模经济、创新性技术、更加灵活的采购与缔约方式，降低一般管理费用，最终以提高项目效率和效益。社会资本投资方的竞争性也可以克服政府提供方式下预算体制缺陷造成的成本管理问题，进而降低政府和/或社会公众为同等质量公共资产或公共服务所付出的成本。

4. 通过风险分配提升项目价值

在受制于法律约束和公共利益考虑的前提下，PPP模式将风险分配给能够以最小成本、最有效管理它的一方承担。这与承担全部风险的政府提供方式相比，可以降低项目总体风险管控成本，实现项目价值提升。

5. 提升公共服务的质量

在PPP模式框架下，为保持持续提供公共服务，实现投资的最大收益，同时提升自身商誉，社会资本投资方必须具有满足用户需要、提升其服务水平的内在动力。同时，社会资本投资方所具有的商业头脑和管理经验、专有技术和专业人员、类似项目的经历和经验，也为服务质量的提升提供了客观支持。通过对社会资本技术经验的整合、服务创新激励以及项目协议约束，实现项目投资和管理层面的规模经济，在同等成本水平下提供更优质的公共服务。

6. 提升公共管理能力

政府可以专注于公共资产和公共服务的交付绩效监管与总体规划管理，同时可以获得更多、更有效的市场基准信息，在公共监管过程中实现公共管理能力的提升。

7. PPP是在更大范围内推动改革的催化剂

政府有时会将PPP当作启动行业改革议程讨论和做出改革承诺的催化剂，PPP只是其中的一个组成部分。改革的关键是行业重组和明确职能。

因为要重新定位行业的职能，特定PPP项目的实施通常会推动改革取得实质性进展，如通过某项法律和成立独立监管机构。这对一个PPP项目的成功至关重要。

§1-4　PPP常用模式

1-4-1　PPP模式分类

由于世界各国意识形态不同，且处于PPP发展的不同阶段，导致各国使用的术语不尽相同，或者对于同一个术语的理解不尽一致，这就给 PPP 的分类带来很大麻烦。从笔者查阅的资料来看，各国或国际组织对 PPP 的分类有十几种之多。以下分别列举出几种有代表性的分类方法，供参考。

1-4-1-1 世界银行的分类

世界银行综合考虑资产所有权、经营权、投资关系、商业风险和合同期限等，将 PPP 分为服务外包（Service Contract）、管理外包（Management Contract）、租赁（Lease）、特许经营（Concession）、BOT/BOO 和剥离（Divestiture）六种模式，如表 1-1 所示。

表 1-1 世界银行对 PPP 的分类

PPP 类型	产权	经营和维护	投资	商业风险	合同期限
服务外包	公共部门	私人部门和公共部门	公共部门	公共部门	1~2 年
管理外包	公共部门	私人部门	公共部门	公共部门	3~5 年
租赁	公共部门	私人部门	公共部门	私人部门	8~15 年
特许经营	公共部门	私人部门	私人部门	私人部门	25~30 年
BOT/BOO	公共部门和社会资本	私人部门	私人部门	私人部门	20~30 年
剥离	私人部门或私人部门和公共部门	私人部门	私人部门	私人部门	永久

1-4-1-2 联合国培训研究院的分类

联合国培训研究院认为世界银行 PPP 分类选项中的特许经营、BOT/BOO 两类模式属于 PPP，而外包（服务外包、管理外包）、租赁和剥离不属于 PPP 范畴。

1-4-1-3 欧盟委员会的分类

欧盟委员会将 PPP 分为传统承包、一体化开发和经营，以及合伙开发三大类。传统承包是指政府投资，私人部门只承担项目中的某一个模块（如建设或者经营）；一体化开发和经营是指公共项目的设计、建造、经营和维护等一系列职能均由私人部门负责，有时也需要私人部门参与一定程度的投资；合伙开发通常需要私人部门负责项目的大部分甚至全部投资，且在合同期间资产归私人拥有。具体分类如表 1-2 所示。

表 1-2 欧盟委员会对 PPP 的分类

PPP 类型	具体模式	备注
传统承包	服务外包	租赁也属于私人承包类
一体化开发和经营	BOT Turnkey	有时 Turnkey 也用 DBO 来表示，即全承包或交钥匙
合伙开发	特许经营 剥离	特许经营包括 DBFO、BOOT 等；剥离包括 BOO 等

1-4-1-4 加拿大 PPP 国家委员会的分类

加拿大 PPP 国家委员会按照转移给私人部门的风险大小，将 PPP 细分成了 12 种模式，如表 1-3 所示（表中由上而下表示转移给社会资本方的风险越来越大）。

表 1-3　加拿大 PPP 国家委员会对 PPP 的分类

中文含义	简写	PPP 类型	转移给私人部门的风险大小
捐赠协议	—	Contribution Contract	小
委托运营	O&M	Operation and Maintenance Contract	
设计－建设	DB	Design Build	
设计－建设－主要维护	DBMM	Design Build Major Maintenance	
设计－建设－运营（超级交钥匙）	DBO	Design Build Operate (Super Turnkey)	
租赁－开发－运营	LDO	Lease Develop Operate	
建设－租赁－运营－移交	BLOT	Build Lease Operate Transfer	
建设－转让－运营	BTO	Build Transfer Operate	
建设－拥有－移交	BOT	Build Own Transfer	
建设－拥有－运营－移交	BOOT	Build Own Operate Transfer	
建设－拥有－运营	BOO	Build Own Operate	
购买－建设－运营	BBO	Buy Build Operate	大

1-4-2　PPP 模式族

PPP 模式的本质是以契约的方式，在政府和社会资本合作的项目中，通过合理划分投资、建设、运营和管理等不同阶段的责任，达到使政府部门降低投资成本、提高运营效率，使社会资本获得合理投资回报的目的。基于政府和社会资本之间，在基础设施和公共服务项目的投资、建设和运营管理等方面所承担的责任大小和程度不一，双方合作的表现形式也不尽一致。如果我们把政府与社会资本之间的合作关系视为一个连续的统一体，把纯粹的公共服务提供作为一极，而把完全的私营活动开展作为另一极，那么 PPP 模式可以被理解为这两极之间的不同结合点。每个点也都代表着不同的政府和社会资本之间的责任组合，这就形成了 PPP 模式的族系，如图 1-1 所示。

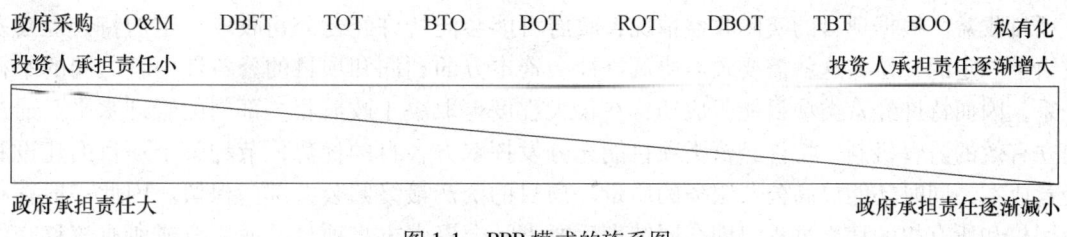

图 1-1　PPP 模式的族系图

因此，在政府和社会资本合作项目中，被采用的操作模式可能是一种，也可能是几种；既有不同模式的组成，也有不同模式的组合。结合国家发改委和财政部公布的 PPP 项目数据分析，可以得出结论：目前在我国采用最多、适用范围最广的模式，大体有 BOT、TOT、BOO、ROT、TBT 这几种。

1-4-3 我国常用的 PPP 模式

参考国外的分类方式，结合国内政策文件及应用现状，PPP 可以按如下三级结构的方式进行分类，如表 1-4 所示。从表 1-4 可知，PPP 可以分为外包、特许经营和私有化三大类。

表 1-4 适合国内的 PPP 分类

外包类 Outsourcing	模块式外包 Component Outsourcing	服务外包（Service Contract）
		管理外包（Management Contract）
	整体式外包 Turn key	设计-建设（DB）
		设计-建设-主要维护（DBMM）
		运营和维护（O&M）
		设计-建设-运营（超级交钥匙）（DBO）
特许经营类 Concession	转让-运营-移交 TOT	购买-更新-运营-移交（PUOT）
		租赁-更新-运营-移交（LUOT）
	建设-运营-移交 BOT	建设-租赁-运营-转让（BLOT）
		建设-拥有-运营-转让（BOOT）
	其他	设计-建设-移交-运营（DBTO）
		设计-建设-融资-运营（DBFO）
私有化类 Divestiture	完全私有化	购买-更新-运营（PUO）
		建设-拥有-运营（BOO）
	部分私有化	股权转让
		其他

1-4-3-1 外包类 PPP 项目

一般是由政府投资，社会资本方承包整个项目中的一项或几项，如只负责工程建设，或者受政府之托代为管理维护设施或提供部分公共服务，并通过政府付费实现收益。在外包类 PPP 项目中，社会资本方承担的风险相对较小。

1-4-3-2 特许经营类 PPP 项目

需要社会资本方参与部分或全部投资，并通过一定的合作机制与政府分担项目风险，共享项目收益。根据项目的实际收益情况，政府可能会向特许经营公司收取一定的特许经营费或给予一定的补偿，这就需要政府协调好社会资本方的利润和项目的公益性两者之间的平衡关系，因而特许经营类项目能否成功，在很大程度上取决于政府相关部门的管理水平。通过建立有效的监管机制，特许经营类项目能充分发挥双方各自的优势，节约整个项目的建设和经营成本，同时还能提高公共服务的质量。项目的资产最终归公共部门保留。因此一般存在使用权和所有权的移交过程，即合同结束后要求社会资本方将项目的使用权或所有权移交给公共部门。

1-4-3-3 私有化类 PPP 项目

需要社会资本方负责项目的全部投资，在政府的监管下，通过向用户收费收回投资、实现利润。由于私有化类 PPP 项目的所有权永久归私人拥有，并且不具备有限追索的特性，因此社会资本方在这类 PPP 项目中承担的风险最大。

另据《财政部关于印发政府和社会资本合作模式操作指南（试行）的通知》（财金

〔2014〕113号）涉及的相关PPP模式定义如下：

（1）委托运营（Operations & Maintenance，O&M），是指政府将存量公共资产的运营、维护职责委托给社会资本或项目公司，社会资本或项目公司不负责用户服务的政府和社会资本合作项目运作方式。政府保留资产所有权，只向社会资本或项目公司支付委托运营费。合同期限一般不超过8年。

（2）管理合同（Management Contract，MC），是指政府将存量公共资产的运营、维护及用户服务职责授权给社会资本或项目公司的项目运作方式。政府保留资产所有权，只向社会资本或项目公司支付管理费。管理合同通常作为转让－运营－移交的过渡方式，合同期限一般不超过3年。

（3）建设－运营－移交（Build-Operate-Transfer，BOT），是指由社会资本或项目公司承担新建项目设计、融资、建造、运营、维护和用户服务职责，合同期满后项目资产及相关权利等移交给政府的项目运作方式。合同期限一般为20~30年。

（4）建设－拥有－运营（Build-Own-Operate，BOO），由BOT方式演变而来，二者区别主要是BOO方式下社会资本或项目公司拥有项目所有权，但必须在合同中注明保证公益性的约束条款，一般不涉及项目期满移交。

（5）转让－运营－移交（Transfer-Operate-Transfer，TOT），是指政府将存量公共资产所有权有偿转让给社会资本或项目公司，并由其负责运营、维护和用户服务，合同期满后资产及其所有权等移交给政府的项目运作方式。合同期限一般为20~30年。

（6）改建－运营－移交（Rehabilitate-Operate-Transfer，ROT），是指政府在TOT模式的基础上，增加改扩建内容的项目运作方式。合同期限一般为20~30年。

1-4-4　PPP模式适用性分析

1-4-4-1　建设－运营－移交（BOT）

社会资本通过政府或使用者付费实现投资运营回报。在BOT模式下，社会资本一般要求政府保证其最低收益率，一旦在特许期内无法达到该标准，政府应给予特别补偿。BOT的合同期限一般为20~30年。BOT模式如图1-2所示。

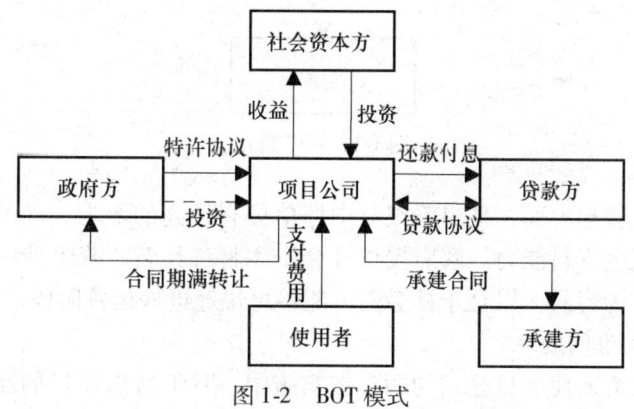

图1-2　BOT模式

1. BOT的特点

一方面，BOT能够保持市场机制发挥作用。BOT项目的大部分经济行为都在市场上进行，政府以招标方式确定项目公司的做法本身也包含了竞争机制。作为可靠市场主体的社会资本方是BOT模式的行为主体,在特许期内对所建工程项目具有完备的产权。这样,承担BOT项目社会资本方在BOT项目实施过程中的行为完全符合经济人假设。

另一方面,BOT为政府干预提供了有效的途径,该途径就是政府和BOT社会资本方达成的有关协议。尽管BOT协议的执行全部由项目公司负责,但政府自始至终都参与项目。

在立项、招标、谈判三个阶段,政府的意愿起着决定性的作用。在履约阶段,政府又具有监督检查的权力,项目经营中价格的制定也受到政府的约束,政府还可以通过通用的BOT相关法律合同条件来约束BOT项目公司的行为。

2. BOT模式的适用范围

BOT模式一般适用于那些未全面开放竞争的行业,特别是特许经营行业。一个国家或地区在其基础设施领域中只要能通过收费获得收入的设施或者服务项目都是BOT方式的适用对象,例如:电站、高速公路、铁路、桥梁、隧道、港口、机场、钢铁企业、化工企业、灌渠、水库、大坝、教育医疗卫生基础设施、仓库、环保设施、通信设施及工业园区等建设项目。

需要指出的是,并非上述所有基础设施建设都适合以BOT方式投资建设,因为以BOT方式投资的基础设施建设,其投资规模相对较大,必然要求有一个长期稳定的预期收入。因此,在立项时要特别做好项目可行性研究与分析,以保证投资有可靠和稳定的回收来源。

1-4-4-2 转让-运营-移交(TOT)

社会资本通过政府或使用者付费实现投资运营回报。TOT的合同期限一般为20~30年,其项目资产所有权通常会在运营期末无偿移交给政府。TOT模式如图1-3所示。

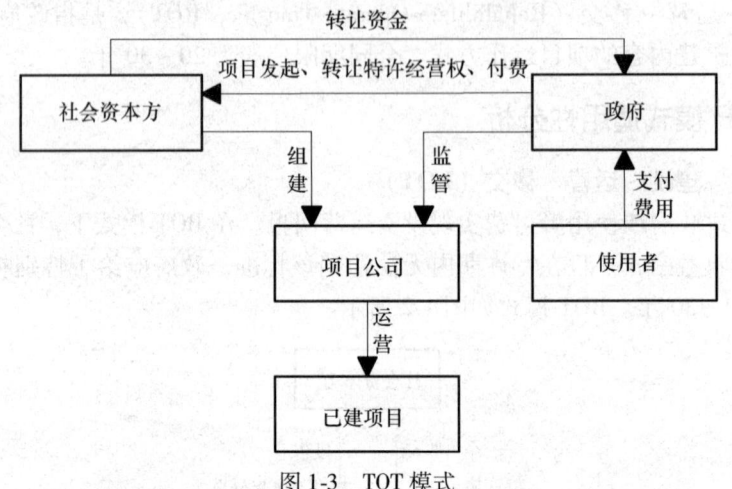

图1-3 TOT模式

在技术、运营、管理方面,项目不仅对中标单位有较高的要求,同时还需要中标单位较强的资金实力和现金支付能力。政府授权社会资本特许经营,TOT使项目公司从经营期一开始就有收入变得较为容易,以至于社会资本能够更快地进入运营阶段。

1. TOT实施的关键问题

未来稳定的现金流入使项目公司的融资在实施中,TOT转出项目的经营权如何定价是个关键问题。项目的转出是TOT模式得以实施的突破口,而转出项目的经营权的合理定价则是转出协议达成的关键。如果转让价格过低,会使转让方遭受财产损失;如果转让价格过高,则会降低受让方的预期投资收益,导致转让协议难以达成,或者项目产品价格过高。在后一种情况下,如果想要达成协议,则需要在其他方面做出较多的让步和承诺,而过多的让步和承诺对于转让方而言同样会造成一定的损失。

TOT 项目转让价格计算有几种不同方法，相对于账面价值法、重置成本法、现行市价法，收益现值法可以比较真实地反映拟转让项目经营权的真实价值。它是通过估算 TOT 项目标的未来预期收益并折算成现值来确定 TOT 项目标的价值的一种评估方法，其基本原理是期望价值理论，是基于预期收益对标的价格所做的评估。所以，给 TOT 转出项目的经营权定价时，要在收益现值法的基础上，充分考虑各种风险因素，进行修正，使价格趋于合理、可行。目前，国际上比较认同的方法是美国西北大学教授阿尔费雷德·巴拉特创立的巴拉特评估法。

2. TOT 模式的适用范围

社会资本以 TOT 方式进入国家基础设施领域，获取长期稳定的收入，以此回收投资并获得利润，并且这个收入只能通过特许期限内的收费实现，所以一个项目是否能通过收费获得收入才是 TOT 方式是否适用的重要因素。另外，还需要考虑运营能力和服务效率的提升。根据项目区分理论，TOT 方式适用于经营性项目，包括纯经营性项目，如收费高速公路、收费桥梁、收费隧道等，以及部分准经营性项目（要求一定的经营指数），如煤气厂、地铁、轻轨、自来水厂、垃圾焚烧厂等。

TOT 在实践中已经有一定的应用，如：辽宁沈海电厂的部分股权转让，广西来宾电站 A 厂经营权的转让，河南新乡电厂部分股权转让，上海南浦大桥、杨浦大桥及过江隧道的专营权的转让等都是中国已经实施的 TOT 项目。这些项目的实施为 TOT 项目理论体系和方法研究提供了宝贵的案例研究资料。在欧洲，TOT 项目方式已被广泛应用，如：德国电信专营权的转让、荷兰机场股权的转让等。

1-4-4-3 改建-运营-移交（ROT）

ROT 是指政府在 TOT 模式的基础上，增加改扩建内容的项目运作方式。ROT 的合同期限一般为 20~30 年，除增加了建造和融资功能外，其他属性和特征均与 TOT 方式一致。该模式主要是针对运营时间较长、已经破损的公共设施项目，因为原项目不能充分发挥其功能而进行的项目翻新。它主要适用于那些损坏的，经过评估认为通过投入一定资金进行改建可行的项目。当然，ROT 模式也适用于因为技术落后、运营不良、规模不当或不能满足市场需求，其原本规划的社会效益和经济效益不能完全发挥的存量基础设施和公共服务项目。我国从 1985 年第一个 BOT 项目——沙角电厂以来，到现在为止，已经建成的项目都在设计使用年限内运营，还没有达到破损而不能发挥其功能的地步。因此，现在应用较少。

但是随着项目使用年限的增加，其破损是不可避免的，在不久的将来，该模式肯定会被广泛地应用到实际中来。

1-4-4-4 移交-建设-移交（TBT）

TBT 就是将 TOT 与 BOT 融资方式组合起来，以 BOT 为主的一种融资建设模式，故使用领域与 BOT 模式的使用领域大体一致。TBT 的实施过程如下：政府通过招标将已经运营一段时间的项目和未来若干年的经营权无偿转让给投资人；投资人负责组建项目公司去建设和经营待建项目；项目建成开始经营后，政府从 BOT 项目公司获得与项目经营权等值的收益；按照 TOT 和 BOT 协议，投资人相继将项目经营权归还给政府。实质上，TBT 模式是政府将一个已建项目和一个待建项目打包处理，获得一个逐年增加的协议收入（来自待建项目），最终收回待建项目的所有权益。

TBT 模式两大特点：

其一，从政府的角度讲，TOT 盘活了固定资产，以存量换增量，实现将未来的收入现在一次性提取。政府可将 TOT 融得的部分资金入股 BOT 项目公司，以少量国有资本来带动大量社会资本。众所周知，BOT 项目融资的一大缺点就是政府在一定时期对项目没有控制权，而政府入股项目公司可以避免这一点。

其二，从投资者角度来讲，BOT 项目融资的方式很大程度上取决于政府的行为。而从国内外民营 BOT 项目成败的经验看，政府一定比例的投资是吸引民间资金的前提。在 BOT 的各个阶段，政府会协调各方关系，推动 BOT 项目的顺利进行，这无疑减少了投资人的风险，使投资者对项目更有信心，对促成 BOT 项目融资更有利。TOT 使项目公司从 BOT 特许期一开始就有收入，未来稳定的现金流入使 BOT 项目公司的融资变得较为容易。

1-4-4-5 建设-拥有-运营（BOO）

BOO 由 BOT 模式演变而来，与 BOT 模式下社会资本承担的公共职责和投资运营回报机制基本一致。二者的主要区别是在 BOO 模式下，社会资本或项目公司拥有项目所有权，但必须在合同中注明保证公益性的约束条款，一般不涉及项目期满移交。BOO 模式的目的是政府通过该项目获得持续稳定的公共服务而非掌握公共资产；在双方没有发生提前终止合同情形的情况下，可通过续约实现持续经营。

在 BOO 模式下，项目公司对于政府授权项目的经营，并不受时间的限制。因此，BOO 模式更加适用于项目本身的收益不高、政府又可能长期给社会资本提供可行性缺口补助的新建基础设施和公共服务项目。与此同时，要求政府对这些设施的运营服务质量易于监管，且监管成本合理、稳妥可靠。该模式目前在我国的基础设施和公共服务项目中，使用并不很多。

1-4-4-6 设计-建设-移交-运营（DBTO）

社会资本方采取该种模式主要目的是为了避免由于拥有资产的所有权而带来的各种责任或其他复杂的问题。现阶段，该模式应用较少，但是随着基础设施建设融资模式的变革，以后的应用将会逐渐增多。

1-4-4-7 设计-建设-融资-运营（DBFO）

DBFO 是英国 PFI 架构中最主要的模式，社会资本方投资建设基础设施的各种建筑物，政府向社会资本方支付一定的费用，使用建设好的基础设施，并由政府提供基础设施等需要的主要服务，而社会资本方负责提供保证基础设施正常运转所需要的辅助性服务。该模式主要应用的基础设施有学校、医院、道路等，如：从英格兰北端到苏格兰的格拉斯哥的道路建设，在英国属于大规模的 DBFO 道路项目（工程计划投资 22900 万英镑）。

1-4-4-8 设计-建设-运营-移交（DBOT）

DBOT 是一种由社会资本自行设计、投资建设、经营管理、运营一定期限后移交给政府管理的模式，其目的是为减轻政府在小城镇公益设施建设中的设计、投资、建设、管理、运营等方面的负担，目前该模式广泛应用于贵州省小城镇污水处理厂、垃圾处理场等公益设施建设中，桐梓县污水处理厂就是贵州省首家采用该模式进行建设的项目。

1-4-4-9 设计-建设-运营-运营维护（DBOM）

DBOM 是一种由社会资本负责设计、建设、经营、维护等任务的方式。政府方采取该种模式的主要目的是为了避免社会资本方盲目追求利润而只顾自己利益的问题，比起其他模式，该模式有明显的优点，适合较多的基础设施项目建设方式。

美国新泽西哈德逊-伯根（Hudson-Bergen）区所规划的轻轨运输系统，总长度 20.5 英里，从 1996 年开始兴建。21 世纪公司获得该项目合同，21 世纪公司由一家美国公司与两家日本公司所组成，其中轻轨车辆由日本近畿车辆公司制造，这也是第一家日本向海外成功输出轻轨的车辆制造厂。2000年4月,一期轻轨营运路线建设完成并通车运营,整个计划节省经费将近300万美元,政府与社会资本方实现双赢。国内现阶段所开发的轻轨车辆已进入测试与定型化阶段,如要成功商业化并在国内市场推广,可以参考美国新泽西哈德逊－伯根区轻轨建设的成功经验,并结合系统设计、车辆制造维修与营运,依据交通部所制定的奖励社会资本参与交通建设的政策,由社会资本与各地政府共同参与规划、建设轻轨运输系统。

1-4-4-10 委托运营（O&M）

O&M是指政府将存量公共资产的运营、维护职责委托给社会资本,社会资本不负责用户服务的PPP项目运作方式。政府保留资产所有权,只向社会资本支付委托运营费。O&M通常采用中期合同的方式（一般不超过8年,可续签）,目的在于引入运营管理公共资产的专业团体,以解决新建成的基础设施缺乏具备相应运营管理技能和经验人员的问题。

1-4-4-11 管理合同（MC）

MC是指政府将存量公共资产的运营、维护及用户服务职责授权给社会资本的项目运作方式。政府保留公共资产所有权,只向社会资本支付管理费。MC通常采用中短期合同的方式（合同期限一般不超过3年）,目的在于引入先进的运营管理技能和经验,改进存量公共资产的运营管理效率,通常作为后续与社会资本进行更为深入的TOT合作的过渡方式。

1-4-4-12 设计-采购-建设（EPC）

EPC就是我们常说的工程总承包。EPC总承包模式是指建设单位作为业主,通过固定总价合同,将建设工程项目发包给总承包单位,由总承包单位承揽整个建设工程的勘查、设计、采购、施工,并对所承包建设工程的质量、安全、工期、造价等全面负责,通过系统优化整合,最终向建设单位提交一个符合合同约定、满足使用功能、具备使用条件并经竣工验收合格的建设工程承包模式。该模式对提高管理水平、缩短建设周期、提高工程质量、降低工程造价具有重要作用。

在社会资本具有工程总承包资质（设计与施工）,或具有施工总承包资质的情况下,EPC是与PPP项目模式非常匹配的发承包模式。

§1-5 PPP模式参与方

1-5-1 PPP实施机构

近期,国家明确了PPP实施机构的职责。根据《基础设施和公用事业特许经营管理办法》(六部委〔2015〕25号)规定,县级以上人民政府或其授权的有关职能部门或事业单位可作为项目实施机构,负责项目准备、采购、监管和移交等工作。例如,在国家体育场项目中,北京市人民政府是项目实施机构。实施机构的主要职责如下:

(1) 实施机构根据经审定的特许经营项目实施方案,应当通过招标、竞争性谈判等竞争方式选择特许经营者。

(2) 实施机构应当公平择优选择具有相应管理经验、专业能力、融资实力以及信用状况良好的法人或者其他组织作为特许经营者。鼓励金融机构与参与竞争的法人或其他组织共同制定投融资方案。

(3) 实施机构应当与依法选定的特许经营者签订特许经营协议。

(4) 实施机构应当协助特许经营者办理相关手续。

（5）除法律、行政法规另有规定外，实施机构应当履行特许经营协议约定义务并符合约定要求，否则应当根据协议继续履行、采取补救措施或者赔偿损失。

（6）实施机构应当对在特许经营活动和监督管理工作中知悉的特许经营者商业秘密保密。

（7）实施机构和特许经营者应当对特许经营项目建设、运营、维修、保养过程中有关资料，按照有关规定进行归档保存。

（8）实施机构应当按照特许经营协议严格履行有关义务，为特许经营者建设运营特许经营项目提供便利和支持，提高公共服务水平。

（9）实施机构应当根据特许经营协议，定期对特许经营项目建设、运营情况进行监测分析，会同有关部门进行绩效评价，并根据绩效评价结果，按照特许经营协议约定对价格或财政补贴建立调整的机制，保障所提供公共产品或公共服务的质量和效率。实施机构应当将社会公众意见作为监测分析和绩效评价的重要内容。

（10）实施机构和特许经营者应当将特许经营项目实施方案、特许经营者选择、特许经营协议及其变更或终止、项目建设运营、所提供公共服务标准、监测分析和绩效评价、经过审计的上年度财务报表等有关信息按规定向社会公开。

（11）实施机构和特许经营者应当制定突发事件应急预案，按规定报有关部门。突发事件发生后，及时启动应急预案，保障公共产品或公共服务的正常提供。

1-5-2　PPP参与主体

PPP参与方较多，根据《政府和社会资本合作模式操作指南（试行）》（财金〔2014〕113号）与《关于规范政府和社会资本合作合同管理工作的通知》（财金〔2014〕156号），PPP项目的参与方通常包括政府、社会资本方、融资方、承包商和分包商、专业运营商、原料供应商、产品或服务购买方、保险公司以及专业咨询机构等。各参与方参与时间段，如图1-4所示。

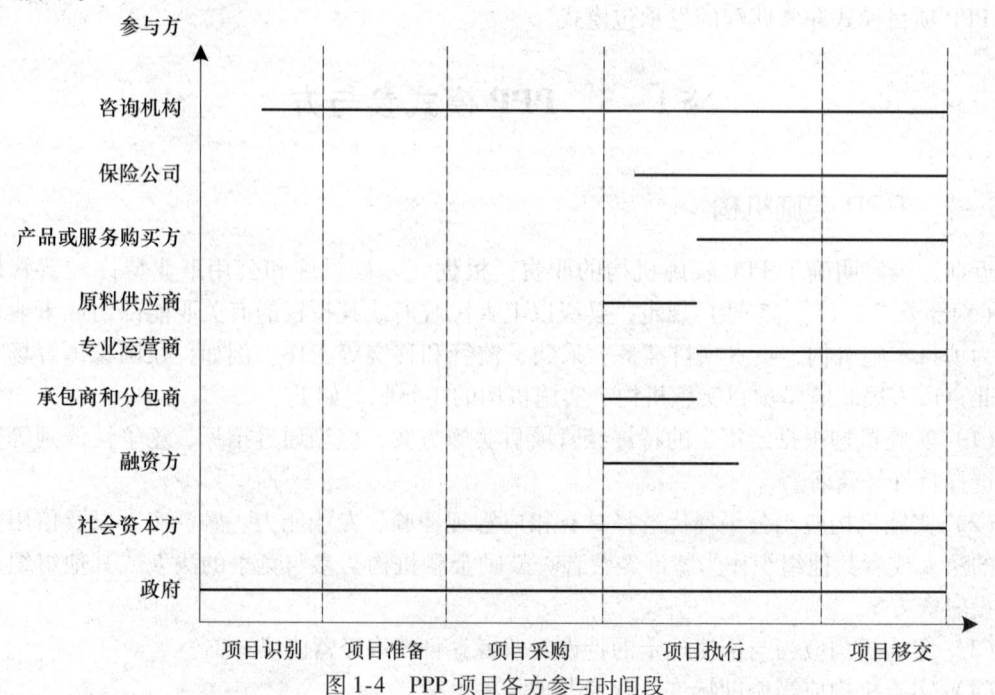

图1-4　PPP项目各方参与时间段

1-5-2-1 政府

根据 PPP 项目运作方式和社会资本参与程度的不同，政府在 PPP 项目中所承担的具体职责也不同。总体来讲，在 PPP 项目中，政府需要同时扮演以下几种角色：

(1) 作为公共事务的管理者，政府负有向公众提供优质且价格合理的公共产品和服务的义务，承担 PPP 项目的规划、采购、管理、监督等行政管理职能，并在行使上述行政管理职能时形成与项目公司（或社会资本）之间的行政法律关系。

(2) 作为项目实施机构。政府或其指定的有关职能部门或事业单位可作为项目实施机构，负责项目准备、采购、监管和移交等工作。项目实施机构应组织编制项目实施方案。政府作为 PPP 项目合同的主体，称之为政府方，政府方与项目公司（或社会资本）之间存在平等民事主体关系，政府方应按照 PPP 项目合同的约定行使权利、履行义务。

(3) 作为公共产品或服务的购买者（或者购买者的代理人），政府可能基于 PPP 项目产出，与项目公司（或社会资本）签订针对项目产出的买卖合同，与项目公司（或社会资本）形成平等民事主体关系，按照合同的约定行使权利、履行义务，比如政府付费或可行性缺口补助。

(4) 政府作为项目公司的股东。政府指定适合单位以股东身份参股项目公司。但政府在项目公司中的持股比例应当低于 50% 且不具有实际控制力及管理权，同时考虑到政府代表公众利益的特殊性，对政府股东代表在项目公司法人治理结构中进行特殊安排，如在特定事项上是否拥有否决权等。

例如，北京地铁 4 号线项目中的北京市人民政府，以及代表北京市政府承担北京市基础设施项目的投融资和资本运营的北京市基础设施投资有限公司都属于政府方。

1-5-2-2 社会资本方

社会资本方是指与政府方签署 PPP 项目合同的社会资本或投资者专门成立的项目公司。

社会资本是指依法设立且有效存续的具有法人资格的企业，包括民营企业、国有企业、外国企业和外商投资企业。但本级人民政府下属的政府融资平台公司及其控股的其他国有企业（上市公司除外）不得作为社会资本方参与本级政府辖区内的 PPP 项目。

社会资本是 PPP 项目的实际投资人，但在 PPP 实践中，社会资本通常不会直接作为 PPP 项目的实施主体，而会专门针对该项目成立项目公司，作为 PPP 项目合同及项目其他相关合同的签约主体，负责项目具体实施。项目公司是依法设立的自主运营、自负盈亏的具有独立法人资格的经营实体。

1-5-2-3 PPP 项目公司

项目公司可以由社会资本（可以是一家企业，也可以是多家企业组成的联合体）出资设立，也可以由政府和社会资本共同出资设立。但政府在项目公司中的持股比例应当低于 50% 且不具有实际控制力及管理权。

PPP 项目公司是 PPP 项目的实施者，从正式注册开始，政府或授权机构授权项目公司 PPP 合作权，负责项目从融资、设计、建设和运营直至项目最后的移交等全过程的运作。项目合作期结束，经营权或所有权转移时，PPP 项目公司清算并解散。在项目运作过程中，PPP 项目公司的职能主要包括投标与谈判，项目开发、运营和移交，确保项目的服务质量等。

1-5-2-4 融资方

PPP 项目的融资方通常有商业银行、出口信贷机构、多边金融机构（如世界银行、亚洲开发银行等）以及非银行金融机构（如信托公司）等。根据项目规模和融资需求的不同，融资方可以是一两家金融机构,也可以是由多家银行或机构组成的银团,具体的债权融资方式除贷款外,也包括债券以及资产证券化等。

例如,北京地铁4号线项目的融资方是国家开发银行。

1-5-2-5 承包商和分包商

在PPP项目中,承包商和分包商的选择是影响工程实体成败的关键因素,其技术水平、资历、信誉以及财务能力在很大程度上会影响贷款人对项目的商业评估和风险判断,是项目能否获得贷款的一个重要因素。

承包商主要负责项目的建设,通常与项目公司签订固定价格、固定工期的工程总承包合同。一般而言,承包商要承担工期延误、工程质量不合格和成本超支等风险。对于规模较大的项目,承包商可能会与分包商签订分包合同,把部分工作分包给专业分包商。根据具体项目的不同情况,分包商从事的具体工作可能包括设计、部分非主体工程的施工,提供技术服务以及供应工程所需的货物、材料、设备等。承包商负责管理和协调分包商的工作。

1-5-2-6 专业运营商(部分项目适用)

根据不同PPP项目运作方式的特点,项目公司有时会将项目部分的运营和维护事务交给专业运营商负责。但根据项目性质、风险分配(即风险划分)以及运营商资质能力等不同,专业运营商在不同项目中所承担的工作范围和风险也会不同。例如,在一些采用政府付费机制的项目中,项目公司不承担需求风险或仅承担有限需求风险的,可能会将大部分的运营事务交由专业运营商负责;而在一些采用使用者付费机制的项目中,由于存在较大需求风险,项目公司可能仅仅会将部分非核心的日常运营管理事务交由专业运营商负责。

1-5-2-7 原料供应商(部分项目适用)

在一些PPP项目中,原料的及时、充足、稳定供应对于项目的平稳运营至关重要。因此原料供应商也是这类项目的重要参与方之一。例如,在燃煤电厂项目中,为了保证煤炭的稳定供应,项目公司通常会与煤炭供应商签订长期供应协议。

1-5-2-8 产品或服务购买方(部分项目适用)

在包含运营内容的PPP项目中,项目公司通常通过项目建成后的运营收入来回收成本并获取利润。为了降低市场风险,在项目谈判阶段,项目公司以及融资方通常都会要求确定项目产品或服务的购买方,并由购买方与项目公司签订长期购销合同以保证项目未来的稳定收益。

1-5-2-9 保险公司

由于PPP项目通常资金规模大、生命周期长,在项目建设和运营期间面临着诸多难以预料的各类风险。因此,项目公司以及项目的承包商、分包商、供应商、运营商等通常均会就其面临的各类风险进行风险评价后,将适合向保险人转移的风险进行投保,以进一步分散和转移风险。同时,由于项目风险一旦发生就有可能造成严重的经济损失。因此,PPP项目对保险公司的资信有较高要求。

1-5-2-10 咨询机构

由于PPP项目运作参与合作者众多、资金结构复杂、项目开发期较长、风险较大。因此,在项目的全生命期内都需要咨询机构的介入,指导项目的运作。咨询机构作为PPP项目的政府方顾问,在PPP项目中的主要工作包括组织尽职调查、设计PPP项目方案,设计项目交易结构和招标程序,设定边界条件、遴选标准等,建立财务模型并进行商业预测分析,编制招标文件,组织实施招标或竞争性谈判等公开竞争性招商程序,参与商务谈判及协助签订项目特许经营协议等。具体职能如下：

1. 提供政策咨询

由于项目的运作涉及国家的产业政策、行业政策、税收、金融等各方面的政策，咨询机构可以帮助PPP项目公司了解这些政策，并按照政策的要求设计项目框架，规避项目的政策风险。

2. 协助确定融资方案

合理的融资方案是项目成功的重要因素。咨询机构可以充分发挥自身的专业优势，依据其掌握的市场信息和融资经验，帮助PPP项目公司设计适合项目特点的最佳的融资计划，确定合理的融资结构。

3. 协助制定风险管理方案

在PPP模式下，项目面临的风险众多，咨询机构能够对项目全生命期内风险做出较为准确专业的判断，制定合理的风险分配方案，使项目的风险管理合理有效。

4. 协助选择合作伙伴

项目的建设需要有众多的合作伙伴参与，包括设计单位、建设单位、监理单位等，咨询机构可以协助PPP项目公司选择信誉卓越、技术精专的合作伙伴，协助PPP项目公司进行工程的合理安排，有效控制工程的进度、成本和质量。

5. 协助项目开发运营

咨询机构可以为PPP项目公司提供长期的市场分析和预测，设计规避市场风险的有效方案。项目开发运营过程中的相关报告、文件以及会议等也都可在咨询机构的协助下完成。

1-5-2-11　其他参与方

除上述参与方之外，开展PPP项目还必须充分借助投资、法律、技术、财务、保险代理等方面的专业技术力量。因此，PPP项目的参与方通常还可能会包括上述领域的专业机构。

第 2 章　PPP 模式设计与操作流程

PPP 模式是一种项目资源的组合方式，应用 PPP 模式的主要目的是吸引社会资本参与基础设施和社会服务项目。通过职能调整、措施激励、责任与风险的再分配，推动相关行业的改革，更有效地利用现有资源，最终达到提升项目产出效果、效率，提高项目效益的目的。PPP 模式允许政府将建设权利和运行职能转移给高效的社会资本运营商，同时保留和完善监管（即监督）等国家部门的核心职能。

社会资本选择 PPP 项目的目标很明确，即实现利润最大化，而利润是通过提高投资和运营效率来获得的。良好的需求和收入预测，可以将风险在政府和社会资本之间进行合理分配。

PPP 模式成功的主要条件之一，是项目参与各方能清楚地了解各自的角色、责任、风险和回报，调动各方面的积极性。

依据《政府和社会资本合作模式操作指南（试行）》（财金〔2014〕113 号），PPP 项目操作流程可分为项目识别、项目准备、项目采购、项目执行和项目移交等五个阶段，每个阶段又可分为若干步骤。

§2-1　PPP 项目设计

2-1-1　PPP 项目设计的思路与实施目标

2-1-1-1　PPP 项目设计思路

PPP 项目的整体策划和设计，应考虑三个方面的基本内容：

①理清各方的职能和责任。

②社会资本和政府实施部门以合理的方式共担风险。

③社会资本取得事先约定的业绩和完成约定的服务后应获得相应的资金回报。

PPP 项目的整体策划和设计中需要充分考虑合作伙伴的关系。PPP 项目的策划涉及项目筛选，PPP 项目的设计主要是完成项目筛选后的工作。

对于 PPP 项目整体策划和设计，首先需要分析项目建设的意义、发起方的初衷，同时还需要分析项目的背景、理清项目的范围、了解项目的总体目标，这样有利于确定采用何种具体的 PPP 模式，有利于确定各方的职责和 PPP 协议的内容。

分析项目背景、理清项目范围边界、明确项目目标是项目设计的前提。确定参与各方及职责，设计项目结构，策划风险分担计划，设计融资结构、合同结构和组织结构等是 PPP 项目顶层设计的主要内容。

PPP 项目策划与设计可以分为五个方面的内容，主要包括：确定项目实施目标；以实施目标为基础，策划和设计项目的运作模式、付费机制、风险分配；设计项目交易结构；设计项目采购有关内容；设计项目的实施内容。

图 2-1 简要表示了 PPP 项目策划和设计的主要思路。

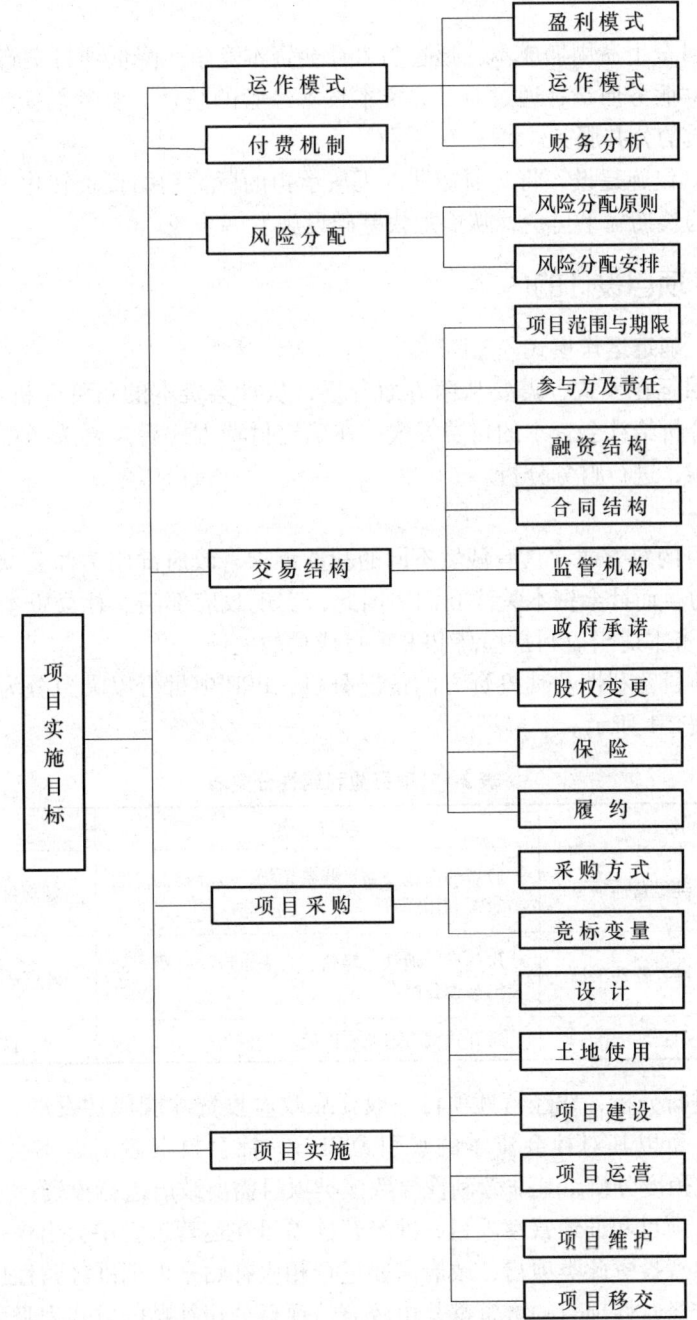

图 2-1　PPP 项目总体策划与设计思路

2-1-1-2　PPP 项目实施目标

PPP 项目的目标有两种，一是低层次目标，指特定项目的短期目标；二是高层次目标，指长期目标。短期目标实现项目的建设和运营，长期目标实现政府与社会资本的融合。

一般情况下，项目采用 PPP 模式的主要目标包括：

(1) 通过引进社会资本，缓解政府资金匮乏难题。

(2) 提升基础设施承载能力。

(3) 优化项目风险分配，通过风险的优化分配和激励进步，鼓励社会资本改进管理，提高绩效水平。

（4）降低项目全生命周期成本，通过引入社会资本竞争，降低项目实施成本。

（5）提高公共服务质量，通过对社会资本技术经验的整合、服务创新，实现项目的规模经济，提供更优质的公共服务。

（6）加快基础设施建设，将政府短期内无法承担的巨额初始投资转化为社会资本投资和最终用户或政府的长期扁平付费，从而加快基础设施发展步伐。

2-1-2 PPP项目设计的内容

2-1-2-1 确定运作模式

确定PPP项目运作模式，需要从两方面分析，从社会资本的角度分析项目的盈利模式，同时从政府角度分析给社会资本的付费方式。在确定付费方式后需要选择项目的PPP运作模式，设计付费机制，进行财务分析。

1. 盈利模式

参与PPP项目的双方通常具有截然不同的利益诉求，政府部门关注公众需求的满足和社会资本的融资能力，而社会资本关注利润。因此，实现政府部门、社会资本和公众的"多方共赢"，保证社会资本适当盈利是提高PPP项目成功的关键。

根据大多数项目营利性及其投资方的情况分析，PPP项目可以大致分为经营性项目、非经营性项目，如表2-1所示。

表2-1 项目盈利属性分类表

项目盈利属性		项目示例	投资主体
经营性项目	纯经营性项目	收费的高速公路、收费桥梁、废弃物的高收益资源利用厂等	社会投资
	准经营性项目	煤气厂、地铁、轻轨、自来水厂、收费不到位的高速公路等	政府适当补贴吸纳各种投资
非经营性项目		敞开式城市道路、医院、学校等	政府投资

对上述结果进行分析，非经营性项目一般要靠政府投资才能成功发展，因为非经营性项目没有盈利能力，所以其对社会资本的吸引力很差，社会投资者一般不会选择去投资这类PPP项目。从收入角度分析，其非营利性导致该类项目需要政府进行投资。

对比纯经营性项目和准经营性项目，准经营性项目在运营过程中会出现一系列负外部性，造成了投资者不愿意投资此类项目，政府需要进行相应补贴来抵消准经营性项目的负外部性，所以一般来看，准经营性项目的融资都是由政府给项目公司补贴的方式来吸引融资。

纯经营性项目几乎没有负外部性，所以政府在投资方面无需对项目进行大力支持。

作为社会资本，基本的盈利模式是通过项目服务收费来实现；创新盈利模式是通过社会资本充分发挥市场作用，优化收益结构、搭配增值产品来实现。

（1）基本盈利模式。

①公共交通项目，例如机场、港口、公路、铁路、桥梁和城市轨道交通等。其共同特点是公共服务性强、投资规模较大，基本盈利模式主要靠运营过程中的服务收费，也就是通过使用者付费方式实现。实践中也可以考虑组合使用收益结构的优化等方式。

②市政公用基础设施项目，包括供电、供气、供水、供热、污水处理、垃圾处理、通信

服务设施等，具有公益性、自然垄断性、政府监管严、价格固定等特点。基本盈利模式主要靠运营过程中的服务收费，即通过使用者付费方式实现。

③社会公共服务项目，包括医疗服务设施、学校、监狱、养老院、保障性住房等，其共同特点是项目直接提供社会公共服务，这些公共服务具有公益性，属于政府服务范畴，项目公司一般负责项目的建设和运营维护，或者为社会服务设施提供部分或全部的运营和管理服务。基本盈利模式主要靠政府对运营过程中的服务支付全部或部分费用，即通过政府付费和可行性缺口补助方式实现。此外，在一些PPP项目中，基本盈利模式还可能包括项目周边土地开发和设施经营，例如餐厅、商店等。

（2）创新盈利模式。

《基础设施和公用事业特许经营管理办法》（六部委〔2015〕25号）明确规定，"向用户收费不足以覆盖特许经营建设、运营成本及合理收益的，可由政府提供可行性缺口补助，包括政府授予特许经营项目相关的其他开发经营权益"。因此，优化收益结构，实现盈利具有法律法规的支持。

①优化收益结构。

收益即财富的增加，其既包括货币收益，又包括声誉提高、潜在收益等非货币的形式。PPP项目可以通过优化收益结构实现盈利。

a. 将盈亏状况不同的公共产品捆绑，提高目标利润的可持续性。

基础设施和公用事业领域既有现金流入充裕的经营性公共项目，也有现金流入不足的准经营性公共项目，甚至是没有任何现金流入的非经营性公共项目。经营性公共项目对于社会资本具有强大的吸引力，而准/非经营性公共项目则对社会资本缺乏吸引力。为了吸引社会资本进入更为广泛的基础设施和公用事业领域，可以将盈亏状况迥异的项目捆绑实施PPP模式。既可以是同类公共产品中盈亏状况不同的项目捆绑，如捆绑交通流量不同的高速公路路段；也可是具有特定联系的异类公共产品中盈亏状况不同的项目捆绑，如海水淡化与发电捆绑。

b. 合理设定业务保底量，提高目标利润的稳定性。

由于PPP合同的长期性，项目成本与需求的不确定性成为其显著特征。为了保证社会资本目标利润的稳定性，政府与社会资本双方通常会设定最小需求保证或最小收益保证，即业务保底量，这本质上是一种双方风险共担策略或风险共担机制。运营前期设定保底量的做法在污水处理、垃圾处理、隧道、桥梁、新能源汽车充电等具有流量特征的PPP项目中比较普遍，下面介绍污水处理与垃圾处理两个领域的具体做法。

污水处理PPP项目通常会在运营期前3~5年，按设计处理规模的一定比例设定阶梯式增长的保底水量，剩余特许经营期内则以设计规模为保底水量，根据按月付费的惯例，若当月实际处理量达不到保底量则仍按保底量计付污水处理服务费，从而使得投资人获得可预期的、稳定的现金流担保。

垃圾处理PPP项目保底量的设定，需要综合考虑实际垃圾供应量及预期增长速度、设计处理规模、垃圾含水率以及垃圾处理设备的实际负荷能力，如果为垃圾焚烧发电项目还需考虑焚烧率；此外，由于一年之中的垃圾供应量会因季节变化出现较大波动。因此，垃圾供应保底量不是按月执行，而是按年累计执行的，即只在开始付费日起每满一年时才计算年度累计实际垃圾处理量，若该累计量低于年垃圾保底量则按全年垃圾保底量计算全年应付的垃圾处理费。

②搭配增值产品。

a. 增补资源开发权，弥补收益不足。

政府以对 PPP 项目公司进行补偿的方式，将基础设施或公用事业项目（地铁、隧道、环境治理等）周边一定数量的资源（如土地、旅游、矿产）的开发权出让给 PPP 项目公司，以捆绑的方式提高项目公司的整体盈利能力，以确保项目投资者获取合理回报，调动投资者的积极性。

b. 授权提供配套服务，拓展盈利链条。

当 PPP 项目供给的基础设施或公用事业建成后，需要相应的配套服务才能正常运转时，政府可授权 PPP 项目公司提供这种可以产生预期收益的配套服务（如餐饮、物业、绿化、搬运、安全、保洁、维护和物品供给），从而通过延长价值链创建现金流，补偿主体项目财务上的不可行。

c. 开发副产品，增加收益来源。

PPP 项目公司在提供政府要求的公共产品或服务时，可以附带生产出更具经营性的副产品（如广告、道路冠名权），以此弥补主产品项目财务上的不可行。例如，市政设施的维护和设备更新可以通过经营灯杆和公路标志广告、交通视频等增加社会资本收益，来维护回收投资和获取相应回报。

d. 冠名公共产品，增值社会资本的声誉。

通过为体育场馆冠名，为道路、桥梁和标志性建筑等公共产品冠名来达到广告的作用，增加社会资本的声誉，通过冠名权为社会资本增加潜在收益。

③不同行业优化收益结构的案例。

a. 城市轨道交通、高速公路、城市综合交通枢纽、铁路、港口码头、水库、环境治理等项目，可授权增加土地、旅游、矿产等资源开发权。

b. 医疗、教育、养老服务设施、场馆类、机场航站楼等项目，可授权提供餐饮、物业、绿化等配套服务。

c. 高速公路、公厕、垃圾投放设施、路灯、城市公共停车场站、城市公共交通项目，可授权开发广告等副产品。

d. 保障性安居工程，可捆绑商品房等副产品，优化成本机构。

e. 海水淡化项目，可捆绑工业制盐等副产品，优化成本机构。

f. 城市轨道交通、城际铁路等投资规模大、专业复杂的工程，可根据专业进行分割并分别选择适当的融资模式，例如土建工程和设备安装工程分开选择合适的 PPP 模式。

g. 规模小且分布零散的能源站、污水处理、生活及餐厨垃圾处理项目，进行打包，优化成本结构。

h. 城市供水、能源站、污水处理、垃圾处理等 PPP 发展相对成熟的领域，可采用不同打包模式，优化成本结构。

i. 既可以是同类公共产品中盈亏状况不同的项目打包，如打包交通流量不同的高速公路路段，也可以是具有特定联系的不同公共产品中盈亏状况不同的项目打包，如海水淡化与发电打包。

j. 污水处理、垃圾处理、隧道、桥梁等具有流量特征的项目，以及新能源汽车充电等市场不稳定的项目，运营前期设定保底量。

2. 运作模式

确定项目运作模式简单说就是确定采用 BOT、BOO、TOT、ROT、O&M 或 MC 等其中的哪一种方式。确定项目运作模式后将进入 PPP 项目实质设计阶段。

目前较常采用的 PPP 项目运作模式包括：

(1) 建设-运营-移交（BOT）。
(2) 建设-拥有-运营（BOO）。
(3) 转让-运营-移交（TOT）。
(4) 改建-运营-移交（ROT）。
(5) 委托运营（O&M）。
(6) 管理合同（MC）。

表 2-2 是常见的基础设施领域 PPP 模式的应用举例，供读者参考。

表 2-2　PPP 模式及付费机制一览表

基础设施领域	适用模式	项目付费机制
供水、供热、燃气、城市综合管廊、公园配套服务、公共交通、停车设施	BOT、TOT、BOO、MC、O&M	特许经营、投资补助、政府购买服务
铁路、公路、城市轨道交通、航运港口、民航基础设施	BOT、MC、O&M	开放经营权/所有权，以铁路土地开发收益提供回报
电站（水电、风光电、生物质能、核能）、电网通配、电动车充换电设备、油气管网储配、煤炭储配	BOT、MC、O&M	特许经营、投资补助、政府购买服务
农田水利、水资源开发利用与保护、水土保持设施、节水供水重大工程	TOT、BT、BOT、MC、O&M	特许经营、参股控股、政府补助
网络建设、移动通信、民用空间基础设施	BOT、BT	民间主体参与、政府采购
教育、医疗、养老、文化、旅游、体育健身	BOT、TOT、BOO、MC、O&M	特许经营、公建民营、民办公助
生态建设、环境监测、污水处理、垃圾治理	BOT、BT、BOO、MC、O&M	委托治理服务、托管运营服务

3. 财务分析

财务分析是项目决策分析与评价中为判定项目财务可行性所进行的一项重要工作，是项目经济评价的重要组成部分，是投融资决策的重要依据。

(1) 财务分析方法。

①选择分析方法。在明确项目范围的基础上，根据项目性质和融资方式选取适宜的财务分析方法。

②识别财务效益与费用范围。项目财务分析的利益主体主要包括项目投资经营实体和权益投资方等。

③测定基础数据，估算财务效益与费用。选取必要的基础数据进行财务效益与费用的估算，包括营业收入、成本费用估算和相关税金估算等，同时编制相关辅助报表。

④编制财务分析报表和计算财务分析指标进行财务分析，主要包括盈利能力分析、偿债能力分析和财务生存能力分析。

在对初步设定的建设方案（称为基本方案）进行财务分析后，还应进行盈亏平衡分析和敏感性分析。常常需要将财务分析的结果进行反馈，优化原初步设定的建设方案。有时需要对原建设方案进行较大的调整。

财务分析内容随 PPP 项目性质和目标有所不同，对于旨在实现投资盈利的经营性 PPP 项目，其财务分析内容应包括上面所述全部内容；对于旨在为社会公众提供公共产品和服务的非经营性 PPP 项目，在通过相对简单的财务分析比选优化项目方案的同时，了解财务状况，分析其财务生存能力，以便采取必要的措施使项目得以财务收支平衡，正常运营。

财务分析包括设计具体、可行的定价策略，包括收费标准、包销协议等。目标是提供合理的服务，同时保证社会资本参与方获得足够收入以保障正常的商业运作。

财务模型是 PPP 项目分析的基本工具。建立财务模型需要评估现有数据，保证项目假设，并支持模型使用的所有数据，识别关键点，且通过反复的评估检验与更新关键假设验证模型分析结果。

（2）财务基础数据。

①项目基础数据。财务分析及建模的第一步就是收集、分析历史数据，包括财务信息、机构信息（例如员工数量）、运营信息（例如产量和销售量），以及技术信息（例如运营资产的类型和产能）。所需数据包括：

a. 经审计的财务报表、当前财务报告（未经审计），以及计划/预算。
b. 资费标准的历史数据和现行标准。
c. 雇员人数和类型（例如操作人员、管理人员、正式员工、合同工等）。
d. 客户数据。
e. 债务结构和资本成本。
f. 营运资产结构（包括产能、历史产量、营运成本等信息）。
g. 正在运行/规划中的资本投资项目明细。

②宏观基础数据。除了行业数据，重要宏观经济数据（例如通胀率、GDP、汇率和利率）以及人口统计信息（例如人口增长率）等也十分重要。这些宏观经济和人口统计数据可用于预测总需求、必要的资费调整、营业成本、收入、投资及资本成本等关键信息。

（3）财务模型的结构。

财务模型通常是一个标准的电子表格（例如 Excel 表格），一般包括输入数据和假设条件，例如：

①经济数据（通胀率、税收水平等）。
②工程数据（工程造价和未来各期的投资额等）。
③持续的资本支出（包括维护和新建支出）。
④资本总量和类型（股权、信贷、债券、补贴等）。
⑤财务数据（例如融资工具条款）。
⑥运营数据（运营成本、需求预测、费率、转让价格等）。

（4）项目公司的现金流量表、损益表和资产负债表。

（5）成果和汇总表。

①项目的内部收益率（IRR）：这个指标代表项目的收益，与融资结构无关，较有吸引力的 IRR 实际值（即综合考虑国家、部门、行业和风险预期等因素后得出的 IRR 值），很多 PPP 潜在投资者用股权收益或调整后 IRR 值来衡量其投资收益，一般为 7%～8%。

②项目的股东权益收益率（ROE）：该项指标指获得股息的股东的投资报酬率。

③年债务成本覆盖率（ADSCR）：该指标反映某一运营年份，项目公司偿还债务的能力。若 ADSCR 在项目存续期内每一年都高于1，对贷款方来说该项目是可行的。或者说即使某一年的项目收入低于财务模型的预期，项目公司仍能够偿还债务。通常来讲，ADSCR 最低值应大于1.1 或 1.2。

④贷款期限内债务成本覆盖率：该指标反映项目公司在某一运营年份应对可能导致其无法在项目结束年份偿还贷款本息的现金流短缺的能力。

⑤净现值（NPV）：在设定基准收益率下的净现值为负数，也可以说是项目公司的补贴净现值。若项目连续多年获得补贴，则各期资金的净现值相当于扣除通货膨胀的影响后当前可一次性获得的实际补贴额。

（6）财务模型应用。

财务模型通过模拟项目在不同情形下的预期现金流以预测项目的财务状况。这些模型反映了关于风险（相关资本成本）和风险分担的不同假设，为决策者提供项目结构和运营环境，包括不同费率（价格）、补贴水平或不同覆盖目标等方面的信息。财务模型给出的信息让决策者能够了解贷款方、合作伙伴和消费者是如何安排融资及获得收益。

财务模型可以模拟施工成本超支、经营成本变动、预期需求变化、通货膨胀和利率变化情况。

财务模型还常被用来评估潜在社会资本提出的建议，一旦项目启动后，它也可被用来监控项目绩效。

财务模型的应用贯穿于 PPP 全过程。在项目实施过程中，决策者需要不断评估不同定价、财务和服务情景的影响，并更新或矫正相关项目的决策。虽然这项分析始于总体设计阶段，但作为关于 PPP 结构的互动式分析，它贯穿于 PPP 全过程。

（7）PPP 项目财务分析的特别之处。

项目的财务分析有专门章节介绍，这里简要介绍 PPP 项目与其他项目在财务分析上的区别。

PPP 项目财务分析需要判断社会资本对提供公共服务的基础设施所拥有的权利性质。

①固定资产：对于 PPP 项目所建造或购入的基础设施，如果在特许服务权期间及期满后，社会资本能够始终控制该基础设施的使用，那么就应当确认为自有的固定资产。

②无形资产或金融资产：如果在特许服务权期间，政府能够通过政策监管及/或合同约定的方式对该基础设施的使用以及期满移交实施控制，那么可以作为一项向公众收取费用的权利而确认为无形资产，或者作为一项无条件向政府收取可确定金额的收款权利而确认为金融资产，抑或是无形资产及金融资产两者兼而有之。这也是现行会计准则中对特许服务权核算的特别之处。

2-1-2-2 付费机制（回报机制）

1. 付费机制顶层设计

付费机制关系 PPP 项目的风险分配和收益回报，是 PPP 项目的核心内容。政府明确规定通过采用财政补贴、纳入财政预算等多种方式来满足社会资本的回报率要求。实践中，需要根据各方的合作预期和承受能力，结合项目所涉及的行业、运作方式等实际情况，因地制宜地设置合理的付费机制。

《国务院关于加强地方政府性债务管理的意见》（国发〔2014〕43号）从顶层设计对 PPP 收益进行了明确，提出政府通过特许经营权、合理定价、财政补贴等事先公开的收益约定规则,使投资者有长期稳定收益;地方政府要将政府与社会资本合作项目中的财政补贴等支出按性质纳入相应政府预算管理。由此看出 PPP 项目的收益具有明确保障的。

《财政部关于印发政府和社会资本合作模式操作指南(试行)》(财金〔2014〕113号),对项目回报机制进行界定。项目回报机制主要说明社会资本取得投资回报的资金来源,包括使用者付费(User Charges)、可行性缺口补助(用户付费不足部分由政府贴)(Viability Gap Funding, VGF)和政府付费(Government Payment)等支付方式。

(1)使用者付费。使用者付费是指由最终消费用户直接付费购买公共产品和服务,一般适用于可市场化运作,其收入能覆盖成本和合理回报的项目。项目公司直接从最终用户处收取费用,以回收项目的建设和运营成本并获得合理收益。高速公路、桥梁、地铁等公共交通项目以及供水、供热等公用设施项目通常可以采用使用者付费机制。

(2)可行性缺口补助。可行性缺口补助是指使用者付费不足以满足社会资本或项目公司成本回收和合理回报,而由政府以财政补贴、股本投入、优惠贷款和其他优惠政策的形式,给予社会资本或项目公司的经济补助。可行性缺口补助是在政府付费机制与使用者付费机制之外的一种折中选择。在我国实践中,可行性缺口补助的形式多种多样,具体可能包括土地划拨、投资入股、投资补助、优惠贷款、贷款贴息、放弃分红权、授予项目相关开发收益权等其中的一种或多种。

(3)政府付费。政府付费是指政府直接付费购买公共产品和服务。在政府付费机制下,政府可以依据项目设施的可用性、产品或服务的使用量以及质量向项目公司付费。政府付费是公用设施类与公共服务类项目中较为常用的付费机制,在一些公共交通项目中也会采用这种机制。

2. 付费机制设置思路

付费机制需要根据各方的合作预期和承受能力,结合项目所涉及的行业、运作方式等实际情况,因地制宜地合理设置。《财政部关于规范政府和社会资本合作合同管理工作的通知》(财金〔2014〕156号)附录七《PPP 项目合作模式操作指南(试行)》对设置付费机制的基本原则、主要考虑因素及定价和调价机制做了相关说明。

(1)基本原则。

一般而言,在设置项目付费机制时需要遵循以下基本原则:

统筹考虑社会资本方的合理收益预期、政府方的财政承受能力以及使用者的支付能力,防止任何一方因此过分受损或超额获益。既能够激励项目公司妥善履行其合同义务,又能够确保在项目公司未履行合同义务时,政府能够通过该付费机制获得有效的救济。

确定定价和调价机制时需根据相关法律法规规定、结合项目自身特点,设置合理的定价和调价机制,明确项目定价的依据、标准,调价的条件、方法和程序,以及是否需要设置唯一性条款和超额利润限制机制等内容。

(2)主要考虑因素。

在设置付费机制时,通常需要考虑以下因素:

①项目产出是否可计量。PPP 项目所提供的公共产品或服务的数量和质量是否可以准确计量,决定了其是否可以采用使用量付费和绩效付费方式。因此,在一些公用设施类和公共服务类 PPP 项目中,如供热、污水处理等,需要事先明确这类项目产出的数量和质量是否可以计量,以及计量的方法和标准,并将上述方法和标准在 PPP 项目合同中加以明确。

②适当的激励。付费机制应当能够保证项目公司获得合理的回报,以对项目公司形成适

当、有效的激励，确保项目实施的效率和质量。

③灵活性。鉴于PPP项目的期限通常很长，为了更好地应对项目实施过程中可能发生的各种情势变更，付费机制项下一般也需要设置一定的变更或调整机制。

④可融资性。对于需要由项目公司进行融资的PPP项目，在设置付费机制时还需考虑该付费机制在融资上的可行性以及对融资方吸引力。

⑤财政承受能力。在多数PPP项目，尤其是采用政府付费和可行性缺口补助机制的项目中，财政承受能力关系到项目公司能否按时足额地获得付费。因此，需要事先对政府的财政承受能力进行评估。

3. 政府付费

政府付费机制下，根据项目类型和风险分配方案的不同，政府通常会依据项目的可用性、使用量和绩效中的一个或多个要素的组合向项目公司付费。政府付费机制包括可用性付费、使用量付费和绩效付费。

（1）可用性付费。

可用性付费（Availability Payment）是指政府依据项目公司所提供的项目设施或服务是否符合合同约定的标准和要求来付费，可用性付费通常与项目的设施容量或服务能力相关，而不考虑项目设施或服务的实际需求。因此，项目公司一般不需要承担需求风险，只要所提供的设施或服务符合合同约定的性能标准即可获得付费。

大部分的社会公共服务类项目（例如学校、医院等）以及部分公用设施和公共交通设施项目可以采用可用性付费。在一些项目中，可用性付费也可能会与按绩效付费搭配使用，即如果项目公司提供设施或服务的质量没有达到合同约定的标准，则政府付费将按一定比例进行扣减。

符合以下条件的PPP项目，政府可以考虑采用按可用性付费：

a. 相对于项目设施或服务的实际使用量，政府更关注该项目设施或服务的可用性。例如，奥运会场馆。

b. 相对于项目公司，政府对于项目设施或服务的需求更有控制力，并且政府决定承担需求风险。例如，在学校PPP项目中，政府教育部门负责向各学校分配生源，其能够更好地管控学校设施的使用量。因此，政府可基于学校设施的可用性向项目公司付款，而不考虑实际的学生人数。

（2）使用量付费。

使用量付费（Usage Payment），是指政府主要依据项目公司所提供的项目设施或服务的实际使用量来付费。在按使用量付费的项目中，项目的需求风险通常主要由项目公司承担。因此，项目公司通常需要对项目需求有较为乐观的预期或者有一定影响能力。实践中，污水处理、垃圾处理等部分公用设施项目较多地采用使用量付费。

一些项目中，使用量付费也可能与绩效付费搭配使用，即如果项目公司提供的设施或服务未达到合同约定的绩效标准，政府的付费将进行相应扣减。

使用量付费的基本原则，就是由政府（而非使用者）依据项目设施或服务的实际使用量向项目公司付费，付费多少与实际使用量大小直接挂钩。

（3）绩效付费。

绩效付费（Performance Payment），是指政府依据项目公司所提供的公共产品或服务的质量付费，绩效付费通常会与可用性付费或者使用量付费搭配使用。

在按绩效付费的项目中，政府与项目公司通常会明确约定项目的绩效标准，并将政府付费与项目公司的绩效表现挂钩，如果项目公司未能达到约定的绩效标准，则会扣减相应的付费。

（4）政府付费的调价机制。

在长达二三十年的PPP项目生命周期中，市场环境的波动会直接引起项目运营成本的变化，进而影响项目公司的收益情况。设置合理的价格调整机制，可以将政府付费金额维持在合理范围，防止过高或过低付费导致项目公司亏损或获得超额利润，有利于项目物有所值目标的实现。常见的调价机制包括：

①公式调整机制，是指通过设定价格调整公式来建立政府付费价格与某些特定系数之间的联动关系，以反映成本变动等因素对项目价格的影响，当特定系数变动导致根据价格调整公式测算的结果达到约定的调价条件时，将触发调价程序，按约定的幅度自动调整定价。常见的调价系数包括消费者物价指数、生产者物价指数、劳动力市场指数、利率变动、汇率变动等。调价系数的选择需要根据项目的性质和风险分配方案确定，并应综合考虑该系数能否反映成本变化的真实情况并且是否具有可操作性等。

②基准比价机制，是指定期将项目公司提供服务的定价与同类服务的市场价格进行对比，如发现差异，则项目公司与政府通过协商对政府付费进行调价。

③市场测试机制，是指在PPP项目合同约定的某一特定时间，对项目中某项特定服务在市场范围内重新进行采购，以更好地实现项目的物有所值。通过竞争性采购程序，政府和项目公司将可能会协商更换此部分服务的运营商或调整政府付费等。

4. 使用者付费

使用者付费机制，是指由最终消费用户直接付费购买公共产品和服务。项目公司直接从最终用户处收取费用，以回收项目的建设和运营成本并获得合理收益。在此类付费项目中，项目公司一般会承担全部或者大部分的项目需求风险。

并非所有PPP项目都能适用使用者付费机制，使用者付费机制常见于高速公路、桥梁、地铁等公共交通项目以及供水、供热等部分公用设施项目中。

设置使用者付费机制时，需要根据项目的特性和具体情况进行详细的评估，重点考虑以下几个问题：

①项目是否适合采用使用者付费机制？

②使用费如何设定？

③政府是否需要保障项目公司的最低收入？是否需要设置机制避免项目公司获得过高的利润？

具体PPP项目是否适合采用使用者付费机制，通常需要结合项目特点和实际情况进行综合评估。适合采用使用者付费机制的项目通常需要具备以下条件：

（1）项目使用需求可预测。

项目需求量是社会资本进行项目财务测算的重要依据，项目需求量是否可预测以及预测需求量的多少是决定社会资本是否愿意承担需求风险的关键因素。通常社会资本只有能够在一定程度上确定其可以通过使用者付费收回投资成本并且获得合理收益的情形下，才有参与PPP项目的动机。

（2）向使用者收费具有实际可操作性。

在一些项目中，项目公司向使用者收费可能并不实际或者并不经济。例如，在采取使用者付费机制的公路项目中，如果公路有过多的出入口，使得车流量难以有效控制时，将会使采取使用者付费机制变得不具有成本效益，而丧失实际可操作性。

（3）符合法律和政策的规定。

根据相关法律和政策规定，政府可能对于某些项目实行政府定价或者政府指导价，如果按照该政府定价或政府指导价无法保障项目公司回收成本并获得合理收益，则无法适用使用者付费机制，但可以考虑采用可行性缺口补助机制。

使用者付费机制的优势在于，政府可以最大限度地将需求风险转移给项目公司，而且不用提供财政补贴，同时还可以通过与需求挂钩的回报机制激励项目公司提高项目产品或服务的质量。

但需要强调的是，除非需求量可预测且较为明确或者政府提供其他的补助或承诺，否则使用者付费项目的可融资性相对较低，如果融资难度和融资成本过高，则可能会导致项目无法实施。同时，由于项目公司承担较大的需求风险，在需求不足时，项目公司为了确保能够收回成本，有可能会要求提高使用费的定价或者变相降低产品或服务质量。

5. 可行性缺口补助

可行性缺口补助是在政府付费机制与使用者付费机制之外的一种折中选择。对于使用者付费无法使社会资本获取合理收益，甚至无法完全覆盖项目的建设和运营成本的项目，可以由政府提供一定的补助，以弥补使用者付费之外的缺口部分，使项目具备商业上的可行性。但此种付费机制的基本原则是"补缺口"，而不能使项目公司因此获得超额利润。

2-1-2-3 风险分配

PPP模式中，设计并实施合理的风险分配方案，使政府和社会资本各自承担适合的风险，可以大大降低项目整体的风险和融资难度，提高项目融资成功率，进而提高PPP项目的履约成功率。

1. 分配原则

PPP项目模式的目的之一，就是要在政府方和项目公司之间合理分配风险，明确双方当事人之间的权利和义务关系，以确保PPP项目顺利实施和实现物有所值。

合理的风险分担，降低风险事件发生的概率；风险事件发生后，损失小，其损失也在分担者的承担能力范围内。最终降低风险管理成本，对合同双方有利，对项目进展有利。

在设计PPP项目时，要始终遵循上述目的，并坚持下列风险分配的基本原则：

（1）承担风险的一方应该对该风险具有较强控制力。

（2）承担风险的一方能够将该风险合理转移（例如通过购买相应保险转移或通过合同转移）。

（3）承担风险的一方对于控制该风险有更大的经济利益或动机。

（4）由该方承担该风险最有效率。

（5）如果风险最终发生，承担风险的一方不应将由此产生的费用和损失转移给合同相对方。

（6）让有承担能力的一方分担该风险，能保证在风险事件发生后项目能继续顺利进行。

2. 常见风险分配安排

具体PPP项目的风险分配需要根据项目实际情况，以及各方的风险承受能力，在谈判过程中确定。在PPP项目实践中，不同项目的风险分配安排可能完全不同。下面列举一些实践中较为常见的风险分配安排，需要强调的是，这些风险分配安排并非适用于所有项目，在具体项目中，仍需要具体问题具体分析并进行充分评估论证。

（1）通常由政府方承担的风险，主要为承担法律和政治风险，包括：
①土地获取风险（在特定情形下也可能由项目公司承担）。
②项目审批风险（根据项目具体情形不同，可能由政府方承担，也可能由项目公司承担）。
③政治不可抗力（包括非因政府方原因且不在政府方控制下的征收征用和法律变更等）。
（2）通常由项目公司承担的风险，主要包括项目技术、融资、运营、需求等风险：
①如期完成项目融资的风险。
②项目设计、建设和运营维护相关风险，例如完工风险、供应风险、技术风险、运营风险以及移交资产不达标的风险等。
③项目审批风险（根据项目具体情形不同，可能由政府方承担，也可能由项目公司承担）。
④获得项目相关保险。
（3）通常由双方共担的风险：不可抗力。
（4）转移给社会资本方的主要风险包括：
①建设成本超支。社会资本方承担建设成本高于项目协议约定价格的全部风险。
②项目融资。社会资本方在完成建设和试运营之前不会收到回报，项目交付后才将收到部分建设成本，其余在之后运营期内逐渐收回。若社会资本方在运营期内出现违约，政府可保留剩余资金。因此，社会资本方承担项目建设期间的全部融资风险。
③项目进度。社会资本方同意在合同实施后的约定期限内完成设施的建设及相关基础设施的改造工作。若未能满足这一要求，将从即日起扣减其应得的付费。因此，社会资本方必须合理做好建设计划以确保按时完工。
④许可和批复。社会资本方负责获得必要的环境、卫生、健康等标准审批。
⑤运营成本超支。政府根据服务约定按预先设定的支付率支付设备运营费用。因此，社会资本方承担所有高出合同价格的运营和维护成本。
⑥资产维护。社会资本方负责在合同期内按照行业标准进行设备维护，并每年向市政府提交《资产管理计划》，每月提交《运营和维护报告》。一般PPP项目合同约定，若未按照计划和行业标准进行维护，将扣减付费。

2-1-2-4 交易结构

1. 项目范围和期限

（1）项目范围。

项目范围：明确合作项目的边界范围。如涉及投资的，应明确投资标的物的范围；涉及工程建设的，应明确项目建设内容；涉及提供服务的，应明确服务对象及内容。

（2）项目合作期限。

PPP项目的合作期限应指双方就PPP项目进行合作的起始日期至结束日期。

《关于组织开展第三批政府和社会资本合作示范项目申报筛选工作的通知》（财金函〔2016〕47号）中规定，PPP示范项目合作期限原则上不低于10年。对于BOT、ROT、TOT等模式，PPP项目合同期限一般为20~30年。

2. 参与方及责任

PPP项目的参与方通常包括政府（包括实施机构和政府出资代表）、社会资本方、融资方、承包商和分包商、原料供应商、专业运营商、保险公司以及专业咨询机构等。

以上各参与方的责任见第1章。

3. 融资结构

分析 PPP 项目投融资结构，一般会涉及以下几个问题：

①项目资本金：根据项目实施方案确定项目总投资，按照政府相关要求确定项目资本金。

②投资安排：制定项目分年度投资计划。

③融资安排：项目公司初始投资主要由项目公司母公司注入的自有资金以及政府初始投资补贴构成，其余部分为社会融资机构，例如商业银行贷款。

④付费机制：由终端用户向项目公司直接付费。

典型项目融资机构如图 2-2 所示。

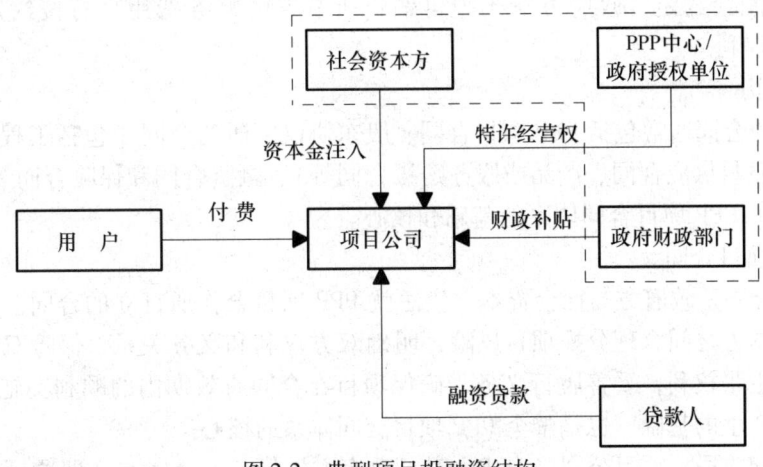

图 2-2　典型项目投融资结构

（1）项目公司的融资权利和义务。

在 PPP 项目中，通常项目公司有权并且有义务获得项目的融资。为此，PPP 项目合同中通常会明确约定项目全生命周期内相关资产和权益的归属，以确定项目公司是否有权通过在相关资产和权益上设定抵押、质押担保等方式获得项目融资，以及是否有权通过转让项目公司股份，是否有权处置项目相关资产或权益的方式实现投资的退出。

与此同时，由于能否成功获得融资直接关系到项目能否实施。因此，大多数 PPP 项目合同中会将完成融资交割作为项目公司的一项重要义务以及 PPP 项目合同全部生效的前提条件。

（2）融资方的权利。

为了保证项目公司能够顺利获得融资，在 PPP 项目中通常会规定一些保障融资方权利的安排。融资方在提供融资时最为关注的核心权利主要包括以下方面：

①融资方的主债权和担保债权。

如果项目公司以项目资产或其他权益（例如运营期的收费权），或社会资本方以其所持有的与项目相关的权利（例如其所持有的项目公司股权）为担保向融资方申请融资，融资方在主张其担保债权时可能会导致项目公司股权以及项目相关资产和权益的权属变更。因此，融资方首先要确认 PPP 项目合同中是否已明确规定社会资本和项目公司有权使用上述担保，并且政府方是否可以接受融资方行使主债权或担保债权所可能导致的法律后果，以确保融资方权益能够得到充分有效的保障。

②融资方的介入权。

由于项目的提前终止可能会对融资方债权的实现造成严重影响。因此，融资方通常希望在发生项目公司违约事件且项目公司无法在约定期限内补救时，它可以自行或委托第三方在项目提前终止前对项目进行补救。为了保障融资方的该项权利，融资方通常会要求在PPP项目合同中或者通过政府、项目公司与融资方签订的直接介入协议对融资方的介入权予以明确约定。

（3）再融资。

为了调动项目公司的积极性并保障融资的灵活性，在一些PPP项目合同中，还会包括允许项目公司在一定条件下对项目进行再融资的规定。再融资的条件通常包括：再融资应增加项目收益且不影响项目的实施、签署；再融资协议签订须经过政府的批准等。此外，PPP项目合同中也可能会约定，政府方对于因再融资所节省的财务费用享有按约定比例（例如50%）分成的权利。

4. 合同结构

PPP项目的合同通常包括PPP项目合同、股东协议、履约合同（包括工程承包合同、运营服务合同、原料供应合同、产品或服务购买合同等）、融资合同和保险合同等。其中，PPP项目合同是整个PPP项目合同体系的基础和核心。

（1）PPP项目合同。

PPP项目合同是政府方与社会资本方依法就PPP项目合作所订立的合同。其目的是在政府方与社会资本方之间合理分配项目风险，明确双方权利和义务关系，保障双方能够依据合同约定的合理主张权利，妥善履行义务，确保项目在合同有效期内的顺利实施。PPP项目合同是其他合同产生的基础，也是整个PPP项目合同体系的核心。

在项目初期阶段，项目公司尚未成立时，政府方先行与社会资本（即项目投资人）签订意向书、备忘录或者框架协议以明确双方的合作意向，详细约定双方有关项目开发的关键权利和义务。待项目公司成立后，由项目公司与政府方重新签署正式PPP项目合同，或者签署关于承继上述协议的补充合同。在PPP项目合同中，通常也会对PPP项目合同生效后，政府方与项目公司及其母公司之前就本项目所达成的协议是否会继续存续进行约定。

（2）股东协议。

股东协议由项目公司的股东签订。用以在股东之间建立长期的、有约束力的合约关系。股东协议通常包括以下主要条款：前提条件、项目公司的设立和融资、项目公司的经营范围、股东权利、履行PPP项目合同的股东承诺、股东的商业计划、股权转让、股东会、董事会、监事会组成及其职权范围、股息分配、违约、终止及终止后处理机制、不可抗力、适用法律和争议解决等。

项目投资人订立股东协议的主要目的在于设立项目公司，由项目公司负责项目的建设、运营和管理。因此，项目公司的股东可能会包括希望参与项目建设的承包商、运营的承包商、原料供应商、运营商、融资方等主体。在某些情况下，为了更直接地参与项目的重大决策、掌握项目实施情况，政府也可能通过直接参股的方式成为项目公司的股东（但政府通常并不控股和直接参与经营管理）。在这种情形下，政府与其他股东相同，享有作为股东的基本权益，同时也需履行股东的相关义务，并承担项目风险。

股东协议除了包括约定股东之间权利和义务的一般条款外，还可能包括与项目实施相关的特殊规定。以承包商作为项目公司股东为例，承包商的双重身份可能会导致股东之间一定程度的利益冲突，这些特殊关系的处理，一般会在股东协议中予以约定。例如，为防止承包商在工程承包事项上享有过多的控制权，其他股东可能会在股东协议中限制承包商在工程建设及索赔事项上的表决权;如果承包商参与项目的主要目的是承担项目的设计、施工等工作,并不愿长期持股,承包商会希望在股东协议中预先做出股权转让的相关安排;但另一方面,如果融资方也是股东,融资方通常会要求限制承包商转让其所持有的项目公司股权的权利,要求承包商至少要到工程缺陷责任期满后才可转让其所持有的项目公司股权。

(3) 履约合同。

①工程承包合同。

项目公司一般只作为融资主体和项目运营管理者而存在,其本身不一定具备自行设计、采购、建设项目的条件。因此,它可能会将部分或全部设计、采购、建设工作通过签订工程发承包合同委托给工程承包商。项目公司可以与单一承包商签订总承包合同,也可以分别与不同承包商签订合同。承包商的选择要遵循相关法律法规的规定。

由于工程承包合同的履行情况往往直接影响到PPP项目合同的履行,进而影响项目的贷款偿还和收益情况。因此,为了有效转移项目建设期间的风险,项目公司通常会与承包商签订一个固定价格、固定工期的"交钥匙"合同,将工程费用超支、工期延误、工程质量不合格等风险全部转移给承包商。此外,工程承包合同中通常还会包括履约担保和违约金条款,进一步约束承包商妥善履行合同义务。

②运营服务合同。

根据PPP项目运营内容和项目公司管理能力的不同,项目公司有时会考虑将项目全部或部分的运营和维护事务外包给有经验的专业运营商,并与其签订运营服务合同。有些个案,运营维护事务的外包可能需要事先取得政府的同意。但是,PPP项目合同中约定的项目公司的运营和维护义务与责任并不因项目公司将全部或部分运营和维护事务分包给其他运营商实施而豁免或解除。

由于PPP项目的合同期限通常较长,项目的运营和维护过程中存在较大的管理风险,可能因项目公司或运营商管理不善而导致项目亏损。因此,项目公司应优先选择资信状况良好、管理经验丰富的运营商,并在运营服务合同中预先约定风险分配机制或者投保相关保险来转移风险,确保项目平稳运营并获得稳定收益。

③原料供应合同。

有些PPP项目在运营阶段对原料的需求量很大,原料成本在整个项目运营成本中占比较大,同时原料易受价格波动、市场供给不足等影响,且又无法保证能够随时在公开市场上以平稳价格获取,继而可能会影响整个项目的持续稳定运营,例如燃煤电厂项目中的煤炭。因此,为了防控原料供应风险,项目公司通常会与原料的主要供应商签订长期原料供应合同,并且约定一个相对稳定的原料价格。

在原料供应合同中,一般会包括以下条款:交货地点和供货期限、供货要求和价格、质量标准和验收、结算和支付、合同双方的权利义务、违约责任、不可抗力、争议解决等。除上述一般性条款外,原料供应合同通常还会包括"照供不误"条款,即要求供应商以稳定的价格、稳定的质量品质为项目提供长期、稳定的原料。

④产品或服务购买合同。

在PPP项目中,项目公司的主要投资收益来源于项目提供的产品或服务的销售收入。因此,保证项目产品或服务有稳定的销售对象,对于项目公司而言十分重要。根据PPP项目付费机制的不同,项目产品或服务的购买者可能是政府,也可能是最终使用者。以政府付费的供电项目为例,政府的电力主管部门或国有电力公司通常会事先与项目公司签订电力购买协议，约定双方的购电和供电义务。

此外，在一些产品购买合同中，还会包括"照付不议"条款，即项目公司与产品的购买者约定一个最低采购量，只要项目公司按照最低采购量供应产品，不论购买者是否需要采购该产品，均应按照最低采购量支付相应的价款。

⑤融资合同。

从广义上讲，融资合同可能包括项目公司与融资方签订的项目贷款合同、担保人就项目贷款与融资方签订的担保合同、政府与融资方和项目公司签订的直接介入协议等多个合同。其中，项目贷款合同是最主要的融资合同。

在项目贷款合同中一般会包括陈述与保证、前提条件、偿还贷款、担保与保障、抵销、违约、适用法律与争议解决等条款。同时，出于贷款安全性的考虑，融资方往往要求项目公司以其财产或其他权益作为抵押或质押，或由其母公司提供某种形式的担保或由政府做出某种承诺，这些融资保障措施通常会在担保合同、直接介入协议以及 PPP 项目合同中予以具体体现。

需要特别强调的是，PPP 项目的融资安排是 PPP 项目实施的关键环节，鼓励融资方式多元化、引导融资方式创新、落实融资保障措施，对于增强投资者信心、维护投资者权益以及保障 PPP 项目的成功实施至关重要。

⑥保险合同。

由于 PPP 项目通常资金规模大、生命周期长，负责项目实施的项目公司及其他相关参与方通常需要对项目融资、建设、运营等不同阶段的不同类型的风险分别进行投保。通常可能涉及的保险种类包括货物运输险、工程一切险、针对设计或其他专业服务的职业保障险、针对间接损失的保险、第三者责任险。

鉴于 PPP 项目所涉风险的长期性和复杂性，为确保投保更有针对性和有效性，建议在制定保险方案或签署保险合同前先咨询专业保险顾问的意见。

⑦其他合同。

在 PPP 项目中还可能会涉及其他的合同，例如与专业中介机构签署的投资、法律、技术、财务、税务等方面的咨询服务合同。

图 2-3 为一个典型 PPP 项目合同结构设计实例。

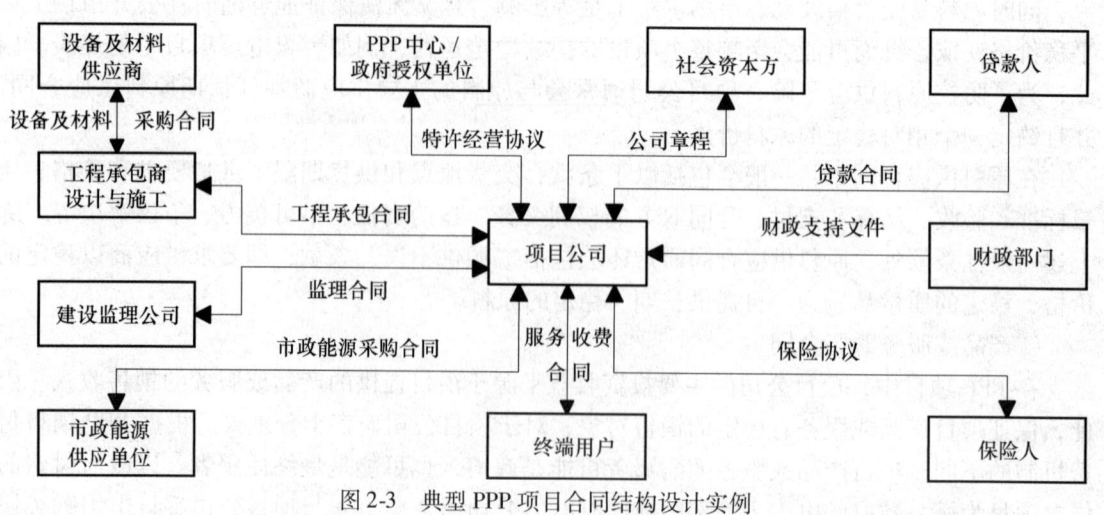

图 2-3　典型 PPP 项目合同结构设计实例

5. 监管结构

项目监管包括政府合同监管、最终用户服务监管、金融机构资金监管、其他利益相关者合同履行监管等。

政府在进行合同监管期间，有可能引入第三方监管机构对项目公司履约情况进行监督或中期评估。

用户可以参照项目公司与其签订的服务协议对项目公司提供的服务进行监督，并根据服务满意程度向政府机构进行投诉或提出建议。

金融机构会就项目资金使用及还款进度进行监管。

另外，参建方、保险公司等项目其他利益相关者将依据各类协议对项目公司的合同履行情况予以监督和约束。

典型项目监管结构设计实例如图 2-4、图 2-5 所示。

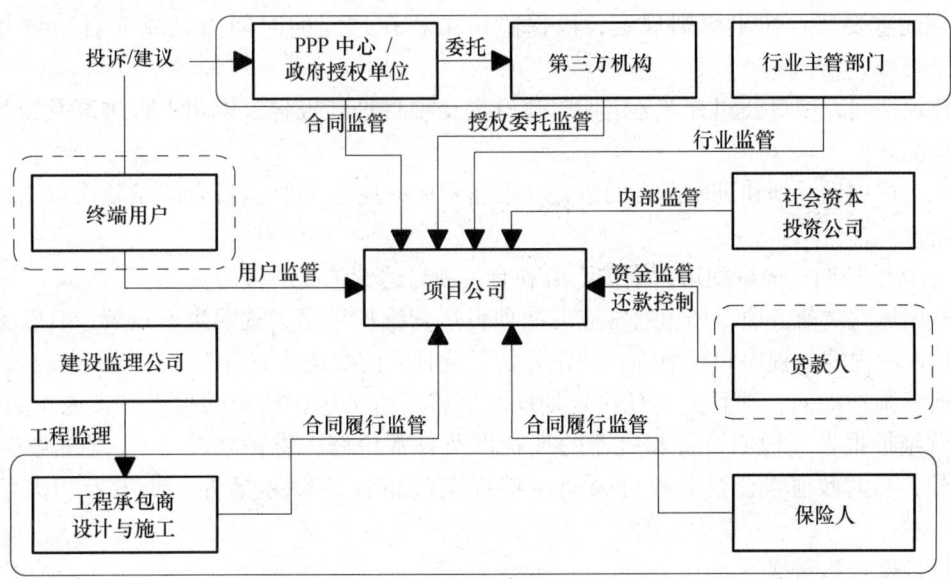

图 2-4　典型项目监管结构设计实例

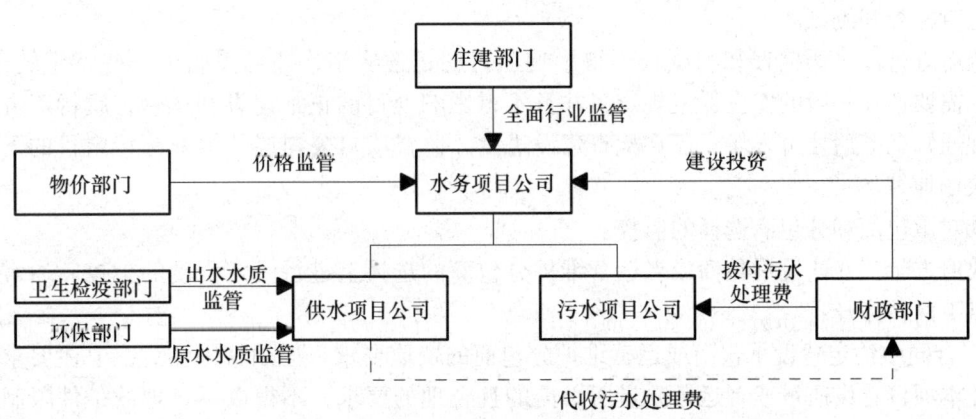

图 2-5　污水处理 PPP 项目监管结构设计实例

（1）政府方的监督权

从项目建设到运营的各个阶段，为了能够更好地了解项目进展、确保项目公司能够按照合同约定全面履行合同义务，政府方通常会在 PPP 项目合同中约定各种方式的监督权利，这些监督权通常散见于合同的不同条款中。需要特别说明的是，政府方的监督权必须在不影响项目正常实施的前提下行使，并且必须要有明确的限制，否则将会违背 PPP 项目的初衷，将本已交由项目公司承担的风险和管理角色又揽回到政府身上。不同项目、不同阶段下的政府监督权的内容均有可能不同，常见的政府方监督权包括：

①项目实施期间的知情权。

在 PPP 项目合同中通常会规定项目公司有义务定期向政府提供有关项目实施的报告和信息，以便政府方及时了解项目的进展情况。政府方的上述知情权贯穿项目实施的各个阶段，各阶段知情权的内容和实现方式也会有所不同，具体包括：

a. 建设期——审阅项目计划和进度报告。

在项目正式开工以前（有时在合同签订前），项目公司有义务向政府提交项目计划书，对建设期间重要节点作出原则规定，以保障该工程在约定的时间内完成项目建设并开始运营。

在建设期间，项目公司有义务定期向政府提交项目进度报告，说明工程进度及项目计划的完成情况。

有关上述项目计划和进度报告的格式和报送程序，应在 PPP 项目合同条款或者附件中予以明确约定。

b. 运营维护期——审阅运营维护手册和有关项目运营情况的报告。

在开始运营之前，项目公司通常应编制项目运营维护手册，载明生产运营、日常维护以及设备检修的内容、程序和频率等，并在开始运营日之前报送政府备查。

在运营维护期间，项目公司还应定期向政府报送有关运营情况的报告或其他相关资料，例如运营维护报告（说明设备和机器的现状以及日常检修、维护状况等）、严重事故报告等。此外，有时政府也会要求项目公司定期提交经审计的财务报告、使用者相关信息资料等。

②进场检查和测试。

在 PPP 项目合同中，有时也会约定在特定情形和一定限制条件下，政府方有权进入项目现场进行检查和测试。

政府方行使进场检查和测试权不得影响项目的正常实施，并且受制于一些特定的条件，例如：需要遵守一般的安全保卫规定，并且不得影响项目的正常建设和运营；履行双方约定的合理通知义务后才可入场；仅在检查建设进度、监督项目公司履约情况等特定目的下才有权进入场地等。

③对承包商和分包商选择的监控。

政府方希望在建设承包商或者运营维护分包商的选择上进行一定程度的把控。通常可能采取以下两种途径：

a. 合同中约定建设承包商或运营维护分包商的资质要求。但须特别注意，上述要求必须是保证本项目建设质量或者运营质量所必需的且合理的要求，不得以不合理的条件限制项目公司自行选择承包商或分包商的权利。

b. 事先知情权。要求项目公司在签订工程承包合同或运营维护合同前事先报告政府方，由政府方在规定的期限（例如，5 个工作日）内确认该承包商或分包商是否符合上述合同约定的资质要求；如果在规定期限内，政府方没有予以正式答复，则视为同意项目公司所选择的承包商或分包商。

需要特别说明的是，在 PPP 项目中，原则上项目公司应当拥有选择承包商和分包商的充分控制权。政府方对于项目质量的控制一般并不依赖于对承包商及分包商选择的直接控制，而是通过付费机制和终止权利来间接把控项目的履约。例如，如果项目质量无法达到合同约定的标准，项目的付费就会被扣减，甚至在严重情形下，政府方可以终止项目。

④参股项目公司。

在 PPP 实践中，为了更直接地了解项目的运作以及收益情况，政府方也有可能通过直接参股项目公司的方式成为项目公司股东，甚至董事（即使政府所持有的股份可能并不多），以便更好地实现知情权。在这种情形下，原则上政府方与其他股东相同，享有作为股东的基本权益，同时也需履行股东的相关义务，并承担项目风险，但是经股东协商一致，政府方可以选择放弃部分权益或者可能被免除部分义务，有关政府方与其他股东的权利义务安排，通常会规定在项目公司的股东协议中。

（2）政府方的介入权。

由于 PPP 项目通常是涉及公共利益的特殊项目，从履行公共管理职能的角度出发，政府需要对项目执行的情况和质量进行必要的监控，甚至在特定情形下，政府有可能临时接管项目。PPP 项目合同中关于政府方的监督和介入机制，通常包括政府方在项目实施过程中的监督权以及政府方在特定情形下对项目的介入权两部分内容。

除了上述的一般监督权，在一些 PPP 项目合同中，会赋予政府方在特定情形下（如紧急情况发生或者项目公司违约）直接介入项目并实施的权利。但与融资方享有的介入权不同，政府方的介入权通常适用于发生短期严重的问题且该问题需要被快速解决，而政府方在解决该问题上更有优势和便利的情形，通常包括项目公司未违约情形下的介入和项目公司违约情形下的介入两类。需要注意的是，上述介入权是政府方一项可以选择的权利，而非必须履行的义务。

①项目公司未违约情形下的介入。

a. 政府方可以介入的情形。

为了保证项目公司履行合同不免受到不必要的干预，只有在特定的情形下，政府方才拥有介入的权利。常见的情形包括：

- 存在危及人身健康或安全、财产安全或环境安全的风险。
- 介入项目以解除或行使政府的法定责任。
- 发生紧急情况，且政府合理认为该紧急情况将会导致人员伤亡、严重财产损失或造成环境污染，并且，会影响项目的正常实施。

如果发生上述情形，政府方可以选择介入项目的实施，但政府方在介入项目之前必须按 PPP 项目合同中约定的通知程序提前通知项目公司，并且应当遵守 PPP 合同中关于行使介入权的要求。

b. 政府方介入的法律后果。

在项目公司未违约的情形下，发生了上述政府方可以介入的情形，政府方如果选择介入项目，需要按照合同约定，提前通知项目公司其介入计划以及介入程度。该介入的法律后果一般如下：

- 在政府方介入的范围内，如果项目公司的任何义务或工作无法履行，这些义务或工作将被豁免。

- 在政府方介入的期间内，如果是采用政府付费机制的项目，政府仍应当按照合同的约定支付服务费或其他费用，不论项目公司是否提供有关的服务或是否正常运营。
- 因政府方介入引发的所有额外费用均由政府承担。

②项目公司违约情形下的介入。

如果政府方在行使监督权时发现项目公司违约，政府方认为有可能需要介入的，通常应在介入前按照PPP项目合同的约定书面通知项目公司并给予其一定期限自行补救；如果项目公司在约定的期限内仍无法补救，政府方才有权行使其介入权。

政府方在项目公司违约情形下介入的法律后果一般如下：

a. 政府方或政府方指定第三人将代项目公司履行其违约所涉及的部分义务。

b. 在项目公司为上述代为履行事项提供必要协助的前提下，在政府方介入期间内，如果是采用政府付费或可行性缺口补助机制的项目，政府方仍应当按照合同约定就不受违约影响部分的服务或产品支付费用或提供补助。

c. 任何因政府方介入产生的额外费用均由项目公司承担，该部分费用可从政府付费中扣减或者由项目公司另行支付。

d. 如果政府方的介入仍然无法补救项目公司的违约，政府方仍有权根据提前终止机制终止项目合同。

6. 政府承诺

为了确保PPP项目的顺利实施，在PPP项目策划与设计中通常会包括政府承诺的内容，用以明确约定政府在PPP项目实施过程中的主要义务。

一般来讲，政府承诺需要同时具备以下两个前提：一是如果没有该政府承诺，会导致项目的效率降低、成本增加，甚至无法实施；二是政府有能力控制和承担该义务。

7. 股权变更

在PPP项目中，虽然项目的实施主体和PPP项目合同的签署主体通常是社会资本设立的项目公司，但项目的实施仍主要依赖于社会资本自身的资金和技术实力。项目公司自身或其母公司的股权结构发生变化，可能会导致不合适的主体成为PPP项目的投资人或实际控制人，进而有可能会影响项目的实施。因此，为了有效控制项目公司股权结构的变化，在PPP项目合同中一般会约定限制股权变更的条款。该条款通常包括股权变更的含义、范围以及股权变更的限制等内容。

（1）限制股权变更的考虑因素。

对于股权变更问题，社会资本和政府方的主要关注点完全不同，合理地平衡双方的关注点是适当确定股权变更范围的关键。

①政府方关注。

对于政府方而言，限制项目公司自身或其母公司的股权结构变更的目的是为了避免不合适的主体进入该PPP项目的实施过程。由于在选择项目合作方阶段，通常是政府方预先对社会资本的融资能力、技术能力、管理能力等资格条件进行系统评审后，才最终选定社会资本合作方。因此，如果在项目实施阶段特别是建设阶段，社会资本将自身或项目公司的部分或全部股权转让给不符合上述资格条件的主体，将有可能直接导致项目无法按照既定目的或标准实施。

②社会资本的关注。

对社会资本而言，希望通过转让其所直接或间接持有的部分或全部的项目公司股权的方式，来吸引新的投资者或实现退出。保障其自由转让股权的权利，有利于增加资本灵活性和融资吸引力，进而有利于社会资本更便利地实现资金价值。因此，社会资本当然不希望其自由转让股份的权利受到限制。

因此，为更好地平衡上述两方的不同关注，PPP项目合同中需要设定一个适当的股权变更限制机制，在合理的期限和限度内有效限制社会资本不当的股权变更。

（2）股权变更的内容与范围。

在不同PPP项目中，政府方希望控制的股权变更范围和程度也会有所不同，通常股权变更的范围包括：

①直接或间接转让股权。

在国际PPP实践，特别是在涉及外商投资的PPP项目中，投资人经常会搭建多层级的投资架构，以确保初始投资人的股权变更不会对项目公司的股权结构产生直接影响。但在一些PPP项目合同中，会将项目公司及其各层级母公司的股权变更均纳入股权变更的限制范围，但对于母公司股权变更的限制，一般仅限于可能导致母公司控股股东变更的情形。例如，在PPP项目合同中约定，在一定的期间内，项目公司的股权变更及其各级控股母公司的控股股权变更均须经过政府的事前书面批准。

②并购、增发等其他方式导致的股权变更。

PPP合同中的股权变更，通常并不局限于项目公司或母公司的股东直接或间接将股权转让给第三人，还包括以收购其他公司股权或者增发新股等其他方式导致或可能导致项目公司股权结构或母公司控股股东发生变化的情形。

③股份相关权益的变更。

广义上的股权变更，除包括普通股、优先股等股份的持有权变更以外，还包括股份上附着的其他相关权益的变更，例如表决权等。此外，一些特殊债权，如股东借款、可转换公司债等，如果也带有一定的表决权或者将来可转换成股权，则也可能被纳入"股权变更"的限制范围。

④兜底规定。

为了确保"股权变更"范围能够全面地涵盖有可能影响项目实施的股权变更，PPP项目合同设计中往往还会增加一个关于股权变更范围的"兜底性条款"，即"其他任何可能导致股权变更的事项"。

（3）股权变更的限制。

①锁定期。

a. 锁定期的含义。

锁定期是指限制社会资本转让其所直接或间接持有的项目公司股权的期间。通常在设计PPP项目合同中会直接约定：在一定期间内，未经政府批准，项目公司及其母公司不得发生上文定义的任何股权变更的情形，这也是股权变更限制的最主要机制。

b. 锁定期期限。

锁定期的期限需要根据项目的具体情况设定，常见的锁定期是自合同生效日起，至项目开始运营日后的一定期限（例如2年，通常至少直至项目缺陷责任期届满）。这一规定的目的是为了确保在社会资本全面履行完其全部出资义务之前不得轻易退出项目。

c. 例外情形。

在锁定期内，如果发生以下特殊的情形，可以允许发生股权变更：

- 项目贷款人为履行本项目融资项下的担保而涉及的股权结构变更。
- 将项目公司及其母公司的股权转让给社会资本的关联公司。
- 如果政府参股了项目公司,则政府转让其在项目公司股权的不受上述股权变更限制。

②其他限制。

除锁定期外,在一些 PPP 项目中还可能会约定对受让方的要求和限制,例如约定受让方须具备相应的履约能力及资格,并有能力继承转让方相应的权利与义务等。在一些特定的项目中,政府方有可能不希望特定的主体参与到 PPP 项目中。因此,可以在合同中约定禁止将项目公司的股权转让给特定的主体。

这类对于股权受让方的特殊限制通常不以锁定期为限,即使在锁定期后,也需要政府方的事前批准才能实施。但此类限制通常不应存在任何地域或所有制歧视。

③违反股权变更限制的后果。

一旦发生违反股权变更限制的情形,将直接认定为项目公司的违约行为,情节严重的,政府方将有权因该违约而提前终止项目合同。

8. 保险

在项目合同谈判中,通常只有在最后阶段才会谈及项目相关的保险问题。因此,这一问题也极易被有关各方所忽略。然而,能否获得相关保险、保险覆盖的范围等问题恰恰是项目风险的核心所在,需要政府与项目公司在谈判中予以重点关注。

需要特别说明的是,保险并不能覆盖项目的所有风险,对于具体项目涉及的具体风险而言,保险也并不一定是最适合的风险应对方式。此外,由于保险是一个复杂且专业的领域,具体项目需要购买哪些保险还需要根据项目的具体情况来制定保险方案,并参考专业保险顾问的意见。

(1)一般保险义务。

①购买和维持保险义务。

大多数 PPP 项目合同会约定由项目公司承担购买和维持保险的相关义务,具体可能包括:

a. 在整个 PPP 项目合作期限内,购买并维持项目合同约定的保险,确保其有效且达到合同约定的最低保险金额。

b. 督促保险人或保险人的代理人在投保或续保后尽快向政府提供保险凭证,以证明项目公司已按合同约定取得保单并支付了保费。

c. 如果项目公司没有购买或维持合同约定的某项保险,则政府方可以投保该项保险,并从履约保函项下扣抵其所支付的保费或要求项目公司偿还该项保费。

d. 向保险人或保险代理人提供完整、真实的项目可披露信息。

e. 在任何时候不得做出或允许其他人做出任何可能导致保险全部或部分失效、可撤销、中止或受损害的行为。

f. 当发生任何可能影响保险或其项下的任何权利主张的情况或事件时,项目公司应立即书面通知政府方。

g. 尽一切合理的努力协助政府或其他被保险人及时就保险提出索赔或理赔;等等。

②保单要求。

在 PPP 项目合同中,政府方可能会要求保单满足以下要求:

a. 项目公司应当以政府方及政府方指定的机构作为被保险人进行投保。

b. 保险人同意放弃对政府方行使一些关键性权利，比如代位权（即保险人代替被保险人向政府及其工作人员主张权利）、抵扣权（根据《保险法》第六十条第二款规定：前款规定的保险事故发生后，被保险人已经从第三者取得损害赔偿的，保险人赔偿保险金时，可以相应扣减被保险人从第三者已取得的赔偿金额）以及多家保险公司共同分摊保险赔偿的权利，等等。

c. 在取消保单、不续展保单或对保单做重大修改等事项发生时，提前向政府方发出书面通知。当然，实践中政府方需要根据项目实际情况以及保险人的意愿确定具体的保单要求。

③保险条款的变更。

由于保险条款的变更可能对项目风险管理产生影响，一般情况下，合同中会约定未经政府方同意，不得对保险合同的重要条款（包括但不限于保险范围、责任限制以及免赔范围等）做出实质性变更。

政府方在审议保险条款变更事项时，需要结合当时的市场情况，分析保险条款变更是否会对项目整体保险方案产生影响以及影响的程度等。

（2）常见的保险种类。

在选择需要投保的险种时，各方需要考虑项目的具体风险以及相关保险能否在当地获得。实践中，可供选择的险种包括但不限于：

①货物运输保险。

投保货物运输相关保险主要是为了转移项目相关的材料和设备在运输途中遭遇损坏或灭失的风险。其主要分为海洋货物运输保险、国内水路货物运输保险、国内陆路货物运输保险、航空货物运输保险和其他货物运输保险。

②建筑工程一切险及第三者责任险。

建筑工程一切险是承保各类民用、工业和公用事业建筑工程项目建造过程中因自然灾害或意外事故而引起的一切损失的险种。在建工程抵抗灾难的能力差、风险大，一旦发生损失，不仅会对工程本身造成巨大的物质财产损失，甚至可能殃及邻近人员和财产。

建筑工程一切险往往还加保第三者责任险。第三者责任险是指凡在工程期间的保险有效期内因在工地上发生意外事故造成在工地及邻近地区的第三者人身伤亡或财产损失，依法应由被保险人承担的经济赔偿责任。

因此，建筑工程一切险及第三者责任险作为转嫁工程风险，保障在建工程顺利进行的有效手段，受到广大工程业主、承包商、分包商等工程相关人士的青睐。

③安装工程一切险及第三者责任险。

安装工程一切险是承保安装机器、设备、储油罐、钢结构工程、起重机、吊车以及包含机械工程因素的各种建造工程的险种。

安装工程一切险往往还加保第三者责任险。安装工程一切险的第三者责任险是在保险期限内，因发生意外事故，造成在工地及邻近地区的第三者人身伤亡、疾病或财产损失，依法应由被保险人赔偿的经济损失，以及因此而支付的诉讼费用和经保险人书面同意支付的其他费用。

④施工机具综合保险。

施工机具综合保险通常是指在工程建设、安装、运营测试及调试期间，就项目公司选定的承包商自有或其租赁的施工机具的损坏或丢失的可保风险进行投保。具体承保的范围与除外责任，依具体保险合同的约定可能略有不同，投保的范围也需要根据项目作业的类型，以及关键设备的数量来定。

⑤雇主责任险。

雇主责任险通常是对所有雇员在从事与工程建设和运营有关的业务工作时，因遭受意外或患与业务有关的国家规定的职业性疾病而致伤、残或死亡的，依照劳动合同和我国法律须对被保险人应承担的医疗费及赔偿责任等进行的投保。

9. 履约

（1）履约担保概述。

①履约担保的含义。

在大部分PPP项目中，政府通常会与专门为此项目新设的、没有任何履约记录的项目公司签约。鉴于项目公司的资信能力尚未得到验证，为了确保项目公司能够按照合同约定履约，政府通常会希望项目公司或其承包商、分包商就其履约义务提供一定的担保。本节所述的履约担保广义上是指为了保证项目公司按照合同约定全面履行合同并实施项目所设置的各种保证机制。

履约担保的方式通常包括履约保证金、履约保函以及其他形式的保证等。

②要求项目公司提供履约担保的主要考虑因素。

在传统的采购模式中，政府通常可能会要求项目承包商或分包商通过提供保函或第三人保证（例如母公司担保）等方式为其履约进行担保。

但PPP模式与传统的采购模式有所不同，在要求项目公司提供履约担保时还需要考虑以下因素：

a. 社会资本成立项目公司的目的之一就是通过项目责任的有限追索来实现风险剥离，即项目公司的投资人仅以其在项目公司中的出资为限对项目承担责任。因此，多数情况下项目公司的母公司本身可能并不愿意为项目提供额外的担保。

b. PPP项目本身通常已经设置了一些保证项目公司按合同履约的机制（例如付费机制和项目期限机制等），足以激励和约束项目公司妥善履约。

c. 在PPP项目中并非采用的担保方式越多、担保额度越大对政府越有利，因为实际上每增加一项担保均会相应增加项目实施的成本。

③选择履约担保方式的基本原则。

为了更好地实现物有所值原则，在具体项目中是否需要项目公司提供履约担保、需要提供何种形式的担保以及担保额度，均需要具体分析和评估。一般的原则是，所选用的担保方式可以足够担保项目公司按合同约定履约，且在出现违约的情形下政府有足够的救济手段即可。

如果该项目公司的资信水平和项目本身的机制足以确保项目公司不提供履约担保同样能够按照合同约定履约，且在项目公司违约的情形下，政府有足够的救济手段，则可以不需要项目公司提供履约担保。

反言之，如果项目公司资信和项目机制均不足以确保项目公司按合同约定履约，同时项目公司违约时，政府缺乏充足有效的救济手段，则需要项目公司提供适当的履约担保。

（2）常见的履约担保方式——保函。

在PPP实践中，最为常见、最为有效的履约担保方式是保函。保函是指金融机构（通常是银行）应申请人的请求，向第三方（即受益人）开立的一种书面信用担保凭证，用以保证在申请人未能按双方协议履行其特定责任或指定义务时，由该金融机构代其履行一定金额、一定期限范围内的某种支付责任或经济赔偿责任。在出具保函时，金融机构有可能要求申请人向金融机构提供抵押或者质押。

为了保证项目公司根据PPP项目合同约定的要求实施项目，全面履行义务，政府可以要求项目公司提供一个或多个保函，具体可能包括建设期履约保函、维护保函、移交维修保函等。在PPP项目中，保函既包括项目公司向政府提供的保函，也包括项目承包商、分包商或供应商为担保其合同义务履行而向项目公司或直接向政府提供的保函。

政府可能根据项目的实际情况，要求项目公司在不同期间提供不同的保函，常见的保函包括：

①建设期的履约保函。

建设期履约保函是比较常见的一种保函，主要用于担保项目公司在建设期能够按照PPP合同约定的内容（含标准）进行建设，并且能够保证按时完工。该保函的有效期一般是从PPP项目合同全部生效之日起到建设期结束。

②运营维护期的履约保函/维护保函。

运营维护期的履约保函，也称维护保函，主要用以担保项目公司在运营维护期内按照PPP项目合同的约定履行运营维护义务。该保函的有效期通常视具体项目而定，可以一直持续到项目期限终止。在项目期限内，项目公司有义务保证该保函项下的金额一直保持在一个规定的金额，一旦低于该金额，项目公司应当及时将该保函恢复至该规定金额。

③移交维修保函。

在一些PPP项目中，还可能会约定移交维修保函。移交维修保函提交时间点一般在期满终止日12个月之前，担保至期满移交后12个月届满。

与此同时，在PPP项目合同签订前，政府还可能要求项目公司提供下列保函：

a. 投标保函。

在许多PPP项目中，政府会要求参与项目采购的社会资本提供一个担保，作为防止恶意参与采购的一项保障（如社会资本参与采购程序仅仅是为了获取商业信息，而没有真正的签约意图）。这类保函通常在采购程序结束并且选定社会资本同意或正式签署PPP项目合同时才会予以返还。因此，关于投标保函的要求并不出现在PPP项目合同中，因为一旦签署了PPP项目合同，投标保函即被返还并且失效。

b. 担保合同前提条件成立的履约保函。

在一些PPP项目中，为了确保项目公司能够按照约定的时间达成融资交割等PPP项目合同中约定的合同生效的前提条件，政府可能会要求项目公司在签署PPP项目合同之前向政府提交一份履约保函，以担保合同前提条件成立。该保函通常在PPP项目合同条款全部生效之日即被返还并失效。

2-1-2-5 项目采购

1. 采购方式的选择

根据财政部于2014年12月31日发布《政府和社会资本合作项目政府采购管理办法》（财库〔2014〕215号）（以下简称《采购管理办法》），PPP项目采购是遵循公开、公平、公正和诚实信用原则，依法选择社会资本合作者（供应商）的过程。

《采购管理办法》提出PPP项目采购方式主要有公开招标、邀请招标、竞争性谈判、竞争性磋商和单一来源采购。项目实施机构应当根据PPP项目采购需求特点，依法选择适当的采购方式。

公开招标应作为政府采购的主要方式。竞争性谈判和竞争性磋商是与公开招标并列的常见的PPP项目社会资本甄选方式。

（1）公开招标适用范围：公开招标主要适用于采购需求中核心边界条件和技术经济参数明确、完整、符合国家法律法规及政府采购政策，且采购过程中不作更改的项目。

（2）邀请招标适用范围：具有特殊性，只能从有限范围的供应商处采购的；采用公开招标方式的费用占政府采购项目总价值的比例过大的项目。

（3）竞争性谈判适用范围：招标后没有供应商投标或者没有合格标的，或重新招标未能成立的；技术复杂或者性质特殊，不能确定详细规格或者具体要求的；或者重新招标采用招标所需时间不能满足用户紧急需要的；不能事先计算出价格总额的项目。

（4）竞争性磋商适用范围：政府购买服务项目；技术复杂或者性质特殊，不能确定详细规格或者具体要求的；专有技术或者服务时间的、数量事先不能确定的；市场竞争不充分的科研项目，以及需要扶持的科技成果转化项目；招标项目以外的工程建设项目。

（5）单一来源采购适用范围：只能从唯一供应商处采购的；发生了不可预见的紧急情况不能从其他供应商处采购的；必须保证原有采购项目一致性或者服务配套的要求，需要继续从原供应商处添购，且添购资金总额不超过原合同采购金额百分之十的项目。

2. 竞标变量及评价标准

（1）竞标变量。

PPP项目选择社会投资方竞争的要点主要包括：收费价格、特许经营期限、融资能力、建设与经营管理技术水平等。

PPP项目采购的指标通常为综合指标。不是所有的PPP项目都能提出最低产出单价。

实践中，竞标的标准还包括：设计方案的质量；项目整体支付进度计划；建造期间维持交通方案；质量保证和质量控制方案；环保方案；提出的融资计划。

典型项目的竞争条款和评审条款见表2-3。

表2-3　典型项目的竞争条款和评审条款

项　目	内　容
竞争条款	特许经营期限
	收费单价
评审项	设计方案的质量
	项目整体交付进度计划
	建造实施方案
	质量保证和质量控制方案
	环境保护方案
	融资计划

（2）评价标准。

评价的目标是使综合得分最高者或符合技术标准且成本最低的一方胜出。

PPP项目评价标准一般分为三类：技术、财务和风险分配，每一类又被进一步细分。在常规项目评价标准中，价格权重一般高于技术权重。

典型项目评价标准和权重分配的情况如表2-4所示。

表 2-4 典型项目评价标准和权重分配的情况

评价标准	分值比例（%）
技术方案技术、产出说明以及运营维护要求	25
风险分担计划	10
融资方案	10
财务报价（以净现值为基础）	55
总分	100

3. 案例：PPP 项目公开招标公告

北京兴延高速公路政府与社会资本合作（PPP）项目招标公告

（1）招标条件。

北京兴延高速公路政府与社会资本合作（PPP）项目实施方案已由北京市政府批准，根据市政府批准文件，北京兴延高速公路政府与社会资本合作（PPP）项目（以下简称该项目）采用政府和社会资本合作方式实施，北京市交通委员会作为该项目实施机构，北京市首都公路发展集团有限公司（以下简称首发集团）为该项目政府出资人代表。该项目已具备招标条件，北京市交通委员会作为招标人，工程咨询公司作为该项目的招标代理人，采用公开招标方式选择该项目的社会投资人。

（2）项目概况、招标范围及 PPP 操作模式。

①项目概况。

兴延高速公路位于京藏高速公路以西呈南北走向，南起西北六环路双横立交，北至京藏高速营城子立交收费站，路线全长约 42.2km。线路途径昌平、延庆两个区县，其中平原段约 17.8km，山区段约 24.4km。

兴延高速公路工程按高速公路标准设计，其中平原段设计速度为 100km/h，山区段设计速度为 80km/h。

全线桥梁共 33 座，互通式立交 4 座，分离式立交 3 座，服务区立交 1 座，特大桥 3 座，大桥 5 座，中桥 2 座，管理区车行天桥 1 座，通道桥 14 座，桥梁总面积为 39.8 万平方米，全线桥梁占比为 24.8%。

全线设隧道 5 处，共 11 座，其中特长隧道 3 处（最长隧道全长约 5700m），长隧道 2 处，单洞累计全长 31089m（进京线全长 15508m，出京线全长 15581m），隧道比为 36.7%。

本项目总投资约 143 亿元，采用 PPP 模式由首发集团（政府方出资代表）与社会投资人共同组建项目公司，对该项目进行特许经营。

以上数据以批准的初步设计文件为准。

本项目特许经营期分为建设期和运营期，建设期：约 39 个月（2015 年 10 月—2018 年 12 月）；运营期：自正式通车之日起至项目移交日止 25 年（2019 年 1 月 - 2043 年 12 月）。

②招标范围。

本次招标范围为北京兴延高速公路政府与社会资本合作（PPP）项目的社会投资人。

③PPP 操作模式。

本项目操作模式为特许经营模式，在特许经营期内，由北京市交通委员会代表北京市人民政府授予项目公司特许经营权，由项目公司投资、建设、运营兴延高速公路，期限届满移交政府。本项目特许经营权包括高速公路收费权、沿线广告牌、加油站及附属设施经营权。

政府就约定通行费标准与实际通行费标准之间的通行费差额对项目公司进行补贴。

投标人中标后，社会投资人与首发集团按照《中华人民共和国公司法》及其他相关法律和政策规定共同出资组建项目公司，项目公司对项目的筹划、资金筹措、建设实施、运营管理、债务偿还和资产管理等全过程负责，特许经营期满后，按照本项目PPP合同将公路、广告牌、加油站及附属设施等实物资产及相关资料无偿移交给交通运输主管部门或其指定单位。

首发集团出资金额为项目总投资的25%，约为36亿元，股权比例为49%（不参加项目公司利润分配），社会投资人出资金额约为37.5亿元，股权比例为51%。

项目公司履行项目法人职责，社会投资人按施工总承包模式负责工程施工。

（3）投标人资格要求及资格审查方式。

①本次招标要求投标人具备的资格条件：

a. 在中国境内依法注册的企业法人，且合法存续，没有处于被吊销营业执照、责令关闭或者被撤销等不良状态。（以联合体形式投标的，联合体所有成员均需要满足此要求）。

b. 投标人需具有建设行政主管部门核发的安全生产许可证并具有下列条件之一：

- 住建部颁发的公路工程施工总承包特级资质。
- 同时具有住建部颁发的公路工程施工总承包一级资质及隧道工程专业承包一级资质。

（以联合体形式投标的，联合体承担建设施工任务方需要满足此要求）。

c. 投标人须具备如下项目经验及业绩：

- 近五年（2010年6月至投标截止日期）作为投资人累计承揽过投资建设合同金额不少于40亿元的公路投资项目。
- 近五年（2010年6月至投标截止日期）累计承揽过40km及以上的新建高速公路施工任务，且承揽过1条10km及以上的新建高速公路施工任务。
- 近五年（2010年6月至投标截止日期）累计承揽过20km及以上的（公路、铁路、轨道交通）隧道施工任务，且承揽过单洞3km及以上的（公路、铁路、轨道交通）隧道施工任务。（以联合体形式投标的，项目经验及业绩按照联合体各成员单位之和确定）。

d. 注册资本10亿元以上（以联合体形式投标的，联合体成员均需要满足此要求），2014年末净资产40亿元以上（以联合体形式投标的，可以联合体各成员单位之和计算）。

e. 最近连续三年每年均为盈利，且年度财务报告应当经具有法定资格的中介机构审计；财务状况良好，没有处于财产被接管、冻结、破产或其他不良状态、无重大不良资产或不良投资项目。（以联合体形式投标的，联合体所有成员均需要满足此要求）。

f. 有不低于110亿元（或等值货币）的投融资能力（以联合体形式投标的，联合体投融资能力按照联合体各成员单位之和确定）。

g. 商业信誉良好，在经济活动中无重大违法违规行为，近三年内财务会计资料无虚假记载、银行和税务信用评价系统或企业信用系统中无不良记录，且未被省级及以上交通运输主管部门取消项目所在地的投标资格或禁止进入该区域公路建设市场且处罚期未满的（以联合体形式投标的，联合体所有成员均需要满足此要求）。

h. 单位负责人为同一人或者存在控股、管理关系的不同单位，不得同时参加投标；属于同一控股、管理关系单位的投标人不超过2家。

②本次招标接受联合体投标。

联合体投标的，应满足下列要求：

a. 联合体各方应签订共同投标协议，明确联合体各方拟承担的工作和责任，明确联合体牵头人和联合体其他成员的权利义务、出资额或出资比例。

  b. 联合体各方不得再以自己名义单独投标，也不得参加其他联合体在本招标项目中投标。

  c. 联合体组成后不得再发生变化。

  d. 联合体成员不得超过3家。

  e. 联合体各方必须指定牵头人，授权其代表所有联合体成员负责投标和合同实施阶段的主办、协调工作，并应当向招标人提交由所有联合体成员法定代表人签署的授权书，且牵头人必须为本项目施工总承包任务的承担者。

  f. 联合体各成员在投标、中标与组建项目公司过程中，仍负有连带的和各自的法律责任。

  g. 投标人中标后，未经招标人书面同意，联合体的成员结构、相互关系及出资比例均不得变动。

  ③招标实行资格审查制度。

  本次招标实行资格后审，资格审查的具体要求详见招标文件。资格审查不合格的投标人其投标文件按废标处理。

  （4）招标文件的获取。

  ①投标单位需提供的材料。

  凡有意参加投标的单位，请于2015年6月23日至2015年6月29日（法定公休日、法定节假日除外，下同），每日上午9时至11时30分，下午14时至17时（北京时间，下同），在工程咨询公司持以下资料报名并领取招标文件：

  a. 营业执照副本。

  b. 资质证书副本。

  c. 安全生产许可证副本。

  d. 组织机构代码证书副本。

  e. 公司章程。

  f. 联合体投标意向书。

  g. 法定代表人授权委托书及被授权人身份证件。

  上述资料需提供加盖单位公章的彩色扫描件，并均需交验原件，以联合体投标的，联合体各方均需提供上述资料（非施工单位可不提供②，③）。

  ②招标文件的价格。

  招标文件每套售价1000元，招标图纸及相关资料每套售价5000元，一律现金支付，售后不退。

  （5）投标文件的递交及相关事宜。

  ①招标人将于下列时间和地点组织进行工程现场踏勘并召开投标预备会。

  踏勘现场时间：2015年7月3日8时。

  集中地点：京新高速公路（G7）沙河收费站东侧管理区，每个投标人参加人数不超过3人。

  投标预备会时间：2015年7月6日9时，地点：首发大厦C座第一会议室。

  ②投标文件递交的截止时间（投标截止时间，下同）为2015年8月25日9时30分，投标人应于当日8时30分至9时30分将投标文件递交至大厦一层会议室（如有变化另行通知）。

  ③逾期送达的或者未送达指定地点的或者不按照招标文件要求密封的投标文件，招标人

不予受理。

(6) 发布公告的媒介。

本次招标公告同时在中国采购与招标网（www.chinabidding.com）、中国政府采购网（www.ccgp.gov.cn）、北京市招投标公共服务平台（www.bjztb.gov.cn）、北京市财政局（www.bjcz.gov.cn）以及北京市交通委员会（www.bjjtw.gov.cn）网站上发布。

(7) 联系方式。

略。

2-1-2-6 项目实施

1. 项目设计

(1) 设计的范围。

广义的设计通常包含可行性研究、初步设计、施工图设计。但根据PPP相关法律政策规定，政府方或社会投资方（视哪一方为PPP项目发起方而定）应根据经批准的可行性研究报告编制及确定实施方案（对于一般性政府投资项目，可在可行性研究报告中增加PPP项目实施专章），因此在进入采购阶段以前，可行性研究报告必须是完成的。当然这仅是针对单体项目而言，如若是片区开发项目则不可能也不必要完成所有基础设施和公共服务项目建设的可行性研究报告。因此，通常单体PPP项目的设计范围可以包含初步设计和施工图设计。

根据政府已完成设计工作的多少，PPP项目合同中约定的设计范围也会有所不同：如果政府仅编制了项目产出说明和可行性研究报告，项目公司将承担主要的设计工作；如果政府已完成了一部分设计工作（如已完成初步设计），则项目公司的设计范围也会相应缩小。

(2) 设计工作的分工。

根据项目具体情况的不同，PPP项目合同中对于设计工作的分工往往会有不同。常见的设计工作分工包括：

①可行性研究报告、项目产出说明——由政府或社会资本方完成。

如果PPP项目由政府方发起，则应由政府自行完成可行性研究报告和项目产出说明的编制工作；如果PPP项目由社会资本方发起，则可行性研究报告和项目产出说明由社会资本方完成。无论可行性研究报告和项目产出说明由谁完成，其均应作为采购文件以及最终签署的合同文件的重要组成部分。

②初步设计和施工图设计——由项目公司完成。

在PPP项目合同签署后，项目公司负责编制或最终确定初步设计和施工图设计，并完成全部的设计工作。

2. 土地使用

根据《关于印发试行〈土地分类〉的通知》，我国土地可分为三个层级，第一层级包含3个分类，第二层级包含15个分类，第三层级包含71个分类。第一层级的3个分类分别为农用地、建设用地和未利用地。第二层级根据第一层级细分而得，分别为耕地、园地、林地、牧草地和其他农用地；商服用地、工矿仓储用地、公共建设用地、公共建筑用地、住宅用地、交通运输用地、水利设施用地和特殊用地；以及未利用地和其他用地。现行PPP模式所涉及的土地大部分为建设用地，少部分为农用地，实际操作过程中可能出现农用地转化为建设用地等情况。

PPP项目合同中的项目用地条款，是对项目实施中涉及的土地方面的权利和义务的约定，通常包括土地权利的取得、相关费用的承担以及土地使用的权利及限制等内容。具体内容详见本书3-3-4。

3. 项目建设

首先需要明确建设的范围，即明确具体建什么、规模如何、目前的估算（概算/预算）总投资是多少。若已经完成施工图，则应将施工图及工程量清单作为合同附件；若尚未完成施工图，则约定在施工图完成后将经批准施工图作为合同附件附后。

其次要明确开工日、建设工期。由于大部分PPP项目的工程建设项目属于关系社会公共利益和公共安全的基础设施和公用事业项目，因此社会资本方应根据招标投标法的相关规定通过招标方式选择勘察、设计、施工、监理以及进行与工程建设有关的重要设备、材料等的采购。

4. 项目运营

在PPP项目中，项目的运营不仅关系到公共产品或服务的供给效率和质量，而且关系到项目公司的收入。因此，项目运营对于政府方和项目公司而言都非常关键。

开始运营是政府方和项目公司均非常关注的关键时间点。

对政府方而言，项目开始运营意味着可以开始提供公共产品或服务，这对于一些对时间要求较高的特殊项目尤为重要。例如，奥运会场馆如果没有在预定的时间完工，可能会造成极大的影响和损失。

对项目公司而言，在多数PPP项目中，项目公司通常只有在项目开始运营后才能获得付费。因此，项目尽早开始运营，意味着项目公司可以尽早、尽可能长时间地获得收入。

在一些PPP项目中，开始运营与建设完工为同一时间，完工日即被认定为开始运营日。但在其他一些项目中，开始运营之前包括建设完工和试运营两个阶段，只有在试运营期满时才被认定为开始运营。

这种包括试运营期的安排通常适用以下两种情形：
①在项目完工后，技术上需要很长的测试期以确保性能的稳定性。
②在项目开始运营之前，需要进行大量的人员培训或工作交接。

项目运营的内容。根据项目所涉行业和项目具体情况，PPP项目运营的内容也各不相同，例如：
①公共交通项目运营的主要内容是高速公路、桥梁、城市轨道交通等公共交通设施。
②公用设施项目运营的主要内容是供水、供热、供气、污水处理、垃圾处理等。
③社会公共服务项目运营的主要内容是提供医疗、卫生、教育等公共服务。

5. 项目维护

典型项目维护内容如表2-5所示。

表2-5 典型项目维护内容

服务内容	维护内容项目
建筑物维护	应急抢修 日常维修，场地维护 确保安全、美观的外部设施维护 对周边区域道路及设施的维护 虫害防治

续表

服务内容	维护内容项目
公用设施	供电、供热、供气 供水、污水处理 通信、语音和数据电缆
保洁服务	设施内外部清洁 提供整洁、干净的环境
安保设施	安全设施的维护 消防以及其他安全设备的供应、维护和管理
附属设施	提供维护建筑运行所需的固定和移动设备工具
垃圾管理	处理运行所产生的垃圾
应急管理	应急和减灾的管理规划

PPP项目中还应当明确约定编制维护方案的审批程序、定期检查、维修和大修的制度及程序、项目维护标准、时间等。

6. 项目移交

项目移交是指全部合同收尾后，在政府项目监管部门或社会第三方中介组织协助下，项目业主与全部项目参与方之间进行项目所有权移交的过程。

项目移交通常是指在项目合作期限结束或者项目合同提前终止后，项目公司将全部项目设施及相关权益以合同约定的条件和程序移交给政府或者政府指定的其他机构。

项目移交的基本原则是，项目公司必须确保项目符合政府回收项目的基本要求。项目合作期限届满或项目合同提前终止后，政府需要对项目进行重新采购或自行运营的，项目公司必须尽可能减少移交对公共产品或服务供给的影响，确保项目持续运营。

(1) 移交范围。

起草合同移交条款时，首先应当根据项目的具体情况明确项目移交的范围，以免因项目移交范围不明确造成争议。移交的范围通常包括：

①项目设施。

②项目土地使用权及项目用地相关的其他权利。

③与项目设施相关的设备、机器、装备、零部件、备品备件以及其他动产。

④项目实施相关人员。

⑤运营维护项目设施所要求的技术和技术信息。

⑥与项目设施有关的手册、图纸、文件和资料（书面文件和电子文档）。

⑦移交项目所需的其他文件。

(2) 移交的方式。

根据移交的时间点，移交可分为项目合作期限届满终止的移交和提前终止的移交；根据是否需要补偿，移交可分为无偿移交和有偿移交；根据移交后项目公司是否存续，移交可分为资产移交和股权移交。通常情况下，在项目合作期限届满后，项目公司会将项目设施完好地、无偿地移交给项目实施机构或政府指定部门。采用有偿移交的，项目合同中应明确约定补偿方案；没有约定或约定不明的，项目实施机构应按照"恢复相同经济地位"原则拟订补偿方案，报政府审核同意后实施。

(3) 移交程序。
①评估和测试。

在 PPP 项目移交前,通常需要对项目的资产状况进行评估并对项目状况能否达到合同约定的移交条件和标准进行测试。实践中,上述评估和测试工作通常由政府方委托的独立专家或专业咨询机构或由政府方和项目公司共同组成的移交工作组负责。

经评估和测试,项目状况不符合约定的移交条件和标准的,政府方有权据合同提取移交维修保函,并要求项目公司对项目设施进行相应的恢复性修理、更新重置,以确保项目在移交时满足合同约定要求。

②移交手续办理。

移交相关的资产过户和合同转让等手续由哪一方负责办理主要取决于合同的约定,多数情况下由项目公司负责。

③移交费用(含税费)承担。

关于移交相关费用的承担,通常取决于双方的谈判结果,常见的做法包括:

a. 由项目公司承担移交手续的相关费用(这是比较常见的一种安排,而且办理移交手续的相关费用也会在项目的财务安排中予以预先考虑)。

b. 由政府方和项目公司共同承担移交手续的相关费用。

c. 如果因为一方违约事件导致项目终止而需要提前移交,可以约定由违约方来承担移交费用。

§2-2 PPP 项目操作流程

依据《政府和社会资本合作模式操作指南(试行)》(财金〔2014〕113 号),PPP 项目操作流程可分为项目识别、项目准备、项目采购、项目执行和项目移交等 5 个阶段,每个阶段又可分为若干步骤。PPP 项目的操作总体流程如图 2-6 所示。

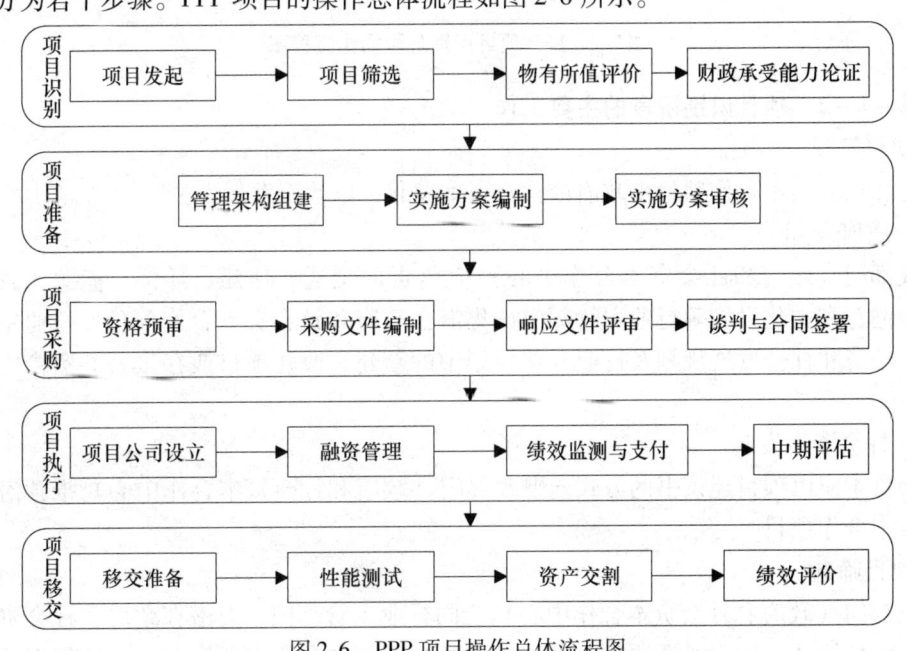

图 2-6 PPP 项目操作总体流程图

下面，对PPP项目操作流程中的5个阶段、19个节点分别进行了分析。

2-2-1 识别阶段

2-2-1-1 项目识别阶段操作流程

PPP项目在项目识别阶段的操作流程，如图2-7所示。

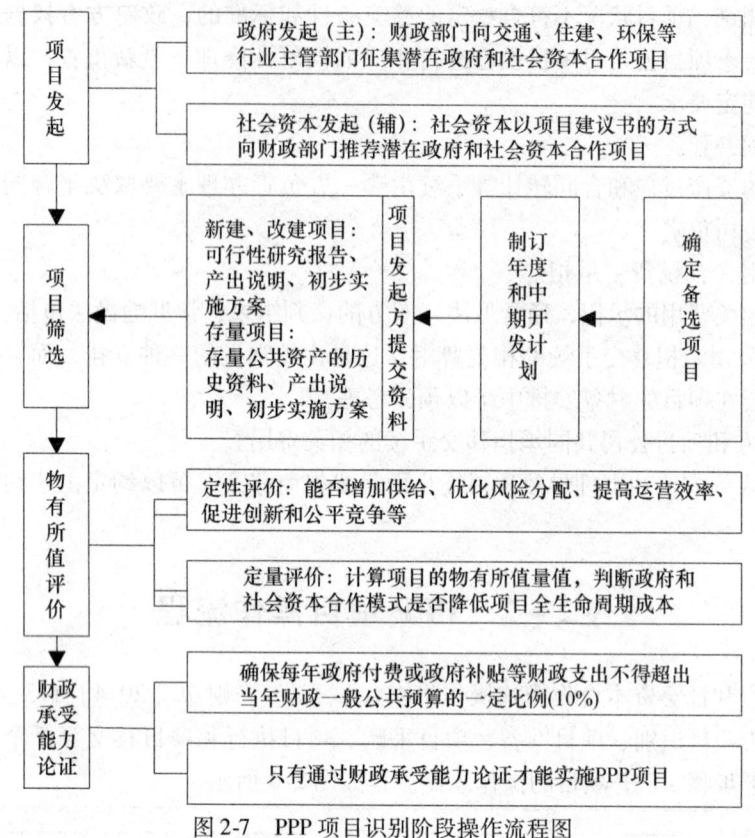

图2-7 PPP项目识别阶段操作流程图

2-2-1-2 项目识别阶段的主要工作

1. 项目发起

政府和社会资本合作项目由政府或社会资本发起，以政府发起为主。

（1）政府发起。

财政部门（政府和社会资本合作中心）应负责向交通、住建、环保、能源、教育、医疗、体育健身和文化设施等行业主管部门征集潜在政府和社会资本合作项目。行业主管部门可从国民经济和社会发展规划及行业专项规划中的新建、改建项目或存量公共资产中遴选潜在项目。

（2）社会资本发起。

社会资本应以项目建议书的方式向财政部门（政府和社会资本合作中心）推荐潜在政府和社会资本合作项目。

2. 项目筛选

财政部门（政府和社会资本合作中心）会同行业主管部门，对潜在政府和社会资本合作项目进行评估筛选，确定备选项目。财政部门（政府和社会资本合作中心）应根据筛选结果制订项目年度和中期开发计划。

对于列入年度开发计划的项目，项目发起方应按财政部门（政府和社会资本合作中心）的要求提交相关资料。新建、改建项目应提交可行性研究报告、项目产出说明和初步实施方案；存量项目应提交存量公共资产的历史资料、项目产出说明和初步实施方案。

3. 物有所值评价

财政部门（政府和社会资本合作中心）会同行业主管部门，从定性和定量两方面开展物有所值评价工作。定量评价工作由各地根据实际情况开展。

定性评价重点关注项目采用政府和社会资本合作模式与采用政府传统采购模式相比能否增加供给、优化风险分配、提高运营效率、促进创新和公平竞争等。

定量评价主要通过对政府和社会资本合作项目全生命周期内政府支出成本现值与公共部门比较值进行比较，计算项目的物有所值量值，判断政府和社会资本合作模式是否降低项目全生命周期成本。

4. 财政承受能力论证

为确保财政中长期可持续性，财政部门应根据项目全生命周期内的财政支出、政府债务等因素，对部分政府付费或政府补贴的项目，开展财政承受能力论证，每年政府付费或政府补贴等财政支出不得超出当年财政收入的一定比例。

通过物有所值评价和财政承受能力论证的项目，可进行项目准备。

2–2–1–3 项目识别阶段涉及的文件清单

PPP 项目在项目识别阶段涉及的文件清单如表 2-6 所示。

表 2-6 项目识别阶段涉及的文件清单

项目识别阶段	项目发起		《项目建议书》
	项目筛选	新建、扩建、改建项目	《新建、扩建、改建项目可行性研究报告》《新建、扩建、改建项目产出说明》《新建、扩建、改建项目初步实施方案》
		存量项目	《存量项目公共资产的历史资料》《存量项目产出说明》《存量项目初步实施方案》
	物有所值评价		《物有所值评价报告》
	财政承受能力论证		《财政承受能力论证报告》

2–2–2 准备阶段

2–2–2–1 项目准备阶段操作流程

PPP 项目在项目准备阶段的操作流程，如图 2-8 所示。

2–2–2–2 项目准备阶段的主要工作

1. 管理架构组建

政府方指定实施机构，形成协调机制。县级（含）以上地方人民政府可建立专门协调机制，主要负责项目评审、组织协调和检查督导等工作，实现简化审批流程、提高工作效率的目的。

政府或其指定的有关职能部门或事业单位可作为项目实施机构，负责项目准备、采购、监管和移交等工作。

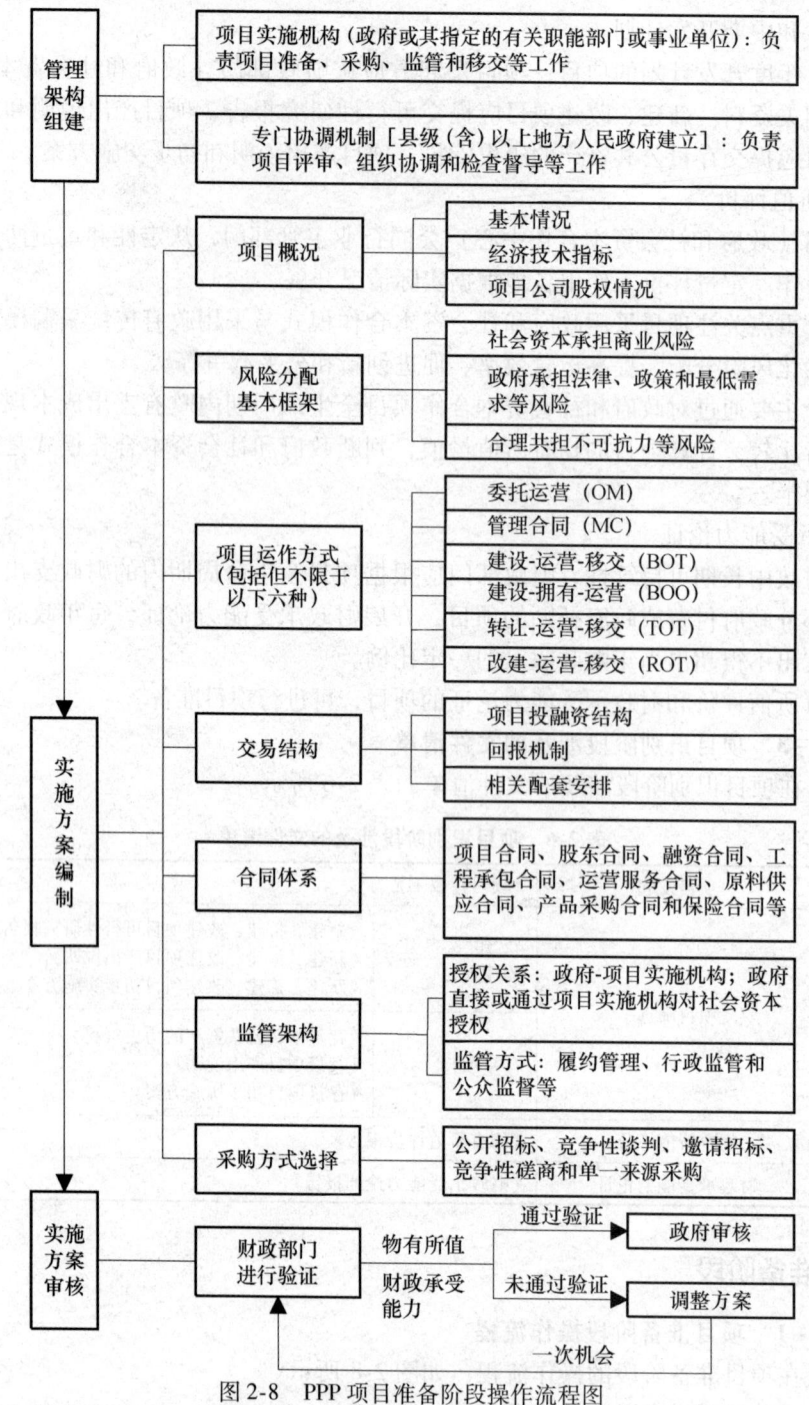

图 2-8 PPP 项目准备阶段操作流程图

2. 实施方案编制

项目实施机构应组织编制项目实施方案，依次对以下内容进行确定：

（1）项目概况。

项目概况主要包括项目基本情况、项目经济技术指标和项目公司股权情况等。

项目基本情况主要明确项目提供的公共产品和服务内容，项目采用政府和社会资本合作模式运作的必要性和可行性，以及项目运作的目标和意义。

项目经济技术指标主要明确项目区位、占地面积、建设内容或资产范围、投资规模或资产价值、主要产出说明和资金来源等。

项目公司股权情况主要明确是否要设立项目公司以及项目公司股权结构。

（2）风险分配基本框架。

按照风险分配优化、风险收益对等和风险可控等原则，综合考虑政府风险管理能力、项目回报机制和市场风险管理能力等要素，在政府方和社会资本方之间合理分配项目风险。

原则上，项目设计、建造、财务和运营维护等商业风险由社会资本承担，法律、政策和最低需求等风险由政府承担，不可抗力等风险由政府和社会资本合理共担。

（3）项目运作方式。

项目运作方式主要包括委托运营（O&M）、管理合同（MC）、建设－运营－移交（BOT）、建设－拥有－运营（BOO）、转让－运营－移交（TOT）和改建－运营－移交（ROT）等。

具体运作方式的选择主要由收费定价机制、项目投资收益水平、风险分配基本框架、融资需求、改扩建需求和期满处置等因素决定。

（4）交易结构。

交易结构主要包括项目投融资结构、回报机制和相关配套安排。

项目投融资结构主要说明项目资本性支出的资金来源、性质和用途，项目资产的形成和转移等。

项目回报机制主要说明社会资本取得投资回报的资金来源，包括使用者付费、可行性缺口补助和政府付费等支付方式。

相关配套安排主要说明由项目以外相关机构提供的土地、水、电、气和道路等配套设施和项目所需的上下游服务。

（5）合同体系。

合同体系主要包括项目合同、股东合同、融资合同、工程承包合同、运营服务合同、原料供应合同、产品采购合同和保险合同等。项目合同是其中最核心的法律文件。

项目边界条件是项目合同的核心内容，主要包括权利和义务边界、交易条件边界、履约保障边界和调整衔接边界等。

权利和义务边界主要明确项目资产权属、社会资本承担的公共责任、政府支付方式和风险分配结果等。

交易条件边界主要明确项目合同期限、项目回报机制、收费定价调整机制和产出说明等。

履约保障边界主要明确强制保险方案以及由投资竞争保函、建设履约保函、运营维护保函和移交维修保函组成的履约保函体系。

调整衔接边界主要明确应急处置、临时接管和提前终止、合同变更、合同展期、项目新增改扩建需求等应对措施。

（6）监管架构。

监管架构主要包括授权关系和监管方式。授权关系主要是政府对项目实施机构的授权，以及政府直接或通过项目实施机构对社会资本的授权；监管方式主要包括履约管理、行政监管和公众监督等。

（7）采购方式选择。

项目采购应根据《中华人民共和国政府采购法》及相关规章制度执行，采购方式包括公开招标、竞争性谈判、邀请招标、竞争性磋商和单一来源采购。项目实施机构应根据项目采购需求特点，依法选择适当的采购方式。

公开招标主要适用于核心边界条件和技术经济参数明确、完整、符合国家法律法规和政府采购政策，且采购中不作更改的项目。

综述以上，形成 PPP 项目合同草案。

3. 实施方案审核

财政部门（政府和社会资本合作中心）应对项目实施方案进行物有所值和财政承受能力验证，通过验证的，由项目实施机构报政府审核；未通过验证的，可在实施方案调整后重新验证；经重新验证仍不能通过的，不再采用政府和社会资本合作模式。

2-2-2-3 项目准备阶段涉及的文件

项目准备阶段涉及的文件为《项目实施方案》。

2-2-3 采购阶段

2-2-3-1 项目采购阶段操作流程

PPP 项目在项目采购阶段的操作流程，如图 2-9 所示。

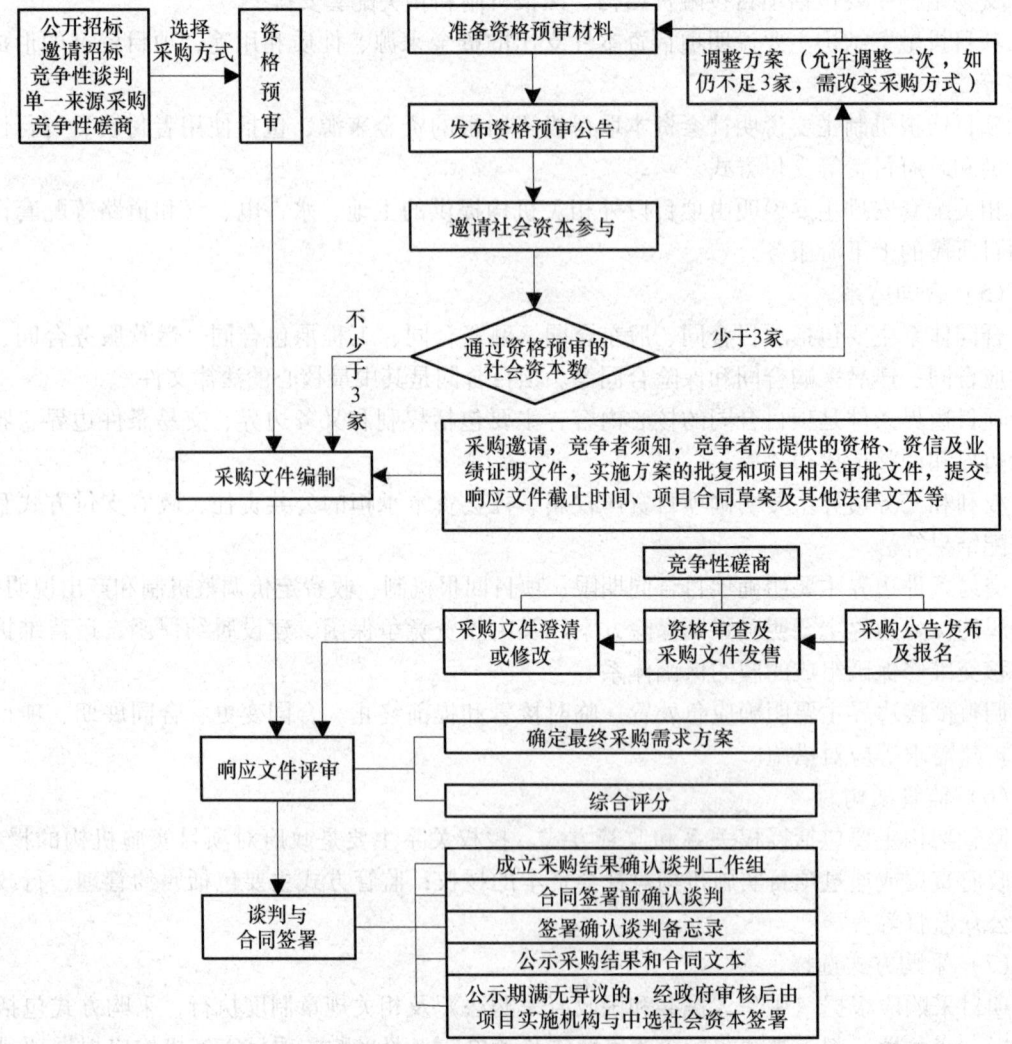

图 2-9 PPP 项目采购阶段操作流程图

2-2-3-2 项目采购阶段的主要工作

1. 资格预审

编制资格预审文件，组织资格预审，验证项目能否获得社会资本响应和实现充分竞争。

2. 采购文件编制

依据批复的实施方案，以 PPP 项目合同草案为核心，编制采购文件，按实施方案确定的采购方式依法组织采购。

3. 响应文件评审

依法组建评审小组，对响应文件进行两阶段评审。

4. 谈判与合同签署

成立专门的采购结果确认谈判工作组，按社会资本排名先后顺序就合同中可变的细节问题进行合同签署前的确认谈判，率先达成一致的即为中选者，形成谈判备忘录，公示期满无异议，经政府审核同意后，实施机构与社会资本签署项目合同。

2-2-3-3 项目采购阶段涉及的文件清单

PPP 项目在项目采购阶段涉及的文件清单如表2-7 所示。

表 2-7 项目采购阶段涉及的文件清单

项目采购阶段	资格预审	《资格预审文件》 《资格预审公告》 《资格预审申请文件》 《资格预审评审报告》 《投标保函或保证金》
	采购文件编制	采购邀请，竞争者须知，竞争者应提供的资格、资信及业绩证明文件，采购方式，政府对项目实施机构的授权，实施方案的批复和项目相关审批文件，采购程序，响应文件编制要求，提交响应文件的截止时间，开启时间与地点，强制担保的保证金缴纳数额与形式，评审方法，评审标准，政府采购政策要求，项目合同草案，采购文件的澄清，说明与补遗，其他法律文本
	响应文件评审	《项目响应文件》（含技术、商务与资信等） 《投标保函或保证金》 《供应商的修改、补充与说明》 《响应文件第一阶段评审报告》（确定最终采购需求方案） 《响应文件第二阶段评审报告》（综合评分） 《单一采购协商记录》
	谈判与合同签署	《确认谈判备忘录》 《履约保证》 《项目合同》

2-2-4 执行阶段

2-2-4-1 项目执行阶段操作流程

PPP 项目在项目执行阶段涉及的操作流程如图2-10 所示。

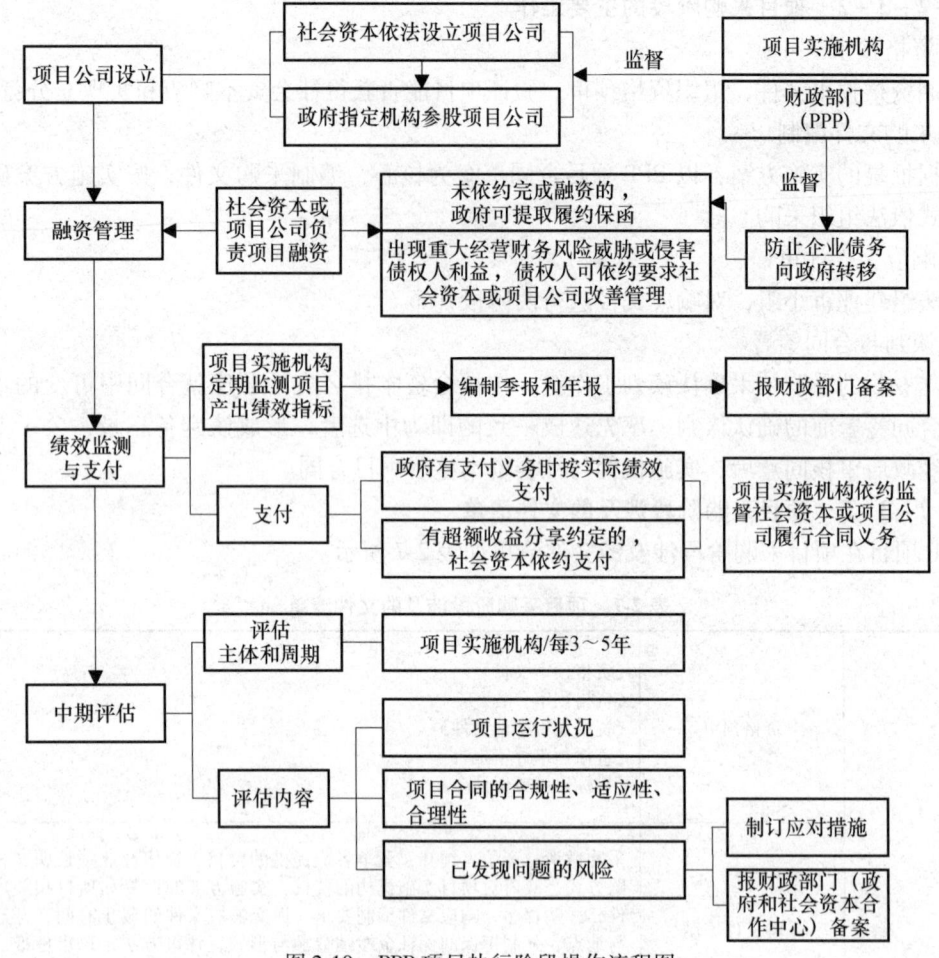

图 2-10　PPP 项目执行阶段操作流程图

2-2-4-2　项目执行阶段的主要工作

1. 项目公司成立

依据项目合同约定，社会资本可依法成立项目公司，由项目公司承继项目合同，项目公司与项目相关方签订合同，项目公司执行项目投融资、建设、运营和维护。

政府可指定相关机构依法参股项目公司。

项目实施机构和财政部门（政府和社会资本合作中心）应监督社会资本按照采购文件和项目合同约定，按时足额出资设立项目公司。

2. 融资管理

项目融资由社会资本或项目公司负责。社会资本或项目公司应及时开展融资方案设计、机构接洽、合同签订和融资交割等工作。财政部门（政府和社会资本合作中心）和项目实施机构应做好监督管理工作，防止企业债务向政府转移。

社会资本或项目公司未按照项目合同约定完成融资的，政府可提取履约保函直至终止项目合同；遇系统性金融风险或不可抗力的，政府、社会资本或项目公司可根据项目合同约定协商修订合同中相关融资条款。

当项目出现重大经营或财务风险，威胁或侵害债权人利益时，债权人可依据与政府、社会资本或项目公司签订的直接介入协议或条款，要求社会资本或项目公司改善管理等。在直接介入协议或条款约定期限内，重大风险已解除的，债权人应停止介入。

3. 绩效监测与支付

项目实施机构应根据项目合同约定，监督社会资本或项目公司履行合同义务，定期监测项目产出绩效指标，编制季报和年报，并报财政部门（政府和社会资本合作中心）备案。

政府有支付义务的，项目实施机构应根据项目合同约定的产出说明，按照实际绩效直接或通知财政部门向社会资本或项目公司及时足额支付（含投资回报、超额收益分享、优绩奖励、违约惩处等）。

设置超额收益分享机制的，社会资本或项目公司应根据项目合同约定向政府及时足额支付应享有的超额收益。

项目实际绩效优于约定标准的，项目实施机构应执行项目合同约定的奖励条款，并可将其作为项目期满合同能否延期的依据；未达到约定标准的，项目实施机构应执行项目合同约定的惩处条款或救济措施。

项目合同中涉及的政府支付义务，财政部门应结合中长期财政规划统筹考虑，纳入同级政府预算，按照预算管理相关规定执行。财政部门（政府和社会资本合作中心）和项目实施机构应建立政府和社会资本合作项目政府支付台账，严格控制政府财政风险。在政府综合财务报告制度建立后，政府和社会资本合作项目中的政府支付义务应纳入政府综合财务报告。

4. 中期评估

项目实施机构应每3~5年对项目进行中期评估，重点分析项目运行状况和项目合同的合规性、适应性和合理性；及时评估已发现问题的风险，制订应对措施，并报财政部门（政府和社会资本合作中心）备案；依法向社会公众披露，保障公众知情权，接受社会监督。

2-2-4-3 项目执行阶段涉及的文件清单

PPP项目在项目执行阶段涉及的文件清单如表2-8所示。

表2-8 项目执行阶段涉及的文件清单

项目执行阶段	项目公司设立	《项目公司设立条件》 《融资方案》 《继承项目合同的补充合同》及《履约保证》 《重新签署项目合同》及《履约保证》 《与项目公司合同对应的保证》
	融资管理	《融资方案》 《担保方案》
	绩效检测与支付	《项目产出绩效指标季报/年报》 《项目产出说明》 《政府支付台账》、《政府综合财务报告》 《项目合同修订报告》 《项目争议解决报告》 《项目提前终止报告》
	中期评估	《项目中期评估报告》

2-2-4-4 其他问题

1. 社会资本或项目公司违反项目合同约定

社会资本或项目公司违反项目合同约定，威胁公共产品和服务持续稳定、安全供给，或危及国家安全和重大公共利益的,政府有权临时接管项目,直至启动项目提前终止程序。

政府可指定合格机构实施临时接管。临时接管项目所产生的一切费用,将根据项目合同约定,由违约方单独承担或由各责任方分担。社会资本或项目公司应承担的临时接管费用,可以从其应获终止补偿中扣减。

2. 项目合同执行和管理过程中,项目实施机构关注的工作

在项目合同执行和管理过程中,项目实施机构应重点关注合同修订、违约责任和争议解决等工作。

(1) 合同修订。

按照项目合同约定的条件和程序,项目实施机构和社会资本或项目公司可根据社会经济环境、公共产品和服务的需求量及结构等条件的变化,提出修订项目合同申请,待政府审核同意后执行。

(2) 违约责任。

项目实施机构、社会资本或项目公司未履行项目合同约定义务的,应承担相应违约责任,包括停止侵害、消除影响、支付违约金、赔偿损失以及解除项目合同等。

(3) 争议解决。

在项目实施过程中,按照项目合同约定,项目实施机构、社会资本或项目公司可就发生争议且无法协商达成一致的事项,依法申请仲裁或提起民事诉讼。

3. 监督与披露

政府相关职能部门应根据国家相关法律法规对项目履行行政监管职责,重点关注公共产品和服务质量、价格和收费机制、安全生产、环境保护和劳动者权益等。

社会资本或项目公司对政府职能部门的行政监管处理决定不服的,可依法申请行政复议或提起行政诉讼。

政府实施机构、社会资本或项目公司应依法公开披露项目相关信息,保障公众知情权,接受社会监督。

社会资本或项目公司应披露项目产出的数量和质量、项目经营状况等信息。政府应公开不涉及国家秘密、商业秘密的政府和社会资本合作项目合同条款、绩效监测报告、中期评估报告和项目重大变更或终止情况等。

社会公众及项目利益相关方发现项目存在违法、违约情形或公共产品和服务不达标准的,可向政府职能部门提请监督检查。

2-2-5 移交阶段

2-2-5-1 项目移交阶段操作流程

PPP项目在项目移交阶段的操作流程如图2-11所示。

2-2-5-2 项目移交阶段主要包括以下四个方面的工作

项目合同中应明确约定移交形式、补偿方式、移交内容和移交标准。移交形式包括期满终止移交和提前终止移交;补偿方式包括无偿移交和有偿移交;移交内容包括项目资产、人员、文档和知识产权等;移交标准包括设备完好率和最短可使用年限等指标。

采用有偿移交的,项目合同中应明确约定补偿方案;没有约定或约定不明的,项目实施机构应按照"恢复相同经济地位"原则拟定补偿方案,报政府审核同意后实施。

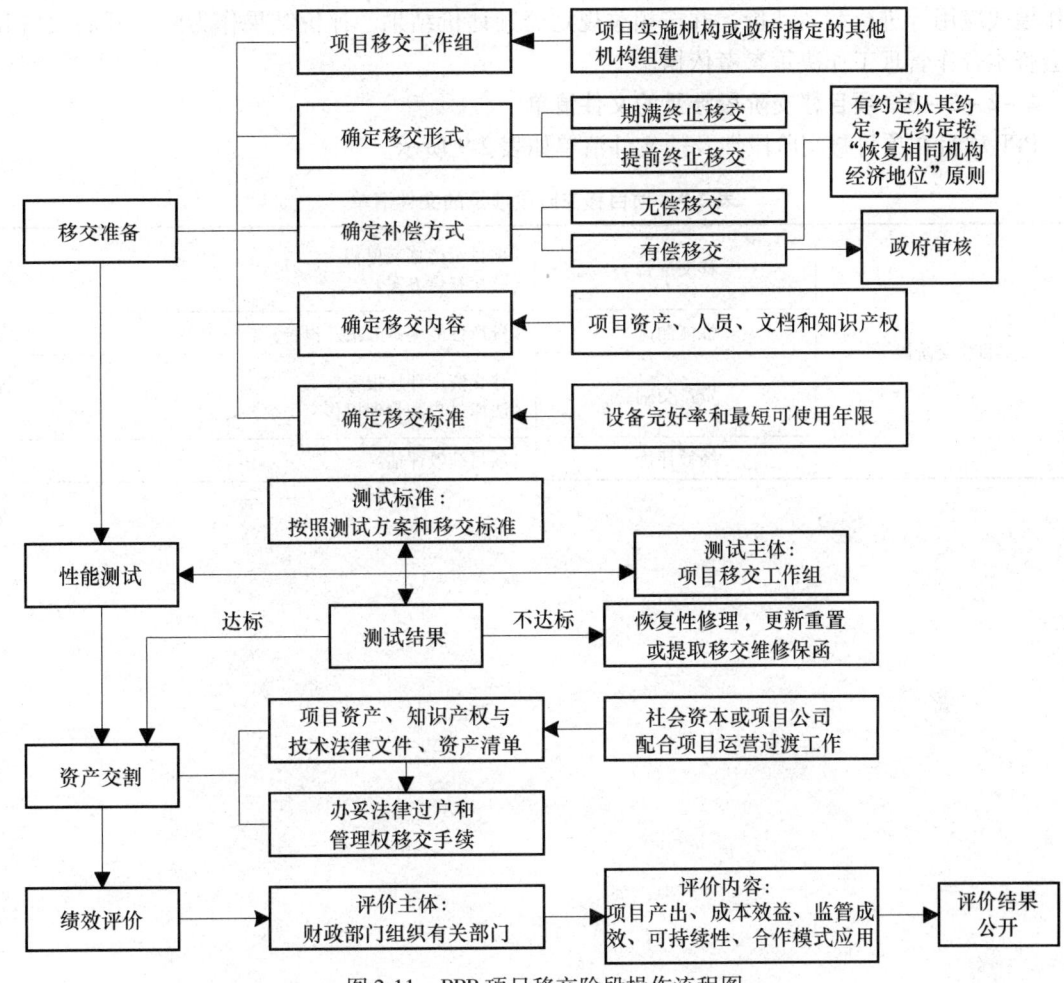

图 2-11　PPP项目移交阶段操作流程图

1. 移交准备

实施机构或政府指定的其他机构应组建项目移交工作组，制订移交方案（资产评估方案、性能测试方案、人员安置及培训方案、技术转让方案、保险及承包商合同处置方案、备品备件移交方案、移交维修担保方案等）。

2. 性能测试

项目移交工作组按照性能测试方案和移交标准对移交资产进行性能测试；性能测试结果不达标的，要求社会资本或项目公司进行恢复性修理、更新重置或提取移交维修保函。

3. 资产交割

项目移交工作组委托具有相关资质的资产评估机构，按照项目合同约定的评估方式，对移交资产进行资产评估，作为确定补偿金额的依据；社会资本或项目公司应将满足性能测试要求的项目资产、知识产权和技术法律文件，连同资产清单移交项目实施机构或政府指定的其他机构，办妥法律过户和管理权移交手续。社会资本或项目公司应配合做好项目运营平稳过渡相关工作。

4. 绩效评价

财政部门组织有关部门对项目产出、成本效益、监管成效、可持续性、政府和社会资本合作模式应用等进行绩效评价，并按相关规定公开评价结果。评价结果作为政府开展政府和社会资本合作管理工作决策参考依据。

2-2-5-3 项目移交阶段涉及的文件清单

PPP 项目在项目移交阶段涉及的文件清单如表 2-9 所示。

表 2-9 项目移交阶段涉及的文件清单

项目移交阶段	移交准备	《项目资产移交单》《移交补偿方案》
	性能测试	《资产性能测试方案及报告》
	资产交割	《移交资产评估报告》《法律过户和管理权移交手续》
	绩效评价	《项目绩效评估》

第 3 章　PPP 项目合同文件

§3-1　PPP 项目合同概况

3-1-1　PPP 项目合同架构起政府和社会资本的长期合作关系

1. 确定协议双方长期合作关系

PPP 项目确立了公共部门与私营部门为提供公共服务而建立起来的一种长期合作关系。《关于组织开展第三批政府和社会资本合作示范项目申报筛选工作的通知》（财金函〔2016〕47 号）中规定，PPP 示范项目合作期限原则上不低于 10 年。对于 BOT、ROT、TOT 等模式，PPP 项目合同期限一般为 20~30 年。鉴于 PPP 项目存在较长期的合作期限，全生命周期内的不可预见性因素增多、风险增大，故 PPP 合同的签署为双方的长期合作关系提供了保障。

2. 明确协议双方权责关系

对于政府方而言，应按照有关法律法规和政府管理的相关职能规定，行使政府监管的权利；行使项目合同约定的权利。同时，项目合同也应概况约定政府主体需要承担的主要义务，如遵守项目合同、及时提供项目配套条件、项目审批协调支持、维护市场秩序等。

对于社会资本而言，具有按约定获得政府支持的权利，按项目合同约定实施项目，获得相应汇报的权利等。同时，项目合同也应明确社会资本主体在合作期间应履行的主要义务，如按约定提供项目资金，履行环境、地质、文物保护及安全生产等义务，承担社会责任等。

3-1-2　PPP 项目合同签约主体

3-1-2-1　政府方

政府方所具有的职能如表 3-1 所示。

表 3-1　法律文件对政府方职能的规定

法律文件	政府方
《政府和社会资本合作模式操作指南（试行）》（财金〔2014〕113 号）	政府或其指定的有关职能部门或事业单位可作为项目实施机构，负责项目准备、采购、监管和移交等工作 公示期满无异议的项目合同，应在政府审核同意后，由项目实施机构与中选社会资本签署
《PPP 项目合同指南（试行）》，以下简称《财政项目合同指南》	本《财政项目合同指南》中，政府或政府授权机构作为 PPP 项目合同的一方签约主体时，称为政府方
《国家发展改革委关于开展政府和社会资本合作的指导意见》（发改投资〔2014〕2724 号）	按照地方政府的相关要求，明确相应的行业管理部门、事业单位、行业运营公司或其他相关机构，作为政府授权的项目实施机构 项目实施机构和社会资本依法签订项目合同，明确服务标准、价格管理……以及评估论证等内容

续表

法律文件	政府方
《政府和社会资本合作项目通用合同指南（2014年版）》，以下简称《发改通用合同指南》	签订项目合同的政府主体，应是具有相应行政权力的政府，或其授权的实施机构。
《基础设施和公用事业特许经营管理办法》（六部委〔2015〕25号），以下简称《特许经营管理办法》	县级以上人民政府应当授权有关部门或单位作为实施机构负责特许经营项目有关实施工作，并明确具体授权范围 实施机构应当与依法选定的特许经营者签订特许经营协议

从表3-1中可以看出，财金〔2014〕113号、发改投资〔2014〕2724号、《特许经营管理办法》都先规定了项目实施机构，进而规定项目实施机构应作为政府主体与社会资本主体签订PPP项目合同，而《财政项目合同指南》《发改通用合同指南》则直接规定了PPP项目合同的签约政府主体。

从表3-1中还能看出，发改投资〔2014〕2724号、财金〔2014〕113号中关于实施机构范围的规定存在一些差异，相比与财金〔2014〕113号规定的"有关职能部门或事业单位"，发改投资〔2014〕2724号规定的实施机构中还包括"行业运营公司或其他相关机构"。而《第三批PPP示范项目申报筛选工作的通知》（财金函〔2016〕47号）附件《PPP示范项目评审标准》的规定"国有企业或融资平台公司作为政府方签署PPP项目合同的不再列为备选项目"，也就是说财政部文件并不认可国有企业和融资平台公司作为项目实施机构并作为政府主体签订PPP项目合同。

依据参与PPP项目的经验，由于行业运营公司（国有企业或融资平台公司）实事上的企业身份，由其作为项目实施机构存在利益交叉错位、协调能力不足、无法代表政府主体履行相关职权等问题，总体来说不利于项目实施和PPP项目合同的执行。而相对来看，政府职能部门（行业主管部门）具备天然的政府属性优势，同样了解行业特征和标准，更适宜作为政府主体履行相关职权，因此应优选考虑作为项目实施机构并作为政府主体签订PPP项目合同。但是，对于一些地区由于历史原因而导致的特殊情况，比如某地并未设高速主管部门而一直由高速公路公司代行职责，也可适当考虑因地制宜、特事特办。

虽然发改投资〔2014〕2724号、财金〔2014〕113号与《特许经营管理办法》均规定应由实施机构作为政府主体签订PPP项目合同，但无论PPP项目的实施机构是否直接为当地人民政府，鉴于《项目合同指南》和《发改通用合同指南》均在政府方的签约主体中明确包括了"政府"，且实施机构的权利来源也是人民政府，因此当地人民政府理应可以作为政府主体直接签订PPP项目合同。在某些PPP项目中，由当地人民政府直接作为政府主体签订PPP项目合同也会增强社会资本和金融机构参与的信心。但值得注意的是，由于政府本身没有足够的能力、资源和精力监管和实施具体的PPP项目，因此即便由政府直接签订PPP项目合同，也会在合同中授权具体的职能部门或事业单位代为履行相关职权。

由于PPP项目合同的实施期限至少在10年以上，期间可能会遇到政府职能机构调整的情况导致原本的实施机构不再享有相关职能，考虑到这种可能性，我们通常会在PPP项目合同中就政府签约主体机构调整时的延续或继承方式作出相关约定。

3-1-2-2 社会资本

1. 社会资本方

从表3-2中我们可以看出，各部委文件在社会资本方的范围表述上存在比较大的差异，而发改委发布的法律文件中对社会资本范围的规定相对更为宽泛。

在《发改通用合同指南》和《特许经营管理办法》中社会资本方可以包含多种形式的投资主体，除法人以外还包括"其他组织"。而在财金〔2014〕113号和《财政项目合同指南》中社会资本的范围仅为企业法人，未提及"其他组织"。

表3-2 法律文件对社会资本方的规定

法律文件	社会资本方
《政府和社会资本合作模式操作指南（试行）》（财金〔2014〕113号）	本指南所称社会资本是指已建立现代企业制度的境内外企业法人，但不包括本级政府所属融资平台公司及其他控股国有企业
《PPP项目合同指南（试行）》，以下简称《财政项目合同指南》	社会资本是指依法设立且有效存续的具有法人资格的企业 本指南所称的社会资本是指依法设立且有效存续的具有法人资格的企业，包括民营企业、国有企业、外国企业和外商投资企业。但本级人民政府下属的政府融资平台公司及其控股的其他国有企业（上市公司除外）不得作为社会资本方参与本级政府辖区内的PPP项目
《关于在公共服务领域推广政府和社会资本合作模式的指导意见》（国办发〔2015〕42号）	对已经建立现代企业制度、实现市场化运营的融资平台公司，在其承担的地方政府债务已纳入政府财政预算、得到妥善处置并明确公告今后不再承担地方政府举债融资职能的前提下，可作为社会资本参与当地政府和社会资本合作项目
《政府和社会资本合作项目通用合同指南（2014年版）》，以下简称《发改通用合同指南》	签订项目合同的社会资本主体，应是符合条件的国有企业、民营企业、外商投资企业、混合所有制企业或其他投资、经营主体
《基础设施和公用事业特许经营管理办法》（六部委〔2015〕25号），以下简称《特许经营管理办法》	本法所称基础设施和公用事业特许经营，是指政府采用竞争方式授权中华人民共和国境内外的法人或其他组织，通过协议明确权利义务和风险分担，约定其在一定期限和范围内建设运营基础设施和公用事业并获得收益，提供公共产品或者公共服务

首先，"其他组织"的含义参见《最高人民法院关于适用〈中华人民共和国民事诉讼法〉的解释》第五十二条：民事诉讼法第四十八条规定的其他组织是指合法成立、有一定的组织机构和财产，但又不具备法人资格的组织，包括依法登记领取营业执照的个人独资企业、依法登记领取营业执照的合伙企业，依法设立并领取营业执照的商业银行、政策性银行和非银行金融机构的分支机构等。虽然"其他组织"不具备法人资格，但实践中我们常见的"银行分支机构""合伙制基金"等都属于"其他组织"的范畴，他们既可能是社会资本联合体中资金方，也可能是由施工方、产业投资人和资金方为实施PPP项目而建立的组织，是目前PPP项目社会资本的主力军之一。而如果仅规定"企业法人"作为社会资本，一概拒绝"其他组织"作为社会资本参与PPP项目的竞争，显然过于刻板武断，不利于社会资本因地制宜的灵活操作，会给PPP项目的实操带来难题。

出于体现PPP项目"公私合作"的本意，实现"公私合作"的价值，也为了确保PPP项目的竞争性，财政部2014年发布的相关文件均明确要求实施PPP项目的本级政府所属融资平台公司及其控股的国有企业不能以社会资本的身份参与本级政府辖区内的PPP项目。而半年之后的国办发〔2015〕42号对于当地融资平台公司作为社会资本方参与PPP项目又给予了适度的开口，但对于其他控股国有企业是否类比开口还并未明确。另外，上述开口规定中关于"明确公告今后不再承担地方政府举债融资职能作为前提"的要求也还是让很多融资平台公司有所顾虑。

目前，业内大部分专家对融资平台公司和当地国企作为社会资本参与 PPP 项目持相对负面观点。但出于中国国情及优质融资平台公司和地方国有企业发展空间需求的考虑，在充分竞争的前提下，给予优质且完全商业化运营的融资平台公司和地方国有企业一定的发展空间也不失为因势利导。当然对于如何定义"优质"和"商业化"及如何避免对其他社会资本形成壁垒效应还需进一步细化考虑。

2. 项目公司

关于项目公司的规定，主要集中在项目公司的设立、组成及签约方式。

根据表 3-3 可以很清楚地得出结论，项目公司并非一定要设立，社会资本可以自行与政府方签订 PPP 合同实施 PPP 项目。但实践中，通常政府方都会在招标文件中要求社会资本成立项目公司专门实施 PPP 项目，一方面是因为设立项目公司是社会资本的普遍需求和惯常操作，社会资本通过设立项目公司可以实现有限追索，起到风险隔离的作用；另一方面如若政府方参股或社会资本为联合体，则更要通过设立项目公司作为一个实体实施项目，可以有效地整合联合体之间的资金和资源，也便于政府方的监督和管理。

政府方不一定要参股项目公司，可由社会资本单独设立项目公司。实践中政府方是否参股项目公司，取决于：①政府方是否希望通过参股的方式更直接地参与项目的重大决策、掌握项目实施情况。若政府方不参股项目公司，则只能通过 PPP 项目合同的约定，间接对项目公司的决策和履行情况享有知情权。②政府参股可以增强社会资本及金融机构对项目的信心，利于项目的开展。③政府方股东可以对涉及重大公共利益的事项实行一票否决权。

根据目前的相关法律文件要求及 PPP 项目"公私合作"的本意，政府方在项目公司中参股比例为不超过 50%（甚至不应相对控股），且不应具有实际控制力和管理权。实践中持股比例通常为 10%～40% 不等，一方面是因为股权比例越高对政府方的资金量需求就越高；另一方面即使股权比例相对较高，但是政府方又不得对项目具有实际控制力和管理权，因而对政府方不具有吸引力。

表 3-3　法律文件对项目公司的规定

法律文件	项目公司
《政府和社会资本合作模式操作指南（试行）》（财金〔2014〕113 号）	公示期满无异议的项目合同，应在政府审核同意后，由项目实施机构与中选社会资本签署 需要为项目设立专门项目公司的，待项目公司成立后，由项目公司与项目实施机构重新签署项目合同，或签署关于承继项目合同的补充合同
《PPP 项目合同指南（试行）》，以下简称《财政项目合同指南》	社会资本是 PPP 项目的实际投资人，在 PPP 实践中，社会资本通常不会直接作为 PPP 项目的实施主体，而会专门针对该项目成立项目公司，作为 PPP 项目合同及其他相关合同的签约主体，负责项目具体实施 项目公司是依法设立的自主运营、自负盈亏的具有独立法人资格的经营实体。项目公司可以由社会资本（可以是一家企业，也可以是多家企业组成的联合体）出资设立，也可以由政府和社会资本共同出资设立。但政府在项目公司中的持股比例应当低于 50%，且不具有实际控制力及管理权 在项目初期阶段，项目公司尚未成立时，政府方会先与社会资本（即项目投资人）签订意向书、备忘录或者框架协议，以明确双方的合作意向，详细约定双方有关项目开发的关键权利和义务。待项目公司成立后，由项目公司与政府方重新签署正式 PPP 项目合同，或者签署关于继承上述协议的补充合同。在 PPP 项目合同中通常也会对 PPP 项目合同生效后，政府方与项目公司及其母公司之前就本项目所达成的协议是否会继续存续进行约定

续表

法律文件	项目公司
《政府和社会资本合作项目通用合同指南（2014年版）》，以下简称《发改通用合同指南》	如以设立项目公司的方式实施合作项目，应根据项目实际情况，明确项目公司的设立及其存续期间法人治理结构及经营管理机制等事项 如政府参股项目公司的，还应明确政府出资人代表、投资金额、股权比例、出资方式等。
《基础设施和公用事业特许经营管理办法》（六部委〔2015〕25号），以下简称《特许经营管理办法》	实施机构应当在招标或谈判文件中载明是否要求成立特许经营项目公司 实施机构应当与依法选定的特许经营者签订特许经营协议。需要成立项目公司的，实施机构应当与依法选定的投资人签订初步协议，约定其在规定期限内注册成立项目公司，并与项目公司签订特许经营协议

参考《招标投标法》和《政府采购法》，两个文件中关于联合体的规定基本一致"参加联合体的供应商应当向采购人提交联合体协议，载明联合体各方承担的工作和义务。联合体各方应当共同与采购人签订采购合同，就采购合同约定的事项对采购人承担连带责任"。总结为以下两点：①联合体各方可以在联合体协议以及投标文件中明确各方的职责，除非招标文件/采购文件有明确要求，联合体其中一方是否参股项目公司应该属于各方可以自由约定的内容。②在项目公司成立前，联合体各方应当共同与招标人/采购人先行签订PPP项目合同或投资协议/框架协议，并就承诺的事项向政府承担连带责任。

另外，需要注意的是，《招标投标法实施条例》第九条规定："已通过招标方式选定的特许经营项目投资人依法能够自行建设、生产或者提供的可以不进行招标。"适用此条的主体条件为"项目投资人"，那么如果联合体中的施工方不参股项目公司还能不能称作为"项目投资人"呢？从谨慎的角度考虑，联合体中的施工企业如希望适用上述条款，建议至少要在项目公司少量参股。

那么设立项目公司该如何签订PPP项目合同？

表3-3中的各文件对该等问题规定虽都略有不同，但在实践中，若设立项目公司通常有以下两种签署PPP项目合同的方式：

第一，政府方先与社会资本签订投资协议或框架协议，待项目公司成立后，由项目公司与政府方签署正式PPP项目合同。

第二，政府方直接与社会资本签订正式的PPP项目合同，待项目公司成立后，由项目公司与政府方重新签署PPP项目合同或以签订补充协议的形式继承PPP项目合同。

上述两种方式均可行，可根据实际情况选择适用。

由于社会资本设立项目公司的目的之一是为了隔离项目风险和责任，因此在社会资本成立项目公司后，通常由项目公司独立承担与政府签订的PPP协议中的相关融资、投资、建造、运营、移交等一系列责任，而社会资本仅对项目公司承担相应的股东责任并在出资范围内对项目公司债权债务承担责任。

但在一些项目中，政府方认为其选择的是社会资本而非项目公司，依赖的是社会资本的信用和资质而非项目公司，为更好地确保项目适当执行并控制项目风险，会要求社会资本就项目公司的部分或全部合同责任承担连带责任。由于与项目操作常规不符，我们建议该等要求应当在招标文件中明示，而社会资本是否接受则取决于社会资本的风险承受能力、双方在项目中的商业地位等各种因素。另外，在部分PPP项目中，由于项目公司为新建且项目本身资产和收益也相对单一，金融机构也会要求社会资本对融资承担有限担保甚至是连带担保责任作为融资增信,此种情况下,由于社会资本应承担 PPP 项目中的融资责任,为支持项目公司取得融资则需要依据金融机构的要求为融资承担相应的担保责任。

§3-2 PPP 项目合同框架

3-2-1 PPP 项目合同体系

在 PPP 项目中,项目参与各方通过签订系列合同来确立和调整彼此之间的权利和义务关系,签订的系列合同构成了 PPP 项目的合同体系。

PPP 项目的合同体系通常包括 PPP 项目合同、股东协议、履约合同(包括工程承包合同、运营服务合同、原料供应合同、产品或服务购买合同等)、融资合同和保险合同等。其中,PPP 项目合同是整个 PPP 项目合同体系的基础和核心。PPP 项目基本合同体系如图 3-1 所示。

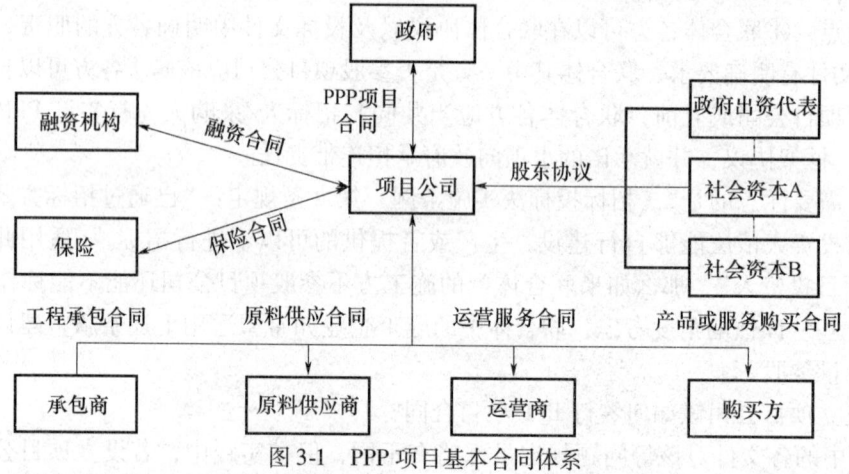

图 3-1 PPP 项目基本合同体系

在 PPP 项目合同体系中,各个合同之间并非完全独立、互不影响,而是紧密衔接、相互贯通的,合同之间存在着一定的"传导关系",了解 PPP 项目的合同体系和各个合同之间的传导关系,有助于对 PPP 项目合同进行更加全面、准确的把握。

首先,在合同签订阶段,作为合同体系的基础和核心,PPP 项目合同的具体条款不仅会直接影响到项目公司股东之间的协议内容,而且会影响项目公司与融资方的融资合同以及与保险公司的保险合同等其他合同的内容。此外,依据 PPP 项目合同的具体约定,PPP 项目合同内容还可能通过工程承包或产品服务购买等方式,传导到工程承包(分包)合同、原料供应合同、运营服务合同和产品或服务购买合同。

其次,在合同履行阶段,合同关系的传导方向可能会发生逆转。例如,分包合同的履行出现问题,会影响到总承包合同的履行,进而影响到 PPP 项目合同的履行。

3-2-2 PPP 项目合同

《中华人民共和国合同法》第十二条规定,合同的内容由当事人约定,一般包括以下条款:当事人的名称或者姓名和住所;标的;数量;质量;价款或者报酬;履行期限、地点和方式;违约责任;解决争议的方法。

因此,无论是何种合同,在主体部分都应标明以下内容:

1. 合同当事人

合同当事人指依法签订合同并在合同条件下履行约定的义务和行使约定权利的自然人、企业法人和其他社会团体。合同当事人常见是双方,但也有三方以至于多方。合同中要写明当事人的名称或者姓名和住所。

2. 标的

标的是合同当事人权利和义务共同指向的对象。合同标的可以是货物,可以是货币,也可以是工程项目、智力成果等。合同的标的要写明标的名称,使标的特定化,以便确定当事人的权利和义务。

3. 数量和质量

数量是以数字和计量单位来衡量标的的尺度。质量是标的的内在素质和外观形态的综合。包括标的名称、品种、规格、型号、等级、标准、技术要求、物理和化学成分、感觉要素、性能等。数量和质量条款是合同的主要条款,没有数量,权利义务的大小很难确定;没有质量,权利义务极易发生纠纷。因此该条款要给予明确、具体的规定。

4. 价款或者报酬

价款是根据合同取得财产的一方当事人向另一方当事人支付的以货币表示的代价。报酬是根据合同取得劳务的一方当事人向另一方当事人支付的货币,又可以称为酬金。价款或报酬是有偿合同的必备条款,合同中应说明价款或报酬数额及计算标准结算方式和程序等。

5. 合同的期限、履行地点和方式

合同的期限包括有效期限和履行期限。有的合同如租赁合同、借款合同等必须具备有效期限。合同的履行期限是当事人履行合同的时间限度。履行的地点和方式是确定验收、费用、风险和标的物所有权转移的依据。

6. 违约责任

违约责任是违反合同义务的当事人应承担的法律责任。合同约定违约责任有利于督促当事人自觉履行合同,发生纠纷时也有利于确定违约方所承担的责任,这是合同履行的保障性条款。违约责任大都用违约金表示。

7. 解决争议的方法

合同发生争议时,其解决方法包括当事人协商、第三者调解、仲裁、法院审理等几种。当事人在订立合同时,应当约定争议解决的方法。

8. 其他

除合同主要条款以外,双方当事人应根据实际情况约定其他有关双方权利和义务的条款。

PPP项目合同是指政府方(政府或政府授权机构)与社会资本方(社会资本或项目公司)依法就PPP项目合作所订立的合同。PPP项目合同作为项目合同体系的基础与核心,是政府与社会资本双方围绕特定项目,设定、变更、终止权利和义务关系的协议。它是规范行为、维护各方利益、解决合同纠纷的依据。其目的是在政府方与社会资本方之间合理分配项目风险,明确双方权利义务关系,保障双方能够依据合同约定合理主张权利,妥善履行义务,确保项目在合同期内的顺利实施。PPP项目合同主要涉及合作范围、合作期限、项目用地、项目融资、项目建设、项目运营及维护、付费机制、项目移交、政府承诺与保证、争议解决等核心条款。

在项目初期阶段,项目公司尚未成立时,政府方预先与社会资本(即项目投资人)

签订意向书、备忘录或者框架协议，以明确双方的合作意向，详细约定双方有关项目开发的关键权利和义务。待项目公司成立后，由项目公司与政府方重新签署正式PPP项目合同，或者签署关于承继上述协议的补充合同。在PPP项目合同中通常也会对PPP项目合同生效后政府方与项目公司及其母公司之前就本项目所达成的协议是否会继续存续进行约定。

§3-3　PPP项目合同核心条款

3-3-1　PPP项目产出说明

产出说明（Output Specification）是指项目建成后项目资产所应达到的经济、技术标准，以及公共产品和服务的交付范围、标准、绩效水平等。

3-3-1-1　PPP项目中政府部门关心的问题分析

PPP模式改变了传统的采购理念，相较传统的工程采购对项目资产的追求，PPP模式更关注的是对项目资产投资所提供的产品或服务。因此，PPP项目中政府方比较关心的问题主要有以下几个方面：

1. PPP项目提供的产品或服务的质量和数量

PPP项目的实施旨在利用社会资本的资金与活力解决政府财政资金不足和管理效率低下的问题，而其提供的产品或服务又是社会公众急需的。因此，PPP项目的实施是否能提供质量合格的产品或服务，以及是否能缓解社会的供需矛盾，成为政府关心的首要问题。

2. PPP项目提供的产品或服务的价格

PPP作为一种准公共产品的提供方式，决定了其提供的产品或服务是要有收益的，社会资本之所以愿意投资，银行之所以愿意提供贷款，看中的就是项目预期的收益。同时PPP项目服务的对象是公众，这种服务的价格必须是公众愿意接受且能够承受，所以PPP项目提供的服务收费应该合理。另外一方面价格的制订应体现社会的公平性，主要表现在："谁消费、谁付费"；投资者能获取合理回报；PPP项目投资巨大，服务的周期长，特许经营协议中应该有调价机制条款。

3. PPP项目特许经营期限的设计

PPP项目的生命周期包括建设期和运营期，根据是否将建设期和运营期分开计期，可以将特许经营期的结构分为单时段和双时段，这涉及PPP项目一个比较重大的风险——完工风险的分配问题。政府采取PPP模式实施项目，很重要的原因就是公众对项目预期提供的产品或服务处在一种急需的状态。因此政府大都希望PPP项目建设周期尽可能短，尽早提供产品或服务，由于PPP项目大部分都是以特许经营的方式发包给社会资本的。因此采取何种特许经营期限结构以缩短建设周期，成为政府关心的问题。

4. PPP项目的可持续性

PPP项目的生命周期一般都较长，PPP项目的建设和运营是否符合环保要求、项目建造是否具备内部维护能力和长远规划要求、项目提供的产品或服务是否具备竞争力以及是否具备可升级能力，都将影响项目的可持续性。另外，PPP项目在特许经营期限到期后一般都将移交给政府，在移交之前社会资本方出于自身利益的考虑可能会进行掠夺性经营，最终导致移交给政府的项目无法正常运营，不利于项目的可持续发展。

5. 政府方的收益

政府方的收益更多地体现在有效使用公众赋予的权力，使得有限的财政收入效益最大化，为公众提供及时、便捷、实惠的基础设施产品或服务，以期加快社会经济发展，进而维护政府形象和提高政府威信。

3-3-1-2 PPP 项目基于政府的产出说明一般性指标体系的制订

1. 指标体系制订的原则

（1）科学性和互斥性原则。

指标设置应遵循定量与定性相结合的原则，以定量分析为主、定性分析为辅。因为定量计算具有客观性和科学性，对于不能定量分析的指标应进行有理有据的定性分析，力求指标设置的科学性和可操作性。另外，指标之间应不具有强相关性，各指标所包含的信息应尽量避免重复。

（2）全面性和层次性原则。

PPP 项目产出标准指标体系应该是 PPP 项目实施后对社会经济发展促进的客观描述，指标设置既要从社会宏观整体角度出发，又要从个体消费者微观处着手，力求全面完整。另外，一个完整的指标体系应由不同层次组成，这样，可以确定不同层次的设置，更加全面地反映项目指标体系的内在结构及关键问题，并制订相应的应对措施。

2. 指标体系制订的方法

以政府比较关心的问题为基础，遵循以上指标体系制订的原则，结合 PPP 项目自身的特点，通过调查问卷的形式，对 PPP 专家和 PPP 项目实施的专业人员进行问卷调查，结合专家的意见，得出表3-4所示的指标体系。

表3-4 PPP 项目基于政府方的产出标准一般性指标（即 PPP 项目中政府部门关心的问题）

标准类别	表现形式
产品或服务质量	项目设计满足现在及将来的需求
	项目建造质量的安全可靠性（项目安全运营的前提）
	项目移交前后产品或服务质量的一致性
	项目提供的产品或服务的质量满足消费者的需求
	项目提供的产品或服务质量具有持久性
产品或服务数量	产品或服务数量应满足消费者需求
	一定程度缓解社会供需矛盾（产品或服务数量规模适中）
	项目移交前后产品或服务质量的一致性
产品或服务价格	消费者能够承受
	社会资本获取合理利润
	定价促进社会公平
	设置合理的调价机制
	与社会发展水平相适应
特许经营期限设计	特许经营期限应长短合理
	特许经营期限结构选择合理
	建设期尽可能短，尽早提供产品或服务

续表

标准类别	表现形式
项目的可持续性	项目具有广泛的社会适应性
	项目的建造和运营符合环保标准
	项目具有内部维护能力
	项目具有防灾能力
	产品或服务具有竞争力
	产品或服务具有升级能力
政府方的收益	减少政府支出,切实减小政府财政压力
	提高公共基础设施建造、运营、维护和管理效率
	体现政府的公益性和服务性
	促进经济发展、维护社会稳定
	提高财政资金的利用效率
	维护政府的权威与形象

3-3-1-3 各个指标的来源和含义

1. PPP项目产品或服务质量

(1) 项目设计满足现在及将来的需求。

项目设计满足现在及将来的需求是指PPP项目在具体实施阶段的设计方案满足项目现阶段以及未来的使用需求:一方面指PPP项目的规划和方案设计具有适用性、前瞻性;另一方面,PPP项目设计寿命周期应大于或等于项目的服务或运营周期。

(2) 项目建造质量的安全可靠性。

项目建造质量的安全可靠性是指PPP项目的建设质量能确保项目运营阶段的安全性和可靠性。建造质量是建设阶段影响PPP项目成功与否的最重要的因素。PPP项目大多属于建设项目,建设项目的质量要求至少应符合国家关于建设项目质量验收标准,这是项目建成后验收、运营及移交的前提,PPP项目的建造质量主要应由承建商来保证。

(3) PPP项目移交前后产品或服务质量的一致性。

PPP项目移交前后产品或服务质量的一致性是指PPP项目在移交给公共部门前后,其运营能力应一致。这一指标主要是为了避免PPP项目运营商在移交前对PPP项目进行掠夺式经营,并减少或不投入维护费用。这一指标在我国已经得到应用,国家体育场(鸟巢)的特许经营协议第二十二条规定:"特许经营期满时,社会资本应无偿地把体育场在正常可运营状态下移交给北京市政府,并保证移交给北京市政府的体育场是一个工程资料齐全、功能完善、设施良好、设备先进、可负荷举办国际性体育赛事的体育场。"

(4) PPP项目提供的产品或服务的质量满足消费者的需求。

PPP项目提供的产品或服务的质量满足消费者的需求是指PPP项目提供的产品或服务能改善公共基础设施服务供应不足的现状,缓解公众对现有公共基础设施服务的不满。例如:地铁的修建,能改善公众出行困难的现状;高速公路的修建,能够满足人们区域性快速流动的需求;水厂、电厂的修建,能够改善水电供应不足的现状。在英国,政府推行PPP模式的主要原因是政府想尽快为公众提供基础设施产品或服务,而PPP模式是英国政府为公众提供现代化、优质的公共服务以及提升国家竞争力的战略关键因素。

(5) PPP项目提供的产品或服务质量具有持久性。

PPP项目提供的产品或服务质量具有持久性是指PPP项目运营阶段提供的产品或服务质量具有稳定性，不会因为使用年限的增长而降低或过度提高收费。PPP项目的服务周期一般长达几十年，根据建设项目的经济寿命理论，随着项目的使用，为维持服务质量其维护费用会逐年增加，但其固定成本会随着消费者增加逐渐摊销。根据经济寿命公式，项目运营商应增加维护费用，维持PPP项目提供的产品或服务的质量水平，吸引更多的消费者，从而延长项目的经济寿命。为避免项目运营商因运营维护成本提高所带来的可能因高运营成本而降低服务质量，应在合同中设立相关条款以规范其行为，并对其违约行为做出经济处罚。

2. PPP项目产品或服务的数量

(1) PPP项目提供的产品或服务数量应满足消费者需求。

PPP项目提供的产品或服务数量应满足消费者需求是指PPP项目提供的产品或服务从数量上能够满足消费者的需求。改善公众基础设施服务供给不足的现状是政府应用PPP模式的主要动因之一，尤其像我国这样的人口大国，随着经济的高速发展，各项公共基础设施服务都处在供不应求的状态。

(2) PPP项目提供的产品或服务数量规模适中。

PPP项目提供的产品或服务数量规模适中是指PPP项目提供的产品或服务从数量上能满足消费者的需求，但不要过量。根据供求关系理论，当供大于求的时候，必然造成价格的回落和服务（产品）的浪费，这对社会资本和政府都是不利的，这就要求PPP项目的选择能准确预测市场需求，只有准确地预测了市场需求，才能准确确定投资规模，减小投资风险，满足消费者的需求。国家体育场设计了20000个临时座位，并于奥运会之后拆除，主要原因就是社会资本经过测算，奥运会后公众的需求将有所降低。

(3) PPP项目移交前后产品或服务数量的一致性。

PPP项目移交前后产品或服务数量的一致性是指PPP项目在移交给公共部门前，其运营能力与移交给公共部门后，不论由其自身运营或是通过拍卖由其他运营商来运营，项目的产出是一样的。

3. PPP项目产品或服务价格

(1) 消费者能够承受。

消费者能够承受是指PPP项目提供的产品或服务的价格是和社会经济发展水平相适应的，是消费者愿意消费并能够承受的。在PPP项目投标阶段的关键成功因素中，消费者可接受的价格水平（如最终电价、水价、通行费等）是一个重要的因素，北京地铁4号线票价在经过运营商详细的测算后定价在3.7元左右；北京地铁机场线票价经过公开听证，最终定价为25元，这些价格都是公众能够承受的。

(2) 社会资本获取合理利润。

社会资本获取合理利润是指PPP项目提供的产品或服务的收费价格能够确保社会资本收回成本并获取合理利润。社会资本参与公共基础设施建设的主要原因还是为了获取利润，这是资本逐利性的必然反映，也是市场经济的必然规律。PPP模式的应用主要集中在自然资源开发、公共基础设施领域的原因就在于这些领域收费较容易，有稳定的现金流和收益，社会资本较易获取利润。

(3) 定价促进社会公平。

定价促进社会公平是指PPP项目提供的产品或服务价格能够促进社会分配效率的提高，

既能让投资者有所回报，又能让民众接受。主要表现在：①消费者付费，谁消费谁付费，而不应该主要通过财政资金补贴来实现 PPP 项目的低价运行。财政补贴是变相的对所有人收费，这对没有参与消费 PPP 项目提供的产品或服务的民众是不公平的。②投资者应能获取合理回报：对于社会资本来说，PPP 是一种投资活动，应该有一定的收益，但是收益率必须是有限的，过高的收益率会导致暴利行业的产生，不利于 PPP 模式的应用和推广。

（4）设置合理的调价机制。

设置合理的调价机制是指 PPP 项目的特许经营协议里应该有合理的调价机制条款，这主要是为了保证 PPP 项目提供的产品或服务价格在社会经济的发展过程中不贬值。PPP 项目投资巨大，服务的时间长，在这个过程中，通货膨胀、利率、需求变化等因素会导致实际价格的变化，价格的变化必然导致利益的失衡，所以设置合理的调价机制应作为一个重要的指标。

4. PPP 项目特许经营期限设计

（1）特许经营期限应长短合理。

特许经营期限应长短合理是指 PPP 项目的特许经营期限应经过详细的测算，并应以 PPP 社会资本收回其成本并获取合理回报率为标准，英国 PPP 项目的特许经营期限一般为 25 年，北京地铁 4 号线和国家体育场——"鸟巢"的特许经营期限都是 30 年。PPP 项目一个典型的特征就是 PPP 项目具有特许经营期限，合理的特许经营期限能够对这社会资本起到良好的激励作用，有利于提高项目运作的效率。

首先，特许经营期不能过短，由于受价格水平和需求弹性的限制，过短的特许经营期限将无法保证投资者收回成本，从而导致投资者尽量减少投资，这对 PPP 项目的长远发展是不利的；另外过短的特许经营期限会造成政府频繁的组织特许权拍卖，而频繁拍卖特许权的组织费用，以及特许权转移影响 PPP 项目正常运营而造成的损失可能会大于因此而带来的收益。

其次，特许经营期不能过长，过长可能会导致社会资本回报率过高，另外过长会减少特许经营者的竞争压力，降低其对效率改进的追求。因此，PPP 项目特许经营期限的长短是政府控制 PPP 项目的一个重要指标。

（2）特许经营期限结构选择合理。

特许经营期限结构可以分为单时段和双时段，按是否带有激励措施，又可分为单时段不带激励措施、单时段带激励措施、双时段不带激励措施和双时段带激励措施的特许经营期限结构。特许经营期限结构选择合理是指 PPP 社会资本根据具体项目的特征选择一种合理的特许经营期限结构，这涉及 PPP 项目的一个很重要的风险——完工风险的分配问题。

（3）建设期尽可能短，尽早提供产品或服务。

建设期尽可能短，尽早提供产品或服务是指 PPP 项目在合理的规划和组织下的建设周期尽可能短，尽早为公众提供产品或服务。特别是在双时段特许经营期限结构下，PPP 项目的实际运营期是从项目完工后开始计算的，如果项目建设期过长，必然导致实际运营期的延迟。国家体育场——"鸟巢"的建设期计划是 2003 年 12 月至 2006 年 12 月。但实际完工日期是 2008 年 6 月 29 日，工期延误有政策变化和设计变更的原因，但如果国家体育场能按期完工，将增加 2 年的运营期，带来巨大的经济效益。另外，政府实施 PPP 项目很重要的原因是民众对项目所提供的产品或服务处在一种急需的状态，在这种情况下，社会资本尽早提供产品或服务将更早满足民众的需要。英国 PPP 模式应用的经验证明：如果规划组织合理，PPP 项目较传统模式下的建设项目更能够按时或提前完工。

5. PPP项目的可持续性

（1）项目具有广泛的社会适应性。

项目具有广泛的社会适应性是指PPP项目的建设符合地区或国家的经济社会发展水平，能够促进地区或国家的经济社会发展。该指标评价内容通常还包括促进当地经济社会发展，增加当地人民群众收入，节约人们的时间效益，提高劳动生产率，缓解社会供需矛盾，利益相关者都能满意等。

（2）项目的建造和运营符合环保标准。

项目的建造和运营符合环保标准是指PPP项目的建设阶段和运营阶段都必须注重对环境的保护。建设项目的评价理论很重要的一个指标就是对环境影响的评价。PPP项目属于建设项目，并且PPP项目大多集中在基础设施领域和资源开发领域。因此，更应该注意环境的保护，对环境影响较小也是PPP项目的一个关键成功因素。对PPP项目环境保护可以采取"环境影响评价报告书"的方式进行评价。

（3）PPP项目具有内部维护能力。

PPP项目具有内部维护能力是指PPP项目的固定资产设施是可维护的并具有相应的维护技术。建设项目在交付之前，施工单位都要出具质量保修书，主要目的就是为了对建设项目进行维护。PPP项目也不例外，PPP项目不仅需要维护建筑物，还要维护提供产品或服务的设备，如地铁项目的车辆、电厂的发电设备、水厂的滤水设备等，从某种程度上，这些设备更容易磨损，维修难度也更大，PPP项目的运营公司必须掌握这些设备的维修技术，并对设备进行良好的保养，从而提高PPP项目的内部维护能力。PPP项目特许经营期满后的移交不仅包括产权的移交，还包括维护技术（最新的维护方案、维护手册、维护要求）。

（4）PPP项目具有防灾能力。

PPP项目具有防灾能力是指PPP项目的灾难（主要包括地震、火灾、洪水、战争等）预防能力、灾难防御能力、应急措施以及灾后重建的能力。PPP项目的投资规模、灾难风险性以及灾难后的损失都将远远大于一般的建筑物。因此PPP项目更应该注意自身的防灾能力建设。

（5）产品或服务具有竞争力。

产品或服务具有竞争力是指PPP项目提供的产品或服务较同类产品或服务更能满足民众的需要，主要包括价格的合理性、产品或服务的舒适性等。随着PPP模式应用在中国的推广，会有越来越多的PPP项目落地，特别是对于那些政府无法提供限制竞争担保的自由竞争领域，PPP项目产品或服务的竞争力优势将会成为项目通过论证并获得成功的重要因素，这也是PPP项目能够持续生存的重要因素。

6. PPP项目政府的收益

（1）减少政府支出，切实减小政府财政压力。

减少政府支出，切实减小政府财政压力是指与传统模式相比，PPP模式下的项目能减少政府的财政支出，缓解政府日益紧张的资金压力。PPP模式的一大优点就是能够拓宽政府的融资渠道，缓解政府的财政压力。从这点来看，PPP项目的实施能不能切实地减小政府的财政压力，使政府能够花小钱办大事，为民众带来利益，体现政府的服务职能，这一切，使之成为衡量PPP项目产出的一个重要指标。

（2）提高公共基础设施建造、运营、维护和管理效率。

提高公共基础设施建造、运营、维护和管理效率是指PPP模式下，引入社会资本的先进管理、优势技术，能减少浪费，提高效率，进而也提高财政资金的利用效率。传统投资模式下，由于管理效率低下、技术落后等原因，固定资产投入产出率只有60%左右，每年造成巨大的浪费，PPP模式正在这种背景下才得到政府的青睐。因此，PPP项目是否能发挥社会资本高效的投资管理优势，提高投资项目的建造、经营、维护和管理效率也成为考核PPP项目产出的一个重要指标。

(3) 体现政府的公益性和服务性。

体现政府的公益性和服务性是指PPP项目能促使政府的职能由管制型向服务型转变，体现财政资金"取之于民，用之于民"的公益性质。现代国家的决定性特征主要体现在政府是公共服务的提供者和付费者，在PPP模式下，政府成为合同主体，应成为公共服务的提供者和公众利益的代表者，而不再是公共服务的投资者和经营管理者，在逐渐现代化的中国，政府也一直在积极地转换自己的角色，PPP模式的引进正是政府想改变过去在公共基础设施建设中的主导角色，而转变为与社会资本合作提供公共服务的监督、指导及合作者角色。

(4) 促进经济发展、维护社会的稳定。

促进经济发展、维护社会的稳定是指PPP项目的实施能促进国家和地区的经济发展，提高基础设施的服务水平，缓解社会供需矛盾，维护社会的安定。随着中国经济持续不断地高速发展，地区间的发展不平衡、行业间的发展不平衡以及贫富差距的加剧，各种社会矛盾将逐渐显现出来，根据世界发展进程的规律，在人均GDP处于1000~3000美元的发展阶段，意味着经济社会发展进入了一个新的发展阶段，也往往对应着社会矛盾最为严重的时期。而我国现阶段正处在这样一个时期，作为具有重大民生影响的PPP项目的实施，应该能够促进经济社会平衡发展，为维护社会的稳定做出贡献。

3-3-2 指标体系的应用领域和定量方法推荐

指标体系的应用领域主要有以下几方面。

1. 特许经营者的招标选择

前文所提到的评价指标体系可以应用于特许经营者的选择。PPP项目特许经营者的选择方法通常有公开招标、邀请招标、竞争性磋商、竞争性谈判、单一来源采购等五种，五种方式的适用条件详见其他章节。此处，仅以一公开招标为例说明。公开招标是通过招标公告让任何有兴趣又有资格的法人参与投标，在众多的投标人中选取最适合的特许经营者。要注意的是，公开招标具有公开和透明等优点，被世界银行、亚洲开发银行等国际金融组织和各国政府所推荐，广为应用。然而，过分强调公开竞争招标的方式，而忽略项目的特性，可能并不能达到降低价格、提高效率的目的，在一些情况下，由于项目的特殊性（如需要独特的技术、项目规模庞大等），能参与竞争的单位很少，这时使用公开竞争招标的方式可能并不能达到降低投标报价的目的，这时使用其他的选择方式效果可能更好。

在完成了特许经营者的选择后还必须进行合同谈判，PPP项目涉及的参与方很多，合同文件也相当多，这是项目各参与方之间合理分担风险、保证项目成功实施的重要方面。合同文件按合同的签约方分为四类主要合同，即政府和社会资本之间的特许权协议、社会资本和承包商/运营商等之间的履约合同、项目公司和放贷方之间的贷款合同、项目公司股东之间的协议等，但这里所指的合同谈判主要指政府和社会资本签订的特许权协议。在特许协议签订的谈判过程中，鉴于PPP项目实施的长期性、复杂性、风险性等，政府方需要和特许经营者进行博弈，特许经营者希望尽量规避风险，保障收益，而政府方希望能提供高质量的产品或服务，并尽量减少政府的投入和提高政府投入资金的使用效率。投入和产出本身是统一的，但是由于PPP项目产权的复杂性造成投入和产出、经营和产权等成为矛盾体，实际上就是各方利益之间的矛盾，这样就必须通过双方的谈判来平衡彼此利益。根据以往的经验，这个谈判的时间耗时非常之长。另外，就目前而言，我国尚没有完善的全国统一的关于PPP项目实施的法律法规文件的颁布，而政府方也缺乏从事PPP项目能力的专业人员。在这种情况下，一方面谈判的时间会比较长，另外一方面也增大了政府谈判的风险性，稍不注意就会造成谈判的结果对政府方很不利。这两方面都是政府所不愿看到的，谈判的时间过长，则导致项目不能按期实施，甚至导致项目重新选择特许经营者或项目搁置。

在多种原因下，政府必须提高自己的谈判能力，尽量缩短谈判的时间，规避谈判的风险。前面所提到的指标体系正是基于政府的困境，建立的一套指导其进行谈判的指标体系，应用该指标体系进行谈判，政府方的谈判将变得主动，谈判时间将大大缩短，谈判的风险也将大大减小，从这方面来讲，该指标体系在特许经营者的选择上是一个很好的应用领域。

2. 项目特许经营期限届满移交质量控制

PPP项目通过以上方式选择特许经营者，特许经营期到期后，PPP项目通常情况下都将无偿移交给政府，政府可以选择自己经营、重新选择特许经营者或者仍然由原有特许经营者继续经营。

如果政府方选择自己经营或者重新选择特许经营者，都面临一个项目移交的问题，而移交的过程是有一定风险的。因为PPP项目特许经营期限一般短则十几年，长则几十年，这么长的时间里，PPP项目本身不可能不出现问题，维护费用肯定比当初建成时要高。另外，项目提供的产品或服务质量也很难继续满足公众的需求，即使能满足，那么维持这种产品或服务的代价肯定比当初要高得多。造成这两方面问题的原因有以下两种可能：其一是项目实施的时候没有进行完善的，没有预计几十年后如何保证项目继续正常运行，这是PPP项目的先天性缺陷，这种缺陷和PPP项目实施决策人的预见能力和决策能力有关，属于政府方应当承担的风险；其二就是特许经营者在特许经营期限即将到期时，为了获取更多的利润或回报，对项目实施掠夺式经营，使项目超负荷运转、减少项目的维护经费或者不再进行维护，这些都可能导致移交给政府方的PPP项目是一个无法正常运行的项目，或者即使能运行，也需要投入较大的维护费用，这也是政府方应当承担的风险。若出现以上情况，政府方再选择特许经营者就会很被动，自己经营的代价也很大。

即使选择由原特许经营者继续经营该PPP项目，其也可能通过谈判要求重新签订特许经营协议，进而达到满足其利益的目的，在这个过程中，政府依然很难掌握主动权。

而前面所提到的指标体系可以指导政府方在谈判的过程中规避以上风险，例如指标体系中要求项目建造时必须考虑长远的规划、移交时必须满足特许经营协议中约定的标准。这套指标指出了大部分政府方应该注意的问题，应用这套指标体系指导政府方的谈判，将大大减小政府的风险，使PPP项目特许经营期满后，不管是选择自己经营、重新选择特许经营者或者仍然由原有特许经营者继续经营，政府方都将掌握主动权。

3. 指标体系定量评价方法推荐

PPP项目与一般的建设项目既有联系也有区别，每一个PPP项目也都有其自身的特点，前面总结的只是PPP项目基于政府采购的一般性指标，该指标并不能涵盖所有项目的所有指标。并且每个PPP项目实施的目的不同，那么其侧重点就不同，相应的评价指标也不同，在这种情况下如何应用该指标体系去评价具体的PPP项目呢？

首先，应结合前文提到的指标体系和具体PPP项目的特点和实施的目的，建立适合该项目的指标体系，该指标体系的建立应广泛争取项目的利益相关方，包括政府、社会资本、银行、运营商、工程承包商以及未来的消费者等的意见。指标体系应尽可能完善和准确，这样方能照顾到每一方的利益。

接着，可以采取层次分析法（AHP）确定各指标的权重。AHP将评价对象分解为不同的组成因素，按照各因素之间的隶属关系，把它们排成从高到低的若干层次，建立递阶层次结构。对同层的各元素进行两两比较，对每个层次的重要性进行两两比较，对每个层次的相对重要性予以定量表示，并利用数学方法确定每一层次各因素的权值；然后对各个指标进行隶属度赋值；最后进行模糊综合评价，得出该PPP项目投资和产出的合理性。

3-3-3 项目的合作范围及合作期限

1. 项目范围

项目范围条款是用来明确约定在项目合作期限内，政府与项目公司合作范围和主要合作内容的条款，是PPP项目合同的核心条款。

PPP项目范围条款应包含三个层次的内容：政府方与社会资本方的合作内容；标的项目的内容和范围；相关排他性的规定。

根据项目运作方式和具体情况的不同，政府与项目公司的合作范围可能包括设计、融资、建设、运营、维护某个基础设施或提供某项公共服务等。以BOT运作方式为例，项目的范围一般包括项目公司在项目合作期限内建设（和设计）、运营（和维护）项目并在项目合作期限结束时将项目移交给政府。

标的项目的范围和内容，即指对项目对应的具体基础设施或公共服务项目范围和内容的描述。PPP是政府方与社会资本方在基础设施和公共服务领域的合作，双方合作应是围绕公共产品和公共服务的供给展开的，因此PPP标的项目也必须存在于基础设施、公共服务领域。

通常上述合作范围是排他的，即政府在项目合作期限内不会就该PPP项目合同项下的全部或部分内容与其他任何一方合作。在采用使用者付费机制的项目中，项目公司通常会要求在PPP项目合同中增加唯一性条款，要求政府承诺在一定期限内不在项目附近新建竞争性项目。

2. 合作期限

（1）期限的确定。

①项目的合作期限通常应在项目前期论证阶段进行评估。评估时，需要综合考虑以下因素：

a. 政府所需要的公共产品或服务的供给期间。

b. 项目资产的经济生命周期以及重要的整修时点。

c. 项目资产的技术生命周期。

d. 项目的投资回收期。

e. 项目设计和建设期间的长短。

f. 财政承受能力。

g. 现行法律法规关于项目合作期限的规定，等等。

②根据项目运作方式和付费机制的不同，项目合作期限的规定方式也不同，常见的项目

合作期限规定方式包括以下两种：

  a. 单一固定期限。自合同生效之日起一个固定的期限（例如25年）。

  b. 复核期限。分别设置独立的设计建设期间和运营期间，并规定运营期间为自项目开始运营之日起的一个固定期限。

  上述两种合作期限规定方式的最主要区别在于：复核期限分别考虑设计建设期间和运营期间的情况下，如建设期出现任何延误，不论是否属于可延长建设期的情形，均不会影响项目运营期限，项目公司仍然可以按照合同约定的运营期运营项目并获得收益；而在规定单一固定期限的情况下，如项目公司未按照约定的时间开始运营且不属于可以延长期限的情形，则会直接导致项目运营期缩短，从而影响项目公司的收益情况。

  鉴于此，实践中应当根据项目的风险分配方案、运作方式、付费机制和具体情况选择合理的项目合作期限规定方式。基本的原则是，项目合作期限有利于实现物有所值的目标并且有利于对项目公司的有效激励。需要特别注意的是，项目的实际期限还会受制于提前终止的规定。

  （2）期限的延长。

  由于PPP项目的实施周期通常较长，为了确保项目实施的灵活性，PPP项目合同中还可能包括关于延长项目合作期限的条款。

  政府和项目公司通常会在合同谈判时商定可以延期的事由，基本的原则是：在法律允许的范围内，对于项目合作期限内发生非项目公司应当承担的风险而导致项目公司损失的情形下，项目公司可以请求延长项目合作期限。常见的延期事由包括：

  ①因不可抗力导致合作期限顺延的。

  ②因政府方违约导致项目公司延误履行其义务。

  ③因发生政府方应承担的风险导致项目公司延误履行其义务。

  ④经双方合意且在合同中约定的其他事由。

  3. 期限的结束

  导致项目合作期限结束有两种情形：项目合作期限届满或者项目提前终止。

3-3-4 项目的用地条款

  PPP项目合同中的项目用地条款，是对项目实施中涉及的土地方面的权利和义务约定，通常包括土地权利的取得、相关费用的承担以及土地使用的权利及限制等内容。

  1. 土地权利的取得

  （1）一般原则。

  大部分的PPP项目，尤其是基础设施建设项目或其他涉及建设的项目，均会涉及项目用地问题，由哪一方负责取得土地对于这类项目而言非常关键。

  在PPP实践中，通常根据政府方和项目公司哪一方更有能力、更有优势承担取得土地使用权的原则，来判定由哪一方负责取得土地使用权。

  （2）两种实践选择。

  实践中，根据PPP项目的签约主体和具体情况不同，土地使用权的取得通常有以下两种选择：

  ①由政府方负责提供土地使用权。

  主要考虑因素：

  在PPP项目实施中，如果签署PPP项目合同的政府方是对土地使用权拥有一定控制权和管辖权的政府或政府部门（例如，县级以上人民政府），那么，由该政府方负责取得土地使用权对于项目的实施一般更为经济和效率，主要原因在于：一方面，在我国的法律框架下，土地所有权一般归国家或集体所有，由对土地使用权有一定控制力的政府方负责取得土地使用权更为便利（根据我国法律，除乡（镇）村公共设施和公益事业建设，经依法批准可使用农民集体所有的土地外，其他的建设用地均须先由国家征收原属于农民集体所有的土地，将其变为国有土地后才可进行出让或划拨）；另一方面，根据《土地管理法》及其他相关法律的规定和实践，对于城市基础设施用地和公益事业用地以及国家重点扶持的能源、交通、水利等基础设施用地，大多采用划拨的方式，项目公司一般无法自行取得该土地使用权。

具体安排：

政府方以土地划拨或出让等方式向项目公司提供项目建设用地的土地使用权及相关进入场地的道路使用权，并根据项目建设需要为项目公司提供临时用地。项目的用地预审手续和土地使用权证均由政府方办理，项目公司主要予以配合。

上述土地如涉及征地、拆迁和安置，通常由政府方负责完成该土地的征用补偿、拆迁、场地平整、人员安置等工作，并向项目公司提供没有设定他项权利、满足开工条件的净地作为项目建设用地。

②由政府方协助项目公司获得土地使用权。

如果项目公司完全有权、有能力根据我国法律规定自行取得土地使用权的，则可以考虑由项目公司自行取得土地使用权，政府方应提供必要的协助。

2. 取得土地使用权或其他相关权利的费用

（1）取得土地使用权或其他相关权利所涉及的费用。

在取得土地使用权或其他相关权利的过程中可能会涉及的费用包括：土地出让金、征地补偿费用（具体可能包括土地补偿费、安置补助费、地上附着物和青苗补偿费等）、土地恢复平整费用以及临时使用土地补偿费等。

（2）费用的承担。

实践中，负责取得土地使用权方与支付相关费用方有可能不是同一主体。通常来讲，即使由政府方负责取得土地权利以及完成相关土地征用和平整工作，也可以要求项目公司支付一定的相关费用。

具体项目公司应当承担哪些费用和承担多少，需要根据费用的性质、项目公司的承担能力、项目的投资回报等进行综合评估。例如，项目公司和政府方可能会约定一个暂定价，项目公司在暂定价的范围内承担土地使用权取得的费用，如实际费用超过该暂定价，对于超出的部分双方可以协商约定由政府方承担或由双方分担。

3. 土地使用的权利及限制

（1）项目公司的土地权利——土地使用权。

PPP项目合同中通常会约定，项目公司有权在项目期限内独占性地使用特定土地进行以实施项目为目的的活动。根据我国《土地管理法》规定，出让的国有土地使用权可以依法转让、出租、抵押和继承；划拨的国有土地使用权在依法报批并补缴土地使用权出让金后，可以转让、出租、抵押。

（2）项目公司土地使用权的限制。

由于土地使用权是为专门实施特定的PPP项目而划拨或出让给项目公司的。因此，在PPP项目合同中通常还会明确规定，未经政府批准，项目公司不得将该项目涉及的土地使权转让给第三方或用于该项目以外的其他用途。除 PPP 项目合同中的限制外，项目公司的土地使用权还要受土地使用权出让合同或者土地使用权划拨批准文件的约束，并且要遵守《土地管理法》等相关法律法规的规定。

(3) 政府方的场地出入权。

①政府方有权出入项目设施场地。

为了保证政府对项目的开展拥有足够的监督权（关于政府方的监督和介入权利），在 PPP 项目合同中，通常会约定政府方出入项目设施场地的权利。

②条件和限制。

政府方行使上述场地出入权需要有一定的条件和限制，包括：

a. 仅在特定目的（双方可在 PPP 项目合同中就"特定目的"的具体范围予以明确约定）下才有权进入场地，例如检查建设进度、监督项目公司履行 PPP 项目合同项下义务等。

b. 履行双方约定的合理通知义务后才可入场。

c. 需要遵守一般的安全保卫规定，并不得影响项目的正常建设和运营。需要特别说明的是，上述条件和限制仅是对政府方合同权利的约束，政府方及其他政府部门为依法行使其行政监管职权而采取的行政措施不受上述合同条款的限制。

3-3-5 项目的融资条款

按照《财政部关于印发政府和社会资本合作模式操作指南（试行）》（财金〔2014〕113号）规定的 PPP 项目操作流程，在项目执行阶段，社会资本或项目公司应及时开展融资方案设计、机构接洽、合同签订和融资交割等工作。财政部门（政府和社会资本合作中心）和项目实施机构应做好监督管理工作，防止企业债务向政府转移。

因此 PPP 项目融资由社会资本或项目公司负责。社会资本或项目公司可以通过银行贷款、企业债、项目收益债券、资产证券化等市场化方式举债并承担偿债责任。政府对投资者或项目公司按约定规则依法承担特许经营权、合理定价及财政补贴等相关责任，不承担投资者或项目公司的偿债责任。

PPP 项目合同中对融资主要约定三方面问题：融资金额（融多少）、融资方案（怎么融）和金融机构的接入权。

1. 融资金额

融资金额是指一个 PPP 项目在达到可以稳定运营前所需要投入的所有资金。根据项目性质的不同可以分为项目总投资和 TOT 项目转让价款。

项目总投资：针对新建、改扩建项目而言，因在建设期内需要投资建设一定的固定资产，因此这里实际使用的是建设项目总投资的概念。通常会根据 PPP 项目前期工作的进展情况，如是完成可研审批、初步设计审批，还是施工设计审批，来确定 PPP 项目合同中所使用的总投资的概念是分别对应估算总投资、概算总投资，还是预算总投资。

根据相关政策，PPP 项目可以在符合条件的情况下向财政部或发改委等部门申请各类资金补助，如针对行业的地下综合管廊专项资金补助、专项建设资金等，这些资金通常在建设期由财政部或发改委等部门提供给社会资本方直接用于项目前期费用支出或项目建设资金，直接核减社会资本方的总投资规模。

TOT 项目转让价款：在 TOT 项目中因不涉及固定资产投资建设，而是需要从政府方购买已经建设完成固化的资产或与资产相关的经营权，因此社会资本方为获得资产或经营权所需要的资金并不能称作项目总投资，而应该是资产转让/经营权转让价款。TOT 项目资产转让/经营权转让价款的确定由于涉及国有资产转让程序与 PPP 项目采购程序的冲突及评估方法等问题一直是 TOT 项目的实施难点。

另外，在确定 TOT 项目的转让价款后，社会资本方总的融资金额还需要在转让价款的基础上根据项目情况加上一定金额的铺底流动资金，用于项目前期的基本运转和运营维护。

2. 融资方案

PPP 项目的融资方式约定中通常会约定资本金部分的出资方式和总投资与资本金差额部分的募集方式两部分的内容。

资本金部分的出资方式：目前社会资本方多选择采用与金融机构共同设立基金的方式进行资本金部分的融资，通常有以下几种方式：

第一种方式：由社会资本方与金融机构组成联合体共同参与投标，并在联合体协议以及投标文件中明确中标以后由社会资本方和金融机构共同设立基金作为股东成立项目公司并出资。

第二种方式：由社会资本方与已经组建的基金组成联合体共同参与投标，并在联合体协议以及投标文件中明确社会资本方和基金的出资份额。

第三种方式：由社会资本方单独参与项目的投标，并在社会资本方中标以后由中标社会资本方专门为本项目设立的基金代替中标社会资本方认缴并实缴全部或部分出资，或在项目公司组建以后，中标社会资本方将全部或部分股权转让给中标社会资本方专门为本项目设立的基金，实际由基金履行全部或部分出资义务。

总投资与资本金差额部分的融资方式：

在 PPP 项目合同中通常约定，由社会资本方负责总投资与资本金差额部分的融资。约定中标社会资本方本身具有一定的资金实力，并且要协助项目公司获得项目建设所需要的资金，在项目公司融资困难的情况下为项目融资提供担保或自行补足资金不足的部分。

在 PPP 项目中，融资方提供融资通常是有必要条件的，如：项目政府付费纳入中期财政规划的批文及纳入预算的人大决议、项目的立项文件、土地使用权属证书、规划许可证、施工许可证等，以上文件或批文都需要政府方负责提供或协助提供，并提供一定的便利条件。另外，在 PPP 项目合同中通常会约定"为本项目融资需要将项目资产进行抵押或收益权进行质押的，需要事先获得政府方的同意"。因此，政府方有义务配合以上情况提供便利和资料并做出同意的决定，若政府方不予配合便会导致项目公司不能按时完成融资交割，而在此种情况下就需要在 PPP 项目合同中注明和区分未能完成融资交割的原因，并由真正的责任方承担违约责任，而不能一概而论均由社会资本方承担。

3. 融资方的介入权

由于项目的提前终止可能会对融资方债权的实现造成严重影响。因此，融资方通常希望在发生项目公司违约事件且项目公司无法在约定期限内补救时，它可以自行或委托第三方在项目提前终止前对项目进行补救。为了保障融资方的该项权利，融资方通常会要求在 PPP 项目合同中或者通过政府、项目公司与融资方签订的直接介入协议对融资方的介入权予以明确约定。

3-3-6 项目的建设条款

1. 项目设计

《PPP 项目合同指南》第七节规定，"根据项目的规模和复杂程度，一般来讲，设计工作可以分为三个或四个阶段。对于土建项目，设计通常分为可行性研究、初步设计（或初始设计）和施工图设计（或施工设计）三个阶段；对于工业项目（包括工艺装置设施）以及复杂的基础设施项目，通常还要在上述初步设计和施工图设计阶段之间增加一个扩初设计（或技术设计）阶段"。通常PPP项目的设计范围可以包括可行性研究、初步设计和施工图设计。

（1）项目设计要求。

在PPP项目合同签订之前，双方应协商确定具体的项目设计要求和标准，并在PPP项目合同中予以明确约定。确定项目设计要求和标准的依据通常包括：

①政府编制或项目公司编制并经政府方审查同意的可行性研究报告和项目产出说明。

②双方约定的其他技术标准和规范。

③项目所在地区和行业的强制性技术标准。

④建设工程相关法律法规的规定，例如建筑法、环境保护法、产品质量法等。

（2）设计的审查。

在PPP项目中，虽然设计工作通常主要由项目公司承担，但政府方享有在一定的期限内审查设计文件并提出意见的权利，这也是政府方控制设计质量的重要途径。设计审查条款通常包括以下内容：

①政府方有权审查由项目公司制作的任何设计文件（特别是初步设计以及施工图设计），项目公司有义务将上述文件提交政府方审查，并向政府方汇报设计方案及进度。

②政府方应当在约定期限内（通常在合同中明确约定）审查设计文件。如果设计文件中存在任何不符合合同约定的内容，政府方可以要求项目公司对不符合合同的部分进行修正，有关修正的风险、费用由项目公司承担，如项目公司对政府方提出的意见存在异议，可以提交争议解决程序处理；如果政府方在上述约定期限内未提出审查意见，约定审查期限届满后项目公司有权将该方案按程序实施。

③社会资本方修正后应重新提交政府方审查，直到政府方审查通过后，社会资本方可提交发改委或建设主管部门进行法定审查。

④政府方的上述审查不能减轻或免除项目公司依法履行相关设计审批程序的义务与责任。

（3）项目设计责任。

在PPP项目中，通常由项目公司对其所做出的设计承担全部责任。该责任不因该设计已由项目公司分包给其他设计单位或政府方已经审查而被豁免或解除。

2. 项目建设

PPP项目主要包含新建或改扩建内容的PPP项目，通常采用BOT、BOO或ROT等运作方式。

在PPP项目合同中，要合理划分政府方与项目公司在建设期间的权利和义务，更好地平衡双方的不同诉求，确保项目的顺利实施。

（1）项目建设要求。

①建设标准要求。

与项目设计类似，在PPP项目合同签订之前，双方应协商确定具体的项目建设标准，并约定在PPP项目合同中。常见的建设标准和要求包括：

a. 设计标准，包括设计生产能力或服务能力、使用年限、工艺路线、设备选型等。

b. 施工标准，包括施工用料、设备、工序等。
c. 验收标准，包括验收程序、验收方法、验收标准等。
d. 安全生产要求。
e. 环境保护要求等。

项目的建设应当依照项目设计文件进行，并且严格遵守建筑法、环境保护法、产品质量法等相关法律法规的规定以及国家、地方及行业强制性标准的要求。项目建设所依据的相关设计文件和技术标准通常会作为 PPP 项目合同的附件。

②建设时间要求。

在 PPP 项目合同中，通常会明确约定项目的建设工期及进度安排。在竣工时间对于项目具有重大影响的项目中，还应在合同中进一步明确具体的完工日期或建设工期。

关于开工日，一般会约定开工日的定义，以及最迟不晚于何时开工。通常为保证项目实施的合规性，社会资本方会要求在 PPP 项目合同中约定：开工日指项目具备法定的开工条件后，监理工程师签发的开工令中载明的开工日。

关于建设工期，则是明确具体的工期。根据项目情况可分为总工期和子项目工期，作为评判社会资本方是否按约竣工的依据。为保证工期，通常 PPP 项目合同中会要求社会资本方根据政府方的工期要求提交建设进度计划，并且定期就进度计划的实施情况进行汇报。通常在 PPP 项目合同中约定在以下情况发生时，社会资本方有权要求延长工期：不可抗力事件；因甲方原因导致的延误；法律变更或其他政府部门的原因导致的延误；其他非社会资本方（含施工总承包商、分包商、材料供应商等）原因导致的延误。

尽管发生以上情况社会资本方可以申请延期，但社会资本方仍有义务采取赶工措施并尽量避免工期延误，赶工措施费及可能发生的误工费、机械设备闲置费计入项目总投资。若工期延误系由于社会资本方原因（含施工总承包商、分包商、材料供应商等）导致，则社会资本方同样有义务采取赶工措施并尽量避免工期延误，赶工措施费及可能发生的误工费、机械设备闲置费不计入项目总投资，由社会资本方自行承担。

（2）项目建设责任。

在 PPP 项目中，通常由项目公司负责按照合同约定的要求和时间完成项目的建设并按约定开始运营，该责任不因项目建设如何部分或全部由项目公司分包给施工单位或承包商实施而豁免或解除。

当然，在 PPP 项目中，项目建设责任对项目公司而言是约束与激励并存的。在确保项目按时按质量完工方面，项目公司除了客观上要受合同义务约束之外，还存在额外的商业动机。因为通常只有项目开始运营，项目公司才有可能获得付费。

3. 政府方对项目建设的监督和介入

（1）概述。

为了能够及时了解项目建设情况，确保项目能够按时开始运营并满足合同约定的全部要求，政府方往往希望对项目建设进行必要的监督或介入，并且通常会在 PPP 项目合同中约定一些保障政府方在建设期的监督和介入权利的条款。

政府方的监督和介入的程度，也是项目建设条款的核心问题。需要强调的是，PPP 项目与传统的建设项目不同，政府方的参与必须有一定的限度，过度的干预不仅会影响项目公司正常的经营管理以及项目的建设和投运，而且还可能将本已交由项目公司承担的风险和管理角色又揽回到政府身上，从而违背 PPP 项目的初衷。

（2）政府对项目建设的监督和介入权利主要包括：

①定期获取有关项目计划和进度报告及其他相关资料。

②在不影响项目正常施工的前提下进场检查和测试。

③对建设承包商的选择进行有限的监控（例如设定资质要求等）。

④在特定情形下，介入项目的建设工作；等等。

3-3-7　项目设施的运营与维护条款

3-3-7-1　项目设施的运营条款

有关项目运营的条款通常包括开始运营的时间和条件、运营期间的权利与义务以及政府方和公众对项目运营的监督等内容。

开始运营：PPP 项目合同应明确约定运营开始日，以此作为政府方向社会资本方付费或社会资本方向使用者收费的起始日期。当然，开始运营的时间和条件也是双方的谈判要点。

1. 开始运营的一般条件

在订立 PPP 项目合同时，双方会根据项目的技术特点和商业特性约定开始运营的条件，以确定开始运营及付费的时间点。常见的条件包括：

①项目的建设已经基本完工（除一些不影响运营的部分）并且已经达到满足项目目的的水平。

②已按照合同中约定的标准和计划完成项目试运营。

③项目运营所需的审批手续已经完成（包括项目相关的备案审批和竣工验收手续）。

④其他需要满足项目开始运营条件的测试和要求已经完成或具备。

2. 因项目公司原因导致无法按期开始运营的后果

如果项目公司因自身原因没有按照合同约定的时间和要求开始运营，将可能承担如下后果：

（1）一般的后果：无法按时获得付费、运营期缩短。

通常来讲，根据 PPP 项目合同的付费机制和项目期限机制，如果项目公司未能按照合同约定开始运营，其开始获得付费的时间也将会延迟，并且在项目合作期限固定、不分别设置建设期和运营期且没有正当理由可以延期的情况下，延迟开始运营意味着项目公司的运营期（即获得付费的期限）也会随之缩短。即如果项目公司因自身原因没有按照合同约定的时间和要求开始运营，将可能承担项目公司无法按时获得付费、运营期缩短的后果。

（2）支付逾期违约金。

一些 PPP 项目合同中会规定逾期违约金条款，即如果项目公司未能在合同约定的日期开始运营，则需要向政府方支付违约金。

需要注意的是，并非所有的 PPP 项目合同中都必然包括逾期违约金条款，特别是在逾期并不会对政府方造成很大损失的情况下，PPP 项目合同中的付费机制和项目期限机制已经足以保证项目公司有动机按时完工，因而无需再另行规定逾期违约金。

如果在 PPP 项目合同中加入逾期违约金条款，则应在项目采购阶段对逾期可能造成的损失进行评估，并据此确定逾期违约金的金额和上限（该上限是项目融资方非常关注的要点)。

(3) 项目终止。

如果项目公司延误开始运营的时间超过一定的期限（例如，200日），政府方有权依据PPP项目合同的约定主张提前终止该项目（关于终止的后果和处理机制）。

(4) 履约担保。

为了确保项目公司按约全面履行合同，有时政府方也会要求项目公司以履约保函等形式提供履约担保。如果项目公司没有按照合同约定运营项目，政府方可以依据双方约定的履约担保机制获得一定的赔偿。

3. 因政府方原因导致无法按期开始运营的后果

此处所指的政府方原因包括政府方违约以及在PPP项目合同中约定的由政府方承担的风险，例如政治不可抗力等。

(1) 延长工期和赔偿费用。

因政府方原因导致项目公司无法按期开始运营的，通常项目公司有权主张延迟开始运营日并向政府方索赔额外费用。

(2) 视为已开始运营。

在一些采用政府付费机制的项目（如电站项目）中，对于因发生政府方违约、政治不可抗力及其他政府方风险而导致项目在约定的开始运营日前无法完工或无法进行验收的，除了可以延迟开始运营日之外，还可以规定"视为已开始运营"，即政府应从原先约定的开始运营日起向项目公司付费。

4. 因中性原因导致无法按期开始运营的后果

此处所指的中性原因是指不可抗力及其他双方约定由双方共同承担风险的原因。不可抗力是指PPP项目合同签订后发生的，合同双方不能预见、不能避免并不能克服的客观情况，主要是指自然不可抗力，不包括按照合同约定属于政府方和项目公司违约或应由其承担风险的事项。

因中性原因导致政府方或项目公司不能按期开始运营的，受到该中性原因影响的一方或双方均可以免除违约责任（例如违约金、赔偿等），也可以根据该中性原因的影响期间申请延迟开始运营日。

5. 运营期间的权利与义务

(1) 项目运营的标准和要求。

在PPP项目的运营期内，项目公司应根据法律法规以及合同约定的要求和标准进行运营。常见的运营标准和要求包括：

①服务范围和服务内容要求。
②生产规模或服务能力要求。
③运营技术标准或规范要求。
④产品或服务质量要求。
⑤安全生产要求。
⑥环境保护要求；等等。

为保障项目的运营质量，PPP项目中通常还会要求项目公司编制运营与维护手册，载明生产运营、日常维护以及设备检修的内容、程序和频率等，并在开始运营之前报送政府方审查。运营维护手册以及具体运营标准通常会作为PPP项目合同的附件。

(2) 运营责任。

PPP 项目合同应明确约定由项目公司承担项目的运营责任。从转移风险的角度考虑并为确保项目公司切实履行运营责任，PPP 项目合同中不仅会约定要求项目公司强制购买运营期保险和提供运营期履约担保，编制应急预案、运营维护计划、中长期经营计划和年度经营计划、年度运营情况报告并报政府方备案，而且通常还会约定由项目公司编制运营维护手册并报政府方审查，甚至将运营维护手册作为 PPP 项目合同的附件。

在部分 PPP 项目中，政府方可允许项目公司将运营分包给具有相关资质和能力的第三方。尽管如此，在 PPP 项目合同中仍需明确约定：项目公司应取得政府方的书面同意后方可将运营外包，且项目公司的责任和义务并不因此而免除，项目公司仍需向政府方承担项目合同约定的责任和义务；PPP 项目合同甚至还可约定，由双方共同确定选择外包服务供应商的采购文件并全过程参与采购及合同的谈判，社会资本方应经双方书面确认后方可与供应商签订外包服务合同。

6. 政府方对项目运营的监督和介入

政府方对于项目运营同样享有一定的监督和介入权，通常包括：

①在不影响项目正常运营的情况下入场检查。

②定期获得有关项目运营情况的报告及其他相关资料（例如运营维护计划、经审计的财务报告、事故报告等）。

③审阅项目公司拟定的运营方案并提出意见。

④委托第三方机构开展项目中期评估和后评价。

⑤在特定情形下，介入项目的运营工作；等等。

7. 公众监督

为保障公众知情权，接受社会监督，PPP 项目合同中通常还会明确约定项目公司依法公开披露相关信息的义务。

关于信息披露和公开的范围，一般的原则是，除法律明文规定可以不予公开的信息外（如涉及国家安全和利益的国家秘密），其他的信息均可依据项目公司和政府方的合同约定予以公开披露。实践中，项目公司在运营期间需要公开披露的信息主要包括项目产出标准、运营绩效等，如医疗收费价格、水质报告。

8. 暂停服务

项目运营不可避免地会因一些不可预见的或突发的事件影响而暂停服务。暂停服务一般包括两类：

(1) 计划内的暂停服务。

一般来讲，对项目设施进行定期的重大维护或者修复，会导致项目定期暂停运营。对于这种合理的、可预期的计划内暂停服务，项目公司应在报送运营维护计划时提前向政府方报告，政府方应在暂停服务开始之前给予书面答复或批准，项目公司应尽最大努力将暂停服务的影响降到最低。

发生计划内的暂停服务，项目公司不承担不履约的违约责任。

(2) 计划外的暂停服务。

若发生突发的计划外暂停服务，项目公司应立即通知政府方，解释其原因，尽最大可能降低暂停服务的影响并尽快恢复正常服务。对于计划外的暂停服务，责任的划分按照风险分担原则处理，即：

①如因项目公司原因造成，由项目公司承担责任并赔偿相关损失。

②如因政府方原因造成，由政府方承担责任，项目公司有权向政府方索赔因此造成的费用损失并申请延展项目期限。

③如因不可抗力原因造成，双方共同分担该风险，均不承担对对方的任何违约责任。

3-3-7-2 项目设施的维护条款

在PPP项目中，有关项目维护的权利与义务的约定在很多情况下是与项目运营有关的约定重叠和相关，所以，通常把维护与运营放在一起统一约定。有关项目维护通常会包括项目维护内容、义务和责任以及政府方对项目维护的监督等内容。

1. 项目维护义务和责任

（1）项目维护责任。

在PPP项目中，通常由项目公司负责根据合同约定及维护方案和手册的要求对项目设施进行维护和修理，该责任不因项目公司将部分或全部维护事务分包给其他运营维护商实施而豁免或解除。

（2）维护方案和手册。

①维护方案。

为了更好地保障项目的运营和维护质量，在PPP项目合同中，通常会约定项目公司在合同生效后、开始运营日之前编制项目维护方案并提交政府方审核，政府方有权对该方案提出意见。在双方共同确定维护方案后，项目公司做出重大变更，均须提交政府方。但维护方案的实施是否应取得政府方同意为前提，则需要视维护的技术难度要求、政府方参与维护的程度、政府方希望对维护控制的程度等具体情况而定。

维护方案中通常包括项目运营期间计划内的维护、修理和更换的时间、费用，以及上述维护、修理和更换可能对项目运营产生的影响等内容。

②维护手册。

对于某些PPP项目，特别是技术难度较大的项目，除维护方案外，有时还需要编制详细的维护手册，进一步明确日常维护和设备检修的内容、程序及频率等。

（3）计划外的维护。

如果发生意外事故或其他紧急情况，需要进行维护方案之外的维护或修复工作，项目公司应立即通知政府方，解释其原因，并尽其最大努力在最短的时间内完成修复工作。对于计划外的维护事项，责任的划分与计划外暂停服务基本一致，即：

①如因项目公司原因造成，由项目公司承担责任并赔偿相关损失。

②如因政府方原因造成，由政府方承担责任，项目公司有权向政府方索赔因此造成的费用和损失并申请延展项目运营期限。

③如因不可抗力及其他双方约定由双方共同承担风险的原因造成，双方共同分担该风险，均不承担对对方的任何违约责任。

2. 政府方对项目维护的监督和介入

政府方对项目维护的监督和介入权，与对项目运营的监督和介入权类似，主要包括：在不影响项目正常运营和维护的情形下入场检查；定期获得有关项目维护情况的报告及其他相关资料；审阅项目公司拟定的维护方案并提供意见；在特定情形下，介入项目的维护工作等。

3-3-8 项目付费机制

3-3-8-1 付费机制的分类

《财政部关于印发政府和社会资本合作模式操作指南（试行）》（财金〔2014〕113号），对项目回报机制进行界定。项目回报机制主要说明社会资本取得投资回报的资金来源，包括使用者付费（User Charges）、可行性缺口补助（用户付费不足部分由政府贴）（Viability Gap Funding，VGF）和政府付费（Government Payment）等支付方式。

《国家发展改革委关于开展政府和社会资本合作的指导意见》（发改投资〔2014〕2724号）提出关于PPP付费的主要原则：因地制宜，建立合理的投资回报机制，要根据各地实际，通过授予特许经营权、核定价费标准、给予财政补贴、明确排他性约定等，稳定社会资本收益预期，同时还提出对影响付费的价格进一步规范管理。按照补偿成本、合理收益、节约资源以及社会可承受的原则，加强投资成本和服务成本监测，加快理顺价格水平。深化价格管理体制改革，对于涉及中央定价的PPP项目，可适当向地方下放价格管理权限。以上付费原则对PPP项目实施有较强指导性。

3-3-8-2 项目的定价调价机制

1. 政府付费

（1）可用性付费的设置。

可用性付费的一个基本原则，就是在符合我国法律强制性规定的前提下，待到项目设施已建成且全面服务可用时（通常是项目开始运营时）才开始付款。但也存在一些例外，比如改造项目，有可能改造的同时也需要项目公司继续提供服务，在这种情形下，政府可能需要就项目公司继续提供的服务支付一定费用。

在按可用性付费的项目中，通常在项目开始时就已经确定了项目公司的投资成本，在项目开始运营后，政府即按照原先约定的金额向项目公司付款，但如果存在不可用的情形，再根据不可用的程度扣减实际的付款。

（2）使用量付费设置。

在按使用量付费的PPP项目中，双方通常会在项目合同签订前根据项目的性质、预期使用量、项目融资结构及还款计划等设置分层级的使用量付费机制。

将使用量付费分为四个层级，其中第1层为"最低使用量"，第4层为"最高使用量"。

①最低使用量：即政府与项目公司约定一个项目的最低使用量，在项目实际使用量低于最低使用量时，不论实际使用量多少，政府均按约定的最低使用量付费。最低使用量的付费安排可以在一定程度上降低项目公司承担实际需求风险的程度，提高项目的可融资性。

②最高使用量：即政府与项目公司约定一个项目的最高使用量，在实际使用量高于最高使用量时，政府对于超过最高使用量的部分不承担付款义务。最高使用量的付费安排为政府的支付义务设置了一个上限，可以有效防止政府因项目使用量持续增加而承担过度的财政风险。

需要特别强调的是，即使在设置最低使用量的情形下，政府仍然需要承担实际使用量低于最低使用量的风险；即使在设置最高使用量的情形下，实际使用量低于最高使用量时，政府付费的金额仍然会因实际使用量的变化而变化，存在一定不确定性，需要进行合理的预算安排。

（3）绩效付费设置。
①设定绩效标准。
政府和项目公司应当根据项目的特点和实际情况在PPP项目合同中明确约定适当的绩效标准。设定绩效标准时，通常需要考虑以下因素：

a. 绩效标准是否客观，即该标准是否符合项目的实际情况和特点，是否可以测量和监控等。这是绩效付费能否有效实施的关键要素。

b. 绩效标准是否合理，即该标准是否超出项目公司的能力范围，是否为实施本项目所必需等。这是项目融资方的核心关切之一。

②绩效监控机制。
在按绩效付费的项目中，通常会专门编制绩效监控方案并将其作为PPP项目合同的附件，用以明确项目公司的监控义务、政府的监控措施以及具体的绩效标准。在社会公共服务项目中，绩效监控机制的设置尤为重要。

③未达到绩效标准的后果。
为了对项目公司形成有效约束，PPP项目合同中通常会明确约定未达到绩效标准的后果，具体包括：

a. 扣减政府付费。PPP项目合同中通常会根据设施或服务在整个项目中的重要程度以及未达到绩效标准的情形和影响程度分别设置相应的政府付费扣减比例。此外，实践中还有一种"递进式"的扣款机制：即对于首次未达到绩效标准的情形，仅进行警告或少量扣款，但如果该情形在某段时期内多次发生，则会逐渐增加对于该情形的扣款比例，以促使项目公司及时采取补救措施。

b. 如果长期或者多次无法达到绩效标准，或者未达到绩效标准的情形非常严重，还有可能构成严重违约从而导致合同终止。

2. 使用者付费的定价机制
（1）定价方式。
实践中，使用者付费的定价方式主要包括以下三种：
①根据《价格法》等相关法律法规及政策规定确定。
②由双方在PPP项目合同中约定。
③由项目公司根据项目实施时的市场价格定价。

其中，除了最后一种方式是以市场价为基础外，对于前两种方式，均需要政府参与或直接决定有关PPP项目的收费定价。

（2）政府参与定价的考虑因素。
①需求的价格弹性，是指需求量对价格变动的敏感程度，即使用者对于价格的容忍程度。收费价格上涨到一定程度后，可能会导致使用量的下降。
②项目公司的目标，即在综合考虑项目的实施成本、项目合作期限、预期使用量等因素的情况下，收费定价能否使项目公司获得合理的收益。
③项目本身的目标，即能否实现项目预期的社会和经济效益。
④有关定价是否超出使用者可承受的合理范围（具体可以参考当地的物价水平）。
⑤是否符合法律法规的强制性规定，等等。

（3）政府参与定价的方式。
根据PPP实践，政府参与收费定价通常可以采取以下几种具体方式：

①由政府设定该级政府所辖区域内某一行业的统一价（例如，某市政府对该市所有高速公路收费实行统一定价）。由于该使用费定价无法因具体项目而调整，如果社会资本在提交响应文件时测算出有关使用费定价无法覆盖其成本，则通常允许其要求政府提供一定的补贴。

②由政府设定该级政府所辖区域内某一行业的最高价。在具体项目中，项目公司仅能够按照该最高价或者低于该最高价的价格进行财务评估，如果社会资本在提交响应文件时测算出即使采用最高价也无法使其收回成本时，则通常允许其要求政府提供可行性缺口补助。

③由双方在合同中约定具体项目收费的价格。

④由双方在合同中约定具体项目收费的最高价。

此外，在一些PPP项目中，双方还有可能约定具体项目收费的最低价，这实际是将PPP项目的部分建设和运营成本直接转移给使用者承担。

3. 可行性缺口补助

在我国实践中，可行性缺口补助的形式多种多样，具体包括：

（1）投资补助。

在项目建设投资较大，无法通过使用者付费完全覆盖时，政府可无偿提供部分项目建设资金，以缓解项目公司的前期资金压力，降低整体融资成本。通常政府的投资额应在制订项目融资计划时或签订PPP项目合同前确定，并作为政府的一项义务在合同中予以明确。投资补助的拨付通常不会与项目公司的绩效挂钩。

（2）价格补贴。

在涉及民生的公共产品或服务领域为平抑公共产品或服务的价格水平，保障民众的基本社会福利，政府通常会对特定产品或服务实行政府定价或政府指导价。如果因该定价或指导价较低导致使用者付费无法覆盖项目的成本和合理收益，政府通常会给予项目公司一定的价格补贴。例如地铁票价补贴。

（3）按量补贴。

同样，在特定产品或服务实行政府定价或政府指导价的项目中，除了给予一定价格补贴外，也可以根据使用量进行补贴。即在单价固定的情况下，当实际使用量达不到基本使用量时，政府对于不足基本使用量的部分进行补贴。

（4）总额补贴。

根据财金〔2015〕21号文相关规定，对可行性缺口补助模式的项目，在项目运营期内，由于使用者付费的明显不足，政府承担部分直接付费责任。政府每年直接付费数额包括建设总投资、运营成本和合理利润，根据可用性付费方式计算出的每个运营年的付费额，减去每个运营年使用者付费的数额。即当年可行性缺口补助 = 当年可用性付费 + 当年运维服务付费 − 当年使用者付费。

（5）其他。

此外，政府还可通过无偿划拨土地，提供优惠贷款、贷款贴息，投资入股，放弃项目公司中政府股东的分红权，以及授予项目周边的土地、商业等开发收益权等方式，有效降低项目的建设、运营成本，提高项目公司的整体收益水平，确保项目的商业可行性。

4. 调价机制

调价机制主要包括：公式调整机制、基准比价机制和市场测试机制。

由于项目采用不同付费机制和项目运作方式的差异，并结合项目相关法律法规定可采用项目调价机制方式防止过高或过低付费导致中选社会资本/PPP项目公司亏损或获得超额利润。在 PPP 项目实践中，政府付费的机制下多采用公式调整机制、基准比价机制、市场测试机制三种调价机制，如污水处理 PPP 项目的常见公式调整机制如下：

$$P_n = P_{n-x} K$$

式中，$K = C_1(E_n/E_{n-x}) + C_2(L_n/L_{n-x}) + C_3(Ch_n \times Ch_{n-x}) + C_4(S_n/S_{n-x}) + C_5(CPI_n/CPI_{n-x})$

P_n 为第 n 年调整后的污水处理服务单价；

P_{n-x} 为第 n 年调价前污水处理服务单价，且每 x 年调整一次；

K 为调价系数；

n 为第 n 年是调整污水处理基本单价的当年；

E 为项目所在地电网销售电价表中，本项目所适用的电度电价；

L 为项目所在地统计局公布的在岗职工平均工资；

Ch 为国家统计局公布的全国分行业工业品出厂价格指数中的化学原料及化学制品制造业价格指数；

S 为污水处理厂所产生污泥的单位污泥处理处置费用；

E、L、Ch、S 在每一次调价时均应以目前能获得的最新官方数据比上一次调价时所适用的当时能获得的最新官方数据。因此，右下角的 x 数值根据相关因素数值可以获得的所在年度确定；

$C_1 - C_4$ 为比例系数，分别为污水处理厂电费、人员工资福利费、化学品费、污泥处置费所在污水处理服务费单价的比例；

C_5 为价格构成中除电费、人员工资福利费、化学药剂费及污泥处置费以外的其他因素在价格构成中所占的比例。

且：$C_1 + C_2 + C_3 + C_4 + C_5 = 100\%$，即 $C_5 = 1 - (C_1 + C_2 + C_3 + C_4)$。

而基准比价机制和市场测试机制通常适用于社会公共服务类项目，而很少出现在公共交通或公用设施项目中，主要原因有：

①在公共交通或公用设施项目中，项目公司的各项服务相互关联、难以明确分割，很难对某一项服务单独进行比价或市场测试。

②难以找到与该项目公司所处的运营情况、市场条件完全相同的比较对象。

此外，政府在考虑采用基准比价机制和市场测试机制时，还需注意这两种调价机制既有可能减少也有可能增加政府付费金额。

3-3-8-3 唯一性条款与超额利润分析机制

1. 唯一性条款

在采用使用者付费机制的项目中，由于项目公司的成本回收和收益取得与项目的实际需求量直接挂钩，为降低项目的需求风险，确保项目能够顺利获得融资支持和稳定回报，项目公司通常会要求在 PPP 项目合同中增加唯一性条款，要求政府承诺在一定期限内不在项目附近新建竞争性项目。

2. 超额利润限制

在一些情形下，使用者需求激增或收费价格上涨，将可能导致项目公司因此获得超出合理预期的超额利润。针对这种情形，政府在设计付费机制时可以考虑设定一些限制超额利润的机制，包括约定投资回报率上限，超出上限的部分归政府所有，或者就超额利润部分与项目公司进行分成等。但基本的原则是无论如何限制，付费机制必须能保证项目公司获得合理的收益，并且能够鼓励其提高整个项目的效率。

3-3-9 项目的移交

项目移交通常是指在项目合作期限结束或者项目合同提前终止后，项目公司将全部项目设施及相关权益以合同约定的条件和程序移交给政府或者政府指定的其他机构。

1. 移交的条件和标准

为了确保回收的项目符合政府的预期，PPP项目合同中通常会明确约定项目移交的条件和标准。特别是在项目移交后，政府还将自行或者另行选择第三方继续运营该项目的情形下，移交的条件和标准更为重要。通常包括以下两类条件和标准：

（1）权利方面的条件和标准。

项目设施、土地及所涉及的任何资产不存在权利瑕疵，其上未设置任何担保及其他第三人的权利。但在提前终止导致移交的情形下，如移交时尚有未清偿的项目贷款，就该未清偿贷款所设置的担保除外。

（2）技术方面的条件和标准。

项目移交时的缺陷责任期应不同于项目建设工程的保修期。《建设工程质量管理条例》第三十九条规定"建设工程承包单位在向建设单位提交工程竣工验收报告时，应当向建设单位出具质量保修书。质量保修书中应当明确建设工程的保修范围、保修期限和保修责任等"。PPP项目在合作期满移交时，项目设施已经过十年或数十年的使用和磨损，部分设施甚至已过了正常的使用年限，在移交后出现故障属于正常情况，不应延长社会资本方承担维修义务的期限。项目设施应符合双方约定的技术、安全和环保标准，并处于良好的运营状况。建议在合同中对"良好运营状况"的标准做进一步明确细化，例如在不再维修情况下，项目可以正常运营3年等。项目设施的运营效果除了项目设施的建设质量外，与运营主体的运营和维护的管理能力密切相关。如果项目设施在移交后，因政府方或政府指定的第三方自身的运营和维护的管理能力不足而导致项目设施出现故障，此时再要求社会资本方承担缺陷纠正义务的，对于社会资本方而言更是显失公平。

2. 转让

（1）项目相关合同的转让。

项目移交时，项目公司在项目建设和运营阶段签订的一系列重要合同可能仍然需要继续履行。因此，可能需要将这些尚未履行完毕的合同由项目公司转让给政府或政府指定的其他机构。为能够履行上述义务，项目公司应在签署这些合同时即应该与相关合同方（如承包商或运营商）明确约定，在项目移交时同意项目公司将所涉及合同转让给政府或政府指定的其他机构。实践中，可转让的合同可能包括项目的工程承包合同、运营服务合同、原料供应合同、产品或服务购买合同、融资租赁合同、保险合同以及租赁合同等。

通常政府会根据上述合同对于项目继续运营的重要性，决定是否进行合同转让。此外，如果这些合同中包含尚未期满的相关担保，也应该根据政府的要求全部转让给政府或者政府指定的其他机构。

（2）技术转让。

在一些对于项目实施专业性要求较高的PPP项目中，可能需要使用第三方的技术（包括通过技术转让或技术许可的方式从第三方取得的技术）。在此情况下，政府需要确保在项目移交之后不会因为继续使用这些技术而被任何第三方进行侵权索赔。

鉴于此，PPP项目合同中通常会约定，项目公司应在移交时将项目运营和维护所需要的所有技术，全部移交给政府或政府指定的其他机构，并确保政府或政府指定的其他机构不会因使用这些技术而遭受任何侵权索赔。如果有关技术为第三方所有，项目公司应在与第三方签署技术授权合同时即与第三方明确约定，同意项目公司在项目移交时将技术授权合同转让给政府或政府指定的其他机构。

此外，PPP项目合同中通常还会约定，如果这些技术的使用权在移交日前已期满，项目公司有义务协助政府取得这些技术的使用权。

3. 风险转移

移交条款中通常还会明确在移交过程中的风险转移安排。在移交日前，由项目公司承担项目设施的全部或部分损失或损坏的风险，除非该损失或损坏是由政府方的过错或违约所致；在移交日及其后，由政府承担项目设施的全部或部分损失或损坏的风险。而如双方在约定的日期未能完成项目移交的，则风险由导致不能如期完成移交的一方承担。

3-3-10 政府承诺与保证条款

由于PPP项目的特点和合作内容各有不同，需要政府承担的义务有可能完全不同。实践中较为常见的政府承诺如下：

1. 付费或补助

在采用政府付费机制的项目中，政府按项目的可用性、使用量或绩效来付费是项目的主要回报机制；在采用可行性缺口补助机制的项目中，也需要政府提供一定程度的补助。对于上述两类项目，按照合同约定的时间和金额付费或提供补助是政府的主要义务。

在一些供电、供气等能源类项目中，可能会有"照付不议"的付费安排，即政府在项目合同中承诺一个最低采购量，如果项目公司按照该最低采购量供应有关能源，并且不存在项目公司违约等情形，不论政府是否需要采购有关能源，其均应按照上述最低采购量付费。

2. 负责或协助获取项目相关的土地权利

在一些PPP项目中，作为签约主体的政府方，根据其职权范围以及项目的具体情形不同，政府方有可能会承诺提供项目有关土地的使用权或者为项目公司取得相关土地权利提供必要的协助。

3. 提供相关连接设施

一些PPP项目的实施，可能无法由项目公司一家独自完成，还需要政府给予一定的配套支持，可能包括建设部分项目配套设施，完成PPP项目与现有相关基础设施和公用事业的对接等。例如，在一些电力项目中，除了电厂建设本身，还需要建设输电线路以及其他辅助连接设施用以实现上网或并网发电，这部分连接设施有可能由政府方建设或者由双方共同建设。因此，在这类PPP项目中，政府方可能会承诺按照要求提供其负责建设的部分连接设施。

4. 办理有关政府审批手续

通常PPP项目的设计、建设、运营等工作需要获得政府的相关审批后才能实施。为了提高项目实施的效率，一些PPP项目合同中，政府方可能会承诺协助项目公司获得有关的政府审批。尤其是对于那些项目公司无法自行获得或者由政府方办理会更为便利的审批，PPP项目合同可能会直接约定由政府方负责办理并提供合法有效的审批文件。但政府承诺的具体审批范围以及承诺的方式，需要根据法律法规的有关规定、项目具体情况以及获得相关审批的难易程度做具体评估。

5. 防止不必要的竞争性项目

在采用使用者付费机制的项目中，项目公司需要通过从项目最终用户处收费以回收投资并获取收益。因此，必须确保有足够的最终用户使用该项目设施并支付费用。鉴于此，在这类 PPP 项目中，通常会约定政府方有义务防止不必要的竞争性项目上马，即通常所说的唯一性条款。例如，在公路项目中，通常会约定政府承诺在一定年限内、在 PPP 项目附近一定区域不会修建另一条具有竞争性的公路。

6. 其他承诺

在某些 PPP 项目合同中也有可能约定其他形式的政府承诺。例如，在污水处理和垃圾处理项目中，政府可能会承诺按时提供一定量的污水或垃圾以保证项目的运营。

3-3-11 争议解决机制

在项目实施过程中，按照项目合同约定，项目实施机构、社会资本或项目公司可就发生争议且无法协商达成一致的事项，依法申请仲裁或提起民事诉讼。

1. 重点约定争议解决方式

争议解决方式如协商、调解、仲裁或诉讼

（1）协商。

通常情况下，项目合同各方应在一方发出争议通知指明争议事项后，首先争取通过友好协商的方式解决争议。协商条款的编写应包括基本协商原则、协商程序、参与协商人员及约定的协商期限。若在约定期限内无法通过协商方式解决问题，则采用调解、仲裁或诉讼方式处理争议。

（2）调解。

项目合同可约定采用调解方式解决争议，并明确调解委员会的组成、职权、议事原则，调解程序，费用的承担主体等内容。

（3）仲裁或诉讼。

协商或调解不能解决的争议，合同各方可约定采用仲裁或诉讼方式解决。采用仲裁方式的，应明确仲裁事项、仲裁机构。

2. 争议期间的合同履行情况

项目合同应当约定争议期间的合同履行，除法律规定或另有约定外，任何一方不得以发生争议为由，停止项目运营服务、停止项目运营支持服务或采取其他影响公共利益的措施。

3-3-12 其他关键性条款

《PPP 项目合同》中，除本章节所属的关键性条款外，其他常见条款如下：股权变更限制，履约担保，风险分摊方式，应急机制，项目的变更、提前终止及补偿，违约责任，著作权和知识产权，环境保护，声明与保证，通知，合同可分割，合同修订等。

政府方和社会资本方/项目公司可以根据 PPP 项目所处行业类型、运作方式、投资回报机制、项目合作期间等因素，结合目前我国现行法律规范文件要求，合理设置《PPP 项目合同》的关键条款。合作双方在签约前，应当充分谋划协议条款内容，合理设置彼此的权利和义务比重，主动防范项目实施过程中因协议约定不明确造成的不必要的争议，以提高项目管理效率，真正实现 PPP 项目的物有所值。

第4章 PPP项目政府采购管理

§4-1 PPP项目政府采购概述

4-1-1 PPP项目采购的概念

政府和社会资本合作模式（"PPP"模式）是指政府与社会资本在基础设施和公共服务领域建立的一种长期合作关系。

PPP项目采购是项目实施机构的一项重要工作。为了规范PPP项目采购行为，财政部根据《中华人民共和国政府采购法》和有关法律法规的规定，于2014年12月31日发布了《政府和社会资本合作项目政府采购管理办法》（财库〔2014〕215号）（以下简称《PPP项目采购管理办法》）。《PPP项目采购管理办法》提出，PPP项目采购是指政府为达成权利和义务平衡、物有所值的PPP项目合同，遵循公开、公平、公正和诚实信用原则，按照相关法规要求在完成PPP项目识别和准备等前期工作后，依法选择社会资本合作者（供应商）的过程。

4-1-2 PPP项目政府采购的法律、政策环境

目前，PPP项目政府采购有两套法律体系：一套是招标投标法及其配套制度，另一套是政府采购法及其配套制度。国家发改委《关于开展政府和社会资本合作的指导意见》（发改投资〔2014〕2724号）及随后国家发改委牵头的《基础设施和公用事业特许经营管理办法》（六部委〔2015〕25号）与财政部的《关于推广运用政府和社会资本合作模式有关问题的通知》（财金〔2014〕76号）、《关于印发政府和社会资本合作模式操作指南（试行）的通知》（财金〔2014〕113号）之间由于理念和角度的不同，包括对PPP的定性、具体实施程序等内容差异，因此存在一些不一致的地方。发改委重视项目的审批和程序的规范，所有程序强调简约、规范，而财政部认为在PPP模式下，政府与社会资本之间仍然是采购合同关系。因此，在具体实操中，建议可依据财政部规定的程序、结合国家发改委相关制度的要求实施。在财政部的推动下，政府采购法与PPP模式相配套的制度体系也呈加快推出之势。当前，相关配套法规制度包括：

①《中华人民共和国招标投标法》（主席令第86号）
②《中华人民共和国政府采购法》（主席令第68号）
③《中华人民共和国招标投标法实施条例》（国务院令第613号2018年3月19日第二次修订）
④《中华人民共和国政府采购法实施条例》（国务院令第658号）
⑤《政府采购货物和服务招标投标管理办法》（财政部令第87号）
⑥《政府采购非招标采购方式管理办法》（财政部令第74号）

⑦《政府采购竞争性磋商采购方式管理暂行办法》(财库〔2014〕214号)

⑧《财政部关于政府采购竞争性磋商采购方式管理暂行办法有关问题的补充通知》(财库〔2015〕124号)

⑨《政府和社会资本合作项目政府采购管理办法》(财库〔2014〕215号)

⑩《政府购买服务管理办法(暂行)》(财综〔2014〕96号)

⑪《政府和社会资本合作模式操作指南(试行)》(财金〔2014〕113号)

⑫《收费公路政府和社会资本合作操作指南(试行)》(交办财审〔2015〕192号)

⑬《公路工程涉及施工总承包管理办法》(中华人民共和国交通运输部令〔2015〕10号)

⑭《公路工程建设项目招投标管理办法》(中华人民共和国交通运输部令〔2015〕24号)

前述法律法规与政策依据基本构成了PPP项目政府采购的法律环境。

4-1-3 PPP项目采购与传统采购的区别

PPP项目涉及公众利益,项目资金大,时间长、PPP项目要求急、采购需求内容复杂难于明确、项目涉及的合同关系复杂、项目评审难度大,交易风险和采购成本更高等,使得PPP项目采购与传统的政府采购存在明显区别。

4-1-3-1 PPP项目采购政策依据复杂

与传统政府采购的依据相比,PPP项目采购政策依据多且复杂。其复杂性主要体现不同依据对同一事项的规定不一致。为了规避法律风险,在处理这个问题上,应坚持以下原则:第一,注意不同依据的效力,执行高效力原则;第二,同等效力的,注意新旧规定,执行新规定;第三,同一事项的不同规定,从严执行。

4-1-3-2 PPP项目采购需求需要不断的优化和深化

PPP项目的采购需求非常复杂,难以一次性地在采购文件中进行完整、明确、合规的描述,往往需要合作者提供设计方案和解决方案,由项目实施机构根据项目需求设计并提出采购需求,并通过谈判不断地修改采购需求,直至合作者提供的设计方案和解决方案完全满足采购需求为止。

4-1-3-3 PPP项目采购的指标通常为综合指标

PPP项目采购的指标通常为综合指标,不是简单的经济指标(比如投标报价),该综合指标涉及技术指标体系、经济指标体系、绩效评价指标体系以及不同项目的产出评价体系等。如收费高速公路,可能要求报出最短收费年限,导致项目在采购环节无法实施价格竞争;还有些回报率低的公益性项目,政府还将延长特许经营权限。

4-1-3-4 PPP项目采购风险较高,采购活动失败的概率较高

PPP项目采购金额大、项目合同期跨度大、合同体系极为复杂、涉及因素众多等,导致采购成本和交易风险远高于传统采购项目。同时,PPP项目门槛较传统项目采购高,导致采购活动的竞争程度较传统采购项目低,出现采购活动失败情形的概率也较传统采购为高。

4-1-3-5 PPP项目采购的合同体系较为复杂

因为PPP项目涉及的各方利益主体较多,所以PPP项目的采购合同比传统的采购合同更加复杂多元,不仅包括PPP项目合同,还包括由PPP项目采购合同衍生出的履约合同、融资合同、保险合同、工程承包合同、原料供应合同等。因此,PPP合同是一个复杂的合同文件体系。该体系对PPP项目各方履行合同的法律要求非常高,后续的争议解决也较传统采购更为复杂。

4-1-3-6 PPP 项目采购的社会效果反馈时间长

许多 PPP 项目属于面向社会公众提供公共服务，采购结果的效益需要通过服务受益对象的切身感受来体现，无法像传统采购那样根据采购合同约定的每一项技术、服务指标进行履约验收，而是结合预算绩效评价、社会公众评价、第三方评价等其他方式完成履约验收。

4-1-4 PPP 项目政府采购方式、基本采购流程与要点

项目采购是 PPP 项目的第三阶段，主要是通过合适的采购方式选择社会资本合作方。项目采购阶段的主要环节包括：项目前期技术交流、编制资格预审文件、发布资格预审公告、资格预审不足 3 家的采购方式调整、资格预审结果、编制项目采购文件、采购文件的澄清或修改、社会资本准备投标文件、缴纳保证金、现场考察和标前会、项目审查、项目合同谈判以及签署谈判备忘录和公示。

4-1-4-1 PPP 项目政府采购方式

根据《政府和社会资本合作项目政府采购管理办法》（财库〔2014〕215 号），PPP 项目采购遵循公开、公平、公正和诚实信用原则，依法选择社会资本合作者（供应商）。

《政府和社会资本合作模式操作指南（试行）》（财金〔2014〕113 号）和《政府和社会资本合作项目政府采购管理办法》（财库〔2014〕215 号）均提出 PPP 项目采购方式包括：公开招标、邀请招标、竞争性谈判、竞争性磋商和单一来源采购等五种采购方式。项目实施机构应当根据具体 PPP 项目采购需求特点，依法选择适当的采购方式。在实际操作中，公开招标、竞争性磋商和竞争性谈判是使用较多的采购方式。

4-1-4-2 PPP 项目政府采购流程

PPP 项目的政府采购管理办法在政府采购的整体法律框架下，规范了政府和社会资本合作项目政府采购（以下简称 PPP 项目采购）行为，对 PPP 项目的采购方式、采购程序等进行了创新。多种采购方式能够比较好地适用于 PPP 项目采购中公开竞争、选择性竞争和有限竞争的情况，并能充分实现"物有所值"的价值目标。

与传统采购相比，PPP 项目采购需求、采购合同、项目评审等都更为复杂，竞争方式、合同管理等也存在一定的特殊性。同时，PPP 项目往往采购金额较大、交易风险和采购成本更高，所以对 PPP 项目采购的管理不能简单套用现有的关于政府采购的法律法规与政策规定。为此，PPP 项目采购管理办法根据政府采购相关法律法规与政策规定，对 PPP 项目采购的管理做出特殊的制度性安排与创新。在采购流程方面，PPP 项目采购管理办法对强制资格预审、现场考察和答疑、采购结果确认谈判、采购结果及合同文本公示等程序进行了明确的规定，使 PPP 项目采购更具可操作性。

实际操作中，五种采购方式均需按照 PPP 项目采购管理办法规定的基本流程开展采购活动。但涉及不同的采购方式，在操作环节上有不同的具体要求，需遵循相关法律法规及政策的规定。PPP 项目采购基本流程如图 4-1 所示。

4-1-4-3 PPP 项目政府采购要点

1. 发布采购信息

《中华人民共和国政府采购法实施条例》（国务院令第 658 号）第八条：政府采购项目信息应当在省级以上人民政府财政部门指定的媒体上发布。采购项目预算金额达到国务院财政部门规定标准的，政府采购项目信息应当在国务院财政部门指定的媒体上发布。

第4章 PPP项目政府采购管理

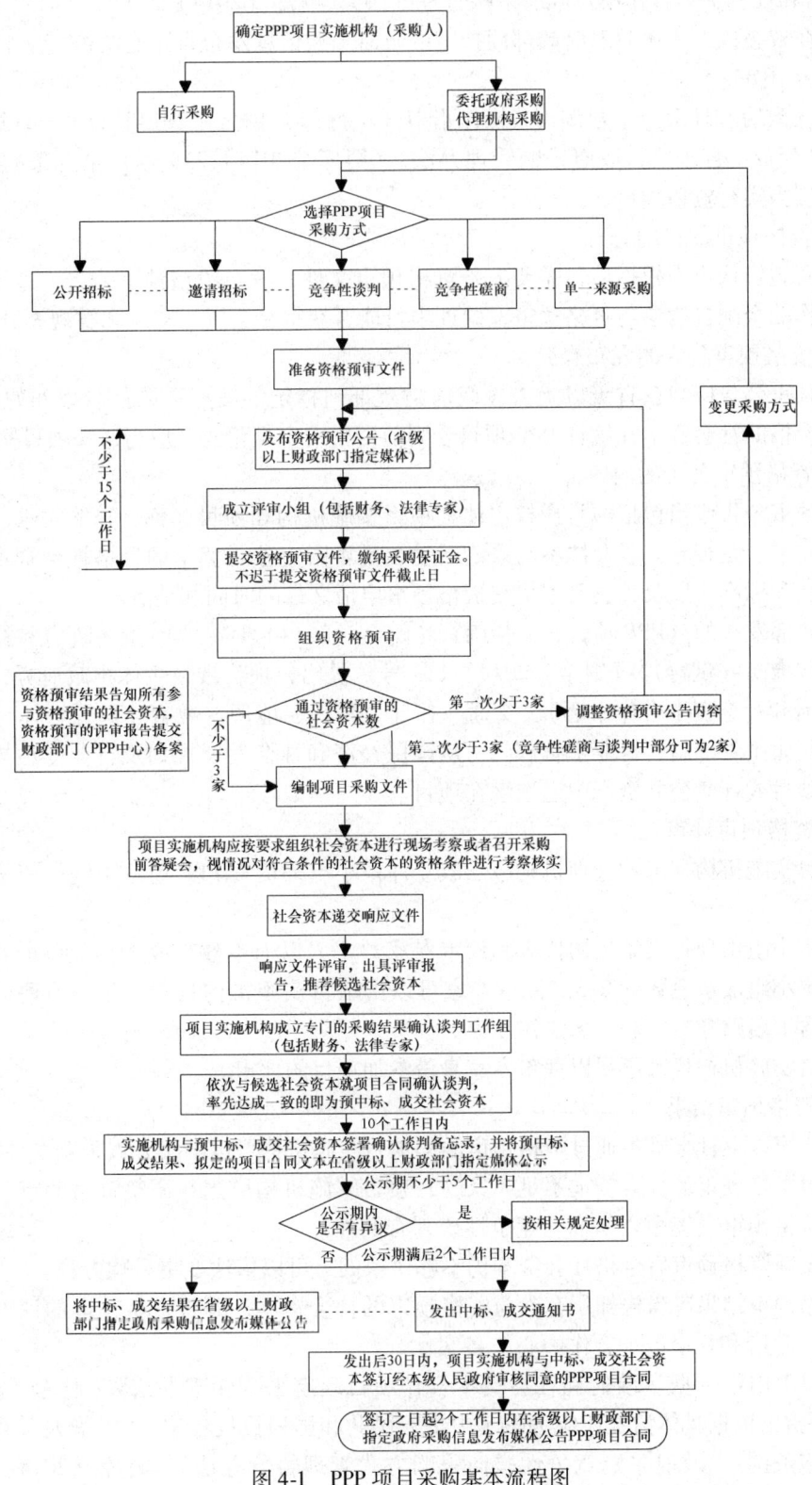

图 4-1 PPP项目采购基本流程图

《政府和社会资本合作项目政府采购管理办法》（财库〔2014〕215号）第六条资格预审公告应当在省级以上人民政府财政部门指定的政府采购信息发布媒体上发布。

2. 资格预审

根据《政府和社会资本合作模式操作指南（试行）》（财金〔2014〕113号）第十三条和《政府和社会资本合作项目政府采购管理办法》（财库〔2014〕215号）第五条的规定，PPP项目采购应当实行资格预审。

（1）资格预审的目的。

项目实施机构应当根据项目需要准备资格预审文件，发布资格预审公告，邀请社会资本和与其合作的金融机构参与资格预审，验证项目能否获得社会资本响应和实现充分竞争。

（2）资格预审公告的发布媒介。

资格预审公告应当在省级以上人民政府财政部门指定的政府采购信息发布媒体上发布。资格预审合格的社会资本在签订PPP项目合同前资格发生变化的，应当通知项目实施机构。

（3）资格预审公告的内容。

资格预审公告应当包括项目授权主体、项目实施机构和项目名称、采购需求、对社会资本的资格要求、是否允许联合体参与采购活动、是否限定参与竞争的合格社会资本的数量及限定的方法和标准，以及社会资本提交资格预审申请文件的时间和地点。

据财政部发布的《PPP项目合同指南》（财金〔2014〕156号）和《政府和社会资本合作模式操作指南（试行）》（财金〔2014〕113号）提出，项目授权主体指政府方，包含财政部门（政府和社会资本合作中心）、交通、住建、环保、能源、教育、医疗、体育健身和文化设施等行业主管部门，行业主管部门可从国民经济和社会发展规划及行业专项规划中的新建、改建项目或存量公共资产中遴选潜在项目。

（4）资格预审评审。

①项目实施机构、采购代理机构应当成立评审小组，负责PPP项目采购的资格预审和评审工作。

②评审小组由项目实施机构代表和评审专家共5人以上单数组成，其中评审专家人数不得少于评审小组成员总数的2/3。评审专家可以由项目实施机构自行选定，但评审专家中至少应当包含1名财务专家和1名法律专家。

③项目实施机构代表不得以评审专家身份参加项目的评审。

（5）资格预审结果。

①有3家以上社会资本通过资格预审的，项目实施机构可以继续开展采购文件准备工作。

②通过资格预审的社会资本不足3家的，项目实施机构应当在调整资格预审公告内容后重新组织资格预审（竞争性磋商与竞争性谈判有例外）。

③经重新资格预审后合格社会资本仍不够3家的，可以依法变更采购方式。

④资格预审结果应当告知所有参与资格预审的社会资本，并将资格预审的评审报告提交财政部门（政府和社会资本合作中心）备案。

注：以上内容依据《政府和社会资本合作项目政府采购管理办法》（财库〔2014〕215号），必须指出根据具体情况还应考虑《中华人民共和国招标投标法》《中华人民共和国招标投标法实施条例》《政府采购竞争性磋商采购方式管理暂行办法》（财库〔2014〕214号）、《政府采购非招标采购方式管理办法》（财政部令第74号）及《财政部关于政府采购竞争性磋商采购方式管理暂行办法有关问题的补充通知》（财库〔2015〕124号）。

3. 办理 PPP 项目采购事宜

PPP 项目实施机构可以委托政府采购代理机构办理 PPP 项目采购事宜。PPP 项目咨询服务机构从事 PPP 项目采购业务的，应当按照政府采购代理机构管理的有关要求及时进行网上登记。

依据《政府和社会资本合作项目政府采购管理办法》（财库〔2014〕215 号）第三条。

《中华人民共和国政府采购法》规定，集中采购机构为采购代理机构，设区的市、自治州以上人民政府根据本级政府采购项目组织集中采购的需要设立集中采购机构。集中采购机构进行政府采购活动，应当符合采购价格低于市场平均价格、采购效率更高、采购质量优良和服务良好的要求。

4. 选择采购方式

项目实施机构应当根据 PPP 项目的采购需求特点，依法选择适当的采购方式。PPP 项目采购方式包括公开招标、邀请招标、竞争性谈判、竞争性磋商和单一来源采购。

国家发改委发布的《关于开展政府和社会资本合作的指导意见》（发改投资〔2014〕2724 号）提出：要按照地方政府的相关要求，明确相应的行业管理部门、事业单位、行业运营公司或其他相关机构，作为政府授权的项目实施机构。项目实施机构在授权范围内负责 PPP 项目的前期评估论证、实施方案编制、合作伙伴选择、项目合同签订、项目组织实施以及合作期满移交等工作。

5. 项目采购文件

（1）PPP 项目采购文件应当包括采购邀请、竞争者须知（包括密封、签署、盖章要求等）、竞争者应当提供的资格、资信及业绩证明文件、采购方式、政府对项目实施机构的授权、实施方案的批复和项目相关审批文件、采购程序、响应文件编制要求、提交响应文件截止时间、开启时间及地点、保证金交纳数额和形式、评审方法、评审标准、政府采购政策要求、PPP 项目合同草案及其他法律文本、采购结果确认谈判中项目合同可变的细节以及是否允许未参加资格预审的供应商参与竞争并进行资格后审等内容。

依据《政府和社会资本合作项目政府采购管理办法》（财库〔2014〕215 号）第九条。

（2）项目采购文件中应当明确项目合同必须报请本级人民政府审核同意，在获得同意前项目合同不得生效。

依据《政府和社会资本合作项目政府采购管理办法》（财库〔2014〕215 号）第九条。

（3）采用竞争性谈判或者竞争性磋商采购方式的，项目采购文件除上款规定的内容外，还应当明确评审小组根据与社会资本谈判情况可能实质性变动的内容，包括采购需求中的技术、服务要求以及项目合同草案条款。

依据《政府和社会资本合作项目政府采购管理办法》（财库〔2014〕215 号）第九条。

6. 现场考察和采购前答疑会

依据《政府和社会资本合作项目政府采购管理办法》（财库〔2014〕215 号）第十一条。

（1）项目实施机构应当组织社会资本进行现场考察或者召开采购前答疑会，但不得单独或者分别组织只有一个社会资本参加的现场考察和答疑会。

（2）项目实施机构可以视项目的具体情况，组织对符合条件的社会资本的资格条件进行考察核实。

7. 对评审小组的要求

依据《政府和社会资本合作项目政府采购管理办法》（财库〔2014〕215 号）第十二条、

十三条。

（1）评审小组成员应当按照客观、公正、审慎的原则，根据资格预审公告和采购文件规定的程序、方法和标准进行资格预审和独立评审。已进行资格预审的，评审小组在评审阶段可以不再对社会资本进行资格审查。允许进行资格后审的，由评审小组在响应文件评审环节对社会资本进行资格审查。

（2）评审小组成员应当在资格预审报告和评审报告上签字，对自己的评审意见承担法律责任。对资格预审报告或者评审报告有异议的，应当在报告上签署不同意见，并说明理由，否则视为同意资格预审报告和评审报告。

（3）评审小组发现采购文件内容违反国家有关强制性规定的，应当停止评审并向项目实施机构说明情况。

（4）评审专家应当遵守评审工作纪律，不得泄露评审情况和评审中获悉的国家秘密、商业秘密。

（5）评审小组在评审过程中发现社会资本有行贿、提供虚假材料或者串通等违法行为的，应当及时向财政部门报告。

（6）评审专家在评审过程中受到非法干涉的，应当及时向财政、监察等部门举报。

8. 采购结果的谈判与确认及后续工作

（1）PPP项目采购评审结束后，项目实施机构应当成立专门的采购结果确认谈判工作组，负责采购结果确认前的谈判和最终的采购结果确认工作。

采购结果确认谈判工作组成员及数量由项目实施机构确定，但应当至少包括财政预算管理部门、行业主管部门代表，以及财务、法律等方面的专家。涉及价格管理、环境保护的PPP项目，谈判工作组还应当包括价格管理、环境保护行政执法机关代表。评审小组成员可以作为采购结果确认谈判工作组成员参与采购结果确认谈判。

（2）采购结果确认谈判工作组应当按照评审报告推荐的候选社会资本排名，依次与候选社会资本及与其合作的金融机构就项目合同中可变的细节问题进行项目合同签署前的确认谈判，率先达成一致的候选社会资本即为预中标、成交社会资本。

（3）确认谈判不得涉及项目合同中不可谈判的核心条款，不得与排序在前但已终止谈判的社会资本进行重复谈判。

（4）项目实施机构应当在预中标、成交社会资本确定后10个工作日内，与预中标、成交社会资本签署确认谈判备忘录，并将预中标、成交结果和根据采购文件、响应文件及有关补遗文件和确认谈判备忘录拟定的项目合同文本在省级以上人民政府财政部门指定的政府采购信息发布媒体上进行公示，公示期不得少于5个工作日。

（5）项目实施机构应当在公示期满无异议后2个工作日内，将中标、成交结果在省级以上人民政府财政部门指定的政府采购信息发布媒体上进行公告，同时发出中标、成交通知书。

（6）项目实施机构应当在中标、成交通知书发出后30日内，与中标、成交社会资本签订经本级人民政府审核同意的PPP项目合同。

（7）项目实施机构应当在PPP项目合同签订之日起2个工作日内，将PPP项目合同在省级以上人民政府财政部门指定的政府采购信息发布媒体上公告。

依据《政府和社会资本合作项目政府采购管理办法》（财库〔2014〕215号）第十四条、第十五条、第十六条、第十七条、第十八条、第十九条、第二十条中的款项。

9. 采购活动保证金和履约保证金

（1）项目实施机构应当在采购文件中要求社会资本交纳参加采购活动的保证金和履约保证金。

（2）社会资本应当以支票、汇票、本票或者金融机构、担保机构出具的保函等非现金形式交纳保证金。

（3）参加采购活动的保证金（即采购保证金）数额不得超过项目预算金额的2%。履约保证金的数额不得超过PPP项目初始投资总额或者资产评估值的10%，无固定资产投资或者投资额不大的服务型PPP项目，履约保证金的数额不得超过平均6个月服务收入额。

关于保证金的退回时间应从保证金设定的目的上考虑，且应该及时退回。

依据《政府和社会资本合作项目政府采购管理办法》（财库〔2014〕215号）第二十一条规定。

4-1-5　PPP模式政府采购中特殊问题

4-1-5-1　仅适用公开招标的情况

例如，根据《经营性公路建设项目投资人招标投标管理规定》（交通部令〔2007〕8号）第九条规定："经营性公路建设项目投资人招标应当采用公开招标方式。"

《国家发改委关于发布首批基础设施等领域鼓励社会投资项目的通知》（发改基础〔2014〕981号）规定80个项目中，对于尚未确定投资者的项目，应创造条件进一步落实鼓励和吸引社会资本参与投资、建设及营运，具备条件的要面向社会公开招标，并按照有关规定程序办理。

《市政公用事业特许经营管理办法》第八条明确规定市政公用事业特许经营项目，报直辖市、市、县人民政府批准后，向社会公开发布招标条件，受理投标。

4-1-5-2　"两标并一标"模式

PPP项目多数涉及工程建设，而社会资本特别是具有施工承包背景的社会资本参与项目的主要目的之一，也正是为了能够在项目建设过程中享受施工总承包的商业机会，并以此平衡整个项目的投资收益。根据《招标投标法实施条例》，如果PPP项目在选择社会资本阶段采取公开招标的方式，依法能够自行建设、生产或者提供的社会资本，可以不经过招标投标直接实施工程建设项目。但是要注意的是，此种情况只适用于公开招标为前提。

在当前企业集团化、下属机构法人化、内部业务分工专业化的情况下，投资人往往以集团公司名义获得项目投资资格，相应的建设、生产等具体业务由其子公司完成，而投资人为了项目实施往往还要成立特定项目公司。实践中，集团公司、集团公司专业子公司（合资或控股）、集团公司设立的项目公司（合资或控股）这样的三方交易结构，均被认为符合投资人依法能够自行建设、生产或提供的规定。

4-1-5-3　不同PPP项目采购方式的时间预估

在PPP项目的咨询中，某些地方政府急需社会资本尽快参与PPP项目的投资、开发和建设，在这类项目中，客户通常希望进一步了解不同采购方式的时间预估，以期选择最能满足项目开发进度要求的采购方式。

通过梳理发现，在项目的资格预审阶段后（资格预审阶段存在最低时间限制环节的时限总计约为15个工作日），以公开招标/邀请招标方式采购PPP项目的环节最为复杂，且在多个环节存在最低时间限制（公开招标/邀请招标采购方式中，存在最低时间限制的环节的时限总计约为 30 日）；以单一来源方式采购 PPP 项目的环节最为简单；以竞争性谈判方式采购 PPP 项目各环节上的最低时间限制最少（竞争性谈判采购方式中，存在最低时间限制的环节的时限总计约为 8 个工作日）。

当然，如前文所述，相关规定对于不同采购方式的条件存在不同要求，对于达到当地政府的公开招标数额标准的 PPP 项目，如通过公开招标以外的方式进行采购（例如，在公开招标的资格预审阶段，符合资格预审条件的社会资本在连续两次的资格预审中均不足 3 家），则项目的实施机构应当在报经主管预算单位同意后，向设区的市、自治州以上人民政府财政部门申请批准。

4-1-5-4 社会资本的参与数量

根据《政府采购非招标采购方式管理办法》第三十七条和《政府采购竞争性磋商采购方式管理暂行办法》第三十四条，在采购过程中，如符合要求的供应商或者报价未超过采购预算的供应商不足三家，则应终止采购活动，发布项目终止公告并说明原因，重新开展采购活动。这就意味着，如采取竞争性谈判/竞争性磋商方式采购，在项目采购过程始终，符合要求的供应商或者报价未超过采购预算的供应商均应在三家以上。

但是，根据《政府采购非招标采购方式管理办法》《政府采购竞争性磋商采购方式管理暂行办法》和《财政部关于政府采购竞争性磋商采购方式管理暂行办法有关问题的补充通知》（财库〔2015〕124 号），在下述情况下，参与采购的供应商最低数量可以为两家：

根据《政府采购非招标采购方式管理办法》第二十七条，对于竞争性谈判采购方式：公开招标的货物、服务采购项目，招标过程中提交投标文件或者经评审实质性响应招标文件要求的供应商只有两家时，采购人/采购代理机构在经财政部门批准后可以与该两家供应商进行竞争性谈判采购。

根据《政府采购竞争性磋商采购方式管理暂行办法》二十一条和《财政部关于政府采购竞争性磋商采购方式管理暂行办法有关问题的补充通知》（财库〔2015〕124 号），对于竞争性磋商采购方式：（1）市场竞争不充分的科研项目，以及需要扶持的科技成果转化项目，提交最后报价的供应商可以为两家。（2）在采购过程中符合要求的供应商只有两家的，竞争性磋商采购活动可以继续进行。但是，如采购过程中符合要求的供应商只有一家的，采购人/采购代理机构应当终止竞争性磋商采购活动，发布项目终止公告并说明原因，重新开展采购活动。

以上为针对 PPP 项目采购方式及采购流程相关规定进行的的概括性、一般性梳理，实务操作中，在选定某一具体的 PPP 项目采购方式后，还应参照相关规定对于不同采购方式的规定进行进一步的深化研究和梳理，以确保 PPP 项目的采购方式符合法律、法规及其他规范性文件的各项要求。

§4-2 PPP 项目政府采购方式及其运用

4-2-1 PPP 项目政府采购方式

PPP 项目采购应根据《中华人民共和国政府采购法》及有关 PPP 项目采购的法律、法规与政策制度执行，采购方式包括公开招标、邀请招标、竞争性谈判、竞争性磋商和单一来源采购。项目实施机构与政府采购中心应根据以上依据并结合 PPP 项目采购需求特点，依法选择适当的采购方式。

4-2-1-1 公开招标

公开招标，是指招标人以招标公告的方式邀请不特定的法人或者其他组织投标。

1. 法律、法规及政策依据

《中华人民共和国招标投标法》（主席令第86号）

《中华人民共和国政府采购法》（主席令第68号）

《中华人民共和国招标投标法实施条例》（国务院令第613号 2018年3月19日第二次修订）

《政府和社会资本合作项目政府采购管理办法》（财库〔2014〕215号）

2. 适用范围

公开招标主要适用于采购需求中核心边界条件和技术经济参数明确、完整、符合国家法律法规及政府采购政策，且采购过程中不作更改的项目。

依据《政府和社会资本合作项目政府采购管理办法》（财库〔2014〕215号）第四条；《政府和社会资本合作模式操作指南（试行）》（财金〔2014〕113号）第十一条（七）。

3. 公开招标流程

PPP项目公开招标流程，如图4-2所示。

4. 关键控制点

（1）PPP项目采购应当实行资格预审。

资格预审公告应当在省级以上人民政府财政部门指定的政府采购信息发布媒体上发布。相关时限要求见4-2的流程图。

（2）评审小组组建。

评审小组的人数、组成与产生方式是应该注意的问题。

①依据。

组建评审小组应满足《中华人民共和国招标投标法》（主席令第86号）第三十七条与《政府和社会资本合作项目政府采购管理办法》（财库〔2014〕215号）第七条的规定。分别如下：

依法必须进行招标的项目，其评标委员会由招标人的代表和有关技术、经济等方面的专家组成。成员人数为五人以上单数，其中技术、经济等方面的专家不得少于成员总数的三分之二。前款专家应当从事相关领域工作满八年并具有高级职称或者具有同等专业水平，由招标人从国务院有关部门或者省、自治区、直辖市人民政府有关部门提供的专家名册或者招标代理机构的专家库内的相关专业的专家名单中确定；一般招标项目可以采取随机抽取方式，特殊招标项目可以由招标人直接确定。

与投标人有利害关系的人不得进入相关项目的评标委员会，已经进入的应当更换。评标委员成员的名单在中标结果确定前应当保密。

评审专家由项目实施机构代表和评审专家共5人以上单数组成，其中评审专家人数不得少于评审小组成员总数的2/3。评审专家中至少应当包含1名财务专家和1名法律专家。专家可以由实施机构自行选定。

②结论。

a. 产生方式：随机抽取。

b. 人数与组成：

- 第一种情形：1名法律专家；1名业主；技术、经济（其中1名也是财务专家）等方面的专家5名。共7人。

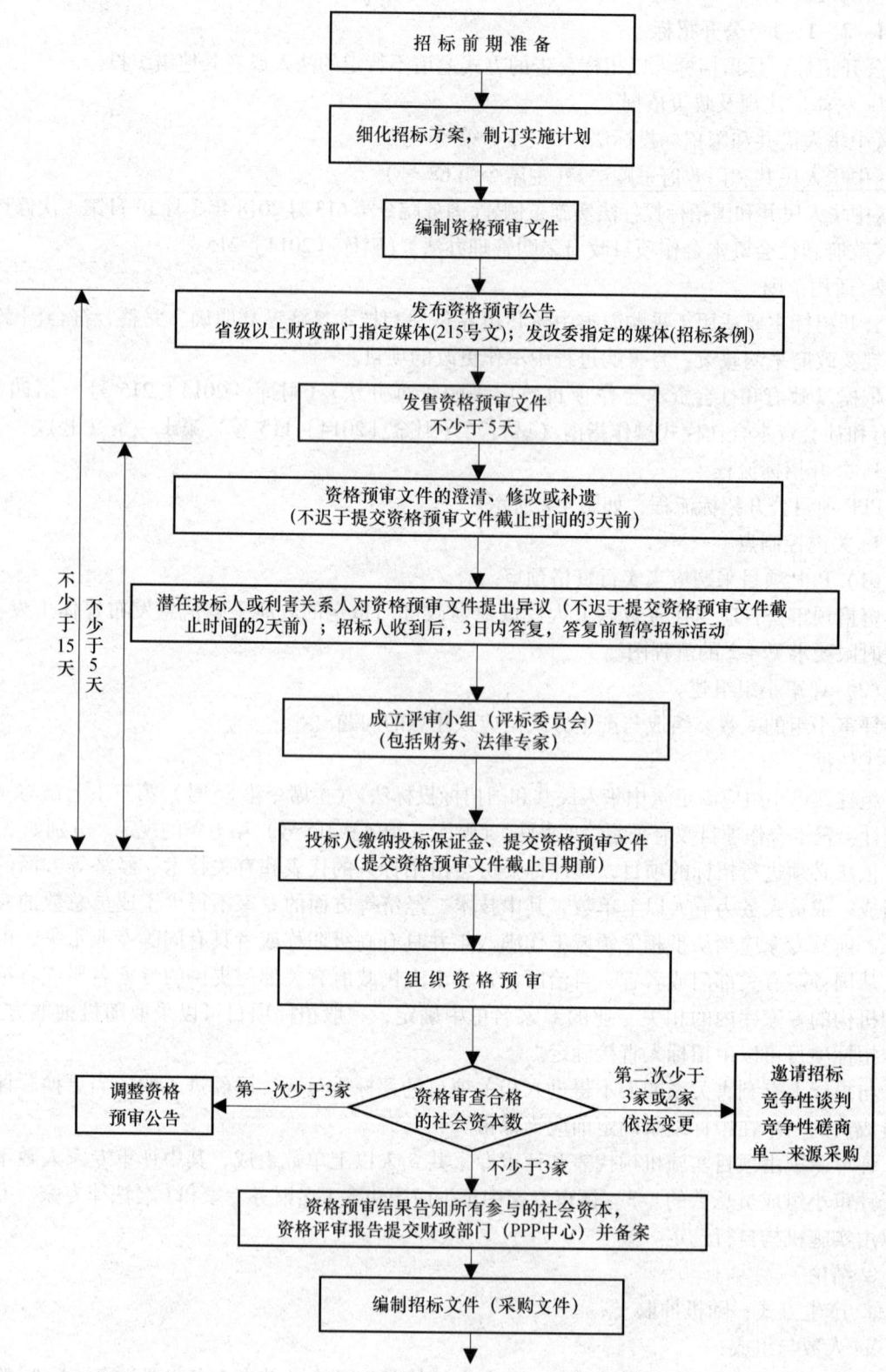

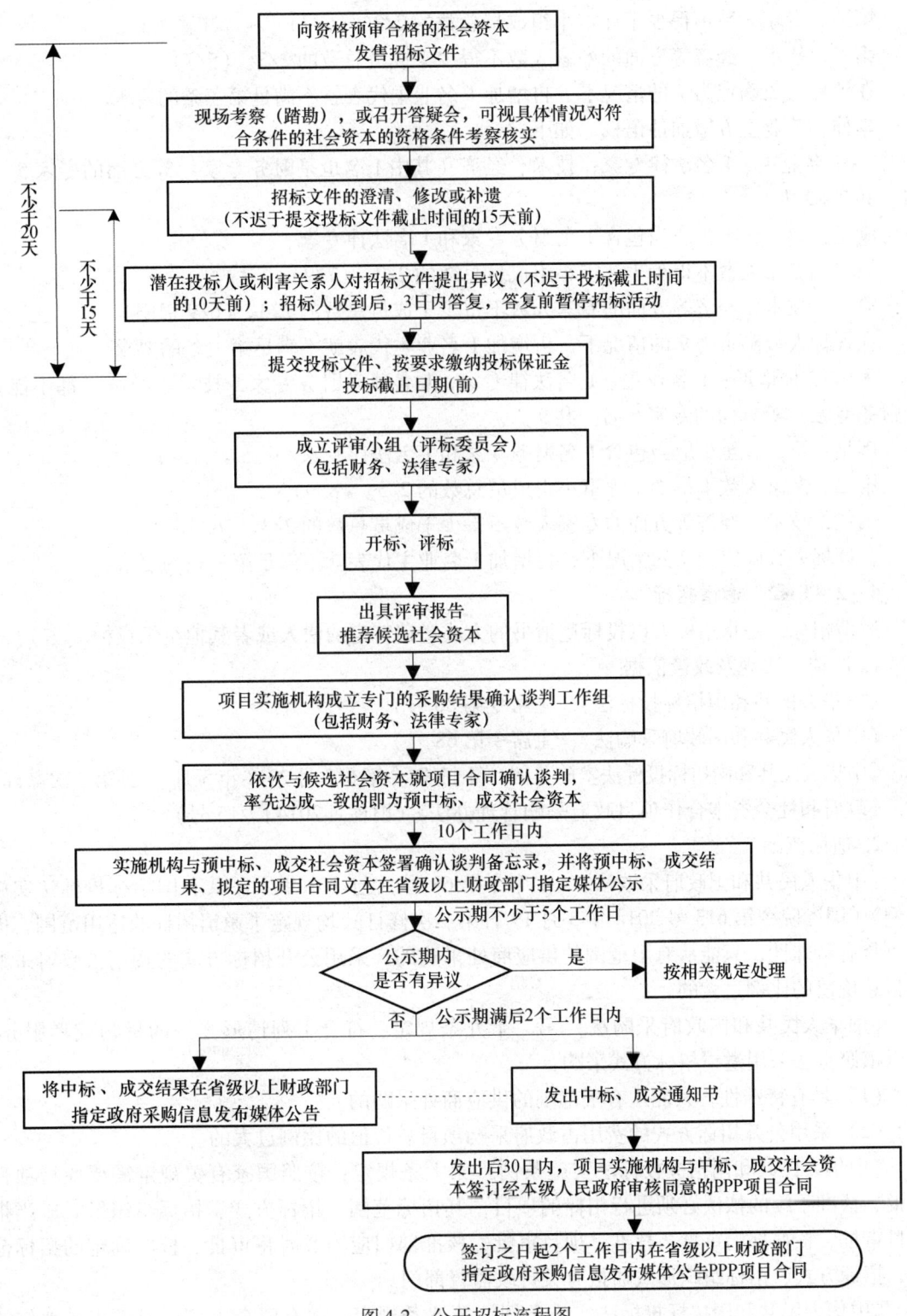

图 4-2 公开招标流程图

满足：第一，至少应当包含 1 名财务专家和 1 名法律专家。
第二，专家人数不得少于评审小组成员总数的 2/3。(6/7)
第三，技术、经济等方面的专家人数不得少于成员总数的 2/3。(5/7)
在评标人数确定为 7 的情况下，再增加 1 名业主代表就不满足第三条的要求。

延伸，若业主方增加话语权。如下：

1 + 1 名业主、1 名法律专家；技术、经济（其中 1 名也是财务专家）等方面的专家 5 + 1 名。共 7 + 2 人。

满足：第一，至少应当包含 1 名财务专家和 1 名法律专家。
第二，专家人数不得少于评审小组成员总数的 2/3。(7/9)
第三，技术、经济等方面的专家人数不得少于成员总数的 2/3。(6/9 极限)
在评标人数确定为 9 的情况下，再增加 1 名业主代表就不满足第三条的要求。

- 第二种情形：1 名业主、1 名法律专家、1 名独立财务专家；技术、经济（都不能担任财务专家）等方面的专家 6 名。共 9 人。

满足：第一，至少应当包含 1 名财务专家和 1 名法律专家。
第二，专家人数不得少于评审小组成员总数的 2/3。(8/9)
第三，技术、经济等方面的专家人数不得少于成员总数的 2/3。(6/9 极限)
在评标人数确定为 9 的情况下，再增加 1 名业主代表就不满足第三条的要求。

4-2-1-2 邀请招标

邀请招标，是指招标人以投标邀请书的方式邀请特定的法人或者其他组织投标。

1. 法律、法规及政策依据

《中华人民共和国招标投标法》（主席令第 86 号）
《中华人民共和国政府采购法》（主席令第 68 号）
《中华人民共和国招标投标法实施条例》（国务院令第 613 号 2018 年 3 月 19 日第二次修订）
《政府和社会资本合作项目政府采购管理办法》（财库〔2014〕215 号）

2. 适用范围

《中华人民共和国政府采购法》（主席令第 68 号）与《中华人民共和国招标投标法实施条例》（国务院令第 613 号 2018 年 3 月 19 日第二次修订）均规定了邀请招标的适用范围，即项目具有特殊性，只能从有限范围的供应商处采购的；采用公开招标方式的费用占政府采购项目总价值的比例过大的。

《中华人民共和国政府采购法》第二十九条规定：符合下列情形之一的货物或者服务，可以依照本法采用邀请招标方式采购：

(1) 具有特殊性，只能从有限范围的供应商处采购的。
(2) 采用公开招标方式的费用占政府采购项目总价值的比例过大的。

《中华人民共和国招标投标法实施条例》第七条规定：按照国家有关规定需要履行项目审批、核准手续的依法必须进行招标的项目，其招标范围、招标方式、招标组织形式应当报项目审批、核准部门审批、核准。项目审批、核准部门应当及时将审批、核准确定的招标范围、招标方式、招标组织形式通报有关行政监督部门。

《中华人民共和国招标投标法实施条例》第八条规定：国有资金占控股或者主导地位的依法必须进行招标的项目，应当公开招标；但有下列情形之一的，可以邀请招标：

(1) 技术复杂、有特殊要求或者受自然环境限制，只有少量潜在投标人可供选择。

（2）采用公开招标方式的费用占项目合同金额的比例过大。

有前款第二项所列情形，属于本条例第七条规定的项目，由项目审批、核准部门在审批、核准项目时作出认定；其他项目由招标人申请有关行政监督部门作出认定。

3. 邀请招标流程

PPP项目邀请招标流程，如图4-3所示。

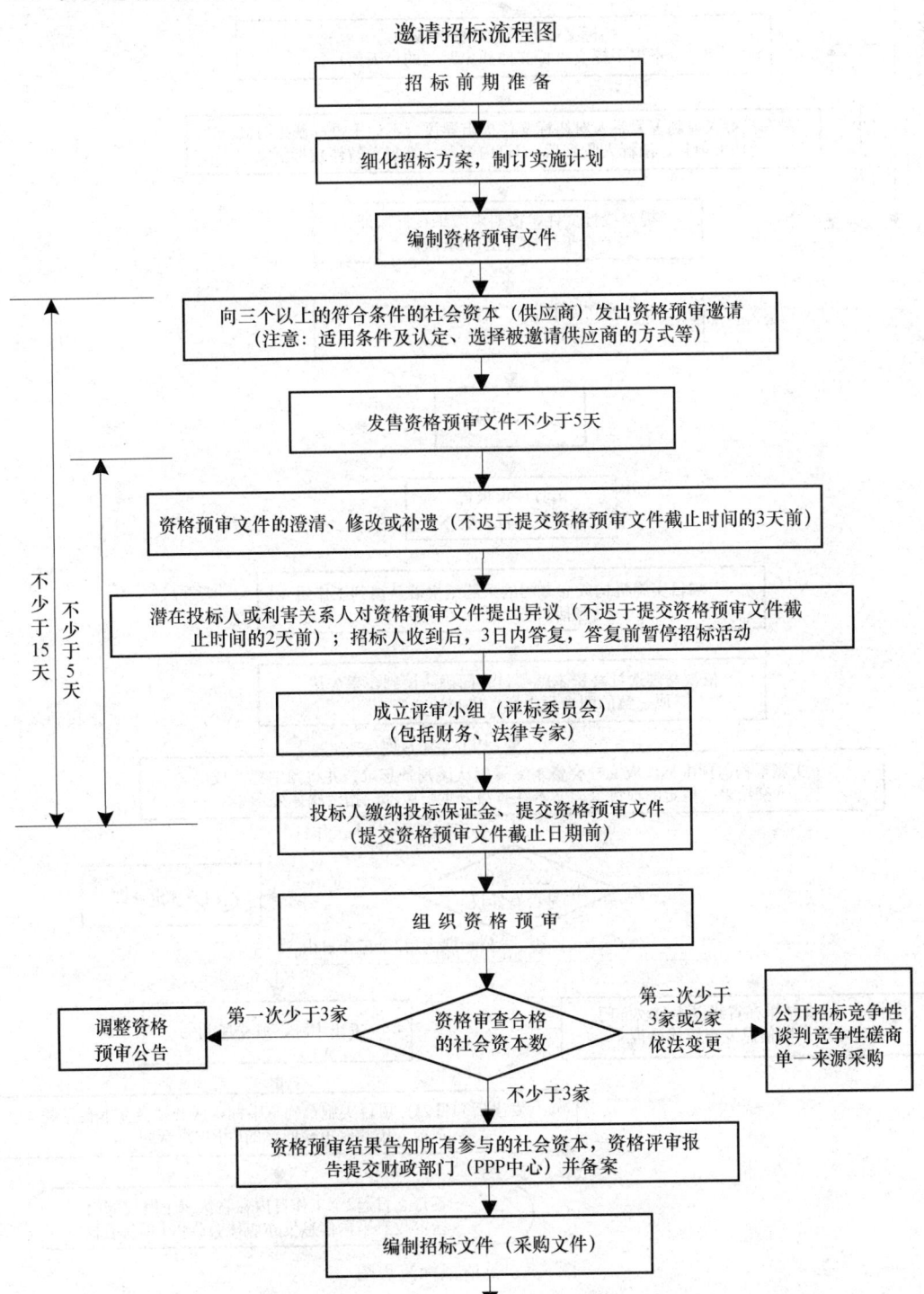

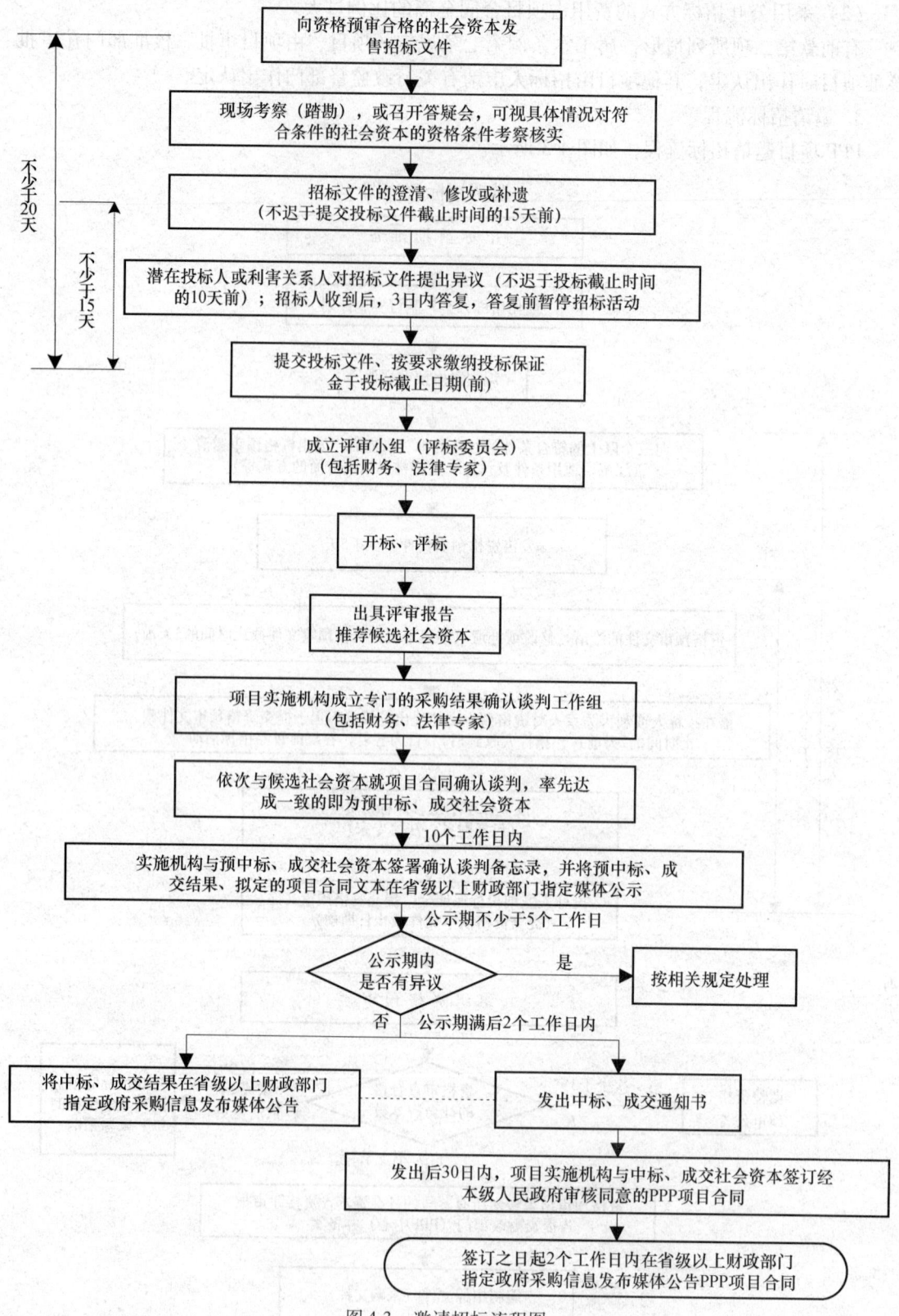

图 4-3 邀请招标流程图

4. 关键控制点

（1）参与投标的法人或其他组织数量。

向其发出投标邀请书的法人或其他组织应不少于三家，以保证适当程度的竞争性。

《中华人民共和国招标投标法》（主席令第86号）第十七条规定：招标人采用邀请招标方式的，应当向三个以上具备承担招标项目的能力、资信良好的特定的法人或者其他组织发出投标邀请书。投标邀请书应当载明本法第十六条第二款规定的事项：招标人的名称和地址、招标项目的性质、数量、实施地点和时间以及获取招标文件的办法等事项。

《中华人民共和国政府采购法》（主席令第68号）第三十四条规定：货物或者服务项目采取邀请招标方式采购的，采购人应当从符合相应资格条件的供应商中，通过随机方式选择三家以上的供应商，并向其发出投标邀请书。

（2）其他参照公开招标。

4-2-1-3 竞争性谈判

依据《中华人民共和国政府采购法》（主席令第68号）和其他法律、行政法规的有关规定，财政部制定《政府采购非招标采购方式管理办法》（财政部令第74号），该令第二条规定，竞争性谈判是指谈判小组与符合资格条件的供应商就采购货物、工程和服务事宜进行谈判，供应商按照谈判文件的要求提交响应文件和最后报价，采购人从谈判小组提出的成交候选人中确定成交供应商的采购方式。

1. 法律、法规及政策依据

《中华人民共和国政府采购法》（主席令第68号）

《中华人民共和国政府采购法实施条例》（国务院令第658号）

《政府采购非招标采购方式管理办法》（财政部令第74号）

《政府和社会资本合作项目政府采购管理办法》（财库〔2014〕215号）

2. 适用范围

财政部《政府采购非招标采购方式管理办法》（财政部令第74号）依照《中华人民共和国政府采购法》对竞争性谈判的适用范围做了规定：

符合下列情形之一的采购项目，可以采用竞争性谈判方式采购：

（1）招标后没有供应商投标或者没有合格标的，或者重新招标未能成立的。

（2）技术复杂或者性质特殊，不能确定详细规格或者具体要求的。

（3）非采购人所能预见的原因或者非采购人拖延造成采用招标所需时间不能满足用户紧急需要的。

（4）因艺术品采购、专利、专有技术或者服务的时间、数量事先不能确定等原因不能事先计算出价格总额的。

3. 竞争性谈判流程

《政府采购非招标采购方式管理办法》（财政部令第74号）第四条规定，达到公开招标数额标准的货物、服务采购项目，拟采用非招标采购方式的，采购人应当在采购活动开始前，报经主管预算单位同意后，向设区的市、自治州以上人民政府财政部门申请批准，向财政部门提交以下材料并对材料的真实性负责：

（1）采购人名称、采购项目名称、项目概况等项目基本情况说明。

（2）项目预算金额、预算批复文件或者资金来源证明。

（3）拟申请采用的采购方式和理由。

《政府采购法》第三十八条规定采用竞争性谈判方式采购的，应当遵循下列程序：

（1）成立谈判小组。谈判小组由采购人的代表和有关专家共 3 人以上的单数组成，其中专家的人数不得少于成员总数的 2/3。

（2）制订谈判文件。谈判文件应当明确谈判程序、谈判内容、合同草案的条款以及评定成交的标准等事项。

（3）确定邀请参加谈判的供应商名单。谈判小组从符合相应资格条件的供应商名单中确定不少于 3 家的供应商参加谈判，并向其提供谈判文件。

（4）谈判。谈判小组所有成员集中与单一供应商分别进行谈判。在谈判中，谈判的任何一方不得透露与谈判有关的其他供应商的技术资料、价格和其他信息。谈判文件有实质性变动的，谈判小组应当以书面形式通知所有参加谈判的供应商。

（5）确定成交供应商。谈判结束后，谈判小组应当要求所有参加谈判的供应商在规定时间内进行最后报价，采购人从谈判小组提出的成交候选人中根据符合采购需求、质量和服务相等且报价最低的原则确定成交供应商，并将结果通知所有参加谈判的未成交的供应商。

综合《中华人民共和国政府采购法》（主席令第 68 号）、《政府和社会资本合作项目政府采购管理办法》（财库〔2014〕215 号）、《中华人民共和国政府采购法实施条例》（国务院令第 658 号）和《政府采购非招标采购方式管理办法》（财政部令第 74 号）等法律法规，汇总整理竞争性谈判流程，竞争性谈判流程图（财库〔2014〕215 号）如图 4-4 所示、竞争性谈判流程图（财政部令第 74 号）如图 4-5 所示。

4. 关键控制点

采用竞争性谈判方式采购 PPP 项目应关注关于专家小组（评审小组与谈判小组）问题，即重点关注专家人数、组成及产生方式。

（1）依据。

①《政府采购法》《政府采购非招标采购方式管理办法》（财政部令第 74 号）及《政府和社会资本合作项目政府采购管理办法》（财库〔2014〕215 号）对"专家小组"均有规定。

《政府采购法》第三十八条规定：成立谈判小组。谈判小组由采购人的代表和有关专家共 3 人以上的单数组成，其中专家的人数不得少于成员总数的 2/3。

②《政府采购非招标采购方式管理办法》（财政部令第 74 号）第七条：竞争性谈判小组或者询价小组由采购人代表和评审专家共 3 人以上单数组成，其中评审专家人数不得少于竞争性谈判小组或者询价小组成员总数的 2/3。采购人不得以评审专家身份参加本部门或本单位采购项目的评审。采购代理机构人员不得参加本机构代理的采购项目的评审。

达到公开招标数额标准的货物或者服务采购项目，或者达到招标规模标准的政府采购工程（PPP 项目均满足），竞争性谈判小组或者询价小组应当由 5 人以上单数组成。

采用竞争性谈判、询价方式采购的政府采购项目，评审专家应当从政府采购评审专家库内相关专业的专家名单中随机抽取。技术复杂、专业性强的竞争性谈判采购项目，通过随机方式难以确定合适的评审专家的，经主管预算单位同意，可以自行选定评审专家。技术复杂、专业性强的竞争性谈判采购项目，评审专家中应当包含 1 名法律专家。

③《政府和社会资本合作项目政府采购管理办法》（财库〔2014〕215 号）第七条：项目实施机构、采购代理机构应当成立评审小组，负责 PPP 项目采购的资格预审和评审工作。评审小组由项目实施机构代表和评审专家共 5 人以上单数组成，其中评审专家人数不得少于评审小组成员总数的 2/3。评审专家可以由项目实施机构自行选定，但评审专家中至少应当包

含1名财务专家和1名法律专家。项目实施机构代表不得以评审专家身份参加项目的评审。

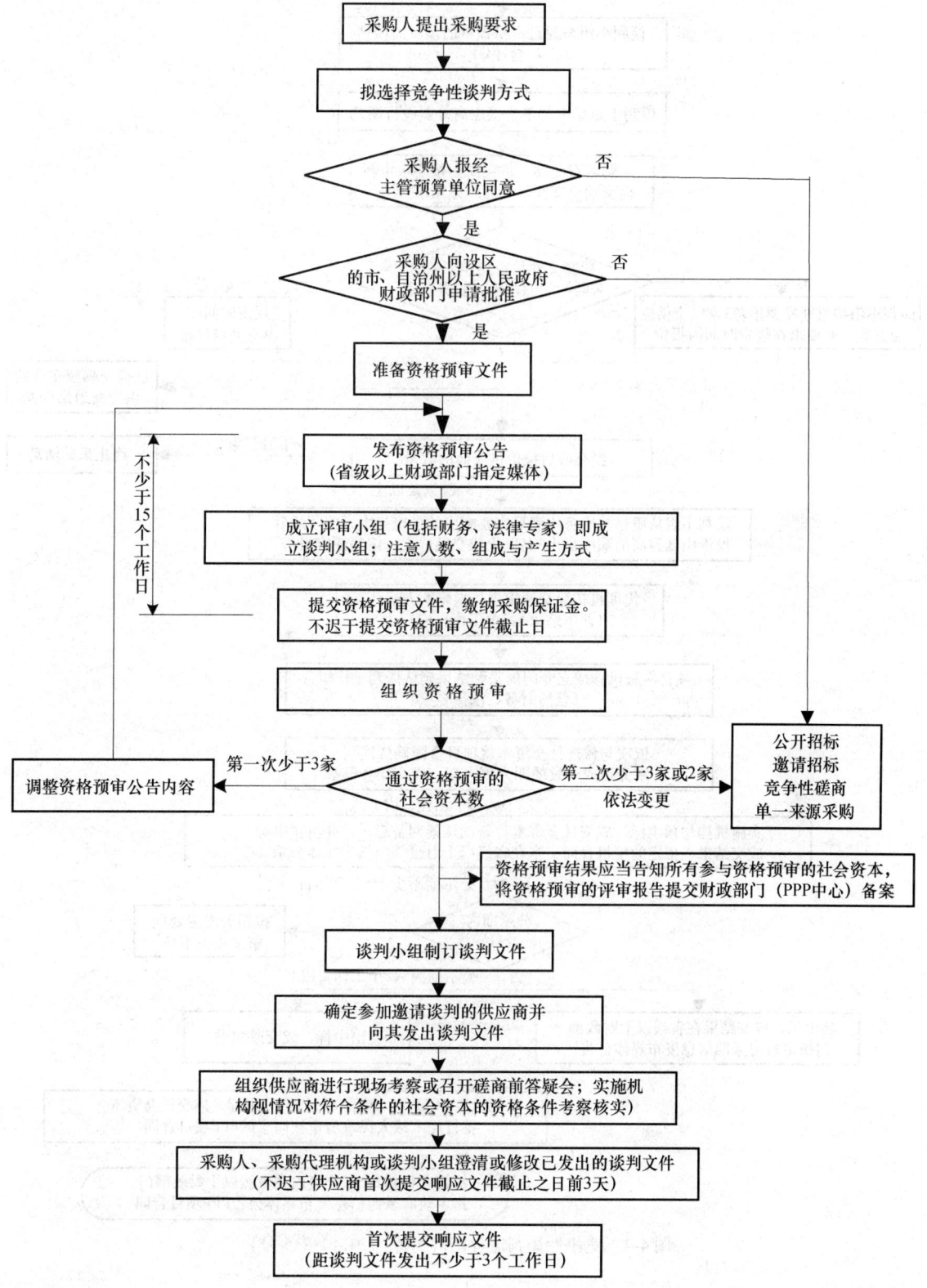

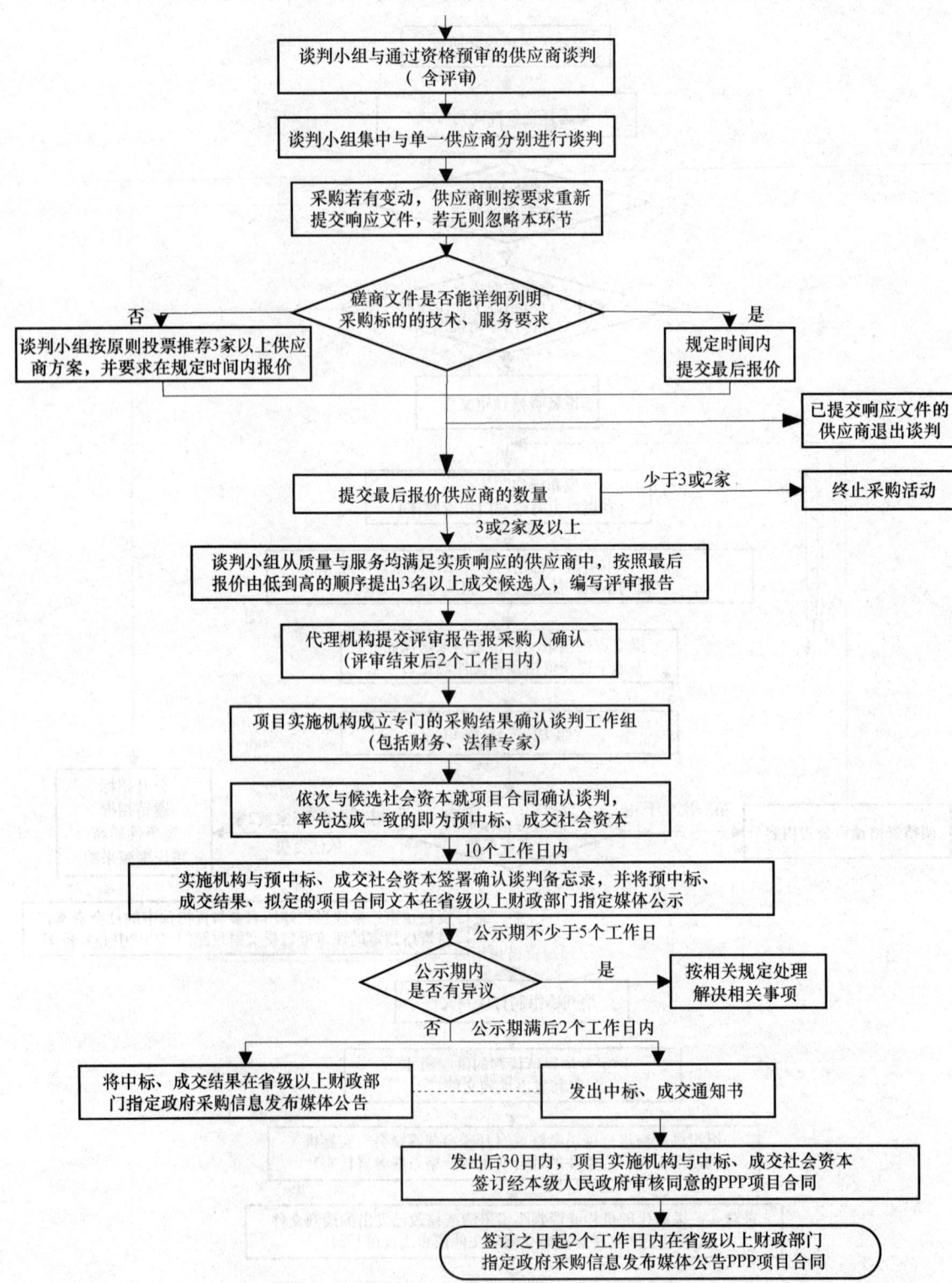

图 4-4 竞争性谈判流程图（财库〔2014〕215 号）

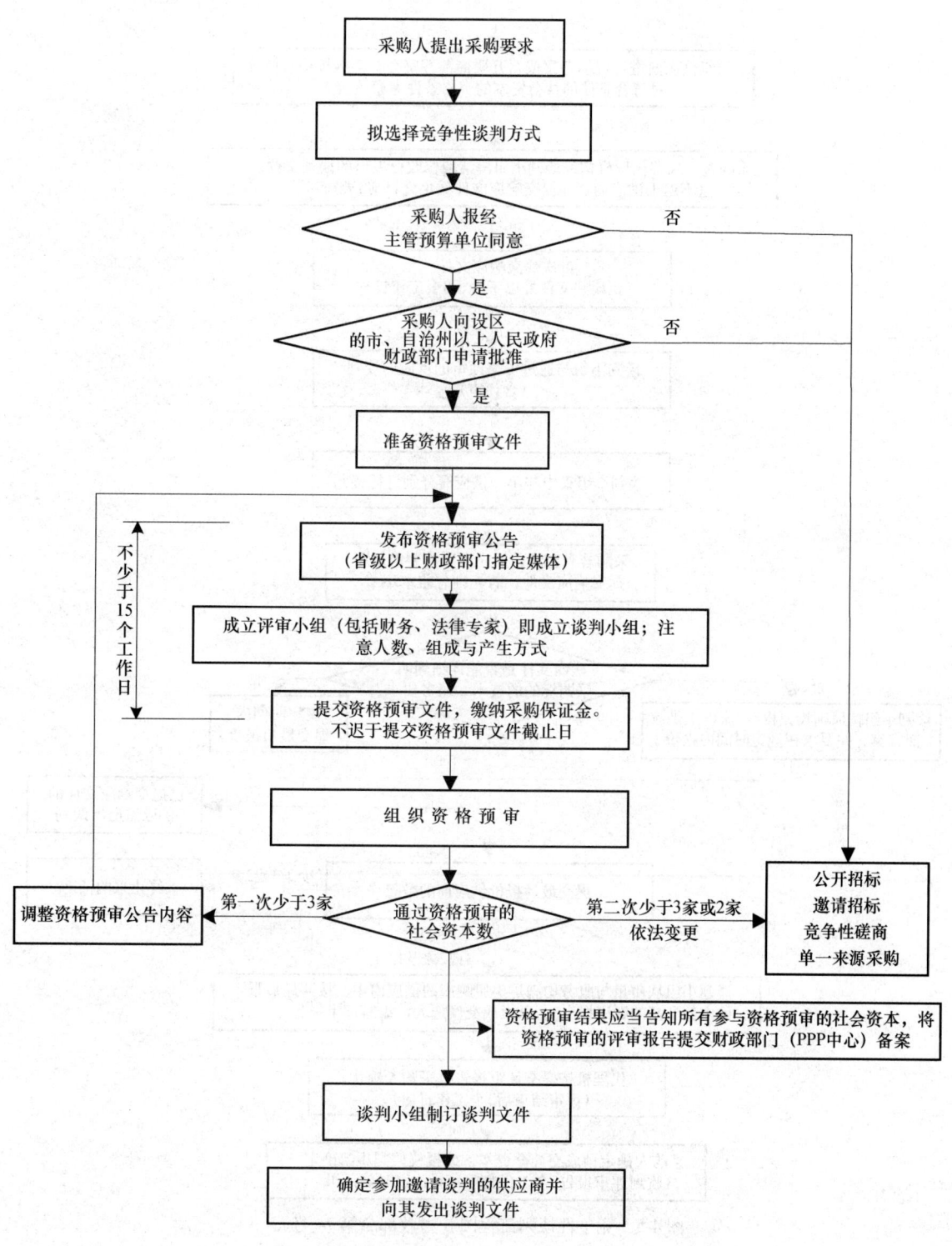

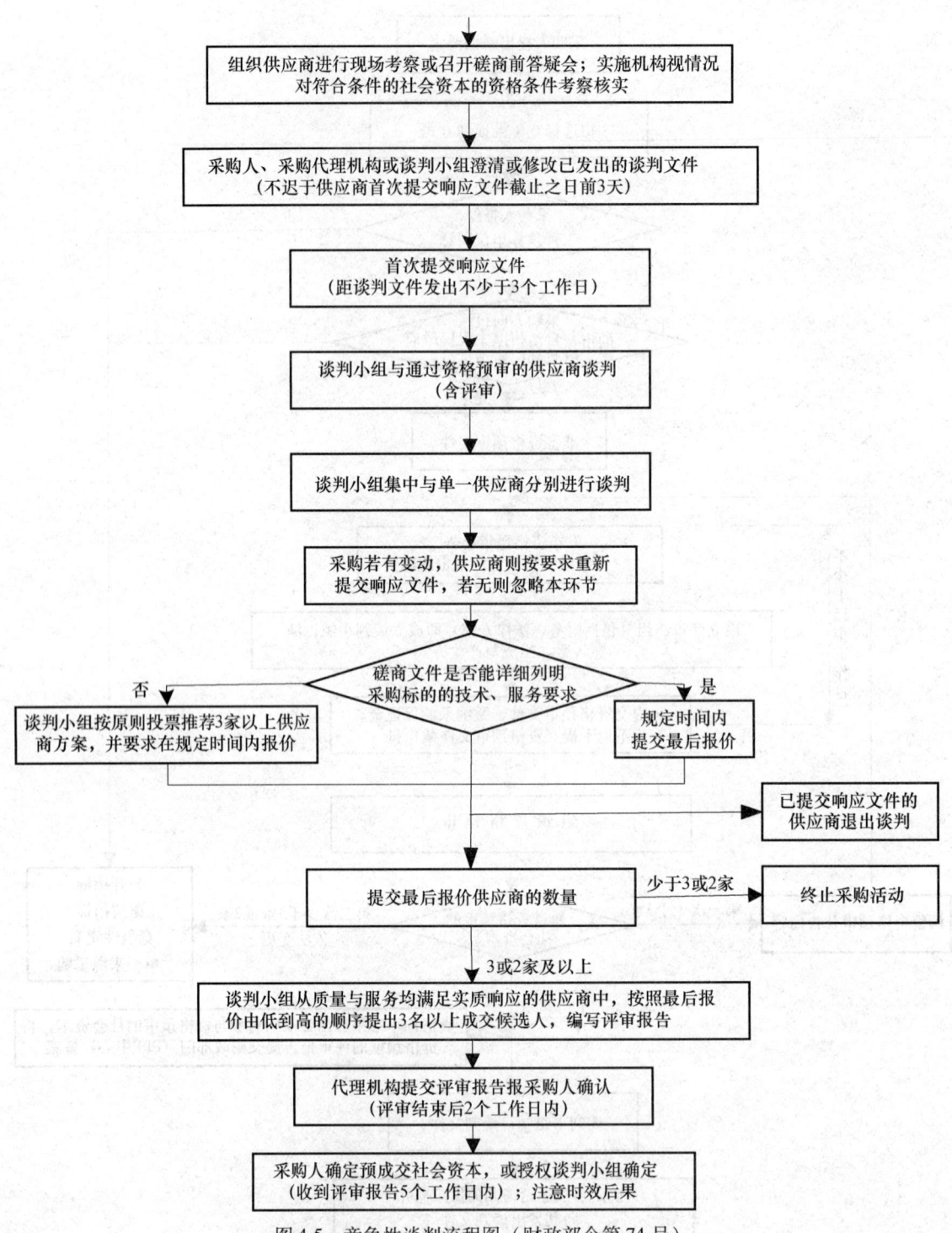

图 4-5 竞争性谈判流程图（财政部令第 74 号）

（2）结论

综合以上依据，可以得出以下结论：

①产生方式：随机抽取。

②人数与组成：

a. 第一种情形：1 名法律专家；1 名财务专家；1 名业主；其他专家 2 名。共 5 人。

满足：

第一，至少应当包含 1 名财务专家和 1 名法律专家。

第二，专家人数不得少于评审小组成员总数的 2/3。（4/5）

在评标人数确定为 5 的情况下，再增加 1 名业主代表就不满足第二条的要求。

b. 延伸，业主要增加话语权。如下：

1 名法律专家；1 名财务专家；1+1 名业主；其他专家 2+1 名。共 5+2 人。

满足：

第一，至少应当包含 1 名财务专家和 1 名法律专家。

第二，专家人数不得少于评审小组成员总数的 2/3。（5/7）

在评标人数确定为 7 的情况下，再增加 1 名业主代表就不满足第二条的要求。

c. 延伸，业主要继续增加话语权。如下：

1 名法律专家；1 名财务专家；1+2 名业主；其他专家 2+2 名。共 5+4 人。

满足：第一，至少应当包含 1 名财务专家和 1 名法律专家。

第二，专家人数不得少于评审小组成员总数的 2/3。（6/9 极限）

在评标人数确定为 9 的情况下，再增加一名业主代表就不满足第二条的要求。

4-2-1-4　竞争性磋商

《政府采购竞争性磋商采购方式管理暂行办法》（财库〔2014〕214 号）第二条规定，竞争性磋商采购方式，是指采购人、政府采购代理机构通过组建竞争性磋商小组（以下简称磋商小组）与符合条件的供应商就采购货物、工程和服务事宜进行磋商，供应商按照磋商文件的要求提交响应文件和报价，采购人从磋商小组评审后提出的候选供应商名单中确定成交供应商的采购方式。

1. 法律、法规及政策依据

《中华人民共和国政府采购法》（主席令第 68 号）

《中华人民共和国政府采购法实施条例》（国务院令第 658 号）

《政府采购非招标采购方式管理办法》（财政部令第 74 号）

《政府采购竞争性磋商采购方式管理暂行办法》（财库〔2014〕214 号）

《财政部关于政府采购竞争性磋商采购方式管理暂行办法有关问题的补充通知》（财库〔2015〕124 号）

《政府和社会资本合作项目政府采购管理办法》（财库〔2014〕215 号）

《政府购买服务管理办法（暂行）》（财综〔2014〕96 号）

2. 适用条件

根据财政部制定的《政府采购竞争性磋商采购方式管理暂行办法》（财库〔2014〕214 号）第三条规定，符合下列情形的项目，可以采用竞争性磋商方式开展采购：

（1）政府购买服务项目。

（2）技术复杂或者性质特殊，不能确定详细规格或者具体要求的。

（3）因艺术品采购、专利、专有技术或者服务的时间、数量事先不能确定等原因不能事先计算出价格总额的。

（4）市场竞争不充分的科研项目，以及需要扶持的科技成果转化项目。

（5）按照招标投标法及其实施条例必须进行招标的工程建设项目以外的工程建设项目。

3. 竞争性磋商流程

依据以上法律、法规及政策依据，特别是《政府采购竞争性磋商采购方式管理暂行办法》（财库〔2014〕214号）及《政府和社会资本合作项目政府采购管理办法》财库〔2014〕215号，竞争性磋商的操作流程，竞争性磋商流程图（依据财库〔2014〕214号及相关规定）如图4-6所示、竞争性磋商流程图（依据财库〔2014〕215号及相关规定）如图4-7所示。

4. 关键控制点

（1）专家小组（评审小组、磋商小组）的组成、数量及产生方式。

①依据。

专家小组组建应符合《政府采购竞争性磋商采购方式管理暂行办法》（财库〔2014〕214号）第十四条与《政府和社会资本合作项目政府采购管理办法》（财库〔2014〕215号）第七条的规定。分别如下：

第十四条 磋商小组由采购人代表和评审专家共3人以上单数组成，其中评审专家人数不得少于磋商小组成员总数的2/3。采购人代表不得以评审专家身份参加本部门或本单位采购项目的评审。采购代理机构人员不得参加本机构代理的采购项目的评审。

采用竞争性磋商方式的政府采购项目，评审专家应当从政府采购评审专家库内相关专业的专家名单中随机抽取。符合本办法第三条第四项规定情形的项目（即市场竞争不充分的科研项目，以及需要扶持的科技成果转化项目），以及情况特殊、通过随机方式难以确定合适的评审专家的项目，经主管预算单位同意，可以自行选定评审专家。技术复杂、专业性强的采购项目，评审专家中应当包含1名法律专家。

第七条 依法必须进行招标的项目，其评标委员会由招标人的代表和有关技术、经济等方面的专家组成，成员人数为五人以上单数，其中技术、经济等方面的专家不得少于成员总数的三分之二。前款专家应当从事相关领域工作满八年并具有高级职称或者具有同等专业水平，由招标人从国务院有关部门或者省、自治区、直辖市人民政府有关部门提供的专家名册或者招标代理机构的专家库内的相关专业的专家名单中确定；一般招标项目可以采取随机抽取方式，特殊招标项目可以由招标人直接确定。

由项目实施机构代表和评审专家共5人以上单数组成，其中评审专家人数不得少于评审小组成员总数的2/3。评审专家中至少应当包含1名财务专家和1名法律专家。专家可以由实施机构自行选定。

②结论。

a. 产生方式：随机抽取。

b. 人数与组成：

● 第一种情形：1名法律专家；1名财务专家；1名业主；其他专家2名。共5人。

满足：第一，至少应当包含1名财务专家和1名法律专家。

第二，评审专家人数不得少于评审小组成员总数的2/3。（4/5）

在评标人数确定为5的情况下，再增加1名业主代表就不满足第二条的要求。

第4章 PPP项目政府采购管理

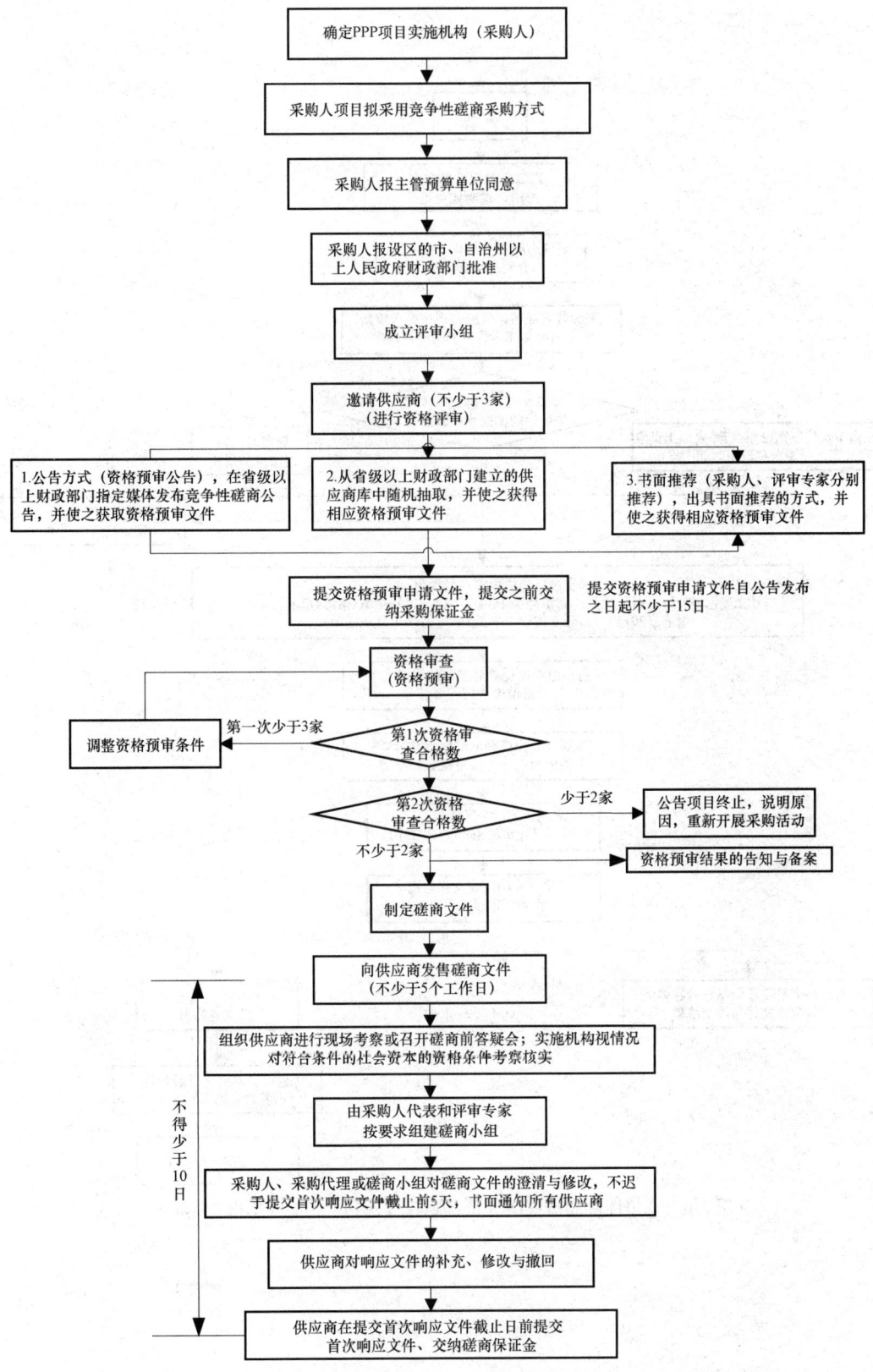

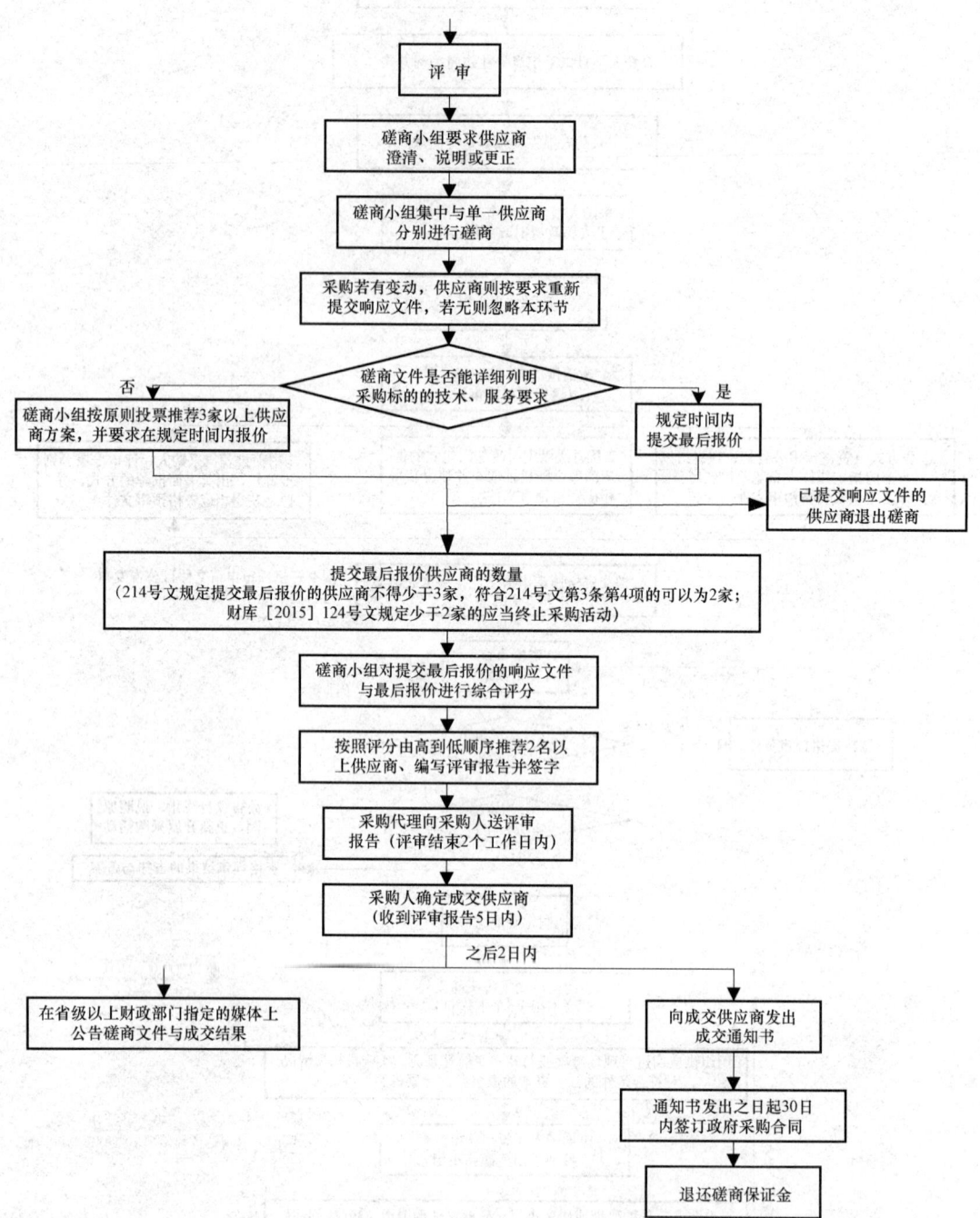

图 4-6 竞争性磋商流程图（依据财库〔2014〕214 号及相关规定）

第 4 章 PPP 项目政府采购管理

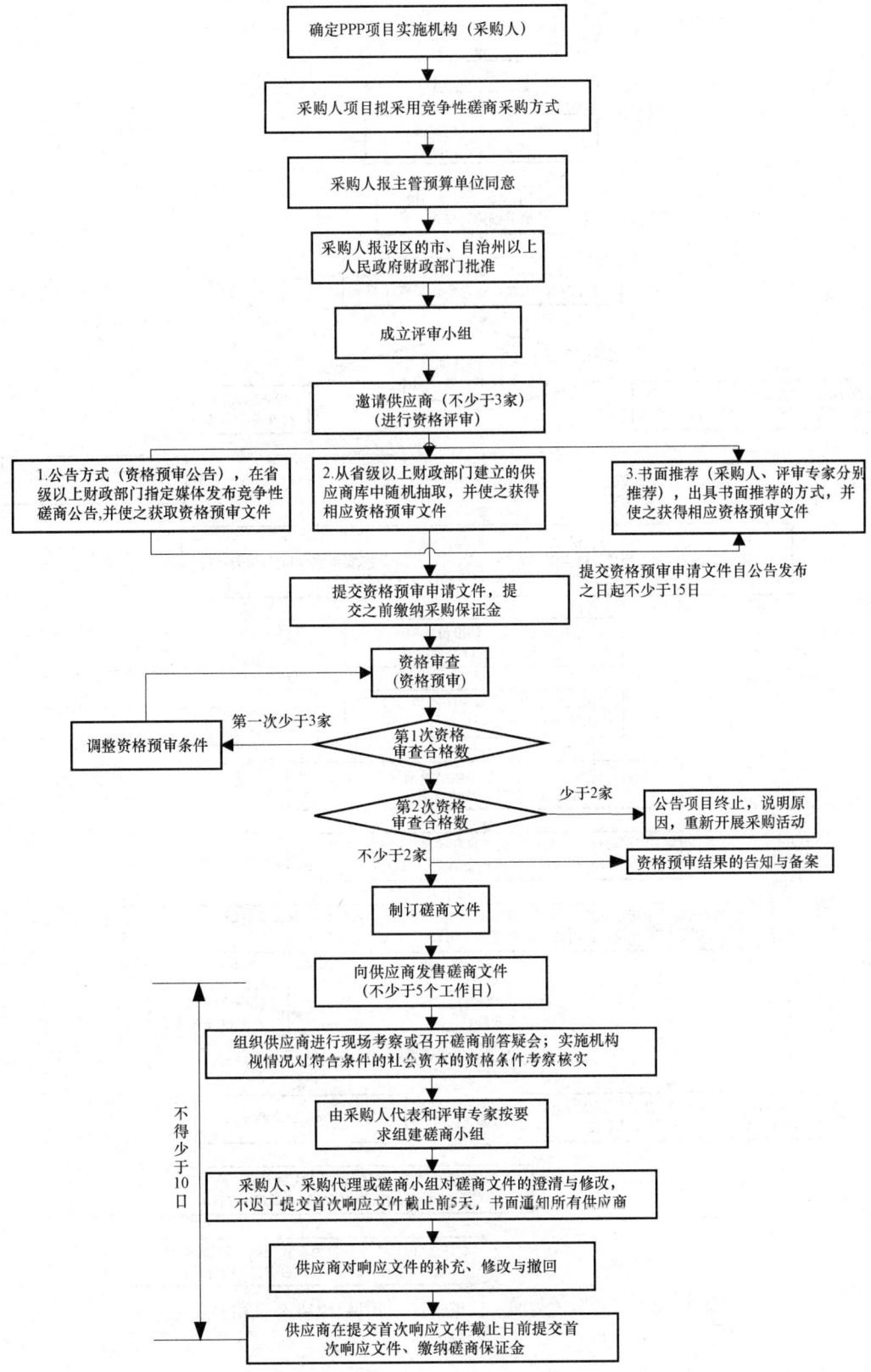

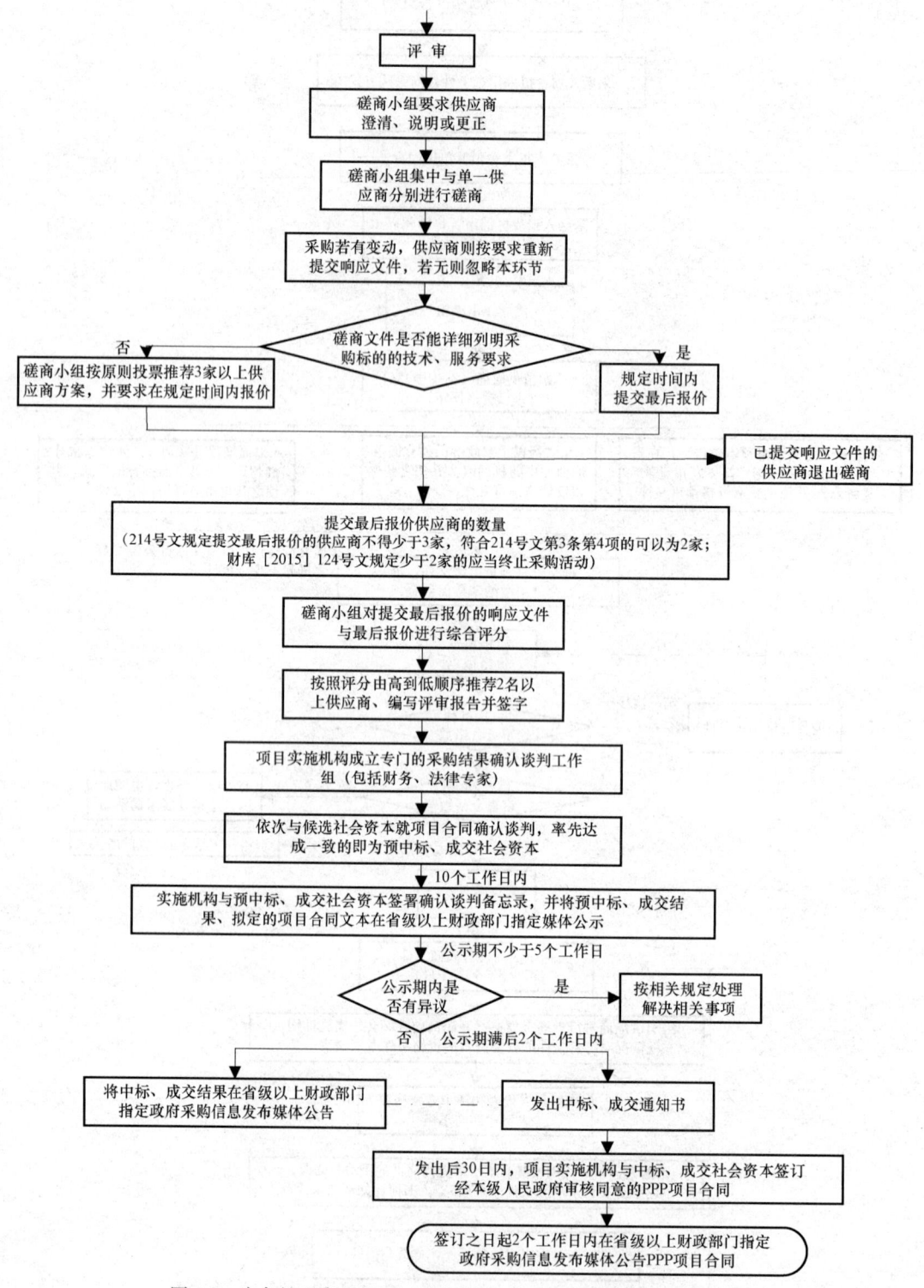

图 4-7 竞争性磋商流程图（依据财库〔2014〕215 号及相关规定）

- 延伸，业主要增加话语权。如下：

1 名法律专家；1 名财务专家；1+1 名业主；其他专家 2+1 名。共 5+2 人。

满足：第一，至少应当包含 1 名财务专家和 1 名法律专家。

第二，评审专家人数不得少于评审小组成员总数的 2/3。(5/7)

在评标人数确定为 7 的情况下，再增加 1 名业主代表就不满足第二条的要求。

- 延伸，业主要继续增加话语权。如下：

1 名法律专家；1 名财务专家；1+2 名业主；其他专家 2+2 名。共 5+4 人。

满足：第一，至少应当包含 1 名财务专家和 1 名法律专家。

第二，评审专家人数不得少于评审小组成员总数的 2/3。(6/9 极限)

在评标人数确定为 9 的情况下，再增加 1 名业主代表就不满足第二条的要求。

(2) 采购政府服务项目的要求。

《财政部关于政府采购竞争性磋商采购方式管理暂行办法有关问题的补充通知》（财库〔2015〕124 号）采用竞争性磋商采购方式采购的政府购买服务项目（含政府和社会资本合作项目），在采购过程中符合要求（理解：符合所有资格、技术及经济要求，可以进入评审报告名单）的供应商（社会资本）只有 2 家的，竞争性磋商采购活动可以继续进行。采购过程中符合要求的供应商（社会资本）只有 1 家的，采购人（项目实施机构）或者采购代理机构应当终止竞争性磋商采购活动，发布项目终止公告并说明原因，重新开展采购活动。

(3) "市场竞争不充分的科研项目，以及需要扶持的科技成果转化项目"。

《政府采购竞争性磋商采购方式管理暂行办法》（财库〔2014〕214 号）第三条符合下列情形的项目，可以采用竞争性磋商方式开展采购：

市场竞争不充分的科研项目，以及需要扶持的科技成果转化项目。

第二十一条 磋商文件能够详细列明采购标的的技术、服务要求的，磋商结束后，磋商小组应当要求所有实质性响应的供应商在规定时间内提交最后报价，提交最后报价的供应商不得少于 3 家。

磋商文件不能详细列明采购标的的技术、服务要求，需经磋商由供应商提供最终设计方案或解决方案的，磋商结束后，磋商小组应当按照少数服从多数的原则投票推荐 3 家以上供应商的设计方案或者解决方案，并要求其在规定时间内提交最后报价。

最后报价是供应商响应文件的有效组成部分。符合本办法第三条第四项情形的，提交最后报价的供应商可以为 2 家。

第二十五条 磋商小组应当根据综合评分情况，按照评审得分由高到低顺序推荐 3 名以上成交候选供应商，并编写评审报告。符合本办法第二十一条第三款情形的，可以推荐 2 家成交候选供应商。评审得分相同的，按照最后报价由低到高的顺序推荐。评审得分且最后报价相同的，按照技术指标优劣顺序推荐。

"市场竞争不充分的科研项目，以及需要扶持的科技成果转化项目"这一以前没有做出专门规定的内容，纳入"竞争性磋商"采购方式适用的范围。一方面体现国家对科学技术生产力的重视，另一方面也是为了解决部分科研项目供应商不足三家，又不具备"单一来源采购""询价"方式采购的现实难题。

(4) 适用情形中的"政府购买服务项目"

"政府购买服务项目"可与 2015 年 1 月 1 日实施的《政府购买服务管理办法（暂行）》（财综〔2014〕96 号）相衔接。

（5）采用综合评分法进行评审。指响应文件满足磋商文件全部实质性要求且按评审因素的量化指标评审得分最高的供应商为成交候选供应商的评审方法。

磋商报价得分 =（磋商基准价/最后磋商报价）×价格权值×100

项目评审过程中，不得去掉最后报价中的最高报价和最低报价。

（6）除资格性检查认定错误，分值汇总计算错误，分项评分超出评分标准范围，客观分评分不一致，经磋商小组一致认定评分畸高、畸低的情形外，采购人或者采购代理机构不得以任何理由组织重新评审。重新评审的适用情况增多，是否需要重新组建磋商小组。

4. 竞争性磋商采购方式创新点

竞争性磋商采购方式是财政部首次依法创新的采购方式，核心内容是"先明确采购需求、后竞争报价"的两阶段采购模式，倡导"物有所值"的价值目标。

（1）竞争性磋商采购方式的适用核心。

财库〔2014〕214号文中第（一）项规定的是"政府购买服务项目"，将本不属于法定招标范围之内的服务项目尽可能引导至充分体现"物有所值"价值目标的"竞争性磋商"；另外，将市场竞争不充分的科研项目，以及需要扶持的科技成果转化项目"这一以前没有做出专门规定的内容，纳入"竞争性磋商"采购方式适用的范围。

（2）延长部分期间——创造平等且充分的竞争环境。

财库〔2014〕214号文规定磋商文件发出之日起至供应商提交首次响应文件截止之日止的时间，确定为不得少于10日。较之于竞争性谈判所规定的3日，整整延长了7天，期间的延长意味着潜在供应商有更充分的准备时间，一定程度上减少因信息不对称而给供应商之间带来的不公平竞争。类似的规定还有采购人或代理机构发送的澄清或者修改文件距离首次响应文件截止时间不少于5日，对此情形竞争性谈判规定的是3个工作日。竞争性磋商方式开展采购的范围较比公开招标更宽泛。竞争性磋商程序中法定时限相对于公开招标来说较短。

（3）扩大重新评审的范围。

《竞争性磋商办法》将可以重新评审的情形规定为5个，即资格性检查认定错误；分值汇总计算错误；分项评分超出评分标准范围；客观分评分不一致；经磋商小组一致认定评分畸高、畸低的情形，而竞争性谈判此类情形只有2个。对此，一方面强化了采购人的掌控力度，但是另外一方面也为评审的返工率提高埋下了伏笔，执行者需要加倍小心才行。

（4）竞争性谈判与竞争性磋商的区别。

竞争性谈判与竞争性磋商二者关于采购程序、供应商来源方式、磋商或谈判公告要求、响应文件要求、磋商或谈判小组组成等方面要求基本一致。区别在于在竞争报价方面，竞争性磋商采用了类似公开招标的综合评分法，而竞争性谈判采用的是最低报价法。

4-2-1-5 单一来源采购

依据《中华人民共和国政府采购法》（主席令第68号）和其他法律、行政法规的有关规定，财政部制定《政府采购非招标采购方式管理办法》（财政部令第74号），该令第二条规定，单一来源采购是指采购人从某一特定供应商处采购货物、工程和服务的采购方式。

1. 法律、法规及政策依据

《中华人民共和国政府采购法》（主席令第68号）

《中华人民共和国政府采购法实施条例》（国务院令第658号）

《政府采购非招标采购方式管理办法》（财政部令第74号）

《政府和社会资本合作项目政府采购管理办法》（财库〔2014〕215号）

《政府购买服务管理办法（暂行）》（财综〔2014〕96号）
《政府和社会资本合作模式操作指南（试行）》（财金〔2014〕113号）

2. 适用条件

《中华人民共和国政府采购法》第三十一条指出，符合下列情形之一的货物或者服务，可以采用单一来源方式采购：

①只能从唯一供应商处采购的。

②发生了不可预见的紧急情况不能从其他供应商处采购的。

③必须保证原有采购项目一致性或者服务配套的要求，需要继续从原供应商处添购，且添购资金总额不超过原合同采购金额百分之十的。

3. 单一来源采购原则

《中华人民共和国政府采购法》第三十九条指出，采取单一来源方式采购的，采购人与供应商应当遵循本法规定的原则，在保证采购项目质量和双方商定合理价格的基础上进行采购。

4. 单一来源采购流程

单一来源采购操作流程如图4-8所示。

5. 关键控制点

（1）单一来源采购公示。

《政府采购非招标采购方式管理办法》（财政部令第74号）第三十八条指出，属于政府采购法第三十一条第一项情形，且达到公开招标数额的货物、服务项目，拟采用单一来源采购方式的，采购人、采购代理机构在报财政部门批准之前，应当在省级以上财政部门指定媒体上公示，并将公示情况一并报财政部门。公示期不得少于5个工作日。

（2）组织补充论证。

《政府采购非招标采购方式管理办法》（财政部令第74号）第四十条指出，采购人、采购代理机构收到对采用单一来源采购方式公示的异议后，应当在公示期满后5个工作日内，组织补充论证。

（3）预成交结果公示。

《政府和社会资本合作项目政府采购管理办法》第十七条指出，项目实施机构应当在预成交社会资本确定后10个工作日内，与预中标、成交社会资本签署确认谈判备忘录，并将预成交结果和项目合同文本在省级以上人民政府财政部门指定的政府采购信息发布媒体上进行公示，公示期不得少于5个工作日。

（4）成交结果公告。

《政府和社会资本合作项目政府采购管理办法》第十八条指出，项目实施机构应当在预成交结果公示期满无异议后2个工作日内，将成交结果在省级以上人民政府财政部门指定的政府采购信息发布媒体上进行公告。

（5）合同签订。

《政府和社会资本合作项目政府采购管理办法》（财库〔2014〕215号）第十九条指出，项目实施机构应当在成交通知书发出后30日内，与成交社会资本签订经本级人民政府审核同意的PPP项目合同。

（6）项目合同公告。

《政府和社会资本合作项目政府采购管理办法》（财库〔2014〕215号）第二十条指出，项目实施机构应当在PPP项目合同签订之日起2个工作日内，将PPP项目合同在省级以上人民政府财政部门指定的政府采购信息发布媒体上公告。

注：以上 3.4.5.6 执行《政府和社会资本合作项目政府采购管理办法》（财库〔2014〕215 号），并未执行《政府采购非招标采购方式管理办法》（财政部令第 74 号）。

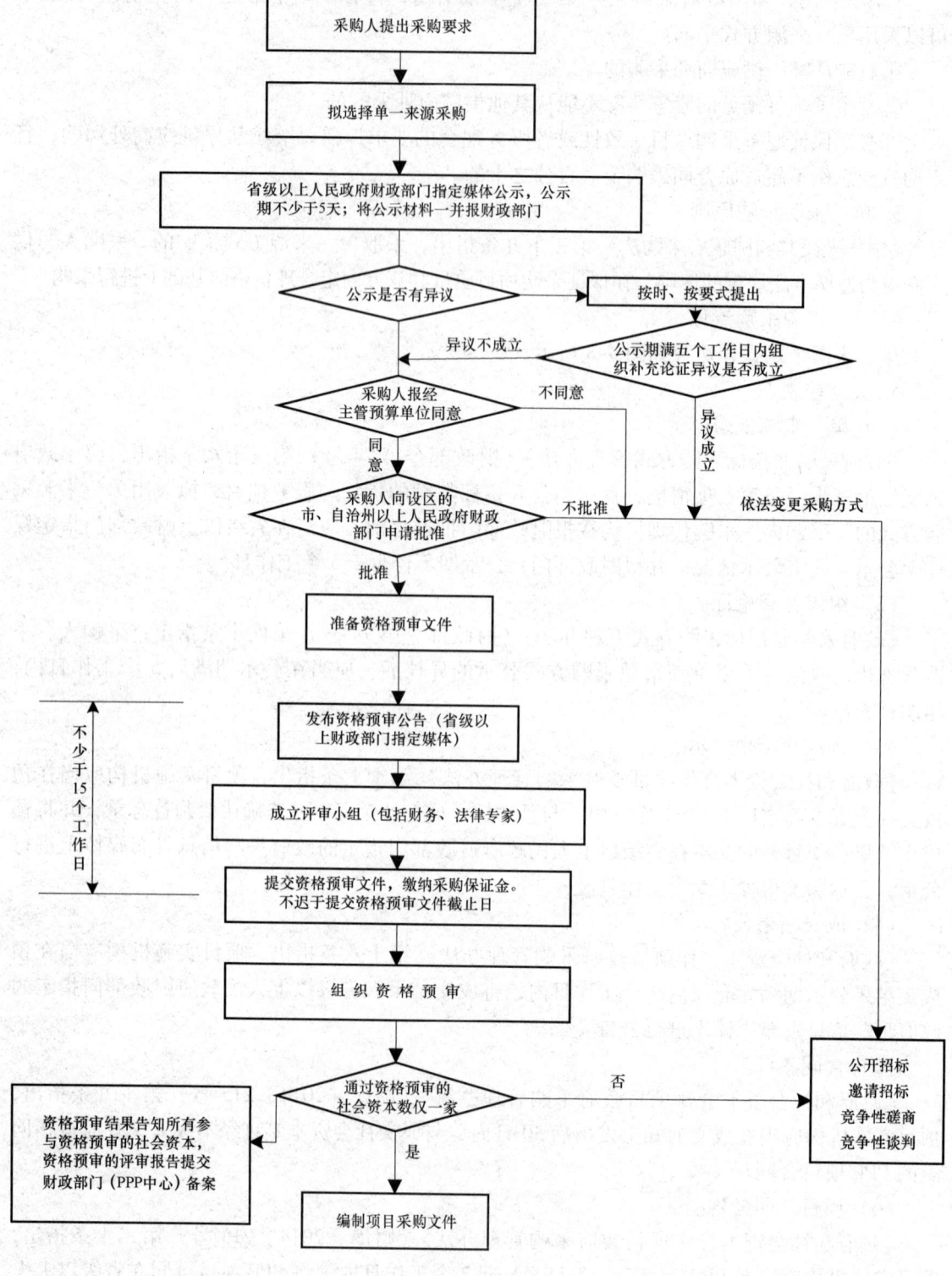

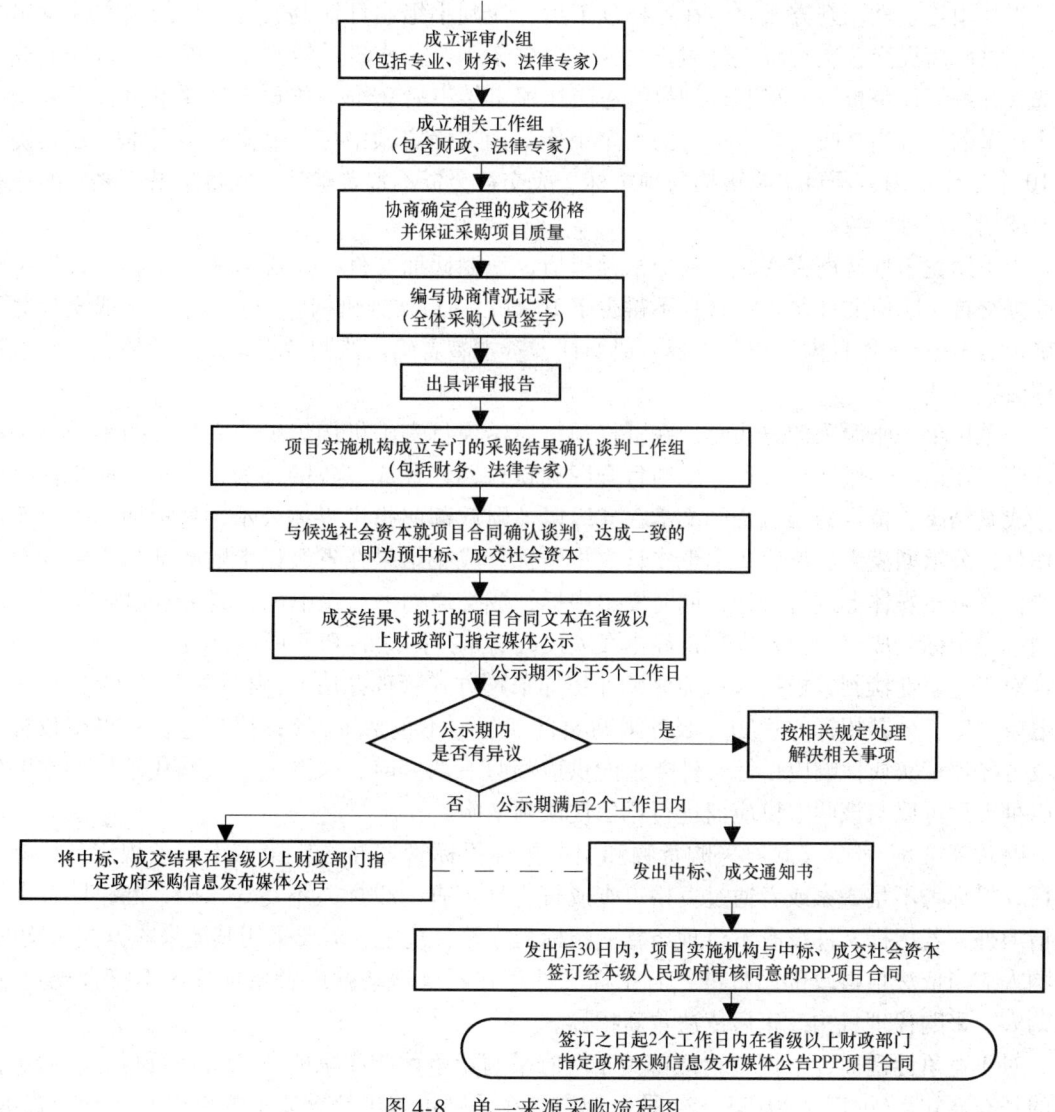

图 4-8 单一来源采购流程图

4-2-2 PPP 项目采购方式运用

根据《政府和社会资本合作项目政府采购管理办法》(财库〔2014〕215 号)规定,要求供应商提交资格预审申请文件的时间自公告发布之日起不得少于 15 个工作日,之后进入优选社会资本并签订 PPP 合同阶段。

当采用公开或邀请招标方式时,自招标文件开始发出之日起至投标人提交投标文件截止之日不得少于 20 日;项目实施机构应当在预中标、成交社会资本确定后 10 个工作日内签署确认谈判备忘录,并将预中标、成交结果、拟定的项目合同文本在省级以上财政部门指定媒体公示,公示期不得少于 5 个工作日;公示期满无异议后 2 个工作日内将中标、成交结果在省级以上财政部门指定的政府采购信息发布媒体上进行公告,同时发出中标、成交通知书;在中标、成交通知书发出后 30 日内,与中标、成交社会资本签订经本级人民政府审核同意的 PPP 项目合同。

当采用竞争性谈判方式时，在资格预审后，谈判小组制订谈判文件，从谈判文件发出之日起至供应商提交首次响应文件截止之日不得少于3个工作日；谈判小组提出3名以上成交候选人并编写评审报告，采购代理机构应当在评审结束后2个工作日内将评审报告送采购人确认；采购人应当在收到评审报告的5个工作日内，确定预中标、成交社会资本，在其确定后10个工作日内，项目实施机构与预中标、成交社会资本签署确认谈判备忘录，之后的流程与上述招标流程一致。

当采用竞争性磋商方式时，在资格预审后，编制磋商文件，从磋商文件发出之日起至供应商提交首次响应文件截止之日止不得少于10日；项目实施机构应当在预中标、成交社会资本确定后10个工作日内，与预中标、成交社会资本签署确认谈判备忘录，之后的流程与上述招标流程一致。

当采用单一来源采购方式时，在资格预审后，项目实施机构组织成立相关的采购结果确认谈判工作组，与候选社会资本就项目合同确认谈判，达成一致的即为预中标、成交社会资本。成交结果、拟定的项目合同文本在省级以上财政部门指定媒体公示，公示期不少于5个工作日；公示期满无异议后2个工作日内将中标、成交结果在省级以上财政部门指定的政府采购信息发布媒体上进行公告，同时发出中标、成交通知书；在中标、成交通知书发出后30日内，与中标、成交社会资本签订经本级人民政府审核同意的PPP项目合同。

对于竞争性谈判，根据《政府采购非招标采购方式管理办法》（财政部令第74号）第二十七条规定，公开招标的货物、服务采购项目（注：不包括工程），招标过程中提交投标文件或者经评审实质性响应招标文件要求的供应商只有两家时，采购人或采购代理机构在财经部门批准后可以与该两家供应商进行竞争性谈判采购。

财政部第87号令《政府采购货物和服务招标投标管理办法》第四十三条规定，投标截止后，投标人不足3家或者通过资格审查或符合性审查的投标人不足3家的，除采购任务取消情形外，若招标文件没有不合理条款、招标程序符合规定、需要采用其他采购方式采购的，采购人应当依法报财政部门批准，若招标文件存在不合理条款或者招标程序不符合规定的，采购人、采购代理机构改正后依法重新招标。

对于竞争性磋商，根据《财政部关于政府采购竞争性磋商采购方式管理暂行办法有关问题的补充通知》（财库〔2015〕124号）规定，在采购过程中符合要求的供应商（社会资本）只有2家的，竞争性磋商采购活动可以继续进行。采购过程中符合要求的供应商（社会资本）只有1家的，应当终止竞争性磋商采购活动。

PPP项目各采购方式对比如表4-1所示，具体选用哪种采购方式，应综合考虑项目情况、采购人的要求依据相关的法律、法规及政策确定。

表4-1 PPP项目采购方式对比表

政府采购方式	公开招标	邀请招标	竞争性谈判	竞争性磋商	单一来源采购
定义	指招标人在公开媒介上以招标公告的方式邀请不特定的法人或其他组织参与投标的采购方式	招标采购单位依法从符合相应资格条件的供应商中邀请三家以上供应商，并以投标邀请书的方式，邀请其参加投标的采购方式	采购人等按规定的程序，通过与符合项目资格要求供应商依据谈判文件进行谈判，最后确定成交供应商的方式	指采购人、政府采购代理机构通过组建竞争性磋商小组与符合条件的供应商就采购货物、工程和服务事宜进行磋商，从而确定供应商的采购方式	因采购项目的来源渠道单一或发生不可预见的紧急情况以及保证原有采购项目的一致性等原因，按照规定的程序向单一供应商直接购买的采购方式

续表

政府采购方式	公开招标	邀请招标	竞争性谈判	竞争性磋商	单一来源采购
符合下列情形之一的,可以采取的采购方式	货物、服务采购项目达到公开招标数额标准的	①只有采购项目比较特殊,如保密项目和急需或者因高度专业性等因素使提供产品的潜在供应商数量较少;②采用公开招标方式的费用占政府采购项目总价值的比例过大的	①招标后没有供应商投标,没有合格的标的,或重新招标未能成立的;②经专家认定技术复杂或者性质特殊,不能确定详细规格或具体要求的;③采用招标所需时间不能满足用户紧急需要的;④不能事先计算出项目价格总额的	①政府购买服务项目;②技术复杂或性质特殊,不能确定详细规格或具体要求的;③因艺术品采购、专利、专有技术或者服务的时间、数量事先不能确定不能事先计算出价格总额的;④市场竞争不充分的科研项目,以及需要扶持的科技成果转化项目;⑤按照招标投标法及其实施条例必须进行招标的工程建设项目以外的工程建设项目	①只能从唯一供应商处采购的;②发生了不可预见的紧急情况,不能从其他供应商处采购的;③必须保证原有采购项目一致或服务配套的要求,需继续从原供应商处添购,且添购资金总额不超过原合同采购金额10%的
采购顺序	①发布招标公告;②发出招标文件;③成立评标委员会;④开标;⑤成立谈判工作组;⑥开展谈判;⑦确定成交商;⑧签订采购合同	①发出投标邀请书;②发出招标文件;③成立评标委员会;④开标;⑤成立谈判工作组;⑥开展谈判;⑦确定成交商;⑧签订采购合同	①制订谈判文件;②发布资格公告征集供应商;③向合格供应商提供谈判文件;④报价;⑤成立谈判工作组;⑥开展谈判;⑦确定成交商;⑧签订采购合同	①发布公告;②发布竞争性磋商文件;③报价;④成立谈判工作组;⑤开展谈判;⑥确定成交商;⑦签订采购合同	①发布单一来源采购公示;②上报财政部门审批;③商定价格,签署备忘录;④公布中标结果,签订合同
参与竞争性供应商数量限制	3家以上	3家以上	最少2家	最少2家	1家
从文件发出之日起至规定的报价截止之日	自招标文件发出之日起至投标人提交投标文件之日止,不得少于20天		从谈判文件发出之日起至供应商提交首次响应文件截止之日止不得少于3个工作日	从磋商文件发出之日起至供应商提交首次响应文件截止之日止不得少于10日	
评标成员	依法必须进行招标的项目,其评标委员会由招标人的代表和有关技术、经济等方面的专家组成,成员人数为5人以上单数,其中技术、经济等方面的专家不得少于成员总数的2/3		竞争性谈判小组由采购人代表和评审专家共3人以上单数组成,专家人数不得少于竞争性谈判小组成员总数的2/3。采购人不得以评审专家身份参加评审。达到公开招标数额标准的小组应当由5人以上单数组成	竞争性磋商小组由采购人代表和评审专家共3人以上单数组成,专家人数不得少于磋商小组成员总数的2/3。采购人不得以评审专家身份参加评审	

续表

政府采购方式	公开招标	邀请招标	竞争性谈判	竞争性磋商	单一来源采购
货物、服务采购的评定标准	政府采购招标评标方法分为最低评标价法和综合评分法。最低评标价法，是指投标文件满足招标文件全部实质性要求且投标报价最低的供应商为中标候选人的评标方法。综合评分法，是指投标文件满足招标文件全部实质性要求且按照评审因素的量化指标评审得分最高的供应商为中标候选人的评标方法		谈判小组应当从质量和服务均能满足采购文件实质性响应要求的供应商中，按照最后报价由低到高的顺序提出3名以上成交候选人，并编写评审报告	经磋商确定最终采购需求和提交最后报价的供应商后，由磋商小组采用综合评分法对提交最后报价的供应商的响应文件和最后报价进行综合评分	采购小组应与供应商遵循《政府采购法》规定的原则，在保证项目质量和合理价格的基础上商定有关成交事项，就拟定的政府采购合同条款达成一致，并书面通知供应商

§4-3 咨询机构在PPP项目采购阶段的工作

由于PPP项目运作参与合作者众多、资金结构复杂、项目开发期较长、风险较大。因此，在项目的全生命期内都需要咨询公司的介入，指导项目的运作。在PPP项目中，咨询公司的主要工作包括组织尽职调查、设计基础设施PPP项目方案，设计项目交易结构和招商程序，设定边界条件、遴选标准等，建立财务模型并进行商业预测分析，组织实施招标或竞争性谈判等公开竞争性招商程序，参与商务谈判及协助签订项目特许经营协议等。在PPP采购管理阶段，咨询机构的具体职能如下：

①提供政策咨询。

由于项目的运作涉及国家的政府采购政策、招标投标政策、产业政策、行业政策等各方面的政策，咨询公司可以帮助PPP项目参与单位了解这些政策，并帮助厘清概念、梳理流程、论证整体方案等。按照政策的要求设计项目框架，规避项目的政策风险。

②协助选择合作伙伴。

项目的建设需要有众多的合作伙伴参与，包括社会资本、设计单位、建设单位、监理单位的选择等，咨询公司可以协助PPP项目公司选择资金实力较强、技术实力合格和管理架构完善的合作伙伴，协助进行工程的合理安排，有效控制工程的投资、进度和质量。

③为政府代理招投标咨询。

PPP项目采购工作是一项具有较强专业性、合规性、流程性的活动。在项目政府采购工作流程中，咨询机构作为专业从事项目咨询活动的组织，具有很多优势，可以为政府提供全流程的服务和专业采购人员培训，有效实现政府采购工作的目的。

④协助参与方编制采购文件、响应文件、开展融资方案设计和协助谈判。

⑤邀请相关评审专家参与响应文件评审。

⑥接受实施机构委托，依据相关政策对PPP项目进行绩效考核与监管。

附录：PPP 项目采购法律环境

附录一：中华人民共和国招标投标法

（1999 年 8 月 30 日第九届全国人民代表大会常务委员会第十一次会议通过 根据 2017 年 12 月 27 日第十二届全国人民代表大会常务委员会第三十一次会议《关于修改〈中华人民共和国招标投标法〉、〈中华人民共和国计量法〉的决定》修正）

中华人民共和国招标投标法

目　　录

第一章　总　　则
第二章　招　　标
第三章　投　　标
第四章　开标、评标和中标
第五章　法律责任
第六章　附　　则

第一章　总　　则

第一条　为了规范招标投标活动，保护国家利益、社会公共利益和招标投标活动当事人的合法权益，提高经济效益，保证项目质量，制定本法。

第二条　在中华人民共和国境内进行招标投标活动，适用本法。

第三条　在中华人民共和国境内进行下列工程建设项目包括项目的勘察、设计、施工、监理以及与工程建设有关的重要设备、材料等的采购，必须进行招标：

（一）大型基础设施、公用事业等关系社会公共利益、公众安全的项目；

（二）全部或者部分使用国有资金投资或者国家融资的项目；

（三）使用国际组织或者外国政府贷款、援助资金的项目。

前款所列项目的具体范围和规模标准，由国务院发展计划部门会同国务院有关部门制定，报国务院批准。

法律或者国务院对必须进行招标的其他项目的范围有规定的，依照其规定。

第四条　任何单位和个人不得将依法必须进行招标的项目化整为零或者以其他任何方式规避招标。

第五条 招标投标活动应当遵循公开、公平、公正和诚实信用的原则。

第六条 依法必须进行招标的项目，其招标投标活动不受地区或者部门的限制。任何单位和个人不得违法限制或者排斥本地区、本系统以外的法人或者其他组织参加投标，不得以任何方式非法干涉招标投标活动。

第七条 招标投标活动及其当事人应当接受依法实施的监督。

有关行政监督部门依法对招标投标活动实施监督，依法查处招标投标活动中的违法行为。

对招标投标活动的行政监督及有关部门的具体职权划分，由国务院规定。

第二章 招　　标

第八条 招标人是依照本法规定提出招标项目、进行招标的法人或者其他组织。

第九条 招标项目按照国家有关规定需要履行项目审批手续的，应当先履行审批手续，取得批准。

招标人应当有进行招标项目的相应资金或者资金来源已经落实，并应当在招标文件中如实载明。

第十条 招标分为公开招标和邀请招标。

公开招标，是指招标人以招标公告的方式邀请不特定的法人或者其他组织投标。

邀请招标，是指招标人以投标邀请书的方式邀请特定的法人或者其他组织投标。

第十一条 国务院发展计划部门确定的国家重点项目和省、自治区、直辖市人民政府确定的地方重点项目不适宜公开招标的，经国务院发展计划部门或者省、自治区、直辖市人民政府批准，可以进行邀请招标。

第十二条 招标人有权自行选择招标代理机构，委托其办理招标事宜。任何单位和个人不得以任何方式为招标人指定招标代理机构。

招标人具有编制招标文件和组织评标能力的，可以自行办理招标事宜。任何单位和个人不得强制其委托招标代理机构办理招标事宜。

依法必须进行招标的项目，招标人自行办理招标事宜的，应当向有关行政监督部门备案。

第十三条 招标代理机构是依法设立、从事招标代理业务并提供相关服务的社会中介组织。

招标代理机构应当具备下列条件：

（一）有从事招标代理业务的营业场所和相应资金；

（二）有能够编制招标文件和组织评标的相应专业力量。

第十四条 招标代理机构与行政机关和其他国家机关不得存在隶属关系或者其他利益关系。

第十五条 招标代理机构应当在招标人委托的范围内办理招标事宜，并遵守本法关于招标人的规定。

第十六条 招标人采用公开招标方式的，应当发布招标公告。依法必须进行招标的项目的招标公告，应当通过国家指定的报刊、信息网络或者其他媒介发布。

招标公告应当载明招标人的名称和地址、招标项目的性质、数量、实施地点和时间以及获取招标文件的办法等事项。

第十七条 招标人采用邀请招标方式的，应当向三个以上具备承担招标项目的能力、资信良好的特定的法人或者其他组织发出投标邀请书。

投标邀请书应当载明本法第十六条第二款规定的事项。

第十八条 招标人可以根据招标项目本身的要求，在招标公告或者投标邀请书中，要求潜在投标人提供有关资质证明文件和业绩情况，并对潜在投标人进行资格审查；国家对投标人的资格条件有规定的，依照其规定。

招标人不得以不合理的条件限制或者排斥潜在投标人，不得对潜在投标人实行歧视待遇。

第十九条 招标人应当根据招标项目的特点和需要编制招标文件。招标文件应当包括招标项目的技术要求、对投标人资格审查的标准、投标报价要求和评标标准等所有实质性要求和条件以及拟签订合同的主要条款。

国家对招标项目的技术、标准有规定的，招标人应当按照其规定在招标文件中提出相应要求。

招标项目需要划分标段、确定工期的，招标人应当合理划分标段、确定工期，并在招标文件中载明。

第二十条 招标文件不得要求或者标明特定的生产供应者以及含有倾向或者排斥潜在投标人的其他内容。

第二十一条 招标人根据招标项目的具体情况，可以组织潜在投标人踏勘项目现场。

第二十二条 招标人不得向他人透露已获取招标文件的潜在投标人的名称、数量以及可能影响公平竞争的有关招标投标的其他情况。

招标人设有标底的，标底必须保密。

第二十三条 招标人对已发出的招标文件进行必要的澄清或者修改的，应当在招标文件要求提交投标文件截止时间至少十五日前，以书面形式通知所有招标文件收受人。该澄清或者修改的内容为招标文件的组成部分。

第二十四条 招标人应当确定投标人编制投标文件所需要的合理时间；但是，依法必须进行招标的项目，自招标文件开始发出之日起至投标人提交投标文件截止之日止，最短不得少于二十日。

第三章 投 标

第二十五条 投标人是响应招标、参加投标竞争的法人或者其他组织。

依法招标的科研项目允许个人参加投标的，投标的个人适用本法有关投标人的规定。

第二十六条 投标人应当具备承担招标项目的能力；国家有关规定对投标人资格条件或者招标文件对投标人资格条件有规定的，投标人应当具备规定的资格条件。

第二十七条 投标人应当按照招标文件的要求编制投标文件。投标文件应当对招标文件提出的实质性要求和条件作出响应。

招标项目属于建设施工的，投标文件的内容应当包括拟派出的项目负责人与主要技术人员的简历、业绩和拟用于完成招标项目的机械设备等。

第二十八条 投标人应当在招标文件要求提交投标文件的截止时间前，将投标文件送达投标地点。招标人收到投标文件后，应当签收保存，不得开启。投标人少于三个的，招标人应当依照本法重新招标。

在招标文件要求提交投标文件的截止时间后送达的投标文件，招标人应当拒收。

第二十九条 投标人在招标文件要求提交投标文件的截止时间前，可以补充、修改或者撤回已提交的投标文件，并书面通知招标人。补充、修改的内容为投标文件的组成部分。

第三十条 投标人根据招标文件载明的项目实际情况，拟在中标后将中标项目的部分非主体、非关键性工作进行分包的，应当在投标文件中载明。

第三十一条 两个以上法人或者其他组织可以组成一个联合体，以一个投标人的身份共同投标。

联合体各方均应当具备承担招标项目的相应能力；国家有关规定或者招标文件对投标人资格条件有规定的，联合体各方均应当具备规定的相应资格条件。由同一专业的单位组成的联合体，按照资质等级较低的单位确定资质等级。

联合体各方应当签订共同投标协议，明确约定各方拟承担的工作和责任，并将共同投标协议连同投标文件一并提交招标人。联合体中标的，联合体各方应当共同与招标人签订合同，就中标项目向招标人承担连带责任。

招标人不得强制投标人组成联合体共同投标，不得限制投标人之间的竞争。

第三十二条 投标人不得相互串通投标报价，不得排挤其他投标人的公平竞争，损害招标人或者其他投标人的合法权益。

投标人不得与招标人串通投标，损害国家利益、社会公共利益或者他人的合法权益。

禁止投标人以向招标人或者评标委员会成员行贿的手段谋取中标。

第三十三条 投标人不得以低于成本的报价竞标，也不得以他人名义投标或者以其他方式弄虚作假，骗取中标。

第四章 开标、评标和中标

第三十四条 开标应当在招标文件确定的提交投标文件截止时间的同一时间公开进行；开标地点应当为招标文件中预先确定的地点。

第三十五条 开标由招标人主持，邀请所有投标人参加。

第三十六条 开标时，由投标人或者其推选的代表检查投标文件的密封情况，也可以由招标人委托的公证机构检查并公证；经确认无误后，由工作人员当众拆封，宣读投标人名称、投标价格和投标文件的其他主要内容。

招标人在招标文件要求提交投标文件的截止时间前收到的所有投标文件，开标时都应当当众予以拆封、宣读。

开标过程应当记录，并存档备查。

第三十七条 评标由招标人依法组建的评标委员会负责。

依法必须进行招标的项目，其评标委员会由招标人的代表和有关技术、经济等方面的专家组成，成员人数为五人以上单数，其中技术、经济等方面的专家不得少于成员总数的三分之二。

前款专家应当从事相关领域工作满八年并具有高级职称或者具有同等专业水平，由招标人从国务院有关部门或者省、自治区、直辖市人民政府有关部门提供的专家名册或者招标代理机构的专家库内的相关专业的专家名单中确定；一般招标项目可以采取随机抽取方式，特殊招标项目可以由招标人直接确定。

与投标人有利害关系的人不得进入相关项目的评标委员会；已经进入的应当更换。

评标委员会成员的名单在中标结果确定前应当保密。

第三十八条 招标人应当采取必要的措施，保证评标在严格保密的情况下进行。

任何单位和个人不得非法干预、影响评标的过程和结果。

第三十九条 评标委员会可以要求投标人对投标文件中含义不明确的内容作必要的澄清或者说明，但是澄清或者说明不得超出投标文件的范围或者改变投标文件的实质性内容。

第四十条 评标委员会应当按照招标文件确定的评标标准和方法，对投标文件进行评审和比较；设有标底的，应当参考标底。评标委员会完成评标后，应当向招标人提出书面评标报告，并推荐合格的中标候选人。

招标人根据评标委员会提出的书面评标报告和推荐的中标候选人确定中标人。招标人也可以授权评标委员会直接确定中标人。

国务院对特定招标项目的评标有特别规定的，从其规定。

第四十一条 中标人的投标应当符合下列条件之一：

（一）能够最大限度地满足招标文件中规定的各项综合评价标准；

（二）能够满足招标文件的实质性要求，并且经评审的投标价格最低；但是投标价格低于成本的除外。

第四十二条 评标委员会经评审，认为所有投标都不符合招标文件要求的，可以否决所有投标。

依法必须进行招标的项目的所有投标被否决的，招标人应当依照本法重新招标。

第四十三条 在确定中标人前，招标人不得与投标人就投标价格、投标方案等实质性内容进行谈判。

第四十四条 评标委员会成员应当客观、公正地履行职务，遵守职业道德，对所提出的评审意见承担个人责任。

评标委员会成员不得私下接触投标人，不得收受投标人的财物或者其他好处。

评标委员会成员和参与评标的有关工作人员不得透露对投标文件的评审和比较、中标候选人的推荐情况以及与评标有关的其他情况。

第四十五条 中标人确定后，招标人应当向中标人发出中标通知书，并同时将中标结果通知所有未中标的投标人。

中标通知书对招标人和中标人具有法律效力。中标通知书发出后，招标人改变中标结果的，或者中标人放弃中标项目的，应当依法承担法律责任。

第四十六条 招标人和中标人应当自中标通知书发出之日起三十日内，按照招标文件和中标人的投标文件订立书面合同。招标人和中标人不得再行订立背离合同实质性内容的其他协议。

招标文件要求中标人提交履约保证金的，中标人应当提交。

第四十七条 依法必须进行招标的项目，招标人应当自确定中标人之日起十五日内，向有关行政监督部门提交招标投标情况的书面报告。

第四十八条 中标人应当按照合同约定履行义务，完成中标项目。中标人不得向他人转让中标项目，也不得将中标项目肢解后分别向他人转让。

中标人按照合同约定或者经招标人同意，可以将中标项目的部分非主体、非关键性工作分包给他人完成。接受分包的人应当具备相应的资格条件，并不得再次分包。

中标人应当就分包项目向招标人负责，接受分包的人就分包项目承担连带责任。

第五章　法律责任

第四十九条　违反本法规定，必须进行招标的项目而不招标的，将必须进行招标的项目化整为零或者以其他任何方式规避招标的，责令限期改正，可以处项目合同金额千分之五以上千分之十以下的罚款；对全部或者部分使用国有资金的项目，可以暂停项目执行或者暂停资金拨付；对单位直接负责的主管人员和其他直接责任人员依法给予处分。

第五十条　招标代理机构违反本法规定，泄露应当保密的与招标投标活动有关的情况和资料的，或者与招标人、投标人串通损害国家利益、社会公共利益或者他人合法权益的，处五万元以上二十五万元以下的罚款；对单位直接负责的主管人员和其他直接责任人员处单位罚款数额百分之五以上百分之十以下的罚款；有违法所得的，并处没收违法所得；情节严重的，禁止其一年至二年内代理依法必须进行招标的项目并予以公告，直至由工商行政管理机关吊销营业执照；构成犯罪的，依法追究刑事责任。给他人造成损失的，依法承担赔偿责任。

前款所列行为影响中标结果的，中标无效。

第五十一条　招标人以不合理的条件限制或者排斥潜在投标人的，对潜在投标人实行歧视待遇的，强制要求投标人组成联合体共同投标的，或者限制投标人之间竞争的，责令改正，可以处一万元以上五万元以下的罚款。

第五十二条　依法必须进行招标的项目的招标人向他人透露已获取招标文件的潜在投标人的名称、数量或者可能影响公平竞争的有关招标投标的其他情况的，或者泄露标底的，给予警告，可以并处一万元以上十万元以下的罚款；对单位直接负责的主管人员和其他直接责任人员依法给予处分；构成犯罪的，依法追究刑事责任。

前款所列行为影响中标结果的，中标无效。

第五十三条　投标人相互串通投标或者与招标人串通投标的，投标人以向招标人或者评标委员会成员行贿的手段谋取中标的，中标无效，处中标项目金额千分之五以上千分之十以下的罚款，对单位直接负责的主管人员和其他直接责任人员处单位罚款数额百分之五以上百分之十以下的罚款；有违法所得的，并处没收违法所得；情节严重的，取消其一年至二年内参加依法必须进行招标的项目的投标资格并予以公告，直至由工商行政管理机关吊销营业执照；构成犯罪的，依法追究刑事责任。给他人造成损失的，依法承担赔偿责任。

第五十四条　投标人以他人名义投标或者以其他方式弄虚作假，骗取中标的，中标无效，给招标人造成损失的，依法承担赔偿责任；构成犯罪的，依法追究刑事责任。

依法必须进行招标的项目的投标人有前款所列行为尚未构成犯罪的，处中标项目金额千分之五以上千分之十以下的罚款，对单位直接负责的主管人员和其他直接责任人员处单位罚款数额百分之五以上百分之十以下的罚款；有违法所得的，并处没收违法所得；情节严重的，取消其一年至三年内参加依法必须进行招标的项目的投标资格并予以公告，直至由工商行政管理机关吊销营业执照。

第五十五条　依法必须进行招标的项目，招标人违反本法规定，与投标人就投标价格、投标方案等实质性内容进行谈判的,给予警告,对单位直接负责的主管人员和其他直接责任人员依法给予处分。

前款所列行为影响中标结果的,中标无效。

第五十六条　评标委员会成员收受投标人的财物或者其他好处的,评标委员会成员或者参加评标的有关工作人员向他人透露对投标文件的评审和比较、中标候选人的推荐以及与评标有关的其他情况的,给予警告,没收收受的财物,可以并处三千元以上五万元以下的罚款,对有所列违法行为的评标委员会成员取消担任评标委员会成员的资格,不得再参加任何依法必须进行招标的项目的评标;构成犯罪的,依法追究刑事责任。

第五十七条　招标人在评标委员会依法推荐的中标候选人以外确定中标人的,依法必须进行招标的项目在所有投标被评标委员会否决后自行确定中标人的,中标无效,责令改正,可以处中标项目金额千分之五以上千分之十以下的罚款;对单位直接负责的主管人员和其他直接责任人员依法给予处分。

第五十八条　中标人将中标项目转让给他人的,将中标项目肢解后分别转让给他人的,违反本法规定将中标项目的部分主体、关键性工作分包给他人的,或者分包人再次分包的,转让、分包无效,处转让、分包项目金额千分之五以上千分之十以下的罚款;有违法所得的,并处没收违法所得;可以责令停业整顿;情节严重的,由工商行政管理机关吊销营业执照。

第五十九条　招标人与中标人不按照招标文件和中标人的投标文件订立合同的,或者招标人、中标人订立背离合同实质性内容的协议的,责令改正;可以处中标项目金额千分之五以上千分之十以下的罚款。

第六十条　中标人不履行与招标人订立的合同的,履约保证金不予退还,给招标人造成的损失超过履约保证金数额的,还应当对超过部分予以赔偿;没有提交履约保证金的,应当对招标人的损失承担赔偿责任。

中标人不按照与招标人订立的合同履行义务,情节严重的,取消其二年至五年内参加依法必须进行招标的项目的投标资格并予以公告,直至由工商行政管理机关吊销营业执照。

因不可抗力不能履行合同的,不适用前两款规定。

第六十一条　本章规定的行政处罚,由国务院规定的有关行政监督部门决定。本法已对实施行政处罚的机关作出规定的除外。

第六十二条　任何单位违反本法规定,限制或者排斥本地区、本系统以外的法人或者其他组织参加投标的,为招标人指定招标代理机构的,强制招标人委托招标代理机构办理招标事宜的,或者以其他方式干涉招标投标活动的,责令改正;对单位直接负责的主管人员和其他直接责任人员依法给予警告、记过、记大过的处分,情节较重的,依法给予降级、撤职、开除的处分。

个人利用职权进行前款违法行为的,依照前款规定追究责任。

第六十三条　对招标投标活动依法负有行政监督职责的国家机关工作人员徇私舞弊、滥用职权或者玩忽职守,构成犯罪的,依法追究刑事责任;不构成犯罪的,依法给予行政处分。

第六十四条　依法必须进行招标的项目违反本法规定,中标无效的,应当依照本法规定的中标条件从其余投标人中重新确定中标人或者依照本法重新进行招标。

第六章 附　　则

第六十五条　投标人和其他利害关系人认为招标投标活动不符合本法有关规定的，有权向招标人提出异议或者依法向有关行政监督部门投诉。

第六十六条　涉及国家安全、国家秘密、抢险救灾或者属于利用扶贫资金实行以工代赈、需要使用农民工等特殊情况，不适宜进行招标的项目，按照国家有关规定可以不进行招标。

第六十七条　使用国际组织或者外国政府贷款、援助资金的项目进行招标，贷款方、资金提供方对招标投标的具体条件和程序有不同规定的，可以适用其规定，但违背中华人民共和国的社会公共利益的除外。

第六十八条　本法自2000年1月1日起施行。

附录二：中华人民共和国政府采购法

（2002年6月29日第九届全国人民代表大会常务委员会第二十八次会议通过；根据2014年8月31日第十二届全国人民代表大会常务委员会第十次会议《关于修改〈中华人民共和国保险法〉等五部法律的决定》修正）

中华人民共和国政府采购法

目　录

第一章　总　　则
第二章　政府采购当事人
第三章　政府采购方式
第四章　政府采购程序
第五章　政府采购合同
第六章　质疑与投诉
第七章　监督检查
第八章　法律责任
第九章　附　　则

第一章　总　　则

第一条　为了规范政府采购行为，提高政府采购资金的使用效益，维护国家利益和社会公共利益，保护政府采购当事人的合法权益，促进廉政建设，制定本法。

第二条　在中华人民共和国境内进行的政府采购适用本法。

本法所称政府采购，是指各级国家机关、事业单位和团体组织，使用财政性资金采购依法制定的集中采购目录以内的或者采购限额标准以上的货物、工程和服务的行为。

政府集中采购目录和采购限额标准依照本法规定的权限制定。

本法所称采购，是指以合同方式有偿取得货物、工程和服务的行为，包括购买、租赁、委托、雇用等。

本法所称货物，是指各种形态和种类的物品，包括原材料、燃料、设备、产品等。

本法所称工程，是指建设工程，包括建筑物和构筑物的新建、改建、扩建、装修、拆除、修缮等。

本法所称服务，是指除货物和工程以外的其他政府采购对象。

第三条　政府采购应当遵循公开透明原则、公平竞争原则、公正原则和诚实信用原则。

第四条　政府采购工程进行招标投标的，适用招标投标法。

第五条　任何单位和个人不得采用任何方式，阻挠和限制供应商自由进入本地区和本行业的政府采购市场。

第六条 政府采购应当严格按照批准的预算执行。

第七条 政府采购实行集中采购和分散采购相结合。集中采购的范围由省级以上人民政府公布的集中采购目录确定。

属于中央预算的政府采购项目，其集中采购目录由国务院确定并公布；属于地方预算的政府采购项目，其集中采购目录由省、自治区、直辖市人民政府或者其授权的机构确定并公布。

纳入集中采购目录的政府采购项目，应当实行集中采购。

第八条 政府采购限额标准，属于中央预算的政府采购项目，由国务院确定并公布；属于地方预算的政府采购项目，由省、自治区、直辖市人民政府或者其授权的机构确定并公布。

第九条 政府采购应当有助于实现国家的经济和社会发展政策目标，包括保护环境，扶持不发达地区和少数民族地区，促进中小企业发展等。

第十条 政府采购应当采购本国货物、工程和服务。但有下列情形之一的除外：

（一）需要采购的货物、工程或者服务在中国境内无法获取或者无法以合理的商业条件获取的；

（二）为在中国境外使用而进行采购的；

（三）其他法律、行政法规另有规定的。

前款所称本国货物、工程和服务的界定，依照国务院有关规定执行。

第十一条 政府采购的信息应当在政府采购监督管理部门指定的媒体上及时向社会公开发布，但涉及商业秘密的除外。

第十二条 在政府采购活动中，采购人员及相关人员与供应商有利害关系的，必须回避。供应商认为采购人员及相关人员与其他供应商有利害关系的，可以申请其回避。

前款所称相关人员，包括招标采购中评标委员会的组成人员，竞争性谈判采购中谈判小组的组成人员，询价采购中询价小组的组成人员等。

第十三条 各级人民政府财政部门是负责政府采购监督管理的部门，依法履行对政府采购活动的监督管理职责。

各级人民政府其他有关部门依法履行与政府采购活动有关的监督管理职责。

第二章 政府采购当事人

第十四条 政府采购当事人是指在政府采购活动中享有权利和承担义务的各类主体，包括采购人、供应商和采购代理机构等。

第十五条 采购人是指依法进行政府采购的国家机关、事业单位、团体组织。

第十六条 集中采购机构为采购代理机构。设区的市、自治州以上人民政府根据本级政府采购项目组织集中采购的需要设立集中采购机构。

集中采购机构是非营利事业法人，根据采购人的委托办理采购事宜。

第十七条 集中采购机构进行政府采购活动，应当符合采购价格低于市场平均价格、采购效率更高、采购质量优良和服务良好的要求。

第十八条 采购人采购纳入集中采购目录的政府采购项目，必须委托集中采购机构代理采购；采购未纳入集中采购目录的政府采购项目，可以自行采购，也可以委托集中采购机构在委托的范围内代理采购。

纳入集中采购目录属于通用的政府采购项目的，应当委托集中采购机构代理采购；属于本部门、本系统有特殊要求的项目，应当实行部门集中采购；属于本单位有特殊要求的项目，经省级以上人民政府批准，可以自行采购。

第十九条　采购人可以委托经国务院有关部门或者省级人民政府有关部门认定资格的采购代理机构，在委托的范围内办理政府采购事宜。

采购人有权自行选择采购代理机构，任何单位和个人不得以任何方式为采购人指定采购代理机构。

第二十条　采购人依法委托采购代理机构办理采购事宜的，应当由采购人与采购代理机构签订委托代理协议，依法确定委托代理的事项，约定双方的权利义务。

第二十一条　供应商是指向采购人提供货物、工程或者服务的法人、其他组织或者自然人。

第二十二条　供应商参加政府采购活动应当具备下列条件：

（一）具有独立承担民事责任的能力；

（二）具有良好的商业信誉和健全的财务会计制度；

（三）具有履行合同所必需的设备和专业技术能力；

（四）有依法缴纳税收和社会保障资金的良好记录；

（五）参加政府采购活动前三年内，在经营活动中没有重大违法记录；

（六）法律、行政法规规定的其他条件。

采购人可以根据采购项目的特殊要求，规定供应商的特定条件，但不得以不合理的条件对供应商实行差别待遇或者歧视待遇。

第二十三条　采购人可以要求参加政府采购的供应商提供有关资质证明文件和业绩情况，并根据本法规定的供应商条件和采购项目对供应商的特定要求，对供应商的资格进行审查。

第二十四条　两个以上的自然人、法人或者其他组织可以组成一个联合体，以一个供应商的身份共同参加政府采购。

以联合体形式进行政府采购的，参加联合体的供应商均应当具备本法第二十二条规定的条件，并应当向采购人提交联合协议，载明联合体各方承担的工作和义务。联合体各方应当共同与采购人签订采购合同，就采购合同约定的事项对采购人承担连带责任。

第二十五条　政府采购当事人不得相互串通损害国家利益、社会公共利益和其他当事人的合法权益；不得以任何手段排斥其他供应商参与竞争。

供应商不得以向采购人、采购代理机构、评标委员会的组成人员、竞争性谈判小组的组成人员、询价小组的组成人员行贿或者采取其他不正当手段谋取中标或者成交。

采购代理机构不得以向采购人行贿或者采取其他不正当手段谋取非法利益。

第三章　政府采购方式

第二十六条　政府采购采用以下方式：

（一）公开招标；

（二）邀请招标；

（三）竞争性谈判；

（四）单一来源采购；

（五）询价；

（六）国务院政府采购监督管理部门认定的其他采购方式。

公开招标应作为政府采购的主要采购方式。

第二十七条 采购人采购货物或者服务应当采用公开招标方式的，其具体数额标准，属于中央预算的政府采购项目，由国务院规定；属于地方预算的政府采购项目，由省、自治区、直辖市人民政府规定；因特殊情况需要采用公开招标以外的采购方式的，应当在采购活动开始前获得设区的市、自治州以上人民政府采购监督管理部门的批准。

第二十八条 采购人不得将应当以公开招标方式采购的货物或者服务化整为零或者以其他任何方式规避公开招标采购。

第二十九条 符合下列情形之一的货物或者服务，可以依照本法采用邀请招标方式采购：

（一）具有特殊性，只能从有限范围的供应商处采购的；

（二）采用公开招标方式的费用占政府采购项目总价值的比例过大的。

第三十条 符合下列情形之一的货物或者服务，可以依照本法采用竞争性谈判方式采购：

（一）招标后没有供应商投标或者没有合格标的或者重新招标未能成立的；

（二）技术复杂或者性质特殊，不能确定详细规格或者具体要求的；

（三）采用招标所需时间不能满足用户紧急需要的；

（四）不能事先计算出价格总额的。

第三十一条 符合下列情形之一的货物或者服务，可以依照本法采用单一来源方式采购：

（一）只能从唯一供应商处采购的；

（二）发生了不可预见的紧急情况，不能从其他供应商处采购的；

（三）必须保证原有采购项目一致性或者服务配套的要求，需要继续从原供应商处添购，且添购资金总额不超过原合同采购金额百分之十的。

第三十二条 采购的货物规格、标准统一、现货货源充足且价格变化幅度小的政府采购项目，可以依照本法采用询价方式采购。

第四章 政府采购程序

第三十三条 负有编制部门预算职责的部门在编制下一财政年度部门预算时，应当将该财政年度政府采购的项目及资金预算列出，报本级财政部门汇总。部门预算的审批，按预算管理权限和程序进行。

第三十四条 货物或者服务项目采取邀请招标方式采购的，采购人应当从符合相应资格条件的供应商中，通过随机方式选择三家以上的供应商，并向其发出投标邀请书。

第三十五条 货物和服务项目实行招标方式采购的，自招标文件开始发出之日起至投标人提交投标文件截止之日止，不得少于二十日。

第三十六条 在招标采购中，出现下列情形之一的，应予废标：

（一）符合专业条件的供应商或者对招标文件作实质响应的供应商不足三家的；

（二）出现影响采购公正的违法、违规行为的；

（三）投标人的报价均超过了采购预算，采购人不能支付的；

（四）因重大变故，采购任务取消的。

废标后，采购人应当将废标理由通知所有投标人。

第三十七条　废标后，除采购任务取消情形外，应当重新组织招标；需要采取其他方式采购的，应当在采购活动开始前获得设区的市、自治州以上人民政府采购监督管理部门或者政府有关部门批准。

第三十八条　采用竞争性谈判方式采购的，应当遵循下列程序：

（一）成立谈判小组。谈判小组由采购人的代表和有关专家共三人以上的单数组成，其中专家的人数不得少于成员总数的三分之二。

（二）制定谈判文件。谈判文件应当明确谈判程序、谈判内容、合同草案的条款以及评定成交的标准等事项。

（三）确定邀请参加谈判的供应商名单。谈判小组从符合相应资格条件的供应商名单中确定不少于三家的供应商参加谈判，并向其提供谈判文件。

（四）谈判。谈判小组所有成员集中与单一供应商分别进行谈判。在谈判中，谈判的任何一方不得透露与谈判有关的其他供应商的技术资料、价格和其他信息。谈判文件有实质性变动的，谈判小组应当以书面形式通知所有参加谈判的供应商。

（五）确定成交供应商。谈判结束后，谈判小组应当要求所有参加谈判的供应商在规定时间内进行最后报价，采购人从谈判小组提出的成交候选人中根据符合采购需求、质量和服务相等且报价最低的原则确定成交供应商，并将结果通知所有参加谈判的未成交的供应商。

第三十九条　采取单一来源方式采购的，采购人与供应商应当遵循本法规定的原则，在保证采购项目质量和双方商定合理价格的基础上进行采购。

第四十条　采取询价方式采购的，应当遵循下列程序：

（一）成立询价小组。询价小组由采购人的代表和有关专家共三人以上的单数组成，其中专家的人数不得少于成员总数的三分之二。询价小组应当对采购项目的价格构成和评定成交的标准等事项作出规定。

（二）确定被询价的供应商名单。询价小组根据采购需求，从符合相应资格条件的供应商名单中确定不少于三家的供应商，并向其发出询价通知书让其报价。

（三）询价。询价小组要求被询价的供应商一次报出不得更改的价格。

（四）确定成交供应商。采购人根据符合采购需求、质量和服务相等且报价最低的原则确定成交供应商，并将结果通知所有被询价的未成交的供应商。

第四十一条　采购人或者其委托的采购代理机构应当组织对供应商履约的验收。大型或者复杂的政府采购项目，应当邀请国家认可的质量检测机构参加验收工作。验收方成员应当在验收书上签字，并承担相应的法律责任。

第四十二条　采购人、采购代理机构对政府采购项目每项采购活动的采购文件应当妥善保存，不得伪造、变造、隐匿或者销毁。采购文件的保存期限为从采购结束之日起至少保存十五年。

采购文件包括采购活动记录、采购预算、招标文件、投标文件、评标标准、评估报告、定标文件、合同文本、验收证明、质疑答复、投诉处理决定及其他有关文件、资料。

采购活动记录至少应当包括下列内容：

（一）采购项目类别、名称；

（二）采购项目预算、资金构成和合同价格；

（三）采购方式，采用公开招标以外的采购方式的，应当载明原因；

（四）邀请和选择供应商的条件及原因；
（五）评标标准及确定中标人的原因；
（六）废标的原因；
（七）采用招标以外采购方式的相应记载。

第五章　政府采购合同

第四十三条　政府采购合同适用合同法。采购人和供应商之间的权利和义务，应当按照平等、自愿的原则以合同方式约定。

采购人可以委托采购代理机构代表其与供应商签订政府采购合同。由采购代理机构以采购人名义签订合同的，应当提交采购人的授权委托书，作为合同附件。

第四十四条　政府采购合同应当采用书面形式。

第四十五条　国务院政府采购监督管理部门应当会同国务院有关部门，规定政府采购合同必须具备的条款。

第四十六条　采购人与中标、成交供应商应当在中标、成交通知书发出之日起三十日内，按照采购文件确定的事项签订政府采购合同。

中标、成交通知书对采购人和中标、成交供应商均具有法律效力。中标、成交通知书发出后，采购人改变中标、成交结果的，或者中标、成交供应商放弃中标、成交项目的，应当依法承担法律责任。

第四十七条　政府采购项目的采购合同自签订之日起七个工作日内，采购人应当将合同副本报同级政府采购监督管理部门和有关部门备案。

第四十八条　经采购人同意，中标、成交供应商可以依法采取分包方式履行合同。

政府采购合同分包履行的，中标、成交供应商就采购项目和分包项目向采购人负责，分包供应商就分包项目承担责任。

第四十九条　政府采购合同履行中，采购人需追加与合同标的相同的货物、工程或者服务的，在不改变合同其他条款的前提下，可以与供应商协商签订补充合同，但所有补充合同的采购金额不得超过原合同采购金额的百分之十。

第五十条　政府采购合同的双方当事人不得擅自变更、中止或者终止合同。

政府采购合同继续履行将损害国家利益和社会公共利益的，双方当事人应当变更、中止或者终止合同。有过错的一方应当承担赔偿责任，双方都有过错的，各自承担相应的责任。

第六章　质疑与投诉

第五十一条　供应商对政府采购活动事项有疑问的，可以向采购人提出询问，采购人应当及时作出答复，但答复的内容不得涉及商业秘密。

第五十二条　供应商认为采购文件、采购过程和中标、成交结果使自己的权益受到损害的，可以在知道或者应知其权益受到损害之日起七个工作日内，以书面形式向采购人提出质疑。

第五十三条　采购人应当在收到供应商的书面质疑后七个工作日内作出答复，并以书面形式通知质疑供应商和其他有关供应商，但答复的内容不得涉及商业秘密。

第五十四条　采购人委托采购代理机构采购的，供应商可以向采购代理机构提出询问或者质疑，采购代理机构应当依照本法第五十一条、第五十三条的规定就采购人委托授权范围内的事项作出答复。

第五十五条　质疑供应商对采购人、采购代理机构的答复不满意或者采购人、采购代理机构未在规定的时间内作出答复的，可以在答复期满后十五个工作日内向同级政府采购监督管理部门投诉。

第五十六条　政府采购监督管理部门应当在收到投诉后三十个工作日内，对投诉事项作出处理决定，并以书面形式通知投诉人和与投诉事项有关的当事人。

第五十七条　政府采购监督管理部门在处理投诉事项期间，可以视具体情况书面通知采购人暂停采购活动，但暂停时间最长不得超过三十日。

第五十八条　投诉人对政府采购监督管理部门的投诉处理决定不服或者政府采购监督管理部门逾期未作处理的，可以依法申请行政复议或者向人民法院提起行政诉讼。

第七章　监督检查

第五十九条　政府采购监督管理部门应当加强对政府采购活动及集中采购机构的监督检查。

监督检查的主要内容是：

（一）有关政府采购的法律、行政法规和规章的执行情况；

（二）采购范围、采购方式和采购程序的执行情况；

（三）政府采购人员的职业素质和专业技能。

第六十条　政府采购监督管理部门不得设置集中采购机构，不得参与政府采购项目的采购活动。

采购代理机构与行政机关不得存在隶属关系或者其他利益关系。

第六十一条　集中采购机构应当建立健全内部监督管理制度。采购活动的决策和执行程序应当明确，并相互监督、相互制约。经办采购的人员与负责采购合同审核、验收人员的职责权限应当明确，并相互分离。

第六十二条　集中采购机构的采购人员应当具有相关职业素质和专业技能，符合政府采购监督管理部门规定的专业岗位任职要求。

集中采购机构对其工作人员应当加强教育和培训；对采购人员的专业水平、工作实绩和职业道德状况定期进行考核。采购人员经考核不合格的，不得继续任职。

第六十三条　政府采购项目的采购标准应当公开。

采用本法规定的采购方式的，采购人在采购活动完成后，应当将采购结果予以公布。

第六十四条　采购人必须按照本法规定的采购方式和采购程序进行采购。

任何单位和个人不得违反本法规定，要求采购人或者采购工作人员向其指定的供应商进行采购。

第六十五条　政府采购监督管理部门应当对政府采购项目的采购活动进行检查，政府采购当事人应当如实反映情况，提供有关材料。

第六十六条　政府采购监督管理部门应当对集中采购机构的采购价格、节约资金效果、服务质量、信誉状况、有无违法行为等事项进行考核，并定期如实公布考核结果。

第六十七条　依照法律、行政法规的规定对政府采购负有行政监督职责的政府有关部门，应当按照其职责分工，加强对政府采购活动的监督。

第六十八条　审计机关应当对政府采购进行审计监督。政府采购监督管理部门、政府采购各当事人有关政府采购活动，应当接受审计机关的审计监督。

第六十九条　监察机关应当加强对参与政府采购活动的国家机关、国家公务员和国家行政机关任命的其他人员实施监察。

第七十条　任何单位和个人对政府采购活动中的违法行为，有权控告和检举，有关部门、机关应当依照各自职责及时处理。

第八章　法律责任

第七十一条　采购人、采购代理机构有下列情形之一的，责令限期改正，给予警告，可以并处罚款，对直接负责的主管人员和其他直接责任人员，由其行政主管部门或者有关机关给予处分，并予通报：

（一）应当采用公开招标方式而擅自采用其他方式采购的；

（二）擅自提高采购标准的；

（三）委托不具备政府采购业务代理资格的机构办理采购事务的；

（四）以不合理的条件对供应商实行差别待遇或者歧视待遇的；

（五）在招标采购过程中与投标人进行协商谈判的；

（六）中标、成交通知书发出后不与中标、成交供应商签订采购合同的；

（七）拒绝有关部门依法实施监督检查的。

第七十二条　采购人、采购代理机构及其工作人员有下列情形之一，构成犯罪的，依法追究刑事责任；尚不构成犯罪的，处以罚款，有违法所得的，并处没收违法所得，属于国家机关工作人员的，依法给予行政处分：

（一）与供应商或者采购代理机构恶意串通的；

（二）在采购过程中接受贿赂或者获取其他不正当利益的；

（三）在有关部门依法实施的监督检查中提供虚假情况的；

（四）开标前泄露标底的。

第七十三条　有前两条违法行为之一影响中标、成交结果或者可能影响中标、成交结果的，按下列情况分别处理：

（一）未确定中标、成交供应商的，终止采购活动；

（二）中标、成交供应商已经确定但采购合同尚未履行的，撤销合同，从合格的中标、成交候选人中另行确定中标、成交供应商；

（三）采购合同已经履行的，给采购人、供应商造成损失的，由责任人承担赔偿责任。

第七十四条　采购人对应当实行集中采购的政府采购项目，不委托集中采购机构实行集中采购的，由政府采购监督管理部门责令改正；拒不改正的，停止按预算向其支付资金，由其上级行政主管部门或者有关机关依法给予其直接负责的主管人员和其他直接责任人员处分。

第七十五条　采购人未依法公布政府采购项目的采购标准和采购结果的，责令改正，对直接负责的主管人员依法给予处分。

第七十六条　采购人、采购代理机构违反本法规定隐匿、销毁应当保存的采购文件或者伪造、变造采购文件的,由政府采购监督管理部门处以二万元以上十万元以下的罚款,对其直接负责的主管人员和其他直接责任人员依法给予处分;构成犯罪的,依法追究刑事责任。

第七十七条 供应商有下列情形之一的,处以采购金额千分之五以上千分之十以下的罚款,列入不良行为记录名单,在一至三年内禁止参加政府采购活动,有违法所得的,并处没收违法所得,情节严重的,由工商行政管理机关吊销营业执照;构成犯罪的,依法追究刑事责任:

(一)提供虚假材料谋取中标、成交的;
(二)采取不正当手段诋毁、排挤其他供应商的;
(三)与采购人、其他供应商或者采购代理机构恶意串通的;
(四)向采购人、采购代理机构行贿或者提供其他不正当利益的;
(五)在招标采购过程中与采购人进行协商谈判的;
(六)拒绝有关部门监督检查或者提供虚假情况的。

供应商有前款第(一)至(五)项情形之一的,中标、成交无效。

第七十八条 采购代理机构在代理政府采购业务中有违法行为的,按照有关法律规定处以罚款,可以依法取消其进行相关业务的资格,构成犯罪的,依法追究刑事责任。

第七十九条 政府采购当事人有本法第七十一条、第七十二条、第七十七条违法行为之一,给他人造成损失的,并应依照有关民事法律规定承担民事责任。

第八十条 政府采购监督管理部门的工作人员在实施监督检查中违反本法规定滥用职权,玩忽职守,徇私舞弊的,依法给予行政处分;构成犯罪的,依法追究刑事责任。

第八十一条 政府采购监督管理部门对供应商的投诉逾期未作处理的,给予直接负责的主管人员和其他直接责任人员行政处分。

第八十二条 政府采购监督管理部门对集中采购机构业绩的考核,有虚假陈述,隐瞒真实情况的,或者不作定期考核和公布考核结果的,应当及时纠正,由其上级机关或者监察机关对其负责人进行通报,并对直接负责的人员依法给予行政处分。

集中采购机构在政府采购监督管理部门考核中,虚报业绩,隐瞒真实情况的,处以二万元以上二十万元以下的罚款,并予以通报;情节严重的,取消其代理采购的资格。

第八十三条 任何单位或者个人阻挠和限制供应商进入本地区或者本行业政府采购市场的,责令限期改正;拒不改正的,由该单位、个人的上级行政主管部门或者有关机关给予单位责任人或者个人处分。

第九章 附 则

第八十四条 使用国际组织和外国政府贷款进行的政府采购,贷款方、资金提供方与中方达成的协议对采购的具体条件另有规定的,可以适用其规定,但不得损害国家利益和社会公共利益。

第八十五条 对因严重自然灾害和其他不可抗力事件所实施的紧急采购和涉及国家安全和秘密的采购,不适用本法。

第八十六条 军事采购法规由中央军事委员会另行制定。

第八十七条 本法实施的具体步骤和办法由国务院规定。

第八十八条 本法自 2003 年 1 月 1 日起施行。

附录三：中华人民共和国招标投标法实施条例

（2011年12月20日中华人民共和国国务院令第613号公布 根据2017年3月1日《国务院关于修改和废止部分行政法规的决定》第一次修订 根据2018年3月19日《国务院关于修改和废止部分行政法规的决定》第二次修订）

中华人民共和国招标投标法实施条例

第一章 总 则

第一条 为了规范招标投标活动，根据《中华人民共和国招标投标法》（以下简称招标投标法），制定本条例。

第二条 招标投标法第三条所称工程建设项目，是指工程以及与工程建设有关的货物、服务。

前款所称工程，是指建设工程，包括建筑物和构筑物的新建、改建、扩建及其相关的装修、拆除、修缮等；所称与工程建设有关的货物，是指构成工程不可分割的组成部分，且为实现工程基本功能所必需的设备、材料等；所称与工程建设有关的服务，是指为完成工程所需的勘察、设计、监理等服务。

第三条 依法必须进行招标的工程建设项目的具体范围和规模标准，由国务院发展改革部门会同国务院有关部门制定，报国务院批准后公布施行。

第四条 国务院发展改革部门指导和协调全国招标投标工作，对国家重大建设项目的工程招标投标活动实施监督检查。国务院工业和信息化、住房城乡建设、交通运输、铁道、水利、商务等部门，按照规定的职责分工对有关招标投标活动实施监督。

县级以上地方人民政府发展改革部门指导和协调本行政区域的招标投标工作。县级以上地方人民政府有关部门按照规定的职责分工，对招标投标活动实施监督，依法查处招标投标活动中的违法行为。县级以上地方人民政府对其所属部门有关招标投标活动的监督职责分工另有规定的，从其规定。

财政部门依法对实行招标投标的政府采购工程建设项目的预算执行情况和政府采购政策执行情况实施监督。

监察机关依法对与招标投标活动有关的监察对象实施监察。

第五条 设区的市级以上地方人民政府可以根据实际需要，建立统一规范的招标投标交易场所，为招标投标活动提供服务。招标投标交易场所不得与行政监督部门存在隶属关系，不得以营利为目的。

国家鼓励利用信息网络进行电子招标投标。

第六条 禁止国家工作人员以任何方式非法干涉招标投标活动。

第二章 招 标

第七条 按照国家有关规定需要履行项目审批、核准手续的依法必须进行招标的项目，其招标范围、招标方式、招标组织形式应当报项目审批、核准部门审批、核准。项目审批、核准部门应当及时将审批、核准确定的招标范围、招标方式、招标组织形式通报有关行政监督部门。

第八条 国有资金占控股或者主导地位的依法必须进行招标的项目，应当公开招标；但有下列情形之一的，可以邀请招标：

（一）技术复杂、有特殊要求或者受自然环境限制，只有少量潜在投标人可供选择；

（二）采用公开招标方式的费用占项目合同金额的比例过大。

有前款第二项所列情形，属于本条例第七条规定的项目，由项目审批、核准部门在审批、核准项目时作出认定；其他项目由招标人申请有关行政监督部门作出认定。

第九条 除招标投标法第六十六条规定的可以不进行招标的特殊情况外，有下列情形之一的，可以不进行招标：

（一）需要采用不可替代的专利或者专有技术；

（二）采购人依法能够自行建设、生产或者提供；

（三）已通过招标方式选定的特许经营项目投资人依法能够自行建设、生产或者提供；

（四）需要向原中标人采购工程、货物或者服务，否则将影响施工或者功能配套要求；

（五）国家规定的其他特殊情形。

招标人为适用前款规定弄虚作假的，属于招标投标法第四条规定的规避招标。

第十条 招标投标法第十二条第二款规定的招标人具有编制招标文件和组织评标能力，是指招标人具有与招标项目规模和复杂程度相适应的技术、经济等方面的专业人员。

第十一条 国务院住房城乡建设、商务、发展改革、工业和信息化等部门，按照规定的职责分工对招标代理机构依法实施监督管理。

第十二条 招标代理机构应当拥有一定数量的具备编制招标文件、组织评标等相应能力的专业人员。

第十三条 招标代理机构在招标人委托的范围内开展招标代理业务，任何单位和个人不得非法干涉。

招标代理机构代理招标业务，应当遵守招标投标法和本条例关于招标人的规定。招标代理机构不得在所代理的招标项目中投标或者代理投标，也不得为所代理的招标项目的投标人提供咨询。

第十四条 招标人应当与被委托的招标代理机构签订书面委托合同，合同约定的收费标准应当符合国家有关规定。

第十五条 公开招标的项目，应当依照招标投标法和本条例的规定发布招标公告、编制招标文件。

招标人采用资格预审办法对潜在投标人进行资格审查的，应当发布资格预审公告、编制资格预审文件。

依法必须进行招标的项目的资格预审公告和招标公告，应当在国务院发展改革部门依法指定的媒介发布。在不同媒介发布的同一招标项目的资格预审公告或者招标公告的内容应当一致。指定媒介发布依法必须进行招标的项目的境内资格预审公告、招标公告，不得收取费用。

编制依法必须进行招标的项目的资格预审文件和招标文件，应当使用国务院发展改革部门会同有关行政监督部门制定的标准文本。

第十六条　招标人应当按照资格预审公告、招标公告或者投标邀请书规定的时间、地点发售资格预审文件或者招标文件。资格预审文件或者招标文件的发售期不得少于5日。

招标人发售资格预审文件、招标文件收取的费用应当限于补偿印刷、邮寄的成本支出，不得以营利为目的。

第十七条　招标人应当合理确定提交资格预审申请文件的时间。依法必须进行招标的项目提交资格预审申请文件的时间，自资格预审文件停止发售之日起不得少于5日。

第十八条　资格预审应当按照资格预审文件载明的标准和方法进行。

国有资金占控股或者主导地位的依法必须进行招标的项目，招标人应当组建资格审查委员会审查资格预审申请文件。资格审查委员会及其成员应当遵守招标投标法和本条例有关评标委员会及其成员的规定。

第十九条　资格预审结束后，招标人应当及时向资格预审申请人发出资格预审结果通知书。未通过资格预审的申请人不具有投标资格。

通过资格预审的申请人少于3个的，应当重新招标。

第二十条　招标人采用资格后审办法对投标人进行资格审查的，应当在开标后由评标委员会按照招标文件规定的标准和方法对投标人的资格进行审查。

第二十一条　招标人可以对已发出的资格预审文件或者招标文件进行必要的澄清或者修改。澄清或者修改的内容可能影响资格预审申请文件或者投标文件编制的，招标人应当在提交资格预审申请文件截止时间至少3日前，或者投标截止时间至少15日前，以书面形式通知所有获取资格预审文件或者招标文件的潜在投标人；不足3日或者15日的，招标人应当顺延提交资格预审申请文件或者投标文件的截止时间。

第二十二条　潜在投标人或者其他利害关系人对资格预审文件有异议的，应当在提交资格预审申请文件截止时间2日前提出；对招标文件有异议的，应当在投标截止时间10日前提出。招标人应当自收到异议之日起3日内作出答复；作出答复前，应当暂停招标投标活动。

第二十三条　招标人编制的资格预审文件、招标文件的内容违反法律、行政法规的强制性规定，违反公开、公平、公正和诚实信用原则，影响资格预审结果或者潜在投标人投标的，依法必须进行招标的项目的招标人应当在修改资格预审文件或者招标文件后重新招标。

第二十四条　招标人对招标项目划分标段的，应当遵守招标投标法的有关规定，不得利用划分标段限制或者排斥潜在投标人。依法必须进行招标的项目的招标人不得利用划分标段规避招标。

第二十五条　招标人应当在招标文件中载明投标有效期。投标有效期从提交投标文件的截止之日起算。

第二十六条　招标人在招标文件中要求投标人提交投标保证金的，投标保证金不得超过招标项目估算价的 2%。投标保证金有效期应当与投标有效期一致。

依法必须进行招标的项目的境内投标单位，以现金或者支票形式提交的投标保证金应当从其基本账户转出。

招标人不得挪用投标保证金。

第二十七条 招标人可以自行决定是否编制标底。一个招标项目只能有一个标底。标底必须保密。

接受委托编制标底的中介机构不得参加受托编制标底项目的投标，也不得为该项目的投标人编制投标文件或者提供咨询。

招标人设有最高投标限价的，应当在招标文件中明确最高投标限价或者最高投标限价的计算方法。招标人不得规定最低投标限价。

第二十八条 招标人不得组织单个或者部分潜在投标人踏勘项目现场。

第二十九条 招标人可以依法对工程以及与工程建设有关的货物、服务全部或者部分实行总承包招标。以暂估价形式包括在总承包范围内的工程、货物、服务属于依法必须进行招标的项目范围且达到国家规定规模标准的，应当依法进行招标。

前款所称暂估价，是指总承包招标时不能确定价格而由招标人在招标文件中暂时估定的工程、货物、服务的金额。

第三十条 对技术复杂或者无法精确拟定技术规格的项目，招标人可以分两阶段进行招标。

第一阶段，投标人按照招标公告或者投标邀请书的要求提交不带报价的技术建议，招标人根据投标人提交的技术建议确定技术标准和要求，编制招标文件。

第二阶段，招标人向在第一阶段提交技术建议的投标人提供招标文件，投标人按照招标文件的要求提交包括最终技术方案和投标报价的投标文件。

招标人要求投标人提交投标保证金的，应当在第二阶段提出。

第三十一条 招标人终止招标的，应当及时发布公告，或者以书面形式通知被邀请的或者已经获取资格预审文件、招标文件的潜在投标人。已经发售资格预审文件、招标文件或者已经收取投标保证金的，招标人应当及时退还所收取的资格预审文件、招标文件的费用，以及所收取的投标保证金及银行同期存款利息。

第三十二条 招标人不得以不合理的条件限制、排斥潜在投标人或者投标人。

招标人有下列行为之一的，属于以不合理条件限制、排斥潜在投标人或者投标人：

（一）就同一招标项目向潜在投标人或者投标人提供有差别的项目信息；

（二）设定的资格、技术、商务条件与招标项目的具体特点和实际需要不相适应或者与合同履行无关；

（三）依法必须进行招标的项目以特定行政区域或者特定行业的业绩、奖项作为加分条件或者中标条件；

（四）对潜在投标人或者投标人采取不同的资格审查或者评标标准；

（五）限定或者指定特定的专利、商标、品牌、原产地或者供应商；

（六）依法必须进行招标的项目非法限定潜在投标人或者投标人的所有制形式或者组织形式；

（七）以其他不合理条件限制、排斥潜在投标人或者投标人。

第三章 投 标

第三十三条 投标人参加依法必须进行招标的项目的投标，不受地区或者部门的限制，任何单位和个人不得非法干涉。

第三十四条 与招标人存在利害关系可能影响招标公正性的法人、其他组织或者个人，不得参加投标。

单位负责人为同一人或者存在控股、管理关系的不同单位，不得参加同一标段投标或者未划分标段的同一招标项目投标。

违反前两款规定的，相关投标均无效。

第三十五条 投标人撤回已提交的投标文件，应当在投标截止时间前书面通知招标人。招标人已收取投标保证金的，应当自收到投标人书面撤回通知之日起 5 日内退还。

投标截止后投标人撤销投标文件的，招标人可以不退还投标保证金。

第三十六条 未通过资格预审的申请人提交的投标文件，以及逾期送达或者不按照招标文件要求密封的投标文件，招标人应当拒收。

招标人应当如实记载投标文件的送达时间和密封情况，并存档备查。

第三十七条 招标人应当在资格预审公告、招标公告或者投标邀请书中载明是否接受联合体投标。

招标人接受联合体投标并进行资格预审的，联合体应当在提交资格预审申请文件前组成。资格预审后联合体增减、更换成员的，其投标无效。

联合体各方在同一招标项目中以自己名义单独投标或者参加其他联合体投标的，相关投标均无效。

第三十八条 投标人发生合并、分立、破产等重大变化的，应当及时书面告知招标人。投标人不再具备资格预审文件、招标文件规定的资格条件或者其投标影响招标公正性的，其投标无效。

第三十九条 禁止投标人相互串通投标。

有下列情形之一的，属于投标人相互串通投标：

（一）投标人之间协商投标报价等投标文件的实质性内容；

（二）投标人之间约定中标人；

（三）投标人之间约定部分投标人放弃投标或者中标；

（四）属于同一集团、协会、商会等组织成员的投标人按照该组织要求协同投标；

（五）投标人之间为谋取中标或者排斥特定投标人而采取的其他联合行动。

第四十条 有下列情形之一的，视为投标人相互串通投标：

（一）不同投标人的投标文件由同一单位或者个人编制；

（二）不同投标人委托同一单位或者个人办理投标事宜；

（三）不同投标人的投标文件载明的项目管理成员为同一人；

（四）不同投标人的投标文件异常一致或者投标报价呈规律性差异；

（五）不同投标人的投标文件相互混装；

（六）不同投标人的投标保证金从同一单位或者个人的账户转出。

第四十一条 禁止招标人与投标人串通投标。

有下列情形之一的，属于招标人与投标人串通投标：

（一）招标人在开标前开启投标文件并将有关信息泄露给其他投标人；

（二）招标人直接或者间接向投标人泄露标底、评标委员会成员等信息；

（三）招标人明示或者暗示投标人压低或者抬高投标报价；

（四）招标人授意投标人撤换、修改投标文件；

（五）招标人明示或者暗示投标人为特定投标人中标提供方便；

（六）招标人与投标人为谋求特定投标人中标而采取的其他串通行为。

第四十二条 使用通过受让或者租借等方式获取的资格、资质证书投标的，属于招标投标法第三十三条规定的以他人名义投标。

投标人有下列情形之一的，属于招标投标法第三十三条规定的以其他方式弄虚作假的行为：

（一）使用伪造、变造的许可证件；

（二）提供虚假的财务状况或者业绩；

（三）提供虚假的项目负责人或者主要技术人员简历、劳动关系证明；

（四）提供虚假的信用状况；

（五）其他弄虚作假的行为。

第四十三条 提交资格预审申请文件的申请人应当遵守招标投标法和本条例有关投标人的规定。

第四章　开标、评标和中标

第四十四条 招标人应当按照招标文件规定的时间、地点开标。

投标人少于3个的，不得开标；招标人应当重新招标。

投标人对开标有异议的，应当在开标现场提出，招标人应当当场作出答复，并制作记录。

第四十五条 国家实行统一的评标专家专业分类标准和管理办法。具体标准和办法由国务院发展改革部门会同国务院有关部门制定。

省级人民政府和国务院有关部门应当组建综合评标专家库。

第四十六条 除招标投标法第三十七条第三款规定的特殊招标项目外，依法必须进行招标的项目，其评标委员会的专家成员应当从评标专家库内相关专业的专家名单中以随机抽取方式确定。任何单位和个人不得以明示、暗示等任何方式指定或者变相指定参加评标委员会的专家成员。

依法必须进行招标的项目的招标人非因招标投标法和本条例规定的事由，不得更换依法确定的评标委员会成员。更换评标委员会的专家成员应当依照前款规定进行。

评标委员会成员与投标人有利害关系的，应当主动回避。

有关行政监督部门应当按照规定的职责分工，对评标委员会成员的确定方式、评标专家的抽取和评标活动进行监督。行政监督部门的工作人员不得担任本部门负责监督项目的评标委员会成员。

第四十七条 招标投标法第三十七条第三款所称特殊招标项目，是指技术复杂、专业性强或者国家有特殊要求，采取随机抽取方式确定的专家难以保证胜任评标工作的项目。

第四十八条 招标人应当向评标委员会提供评标所必需的信息,但不得明示或者暗示其倾向或者排斥特定投标人。

招标人应当根据项目规模和技术复杂程度等因素合理确定评标时间。超过三分之一的评标委员会成员认为评标时间不够的,招标人应当适当延长。

评标过程中,评标委员会成员有回避事由、擅离职守或者因健康等原因不能继续评标的,应当及时更换。被更换的评标委员会成员作出的评审结论无效,由更换后的评标委员会成员重新进行评审。

第四十九条 评标委员会成员应当依照招标投标法和本条例的规定,按照招标文件规定的评标标准和方法,客观、公正地对投标文件提出评审意见。招标文件没有规定的评标标准和方法不得作为评标的依据。

评标委员会成员不得私下接触投标人,不得收受投标人给予的财物或者其他好处,不得向招标人征询确定中标人的意向,不得接受任何单位或者个人明示或者暗示提出的倾向或者排斥特定投标人的要求,不得有其他不客观、不公正履行职务的行为。

第五十条 招标项目设有标底的,招标人应当在开标时公布。标底只能作为评标的参考,不得以投标报价是否接近标底作为中标条件,也不得以投标报价超过标底上下浮动范围作为否决投标的条件。

第五十一条 有下列情形之一的,评标委员会应当否决其投标:

(一)投标文件未经投标单位盖章和单位负责人签字;

(二)投标联合体没有提交共同投标协议;

(三)投标人不符合国家或者招标文件规定的资格条件;

(四)同一投标人提交两个以上不同的投标文件或者投标报价,但招标文件要求提交备选投标的除外;

(五)投标报价低于成本或者高于招标文件设定的最高投标限价;

(六)投标文件没有对招标文件的实质性要求和条件作出响应;

(七)投标人有串通投标、弄虚作假、行贿等违法行为。

第五十二条 投标文件中有含义不明确的内容、明显文字或者计算错误,评标委员会认为需要投标人作出必要澄清、说明的,应当书面通知该投标人。投标人的澄清、说明应当采用书面形式,并不得超出投标文件的范围或者改变投标文件的实质性内容。

评标委员会不得暗示或者诱导投标人作出澄清、说明,不得接受投标人主动提出的澄清、说明。

第五十三条 评标完成后,评标委员会应当向招标人提交书面评标报告和中标候选人名单。中标候选人应当不超过3个,并标明排序。

评标报告应当由评标委员会全体成员签字。对评标结果有不同意见的评标委员会成员应当以书面形式说明其不同意见和理由,评标报告应当注明该不同意见。评标委员会成员拒绝在评标报告上签字又不书面说明其不同意见和理由的,视为同意评标结果。

第五十四条 依法必须进行招标的项目,招标人应当自收到评标报告之日起3日内公示中标候选人,公示期不得少于3日。

投标人或者其他利害关系人对依法必须进行招标的项目的评标结果有异议的,应当在中标候选人公示期间提出。招标人应当自收到异议之日起3日内作出答复;作出答复前,应当暂停招标投标活动。

第五十五条　国有资金占控股或者主导地位的依法必须进行招标的项目，招标人应当确定排名第一的中标候选人为中标人。排名第一的中标候选人放弃中标、因不可抗力不能履行合同、不按照招标文件要求提交履约保证金，或者被查实存在影响中标结果的违法行为等情形，不符合中标条件的，招标人可以按照评标委员会提出的中标候选人名单排序依次确定其他中标候选人为中标人，也可以重新招标。

第五十六条　中标候选人的经营、财务状况发生较大变化或者存在违法行为，招标人认为可能影响其履约能力的，应当在发出中标通知书前由原评标委员会按照招标文件规定的标准和方法审查确认。

第五十七条　招标人和中标人应当依照招标投标法和本条例的规定签订书面合同，合同的标的、价款、质量、履行期限等主要条款应当与招标文件和中标人的投标文件的内容一致。招标人和中标人不得再行订立背离合同实质性内容的其他协议。

招标人最迟应当在书面合同签订后 5 日内向中标人和未中标的投标人退还投标保证金及银行同期存款利息。

第五十八条　招标文件要求中标人提交履约保证金的，中标人应当按照招标文件的要求提交。履约保证金不得超过中标合同金额的 10%。

第五十九条　中标人应当按照合同约定履行义务，完成中标项目。中标人不得向他人转让中标项目，也不得将中标项目肢解后分别向他人转让。

中标人按照合同约定或者经招标人同意，可以将中标项目的部分非主体、非关键性工作分包给他人完成。接受分包的人应当具备相应的资格条件，并不得再次分包。

中标人应当就分包项目向招标人负责，接受分包的人就分包项目承担连带责任。

第五章　投诉与处理

第六十条　投标人或者其他利害关系人认为招标投标活动不符合法律、行政法规规定的，可以自知道或者应当知道之日起 10 日内向有关行政监督部门投诉。投诉应当有明确的请求和必要的证明材料。

就本条例第二十二条、第四十四条、第五十四条规定事项投诉的，应当先向招标人提出异议，异议答复期间不计算在前款规定的期限内。

第六十一条　投诉人就同一事项向两个以上有权受理的行政监督部门投诉的，由最先收到投诉的行政监督部门负责处理。

行政监督部门应当自收到投诉之日起 3 个工作日内决定是否受理投诉，并自受理投诉之日起 30 个工作日内作出书面处理决定；需要检验、检测、鉴定、专家评审的，所需时间不计算在内。

投诉人捏造事实、伪造材料或者以非法手段取得证明材料进行投诉的，行政监督部门应当予以驳回。

第六十二条　行政监督部门处理投诉，有权查阅、复制有关文件、资料，调查有关情况，相关单位和人员应当予以配合。必要时，行政监督部门可以责令暂停招标投标活动。

行政监督部门的工作人员对监督检查过程中知悉的国家秘密、商业秘密，应当依法予以保密。

第六章　法律责任

第六十三条　招标人有下列限制或者排斥潜在投标人行为之一的，由有关行政监督部门依照招标投标法第五十一条的规定处罚：

（一）依法应当公开招标的项目不按照规定在指定媒介发布资格预审公告或者招标公告；

（二）在不同媒介发布的同一招标项目的资格预审公告或者招标公告的内容不一致，影响潜在投标人申请资格预审或者投标。

依法必须进行招标的项目的招标人不按照规定发布资格预审公告或者招标公告，构成规避招标的，依照招标投标法第四十九条的规定处罚。

第六十四条　招标人有下列情形之一的，由有关行政监督部门责令改正，可以处10万元以下的罚款：

（一）依法应当公开招标而采用邀请招标的；

（二）招标文件、资格预审文件的发售、澄清、修改的时限，或者确定的提交资格预审申请文件、投标文件的时限不符合招标投标法和本条例规定的；

（三）接受未通过资格预审的单位或者个人参加投标的；

（四）接受应当拒收的投标文件。

招标人有前款第一项、第三项、第四项所列行为之一的，对单位直接负责的主管人员和其他直接责任人员依法给予处分。

第六十五条　招标代理机构在所代理的招标项目中投标、代理投标或者向该项目投标人提供咨询的，接受委托编制标底的中介机构参加受托编制标底项目的投标或者为该项目的投标人编制投标文件、提供咨询的，依照招标投标法第五十条的规定追究法律责任。

第六十六条　招标人超过本条例规定的比例收取投标保证金、履约保证金或者不按照规定退还投标保证金及银行同期存款利息的，由有关行政监督部门责令改正，可以处5万元以下的罚款；给他人造成损失的，依法承担赔偿责任。

第六十七条　投标人相互串通投标或者与招标人串通投标的，投标人向招标人或者评标委员会成员行贿谋取中标的，中标无效；构成犯罪的，依法追究刑事责任；尚不构成犯罪的，依照招标投标法第五十三条的规定处罚。投标人未中标的，对单位的罚款金额按照招标项目合同金额依照招标投标法规定的比例计算。

投标人有下列行为之一的，属于招标投标法第五十三条规定的情节严重行为，由有关行政监督部门取消其1年至2年内参加依法必须进行招标的项目的投标资格：

（一）以行贿谋取中标；

（二）3年内2次以上串通投标；

（三）串通投标行为损害招标人、其他投标人或者国家、集体、公民的合法利益，造成直接经济损失30万元以上；

（四）其他串通投标情节严重的行为。

投标人自本条第二款规定的处罚执行期限届满之日起3年内又有该款所列违法行为之一的，或者串通投标、以行贿谋取中标情节特别严重的，由工商行政管理机关吊销营业执照。

法律、行政法规对串通投标报价行为的处罚另有规定的，从其规定。

第六十八条　投标人以他人名义投标或者以其他方式弄虚作假骗取中标的，中标无效；构成犯罪的，依法追究刑事责任；尚不构成犯罪的，依照招标投标法第五十四条的规定处罚。依法必须进行招标的项目的投标人未中标的，对单位的罚款金额按照招标项目合同金额依照招标投标法规定的比例计算。

投标人有下列行为之一的，属于招标投标法第五十四条规定的情节严重行为，由有关行政监督部门取消其 1 年至 3 年内参加依法必须进行招标的项目的投标资格：

（一）伪造、变造资格、资质证书或者其他许可证件骗取中标；

（二）3 年内 2 次以上使用他人名义投标；

（三）弄虚作假骗取中标给招标人造成直接经济损失 30 万元以上；

（四）其他弄虚作假骗取中标情节严重的行为。

投标人自本条第二款规定的处罚执行期限届满之日起 3 年内又有该款所列违法行为之一的，或者弄虚作假骗取中标情节特别严重的，由工商行政管理机关吊销营业执照。

第六十九条　出让或者出租资格、资质证书供他人投标的，依照法律、行政法规的规定给予行政处罚；构成犯罪的，依法追究刑事责任。

第七十条　依法必须进行招标的项目的招标人不按照规定组建评标委员会，或者确定、更换评标委员会成员违反招标投标法和本条例规定的，由有关行政监督部门责令改正，可以处 10 万元以下的罚款，对单位直接负责的主管人员和其他直接责任人员依法给予处分；违法确定或者更换的评标委员会成员作出的评审结论无效，依法重新进行评审。

国家工作人员以任何方式非法干涉选取评标委员会成员的，依照本条例第八十条的规定追究法律责任。

第七十一条　评标委员会成员有下列行为之一的，由有关行政监督部门责令改正；情节严重的，禁止其在一定期限内参加依法必须进行招标的项目的评标；情节特别严重的，取消其担任评标委员会成员的资格：

（一）应当回避而不回避；

（二）擅离职守；

（三）不按照招标文件规定的评标标准和方法评标；

（四）私下接触投标人；

（五）向招标人征询确定中标人的意向或者接受任何单位或者个人明示或者暗示提出的倾向或者排斥特定投标人的要求；

（六）对依法应当否决的投标不提出否决意见；

（七）暗示或者诱导投标人作出澄清、说明或者接受投标人主动提出的澄清、说明；

（八）其他不客观、不公正履行职务的行为。

第七十二条　评标委员会成员收受投标人的财物或者其他好处的，没收收受的财物，处 3000 元以上 5 万元以下的罚款，取消担任评标委员会成员的资格，不得再参加依法必须进行招标的项目的评标；构成犯罪的，依法追究刑事责任。

第七十三条　依法必须进行招标的项目的招标人有下列情形之一的，由有关行政监督部门责令改正，可以处中标项目金额 10‰ 以下的罚款；给他人造成损失的，依法承担赔偿责任；对单位直接负责的主管人员和其他直接责任人员依法给予处分：

（一）无正当理由不发出中标通知书；

（二）不按照规定确定中标人；

（三）中标通知书发出后无正当理由改变中标结果；

（四）无正当理由不与中标人订立合同；

（五）在订立合同时向中标人提出附加条件。

第七十四条 中标人无正当理由不与招标人订立合同，在签订合同时向招标人提出附加条件，或者不按照招标文件要求提交履约保证金的，取消其中标资格，投标保证金不予退还。对依法必须进行招标的项目的中标人，由有关行政监督部门责令改正，可以处中标项目金额10‰以下的罚款。

第七十五条 招标人和中标人不按照招标文件和中标人的投标文件订立合同，合同的主要条款与招标文件、中标人的投标文件的内容不一致，或者招标人、中标人订立背离合同实质性内容的协议的，由有关行政监督部门责令改正，可以处中标项目金额5‰以上10‰以下的罚款。

第七十六条 中标人将中标项目转让给他人的，将中标项目肢解后分别转让给他人的，违反招标投标法和本条例规定将中标项目的部分主体、关键性工作分包给他人的，或者分包人再次分包的，转让、分包无效，处转让、分包项目金额5‰以上10‰以下的罚款；有违法所得的，并处没收违法所得；可以责令停业整顿；情节严重的，由工商行政管理机关吊销营业执照。

第七十七条 投标人或者其他利害关系人捏造事实、伪造材料或者以非法手段取得证明材料进行投诉，给他人造成损失的，依法承担赔偿责任。

招标人不按照规定对异议作出答复，继续进行招标投标活动的，由有关行政监督部门责令改正，拒不改正或者不能改正并影响中标结果的，依照本条例第八十一条的规定处理。

第七十八条 国家建立招标投标信用制度。有关行政监督部门应当依法公告对招标人、招标代理机构、投标人、评标委员会成员等当事人违法行为的行政处理决定。

第七十九条 项目审批、核准部门不依法审批、核准项目招标范围、招标方式、招标组织形式的，对单位直接负责的主管人员和其他直接责任人员依法给予处分。

有关行政监督部门不依法履行职责，对违反招标投标法和本条例规定的行为不依法查处，或者不按照规定处理投诉、不依法公告对招标投标当事人违法行为的行政处理决定的，对直接负责的主管人员和其他直接责任人员依法给予处分。

项目审批、核准部门和有关行政监督部门的工作人员徇私舞弊、滥用职权、玩忽职守，构成犯罪的，依法追究刑事责任。

第八十条 国家工作人员利用职务便利，以直接或者间接、明示或者暗示等任何方式非法干涉招标投标活动，有下列情形之一的，依法给予记过或者记大过处分；情节严重的，依法给予降级或者撤职处分；情节特别严重的，依法给予开除处分；构成犯罪的，依法追究刑事责任：

（一）要求对依法必须进行招标的项目不招标，或者要求对依法应当公开招标的项目不公开招标；

（二）要求评标委员会成员或者招标人以其指定的投标人作为中标候选人或者中标人，或者以其他方式非法干涉评标活动，影响中标结果；

（三）以其他方式非法干涉招标投标活动。

第八十一条 依法必须进行招标的项目的招标投标活动违反招标投标法和本条例的规定，

对中标结果造成实质性影响,且不能采取补救措施予以纠正的,招标、投标、中标无效,应当依法重新招标或者评标。

第七章 附 则

第八十二条 招标投标协会按照依法制定的章程开展活动,加强行业自律和服务。

第八十四条 本条例自 2012 年 2 月 1 日起施行。

附录四：中华人民共和国政府采购法实施条例

中华人民共和国国务院令第 658 号

《中华人民共和国政府采购法实施条例》已经 2014 年 12 月 31 日国务院第 75 次常务会议通过，现予公布，自 2015 年 3 月 1 日起施行。

总理　李克强

二〇一五年一月三十日

中华人民共和国政府采购法实施条例

第一章　总　则

第一条　根据《中华人民共和国政府采购法》（以下简称政府采购法），制定本条例。

第二条　政府采购法第二条所称财政性资金是指纳入预算管理的资金。

以财政性资金作为还款来源的借贷资金，视同财政性资金。

国家机关、事业单位和团体组织的采购项目既使用财政性资金又使用非财政性资金的，使用财政性资金采购的部分，适用政府采购法及本条例；财政性资金与非财政性资金无法分割采购的，统一适用政府采购法及本条例。

政府采购法第二条所称服务，包括政府自身需要的服务和政府向社会公众提供的公共服务。

第三条　集中采购目录包括集中采购机构采购项目和部门集中采购项目。

技术、服务等标准统一，采购人普遍使用的项目，列为集中采购机构采购项目；采购人本部门、本系统基于业务需要有特殊要求，可以统一采购的项目，列为部门集中采购项目。

第四条　政府采购法所称集中采购，是指采购人将列入集中采购目录的项目委托集中采购机构代理采购或者进行部门集中采购的行为；所称分散采购，是指采购人将采购限额标准以上的未列入集中采购目录的项目自行采购或者委托采购代理机构代理采购的行为。

第五条　省、自治区、直辖市人民政府或者其授权的机构根据实际情况，可以确定分别适用于本行政区域省级、设区的市级、县级的集中采购目录和采购限额标准。

第六条　国务院财政部门应当根据国家的经济和社会发展政策，会同国务院有关部门制定政府采购政策，通过制定采购需求标准、预留采购份额、价格评审优惠、优先采购等措施，实现节约能源、保护环境、扶持不发达地区和少数民族地区、促进中小企业发展等目标。

第七条　政府采购工程以及与工程建设有关的货物、服务，采用招标方式采购的，适用《中华人民共和国招标投标法》及其实施条例；采用其他方式采购的，适用政府采购法及本条例。

前款所称工程，是指建设工程，包括建筑物和构筑物的新建、改建、扩建及其相关的装修、拆除、修缮等；所称与工程建设有关的货物，是指构成工程不可分割的组成部分，且为实现工程基本功能所必需的设备、材料等；所称与工程建设有关的服务，是指为完成工程所需的勘察、设计、监理等服务。

政府采购工程以及与工程建设有关的货物、服务，应当执行政府采购政策。

第八条 政府采购项目信息应当在省级以上人民政府财政部门指定的媒体上发布。采购项目预算金额达到国务院财政部门规定标准的，政府采购项目信息应当在国务院财政部门指定的媒体上发布。

第九条 在政府采购活动中，采购人员及相关人员与供应商有下列利害关系之一的，应当回避：

（一）参加采购活动前3年内与供应商存在劳动关系；

（二）参加采购活动前3年内担任供应商的董事、监事；

（三）参加采购活动前3年内是供应商的控股股东或者实际控制人；

（四）与供应商的法定代表人或者负责人有夫妻、直系血亲、三代以内旁系血亲或者近姻亲关系；

（五）与供应商有其他可能影响政府采购活动公平、公正进行的关系。

供应商认为采购人员及相关人员与其他供应商有利害关系的，可以向采购人或者采购代理机构书面提出回避申请，并说明理由。采购人或者采购代理机构应当及时询问被申请回避人员，有利害关系的被申请回避人员应当回避。

第十条 国家实行统一的政府采购电子交易平台建设标准，推动利用信息网络进行电子化政府采购活动。

第二章　政府采购当事人

第十一条 采购人在政府采购活动中应当维护国家利益和社会公共利益，公正廉洁，诚实守信，执行政府采购政策，建立政府采购内部管理制度，厉行节约，科学合理确定采购需求。

采购人不得向供应商索要或者接受其给予的赠品、回扣或者与采购无关的其他商品、服务。

第十二条 政府采购法所称采购代理机构，是指集中采购机构和集中采购机构以外的采购代理机构。

集中采购机构是设区的市级以上人民政府依法设立的非营利事业法人，是代理集中采购项目的执行机构。集中采购机构应当根据采购人委托制定集中采购项目的实施方案，明确采购规程，组织政府采购活动，不得将集中采购项目转委托。集中采购机构以外的采购代理机构，是从事采购代理业务的社会中介机构。

第十三条 采购代理机构应当建立完善的政府采购内部监督管理制度，具备开展政府采购业务所需的评审条件和设施。

采购代理机构应当提高确定采购需求，编制招标文件、谈判文件、询价通知书，拟订合同文本和优化采购程序的专业化服务水平，根据采购人委托在规定的时间内及时组织采购人与中标或者成交供应商签订政府采购合同，及时协助采购人对采购项目进行验收。

第十四条 采购代理机构不得以不正当手段获取政府采购代理业务,不得与采购人、供应商恶意串通操纵政府采购活动。

采购代理机构工作人员不得接受采购人或者供应商组织的宴请、旅游、娱乐,不得收受礼品、现金、有价证券等,不得向采购人或者供应商报销应当由个人承担的费用。

第十五条 采购人、采购代理机构应当根据政府采购政策、采购预算、采购需求编制采购文件。

采购需求应当符合法律法规以及政府采购政策规定的技术、服务、安全等要求。政府向社会公众提供的公共服务项目,应当就确定采购需求征求社会公众的意见。除因技术复杂或者性质特殊,不能确定详细规格或者具体要求外,采购需求应当完整、明确。必要时,应当就确定采购需求征求相关供应商、专家的意见。

第十六条 政府采购法第二十条规定的委托代理协议,应当明确代理采购的范围、权限和期限等具体事项。

采购人和采购代理机构应当按照委托代理协议履行各自义务,采购代理机构不得超越代理权限。

第十七条 参加政府采购活动的供应商应当具备政府采购法第二十二条第一款规定的条件,提供下列材料:

(一)法人或者其他组织的营业执照等证明文件,自然人的身份证明;

(二)财务状况报告,依法缴纳税收和社会保障资金的相关材料;

(三)具备履行合同所必需的设备和专业技术能力的证明材料;

(四)参加政府采购活动前3年内在经营活动中没有重大违法记录的书面声明;

(五)具备法律、行政法规规定的其他条件的证明材料。

采购项目有特殊要求的,供应商还应当提供其符合特殊要求的证明材料或者情况说明。

第十八条 单位负责人为同一人或者存在直接控股、管理关系的不同供应商,不得参加同一合同项下的政府采购活动。

除单一来源采购项目外,为采购项目提供整体设计、规范编制或者项目管理、监理、检测等服务的供应商,不得再参加该采购项目的其他采购活动。

第十九条 政府采购法第二十二条第一款第五项所称重大违法记录,是指供应商因违法经营受到刑事处罚或者责令停产停业、吊销许可证或者执照、较大数额罚款等行政处罚。

供应商在参加政府采购活动前3年内因违法经营被禁止在一定期限内参加政府采购活动,期限届满的,可以参加政府采购活动。

第二十条 采购人或者采购代理机构有下列情形之一的,属于以不合理的条件对供应商实行差别待遇或者歧视待遇:

(一)就同一采购项目向供应商提供有差别的项目信息;

(二)设定的资格、技术、商务条件与采购项目的具体特点和实际需要不相适应或者与合同履行无关;

(三)采购需求中的技术、服务等要求指向特定供应商、特定产品;

(四)以特定行政区域或者特定行业的业绩、奖项作为加分条件或者中标、成交条件;

(五)对供应商采取不同的资格审查或者评审标准;

(六)限定或者指定特定的专利、商标、品牌或者供应商;

(七)非法限定供应商的所有制形式、组织形式或者所在地;

（八）以其他不合理条件限制或者排斥潜在供应商。

第二十一条 采购人或者采购代理机构对供应商进行资格预审的，资格预审公告应当在省级以上人民政府财政部门指定的媒体上发布。已进行资格预审的，评审阶段可以不再对供应商资格进行审查。资格预审合格的供应商在评审阶段资格发生变化的，应当通知采购人和采购代理机构。

资格预审公告应当包括采购人和采购项目名称、采购需求、对供应商的资格要求以及供应商提交资格预审申请文件的时间和地点。提交资格预审申请文件的时间自公告发布之日起不得少于5个工作日。

第二十二条 联合体中有同类资质的供应商按照联合体分工承担相同工作的，应当按照资质等级较低的供应商确定资质等级。

以联合体形式参加政府采购活动的，联合体各方不得再单独参加或者与其他供应商另外组成联合体参加同一合同项下的政府采购活动。

第三章 政府采购方式

第二十三条 采购人采购公开招标数额标准以上的货物或者服务，符合政府采购法第二十九条、第三十条、第三十一条、第三十二条规定情形或者有需要执行政府采购政策等特殊情况的，经设区的市级以上人民政府财政部门批准，可以依法采用公开招标以外的采购方式。

第二十四条 列入集中采购目录的项目，适合实行批量集中采购的，应当实行批量集中采购，但紧急的小额零星货物项目和有特殊要求的服务、工程项目除外。

第二十五条 政府采购工程依法不进行招标的，应当依照政府采购法和本条例规定的竞争性谈判或者单一来源采购方式采购。

第二十六条 政府采购法第三十条第三项规定的情形，应当是采购人不可预见的或者非因采购人拖延导致的；第四项规定的情形，是指因采购艺术品或者因专利、专有技术或者因服务的时间、数量事先不能确定等导致不能事先计算出价格总额。

第二十七条 政府采购法第三十一条第一项规定的情形，是指因货物或者服务使用不可替代的专利、专有技术，或者公共服务项目具有特殊要求，导致只能从某一特定供应商处采购。

第二十八条 在一个财政年度内，采购人将一个预算项目下的同一品目或者类别的货物、服务采用公开招标以外的方式多次采购，累计资金数额超过公开招标数额标准的，属于以化整为零方式规避公开招标，但项目预算调整或者经批准采用公开招标以外方式采购除外。

第四章 政府采购程序

第二十九条 采购人应当根据集中采购目录、采购限额标准和已批复的部门预算编制政府采购实施计划，报本级人民政府财政部门备案。

第三十条 采购人或者采购代理机构应当在招标文件、谈判文件、询价通知书中公开采购项目预算金额。

第三十一条 招标文件的提供期限自招标文件开始发出之日起不得少于5个工作日。

采购人或者采购代理机构可以对已发出的招标文件进行必要的澄清或者修改。澄清或者修改的内容可能影响投标文件编制的，采购人或者采购代理机构应当在投标截止时间至少15

日前，以书面形式通知所有获取招标文件的潜在投标人；不足 15 日的，采购人或者采购代理机构应当顺延提交投标文件的截止时间。

第三十二条　采购人或者采购代理机构应当按照国务院财政部门制定的招标文件标准文本编制招标文件。

招标文件应当包括采购项目的商务条件、采购需求、投标人的资格条件、投标报价要求、评标方法、评标标准以及拟签订的合同文本等。

第三十三条　招标文件要求投标人提交投标保证金的，投标保证金不得超过采购项目预算金额的 2%。投标保证金应当以支票、汇票、本票或者金融机构、担保机构出具的保函等非现金形式提交。投标人未按照招标文件要求提交投标保证金的，投标无效。

采购人或者采购代理机构应当自中标通知书发出之日起 5 个工作日内退还未中标供应商的投标保证金，自政府采购合同签订之日起 5 个工作日内退还中标供应商的投标保证金。

竞争性谈判或者询价采购中要求参加谈判或者询价的供应商提交保证金的，参照前两款的规定执行。

第三十四条　政府采购招标评标方法分为最低评标价法和综合评分法。

最低评标价法，是指投标文件满足招标文件全部实质性要求且投标报价最低的供应商为中标候选人的评标方法。综合评分法，是指投标文件满足招标文件全部实质性要求且按照评审因素的量化指标评审得分最高的供应商为中标候选人的评标方法。

技术、服务等标准统一的货物和服务项目，应当采用最低评标价法。

采用综合评分法的，评审标准中的分值设置应当与评审因素的量化指标相对应。

招标文件中没有规定的评标标准不得作为评审的依据。

第三十五条　谈判文件不能完整、明确列明采购需求，需要由供应商提供最终设计方案或者解决方案的，在谈判结束后，谈判小组应当按照少数服从多数的原则投票推荐 3 家以上供应商的设计方案或者解决方案，并要求其在规定时间内提交最后报价。

第三十六条　询价通知书应当根据采购需求确定政府采购合同条款。在询价过程中，询价小组不得改变询价通知书所确定的政府采购合同条款。

第三十七条　政府采购法第三十八条第五项、第四十条第四项所称质量和服务相等，是指供应商提供的产品质量和服务均能满足采购文件规定的实质性要求。

第三十八条　达到公开招标数额标准，符合政府采购法第三十一条第一项规定情形，只能从唯一供应商处采购的，采购人应当将采购项目信息和唯一供应商名称在省级以上人民政府财政部门指定的媒体上公示，公示期不得少于 5 个工作日。

第三十九条　除国务院财政部门规定的情形外，采购人或者采购代理机构应当从政府采购评审专家库中随机抽取评审专家。

第四十条　政府采购评审专家应当遵守评审工作纪律，不得泄露评审文件、评审情况和评审中获悉的商业秘密。

评标委员会、竞争性谈判小组或者询价小组在评审过程中发现供应商有行贿、提供虚假材料或者串通等违法行为的，应当及时向财政部门报告。

政府采购评审专家在评审过程中受到非法干预的，应当及时向财政、监察等部门举报。

第四十一条　评标委员会、竞争性谈判小组或者询价小组成员应当按照客观、公正、审慎的原则，根据采购文件规定的评审程序、评审方法和评审标准进行独立评审。采购文件内容违反国家有关强制性规定的，评标委员会、竞争性谈判小组或者询价小组应当停止评审并向采购人或者采购代理机构说明情况。

评标委员会、竞争性谈判小组或者询价小组成员应当在评审报告上签字，对自己的评审意见承担法律责任。对评审报告有异议的，应当在评审报告上签署不同意见，并说明理由，否则视为同意评审报告。

第四十二条 采购人、采购代理机构不得向评标委员会、竞争性谈判小组或者询价小组的评审专家作倾向性、误导性的解释或者说明。

第四十三条 采购代理机构应当自评审结束之日起2个工作日内将评审报告送交采购人。采购人应当自收到评审报告之日起5个工作日内在评审报告推荐的中标或者成交候选人中按顺序确定中标或者成交供应商。

采购人或者采购代理机构应当自中标、成交供应商确定之日起2个工作日内，发出中标、成交通知书，并在省级以上人民政府财政部门指定的媒体上公告中标、成交结果，招标文件、竞争性谈判文件、询价通知书随中标、成交结果同时公告。

中标、成交结果公告内容应当包括采购人和采购代理机构的名称、地址、联系方式，项目名称和项目编号，中标或者成交供应商名称、地址和中标或者成交金额，主要中标或者成交标的的名称、规格型号、数量、单价、服务要求以及评审专家名单。

第四十四条 除国务院财政部门规定的情形外，采购人、采购代理机构不得以任何理由组织重新评审。采购人、采购代理机构按照国务院财政部门的规定组织重新评审的，应当书面报告本级人民政府财政部门。

采购人或者采购代理机构不得通过对样品进行检测、对供应商进行考察等方式改变评审结果。

第四十五条 采购人或者采购代理机构应当按照政府采购合同规定的技术、服务、安全标准组织对供应商履约情况进行验收，并出具验收书。验收书应当包括每一项技术、服务、安全标准的履约情况。

政府向社会公众提供的公共服务项目，验收时应当邀请服务对象参与并出具意见，验收结果应当向社会公告。

第四十六条 政府采购法第四十二条规定的采购文件，可以用电子档案方式保存。

第五章 政府采购合同

第四十七条 国务院财政部门应当会同国务院有关部门制定政府采购合同标准文本。

第四十八条 采购文件要求中标或者成交供应商提交履约保证金的，供应商应当以支票、汇票、本票或者金融机构、担保机构出具的保函等非现金形式提交。履约保证金的数额不得超过政府采购合同金额的10%。

第四十九条 中标或者成交供应商拒绝与采购人签订合同的，采购人可以按照评审报告推荐的中标或者成交候选人名单排序，确定下一候选人为中标或者成交供应商，也可以重新开展政府采购活动。

第五十条 采购人应当自政府采购合同签订之日起2个工作日内，将政府采购合同在省级以上人民政府财政部门指定的媒体上公告，但政府采购合同中涉及国家秘密、商业秘密的内容除外。

第五十一条 采购人应当按照政府采购合同规定，及时向中标或者成交供应商支付采购资金。

政府采购项目资金支付程序，按照国家有关财政资金支付管理的规定执行。

第六章 质疑与投诉

第五十二条 采购人或者采购代理机构应当在3个工作日内对供应商依法提出的询问作出答复。

供应商提出的询问或者质疑超出采购人对采购代理机构委托授权范围的，采购代理机构应当告知供应商向采购人提出。

政府采购评审专家应当配合采购人或者采购代理机构答复供应商的询问和质疑。

第五十三条 政府采购法第五十二条规定的供应商应知其权益受到损害之日，是指：

（一）对可以质疑的采购文件提出质疑的，为收到采购文件之日或者采购文件公告期限届满之日；

（二）对采购过程提出质疑的，为各采购程序环节结束之日；

（三）对中标或者成交结果提出质疑的，为中标或者成交结果公告期限届满之日。

第五十四条 询问或者质疑事项可能影响中标、成交结果的，采购人应当暂停签订合同，已经签订合同的，应当中止履行合同。

第五十五条 供应商质疑、投诉应当有明确的请求和必要的证明材料。供应商投诉的事项不得超出已质疑事项的范围。

第五十六条 财政部门处理投诉事项采用书面审查的方式，必要时可以进行调查取证或者组织质证。

对财政部门依法进行的调查取证，投诉人和与投诉事项有关的当事人应当如实反映情况，并提供相关材料。

第五十七条 投诉人捏造事实、提供虚假材料或者以非法手段取得证明材料进行投诉的，财政部门应当予以驳回。

财政部门受理投诉后，投诉人书面申请撤回投诉的，财政部门应当终止投诉处理程序。

第五十八条 财政部门处理投诉事项，需要检验、检测、鉴定、专家评审以及需要投诉人补正材料的，所需时间不计算在投诉处理期限内。

财政部门对投诉事项作出的处理决定，应当在省级以上人民政府财政部门指定的媒体上公告。

第七章 监督检查

第五十九条 政府采购法第六十三条所称政府采购项目的采购标准，是指项目采购所依据的经费预算标准、资产配置标准和技术、服务标准等。

第六十条 除政府采购法第六十六条规定的考核事项外，财政部门对集中采购机构的考核事项还包括：

（一）政府采购政策的执行情况；

（二）采购文件编制水平；

（三）采购方式和采购程序的执行情况；

（四）询问、质疑答复情况；

（五）内部监督管理制度建设及执行情况；

（六）省级以上人民政府财政部门规定的其他事项。

财政部门应当制定考核计划，定期对集中采购机构进行考核，考核结果有重要情况的，应当向本级人民政府报告。

第六十一条 采购人发现采购代理机构有违法行为的，应当要求其改正。采购代理机构拒不改正的，采购人应当向本级人民政府财政部门报告，财政部门应当依法处理。

采购代理机构发现采购人的采购需求存在以不合理条件对供应商实行差别待遇、歧视待遇或者其他不符合法律、法规和政府采购政策规定内容，或者发现采购人有其他违法行为的，应当建议其改正。采购人拒不改正的，采购代理机构应当向采购人的本级人民政府财政部门报告，财政部门应当依法处理。

第六十二条 省级以上人民政府财政部门应当对政府采购评审专家库实行动态管理，具体管理办法由国务院财政部门制定。

采购人或者采购代理机构应当对评审专家在政府采购活动中的职责履行情况予以记录，并及时向财政部门报告。

第六十三条 各级人民政府财政部门和其他有关部门应当加强对参加政府采购活动的供应商、采购代理机构、评审专家的监督管理，对其不良行为予以记录，并纳入统一的信用信息平台。

第六十四条 各级人民政府财政部门对政府采购活动进行监督检查，有权查阅、复制有关文件、资料，相关单位和人员应当予以配合。

第六十五条 审计机关、监察机关以及其他有关部门依法对政府采购活动实施监督，发现采购当事人有违法行为的，应当及时通报财政部门。

第八章　法律责任

第六十六条 政府采购法第七十一条规定的罚款，数额为 10 万元以下。

政府采购法第七十二条规定的罚款，数额为 5 万元以上 25 万元以下。

第六十七条 采购人有下列情形之一的，由财政部门责令限期改正，给予警告，对直接负责的主管人员和其他直接责任人员依法给予处分，并予以通报：

（一）未按照规定编制政府采购实施计划或者未按照规定将政府采购实施计划报本级人民政府财政部门备案；

（二）将应当进行公开招标的项目化整为零或者以其他任何方式规避公开招标；

（三）未按照规定在评标委员会、竞争性谈判小组或者询价小组推荐的中标或者成交候选人中确定中标或者成交供应商；

（四）未按照采购文件确定的事项签订政府采购合同；

（五）政府采购合同履行中追加与合同标的相同的货物、工程或者服务的采购金额超过原合同采购金额 10%；

（六）擅自变更、中止或者终止政府采购合同；

（七）未按照规定公告政府采购合同；

（八）未按照规定时间将政府采购合同副本报本级人民政府财政部门和有关部门备案。

第六十八条　采购人、采购代理机构有下列情形之一的，依照政府采购法第七十一条、第七十八条的规定追究法律责任：

（一）未依照政府采购法和本条例规定的方式实施采购；

（二）未依法在指定的媒体上发布政府采购项目信息；

（三）未按照规定执行政府采购政策；

（四）违反本条例第十五条的规定导致无法组织对供应商履约情况进行验收或者国家财产遭受损失；

（五）未依法从政府采购评审专家库中抽取评审专家；

（六）非法干预采购评审活动；

（七）采用综合评分法时评审标准中的分值设置未与评审因素的量化指标相对应；

（八）对供应商的询问、质疑逾期未作处理；

（九）通过对样品进行检测、对供应商进行考察等方式改变评审结果；

（十）未按照规定组织对供应商履约情况进行验收。

第六十九条　集中采购机构有下列情形之一的，由财政部门责令限期改正，给予警告，有违法所得的，并处没收违法所得，对直接负责的主管人员和其他直接责任人员依法给予处分，并予以通报：

（一）内部监督管理制度不健全，对依法应当分设、分离的岗位、人员未分设、分离；

（二）将集中采购项目委托其他采购代理机构采购；

（三）从事营利活动。

第七十条　采购人员与供应商有利害关系而不依法回避的，由财政部门给予警告，并处2000元以上2万元以下的罚款。

第七十一条　有政府采购法第七十一条、第七十二条规定的违法行为之一，影响或者可能影响中标、成交结果的，依照下列规定处理：

（一）未确定中标或者成交供应商的，终止本次政府采购活动，重新开展政府采购活动。

（二）已确定中标或者成交供应商但尚未签订政府采购合同的，中标或者成交结果无效，从合格的中标或者成交候选人中另行确定中标或者成交供应商；没有合格的中标或者成交候选人的，重新开展政府采购活动。

（三）政府采购合同已签订但尚未履行的，撤销合同，从合格的中标或者成交候选人中另行确定中标或者成交供应商；没有合格的中标或者成交候选人的，重新开展政府采购活动。

（四）政府采购合同已经履行，给采购人、供应商造成损失的，由责任人承担赔偿责任。

政府采购当事人有其他违反政府采购法或者本条例规定的行为，经改正后仍然影响或者可能影响中标、成交结果或者依法被认定为中标、成交无效的，依照前款规定处理。

第七十二条　供应商有下列情形之一的，依照政府采购法第七十七条第一款的规定追究法律责任：

（一）向评标委员会、竞争性谈判小组或者询价小组成员行贿或者提供其他不正当利益；

（二）中标或者成交后无正当理由拒不与采购人签订政府采购合同；

（三）未按照采购文件确定的事项签订政府采购合同；

（四）将政府采购合同转包；

（五）提供假冒伪劣产品；

（六）擅自变更、中止或者终止政府采购合同。

供应商有前款第一项规定情形的,中标、成交无效。评审阶段资格发生变化,供应商未依照本条例第二十一条的规定通知采购人和采购代理机构的,处以采购金额5‰的罚款,列入不良行为记录名单,中标、成交无效。

第七十三条 供应商捏造事实、提供虚假材料或者以非法手段取得证明材料进行投诉的,由财政部门列入不良行为记录名单,禁止其1至3年内参加政府采购活动。

第七十四条 有下列情形之一的,属于恶意串通,对供应商依照政府采购法第七十七条第一款的规定追究法律责任,对采购人、采购代理机构及其工作人员依照政府采购法第七十二条的规定追究法律责任:

（一）供应商直接或者间接从采购人或者采购代理机构处获得其他供应商的相关情况并修改其投标文件或者响应文件；

（二）供应商按照采购人或者采购代理机构的授意撤换、修改投标文件或者响应文件；

（三）供应商之间协商报价、技术方案等投标文件或者响应文件的实质性内容；

（四）属于同一集团、协会、商会等组织成员的供应商按照该组织要求协同参加政府采购活动；

（五）供应商之间事先约定由某一特定供应商中标、成交；

（六）供应商之间商定部分供应商放弃参加政府采购活动或者放弃中标、成交；

（七）供应商与采购人或者采购代理机构之间、供应商相互之间,为谋求特定供应商中标、成交或者排斥其他供应商的其他串通行为。

第七十五条 政府采购评审专家未按照采购文件规定的评审程序、评审方法和评审标准进行独立评审或者泄露评审文件、评审情况的,由财政部门给予警告,并处2000元以上2万元以下的罚款；影响中标、成交结果的,处2万元以上5万元以下的罚款,禁止其参加政府采购评审活动。

政府采购评审专家与供应商存在利害关系未回避的,处2万元以上5万元以下的罚款,禁止其参加政府采购评审活动。

政府采购评审专家收受采购人、采购代理机构、供应商贿赂或者获取其他不正当利益,构成犯罪的,依法追究刑事责任；尚不构成犯罪的,处2万元以上5万元以下的罚款,禁止其参加政府采购评审活动。

政府采购评审专家有上述违法行为的,其评审意见无效,不得获取评审费；有违法所得的,没收违法所得；给他人造成损失的,依法承担民事责任。

第七十六条 政府采购当事人违反政府采购法和本条例规定,给他人造成损失的,依法承担民事责任。

第七十七条 财政部门在履行政府采购监督管理职责中违反政府采购法和本条例规定,滥用职权、玩忽职守、徇私舞弊的,对直接负责的主管人员和其他直接责任人员依法给予处分；直接负责的主管人员和其他直接责任人员构成犯罪的,依法追究刑事责任。

第九章 附 则

第七十八条 财政管理实行省直接管理的县级人民政府可以根据需要并报经省级人民政府批准,行使政府采购法和本条例规定的设区的市级人民政府批准变更采购方式的职权。

第七十九条 本条例自2015年3月1日起施行。

附录五：政府采购货物和服务招标投标管理办法

中华人民共和国财政部令第87号

财政部对《政府采购货物和服务招标投标管理办法》（财政部令第18号）进行了修订，修订后的《政府采购货物和服务招标投标管理办法》已经部务会议审议通过。现予公布，自2017年10月1日起施行。

部长　肖捷

2017年7月11日

政府采购货物和服务招标投标管理办法

第一章　总　　则

第一条　为了规范政府采购当事人的采购行为，加强对政府采购货物和服务招标投标活动的监督管理，维护国家利益、社会公共利益和政府采购招标投标活动当事人的合法权益，依据《中华人民共和国政府采购法》（以下简称政府采购法）、《中华人民共和国政府采购法实施条例》（以下简称政府采购法实施条例）和其他有关法律法规规定，制定本办法。

第二条　本办法适用于在中华人民共和国境内开展政府采购货物和服务（以下简称货物服务）招标投标活动。

第三条　货物服务招标分为公开招标和邀请招标。

公开招标，是指采购人依法以招标公告的方式邀请非特定的供应商参加投标的采购方式。

邀请招标，是指采购人依法从符合相应资格条件的供应商中随机抽取3家以上供应商，并以投标邀请书的方式邀请其参加投标的采购方式。

第四条　属于地方预算的政府采购项目，省、自治区、直辖市人民政府根据实际情况，可以确定分别适用于本行政区域省级、设区的市级、县级公开招标数额标准。

第五条　采购人应当在货物服务招标投标活动中落实节约能源、保护环境、扶持不发达地区和少数民族地区、促进中小企业发展等政府采购政策。

第六条　采购人应当按照行政事业单位内部控制规范要求，建立健全本单位政府采购内部控制制度，在编制政府采购预算和实施计划、确定采购需求、组织采购活动、履约验收、答复询问质疑、配合投诉处理及监督检查等重点环节加强内部控制管理。

采购人不得向供应商索要或者接受其给予的赠品、回扣或者与采购无关的其他商品、服务。

第七条　采购人应当按照财政部制定的《政府采购品目分类目录》确定采购项目属性。按照《政府采购品目分类目录》无法确定的，按照有利于采购项目实施的原则确定。

第八条 采购人委托采购代理机构代理招标的，采购代理机构应当在采购人委托的范围内依法开展采购活动。

采购代理机构及其分支机构不得在所代理的采购项目中投标或者代理投标，不得为所代理的采购项目的投标人参加本项目提供投标咨询。

第二章 招 标

第九条 未纳入集中采购目录的政府采购项目，采购人可以自行招标，也可以委托采购代理机构在委托的范围内代理招标。

采购人自行组织开展招标活动的，应当符合下列条件：

（一）有编制招标文件、组织招标的能力和条件；

（二）有与采购项目专业性相适应的专业人员。

第十条 采购人应当对采购标的的市场技术或者服务水平、供应、价格等情况进行市场调查，根据调查情况、资产配置标准等科学、合理地确定采购需求，进行价格测算。

第十一条 采购需求应当完整、明确，包括以下内容：

（一）采购标的需实现的功能或者目标，以及为落实政府采购政策需满足的要求；

（二）采购标的需执行的国家相关标准、行业标准、地方标准或者其他标准、规范；

（三）采购标的需满足的质量、安全、技术规格、物理特性等要求；

（四）采购标的的数量、采购项目交付或者实施的时间和地点；

（五）采购标的需满足的服务标准、期限、效率等要求；

（六）采购标的的验收标准；

（七）采购标的的其他技术、服务等要求。

第十二条 采购人根据价格测算情况，可以在采购预算额度内合理设定最高限价，但不得设定最低限价。

第十三条 公开招标公告应当包括以下主要内容：

（一）采购人及其委托的采购代理机构的名称、地址和联系方法；

（二）采购项目的名称、预算金额，设定最高限价的，还应当公开最高限价；

（三）采购人的采购需求；

（四）投标人的资格要求；

（五）获取招标文件的时间期限、地点、方式及招标文件售价；

（六）公告期限；

（七）投标截止时间、开标时间及地点；

（八）采购项目联系人姓名和电话。

第十四条 采用邀请招标方式的，采购人或者采购代理机构应当通过以下方式产生符合资格条件的供应商名单，并从中随机抽取3家以上供应商向其发出投标邀请书：

（一）发布资格预审公告征集；

（二）从省级以上人民政府财政部门（以下简称财政部门）建立的供应商库中选取；

（三）采购人书面推荐。

采用前款第一项方式产生符合资格条件供应商名单的，采购人或者采购代理机构应当按照资格预审文件载明的标准和方法，对潜在投标人进行资格预审。

采用第一款第二项或者第三项方式产生符合资格条件供应商名单的，备选的符合资格条件供应商总数不得少于拟随机抽取供应商总数的两倍。

随机抽取是指通过抽签等能够保证所有符合资格条件供应商机会均等的方式选定供应商。随机抽取供应商时，应当有不少于两名采购人工作人员在场监督，并形成书面记录，随采购文件一并存档。

投标邀请书应当同时向所有受邀请的供应商发出。

第十五条　资格预审公告应当包括以下主要内容：

（一）本办法第十三条第一至四项、第六项和第八项内容；

（二）获取资格预审文件的时间期限、地点、方式；

（三）提交资格预审申请文件的截止时间、地点及资格预审日期。

第十六条　招标公告、资格预审公告的公告期限为5个工作日。公告内容应当以省级以上财政部门指定媒体发布的公告为准。公告期限自省级以上财政部门指定媒体最先发布公告之日起算。

第十七条　采购人、采购代理机构不得将投标人的注册资本、资产总额、营业收入、从业人员、利润、纳税额等规模条件作为资格要求或者评审因素，也不得通过将除进口货物以外的生产厂家授权、承诺、证明、背书等作为资格要求，对投标人实行差别待遇或者歧视待遇。

第十八条　采购人或者采购代理机构应当按照招标公告、资格预审公告或者投标邀请书规定的时间、地点提供招标文件或者资格预审文件，提供期限自招标公告、资格预审公告发布之日起计算不得少于5个工作日。提供期限届满后，获取招标文件或者资格预审文件的潜在投标人不足3家的，可以顺延提供期限，并予公告。

公开招标进行资格预审的，招标公告和资格预审公告可以合并发布，招标文件应当向所有通过资格预审的供应商提供。

第十九条　采购人或者采购代理机构应当根据采购项目的实施要求，在招标公告、资格预审公告或者投标邀请书中载明是否接受联合体投标。如未载明，不得拒绝联合体投标。

第二十条　采购人或者采购代理机构应当根据采购项目的特点和采购需求编制招标文件。招标文件应当包括以下主要内容：

（一）投标邀请；

（二）投标人须知（包括投标文件的密封、签署、盖章要求等）；

（三）投标人应当提交的资格、资信证明文件；

（四）为落实政府采购政策，采购标的需满足的要求，以及投标人须提供的证明材料；

（五）投标文件编制要求、投标报价要求和投标保证金交纳、退还方式以及不予退还投标保证金的情形；

（六）采购项目预算金额，设定最高限价的，还应当公开最高限价；

（七）采购项目的技术规格、数量、服务标准、验收等要求，包括附件、图纸等；

（八）拟签订的合同文本；

（九）货物、服务提供的时间、地点、方式；

（十）采购资金的支付方式、时间、条件；

（十一）评标方法、评标标准和投标无效情形；

（十二）投标有效期；

（十三）投标截止时间、开标时间及地点；

（十四）采购代理机构代理费用的收取标准和方式；

（十五）投标人信用信息查询渠道及截止时点、信用信息查询记录和证据留存的具体方式、信用信息的使用规则等；

（十六）省级以上财政部门规定的其他事项。

对于不允许偏离的实质性要求和条件，采购人或者采购代理机构应当在招标文件中规定，并以醒目的方式标明。

第二十一条 采购人或者采购代理机构应当根据采购项目的特点和采购需求编制资格预审文件。资格预审文件应当包括以下主要内容：

（一）资格预审邀请；

（二）申请人须知；

（三）申请人的资格要求；

（四）资格审核标准和方法；

（五）申请人应当提供的资格预审申请文件的内容和格式；

（六）提交资格预审申请文件的方式、截止时间、地点及资格审核日期；

（七）申请人信用信息查询渠道及截止时点、信用信息查询记录和证据留存的具体方式、信用信息的使用规则等内容；

（八）省级以上财政部门规定的其他事项。

资格预审文件应当免费提供。

第二十二条 采购人、采购代理机构一般不得要求投标人提供样品，仅凭书面方式不能准确描述采购需求或者需要对样品进行主观判断以确认是否满足采购需求等特殊情况除外。

要求投标人提供样品的，应当在招标文件中明确规定样品制作的标准和要求、是否需要随样品提交相关检测报告、样品的评审方法以及评审标准。需要随样品提交检测报告的，还应当规定检测机构的要求、检测内容等。

采购活动结束后，对于未中标人提供的样品，应当及时退还或者经未中标人同意后自行处理；对于中标人提供的样品，应当按照招标文件的规定进行保管、封存，并作为履约验收的参考。

第二十三条 投标有效期从提交投标文件的截止之日起算。投标文件中承诺的投标有效期应当不少于招标文件中载明的投标有效期。投标有效期内投标人撤销投标文件的，采购人或者采购代理机构可以不退还投标保证金。

第二十四条 招标文件售价应当按照弥补制作、邮寄成本的原则确定，不得以营利为目的，不得以招标采购金额作为确定招标文件售价的依据。

第二十五条 招标文件、资格预审文件的内容不得违反法律、行政法规、强制性标准、政府采购政策，或者违反公开透明、公平竞争、公正和诚实信用原则。

有前款规定情形，影响潜在投标人投标或者资格预审结果的，采购人或者采购代理机构应当修改招标文件或者资格预审文件后重新招标。

第二十六条 采购人或者采购代理机构可以在招标文件提供期限截止后，组织已获取招标文件的潜在投标人现场考察或者召开开标前答疑会。

组织现场考察或者召开答疑会的，应当在招标文件中载明，或者在招标文件提供期限截止后以书面形式通知所有获取招标文件的潜在投标人。

第二十七条　采购人或者采购代理机构可以对已发出的招标文件、资格预审文件、投标邀请书进行必要的澄清或者修改，但不得改变采购标的和资格条件。澄清或者修改应当在原公告发布媒体上发布澄清公告。澄清或者修改的内容为招标文件、资格预审文件、投标邀请书的组成部分。

澄清或者修改的内容可能影响投标文件编制的，采购人或者采购代理机构应当在投标截止时间至少15日前，以书面形式通知所有获取招标文件的潜在投标人；不足15日的，采购人或者采购代理机构应当顺延提交投标文件的截止时间。

澄清或者修改的内容可能影响资格预审申请文件编制的，采购人或者采购代理机构应当在提交资格预审申请文件截止时间至少3日前，以书面形式通知所有获取资格预审文件的潜在投标人；不足3日的，采购人或者采购代理机构应当顺延提交资格预审申请文件的截止时间。

第二十八条　投标截止时间前，采购人、采购代理机构和有关人员不得向他人透露已获取招标文件的潜在投标人的名称、数量以及可能影响公平竞争的有关招标投标的其他情况。

第二十九条　采购人、采购代理机构在发布招标公告、资格预审公告或者发出投标邀请书后，除因重大变故采购任务取消情况外，不得擅自终止招标活动。

终止招标的，采购人或者采购代理机构应当及时在原公告发布媒体上发布终止公告，以书面形式通知已经获取招标文件、资格预审文件或者被邀请的潜在投标人，并将项目实施情况和采购任务取消原因报告本级财政部门。已经收取招标文件费用或者投标保证金的，采购人或者采购代理机构应当在终止采购活动后5个工作日内，退还所收取的招标文件费用和所收取的投标保证金及其在银行产生的孳息。

第三章　投　　标

第三十条　投标人，是指响应招标、参加投标竞争的法人、其他组织或者自然人。

第三十一条　采用最低评标价法的采购项目，提供相同品牌产品的不同投标人参加同一合同项下投标的，以其中通过资格审查、符合性审查且报价最低的参加评标；报价相同的，由采购人或者采购人委托评标委员会按照招标文件规定的方式确定一个参加评标的投标人，招标文件未规定的，采取随机抽取方式确定，其他投标无效。

使用综合评分法的采购项目，提供相同品牌产品且通过资格审查、符合性审查的不同投标人参加同一合同项下投标的，按一家投标人计算，评审后得分最高的同品牌投标人获得中标人推荐资格；评审得分相同的，由采购人或者采购人委托评标委员会按照招标文件规定的方式确定一个投标人获得中标人推荐资格，招标文件未规定的，采取随机抽取方式确定，其他同品牌投标人不作为中标候选人。

非单一产品采购项目，采购人应当根据采购项目技术构成、产品价格比重等合理确定核心产品，并在招标文件中载明。多家投标人提供的核心产品品牌相同的，按前两款规定处理。

第三十二条　投标人应当按照招标文件的要求编制投标文件。投标文件应当对招标文件提出的要求和条件作出明确响应。

第三十三条　投标人应当在招标文件要求提交投标文件的截止时间前，将投标文件密封送达投标地点。采购人或者采购代理机构收到投标文件后，应当如实记载投标文件的送达时间和密封情况，签收保存，并向投标人出具签收回执。任何单位和个人不得在开标前开启投标文件。

逾期送达或者未按照招标文件要求密封的投标文件，采购人、采购代理机构应当拒收。

第三十四条 投标人在投标截止时间前，可以对所递交的投标文件进行补充、修改或者撤回，并书面通知采购人或者采购代理机构。补充、修改的内容应当按照招标文件要求签署、盖章、密封后，作为投标文件的组成部分。

第三十五条 投标人根据招标文件的规定和采购项目的实际情况，拟在中标后将中标项目的非主体、非关键性工作分包的，应当在投标文件中载明分包承担主体，分包承担主体应当具备相应资质条件且不得再次分包。

第三十六条 投标人应当遵循公平竞争的原则，不得恶意串通，不得妨碍其他投标人的竞争行为，不得损害采购人或者其他投标人的合法权益。

在评标过程中发现投标人有上述情形的，评标委员会应当认定其投标无效，并书面报告本级财政部门。

第三十七条 有下列情形之一的，视为投标人串通投标，其投标无效：

（一）不同投标人的投标文件由同一单位或者个人编制；

（二）不同投标人委托同一单位或者个人办理投标事宜；

（三）不同投标人的投标文件载明的项目管理成员或者联系人员为同一人；

（四）不同投标人的投标文件异常一致或者投标报价呈规律性差异；

（五）不同投标人的投标文件相互混装；

（六）不同投标人的投标保证金从同一单位或者个人的账户转出。

第三十八条 投标人在投标截止时间前撤回已提交的投标文件的，采购人或者采购代理机构应当自收到投标人书面撤回通知之日起5个工作日内，退还已收取的投标保证金，但因投标人自身原因导致无法及时退还的除外。

采购人或者采购代理机构应当自中标通知书发出之日起5个工作日内退还未中标人的投标保证金，自采购合同签订之日起5个工作日内退还中标人的投标保证金或者转为中标人的履约保证金。

采购人或者采购代理机构逾期退还投标保证金的，除应当退还投标保证金本金外，还应当按中国人民银行同期贷款基准利率上浮20%后的利率支付超期资金占用费，但因投标人自身原因导致无法及时退还的除外。

第四章 开标、评标

第三十九条 开标应当在招标文件确定的提交投标文件截止时间的同一时间进行。开标地点应当为招标文件中预先确定的地点。

采购人或者采购代理机构应当对开标、评标现场活动进行全程录音录像。录音录像应当清晰可辨，音像资料作为采购文件一并存档。

第四十条 开标由采购人或者采购代理机构主持，邀请投标人参加。评标委员会成员不得参加开标活动。

第四十一条 开标时，应当由投标人或者其推选的代表检查投标文件的密封情况；经确认无误后，由采购人或者采购代理机构工作人员当众拆封，宣布投标人名称、投标价格和招标文件规定的需要宣布的其他内容。

投标人不足 3 家的，不得开标。

第四十二条 开标过程应当由采购人或者采购代理机构负责记录，由参加开标的各投标人代表和相关工作人员签字确认后随采购文件一并存档。

投标人代表对开标过程和开标记录有疑义，以及认为采购人、采购代理机构相关工作人员有需要回避的情形的，应当场提出询问或者回避申请。采购人、采购代理机构对投标人代表提出的询问或者回避申请应当及时处理。

投标人未参加开标的，视同认可开标结果。

第四十三条 公开招标数额标准以上的采购项目，投标截止后投标人不足 3 家或者通过资格审查或符合性审查的投标人不足 3 家的，除采购任务取消情形外，按照以下方式处理：

（一）招标文件存在不合理条款或者招标程序不符合规定的，采购人、采购代理机构改正后依法重新招标；

（二）招标文件没有不合理条款、招标程序符合规定、需要采用其他采购方式采购的，采购人应当依法报财政部门批准。

第四十四条 公开招标采购项目开标结束后，采购人或者采购代理机构应当依法对投标人的资格进行审查。

合格投标人不足 3 家的，不得评标。

第四十五条 采购人或者采购代理机构负责组织评标工作，并履行下列职责：

（一）核对评审专家身份和采购人代表授权函，对评审专家在政府采购活动中的职责履行情况予以记录，并及时将有关违法违规行为向财政部门报告；

（二）宣布评标纪律；

（三）公布投标人名单，告知评审专家应当回避的情形；

（四）组织评标委员会推选评标组长，采购人代表不得担任组长；

（五）在评标期间采取必要的通信管理措施，保证评标活动不受外界干扰；

（六）根据评标委员会的要求介绍政府采购相关政策法规、招标文件；

（七）维护评标秩序，监督评标委员会依照招标文件规定的评标程序、方法和标准进行独立评审，及时制止和纠正采购人代表、评审专家的倾向性言论或者违法违规行为；

（八）核对评标结果，有本办法第六十四条规定情形的，要求评标委员会复核或者书面说明理由，评标委员会拒绝的，应予记录并向本级财政部门报告；

（九）评审工作完成后，按照规定向评审专家支付劳务报酬和异地评审差旅费，不得向评审专家以外的其他人员支付评审劳务报酬；

（十）处理与评标有关的其他事项。

采购人可以在评标前说明项目背景和采购需求，说明内容不得含有歧视性、倾向性意见，不得超出招标文件所述范围。说明应当提交书面材料，并随采购文件一并存档。

第四十六条 评标委员会负责具体评标事务，并独立履行下列职责：

（一）审查、评价投标文件是否符合招标文件的商务、技术等实质性要求；

（二）要求投标人对投标文件有关事项作出澄清或者说明；

（三）对投标文件进行比较和评价；

（四）确定中标候选人名单，以及根据采购人委托直接确定中标人；

（五）向采购人、采购代理机构或者有关部门报告评标中发现的违法行为。

第四十七条 评标委员会由采购人代表和评审专家组成，成员人数应当为 5 人以上单数，其中评审专家不得少于成员总数的三分之二。

采购项目符合下列情形之一的，评标委员会成员人数应当为 7 人以上单数：

（一）采购预算金额在 1000 万元以上；

（二）技术复杂；

（三）社会影响较大。

评审专家对本单位的采购项目只能作为采购人代表参与评标，本办法第四十八条第二款规定情形除外。采购代理机构工作人员不得参加由本机构代理的政府采购项目的评标。

评标委员会成员名单在评标结果公告前应当保密。

第四十八条 采购人或者采购代理机构应当从省级以上财政部门设立的政府采购评审专家库中，通过随机方式抽取评审专家。

对技术复杂、专业性强的采购项目，通过随机方式难以确定合适评审专家的，经主管预算单位同意，采购人可以自行选定相应专业领域的评审专家。

第四十九条 评标中因评标委员会成员缺席、回避或者健康等特殊原因导致评标委员会组成不符合本办法规定的，采购人或者采购代理机构应当依法补足后继续评标。被更换的评标委员会成员所作出的评标意见无效。

无法及时补足评标委员会成员的，采购人或者采购代理机构应当停止评标活动，封存所有投标文件和开标、评标资料，依法重新组建评标委员会进行评标。原评标委员会所作出的评标意见无效。

采购人或者采购代理机构应当将变更、重新组建评标委员会的情况予以记录，并随采购文件一并存档。

第五十条 评标委员会应当对符合资格的投标人的投标文件进行符合性审查，以确定其是否满足招标文件的实质性要求。

第五十一条 对于投标文件中含义不明确、同类问题表述不一致或者有明显文字和计算错误的内容，评标委员会应当以书面形式要求投标人作出必要的澄清、说明或者补正。

投标人的澄清、说明或者补正应当采用书面形式，并加盖公章，或者由法定代表人或其授权的代表签字。投标人的澄清、说明或者补正不得超出投标文件的范围或者改变投标文件的实质性内容。

第五十二条 评标委员会应当按照招标文件中规定的评标方法和标准，对符合性审查合格的投标文件进行商务和技术评估，综合比较与评价。

第五十三条 评标方法分为最低评标价法和综合评分法。

第五十四条 最低评标价法，是指投标文件满足招标文件全部实质性要求，且投标报价最低的投标人为中标候选人的评标方法。

技术、服务等标准统一的货物服务项目，应当采用最低评标价法。

采用最低评标价法评标时，除了算术修正和落实政府采购政策需进行的价格扣除外，不能对投标人的投标价格进行任何调整。

第五十五条 综合评分法，是指投标文件满足招标文件全部实质性要求，且按照评审因素的量化指标评审得分最高的投标人为中标候选人的评标方法。

评审因素的设定应当与投标人所提供货物服务的质量相关，包括投标报价、技术或者服务水平、履约能力、售后服务等。资格条件不得作为评审因素。评审因素应当在招标文件中规定。

评审因素应当细化和量化，且与相应的商务条件和采购需求对应。商务条件和采购需求指标有区间规定的，评审因素应当量化到相应区间，并设置各区间对应的不同分值。

评标时，评标委员会各成员应当独立对每个投标人的投标文件进行评价，并汇总每个投标人的得分。

货物项目的价格分值占总分值的比重不得低于30%；服务项目的价格分值占总分值的比重不得低于10%。执行国家统一定价标准和采用固定价格采购的项目，其价格不列为评审因素。

价格分应当采用低价优先法计算，即满足招标文件要求且投标价格最低的投标报价为评标基准价，其价格分为满分。其他投标人的价格分统一按照下列公式计算：

投标报价得分 =（评标基准价/投标报价）×100

评标总得分 = $F1 \times A1 + F2 \times A2 + \cdots + Fn \times An$

$F1$、$F2$……Fn 分别为各项评审因素的得分；

$A1$、$A2$、……An 分别为各项评审因素所占的权重（$A1 + A2 + \cdots + An = 1$）。

评标过程中，不得去掉报价中的最高报价和最低报价。

因落实政府采购政策进行价格调整的，以调整后的价格计算评标基准价和投标报价。

第五十六条 采用最低评标价法的，评标结果按投标报价由低到高顺序排列。投标报价相同的并列。投标文件满足招标文件全部实质性要求且投标报价最低的投标人为排名第一的中标候选人。

第五十七条 采用综合评分法的，评标结果按评审后得分由高到低顺序排列。得分相同的，按投标报价由低到高顺序排列。得分且投标报价相同的并列。投标文件满足招标文件全部实质性要求，且按照评审因素的量化指标评审得分最高的投标人为排名第一的中标候选人。

第五十八条 评标委员会根据全体评标成员签字的原始评标记录和评标结果编写评标报告。评标报告应当包括以下内容：

（一）招标公告刊登的媒体名称、开标日期和地点；

（二）投标人名单和评标委员会成员名单；

（三）评标方法和标准；

（四）开标记录和评标情况及说明，包括无效投标人名单及原因；

（五）评标结果，确定的中标候选人名单或者经采购人委托直接确定的中标人；

（六）其他需要说明的情况，包括评标过程中投标人根据评标委员会要求进行的澄清、说明或者补正，评标委员会成员的更换等。

第五十九条 投标文件报价出现前后不一致的，除招标文件另有规定外，按照下列规定修正：

（一）投标文件中开标一览表（报价表）内容与投标文件中相应内容不一致的，以开标一览表（报价表）为准；

（二）大写金额和小写金额不一致的，以大写金额为准；

（三）单价金额小数点或者百分比有明显错位的，以开标一览表的总价为准，并修改单价；

（四）总价金额与按单价汇总金额不一致的，以单价金额计算结果为准。

同时出现两种以上不一致的，按照前款规定的顺序修正。修正后的报价按照本办法第五十一条第二款的规定经投标人确认后产生约束力，投标人不确认的，其投标无效。

第六十条 评标委员会认为投标人的报价明显低于其他通过符合性审查投标人的报价，有可能影响产品质量或者不能诚信履约的，应当要求其在评标现场合理的时间内提供书面说明，必要时提交相关证明材料；投标人不能证明其报价合理性的，评标委员会应当将其作为无效投标处理。

第六十一条 评标委员会成员对需要共同认定的事项存在争议的，应当按照少数服从多数的原则作出结论。持不同意见的评标委员会成员应当在评标报告上签署不同意见及理由，否则视为同意评标报告。

第六十二条 评标委员会及其成员不得有下列行为：

（一）确定参与评标至评标结束前私自接触投标人；

（二）接受投标人提出的与投标文件不一致的澄清或者说明，本办法第五十一条规定的情形除外；

（三）违反评标纪律发表倾向性意见或者征询采购人的倾向性意见；

（四）对需要专业判断的主观评审因素协商评分；

（五）在评标过程中擅离职守，影响评标程序正常进行的；

（六）记录、复制或者带走任何评标资料；

（七）其他不遵守评标纪律的行为。

评标委员会成员有前款第一至五项行为之一的，其评审意见无效，并不得获取评审劳务报酬和报销异地评审差旅费。

第六十三条 投标人存在下列情况之一的，投标无效：

（一）未按照招标文件的规定提交投标保证金的；

（二）投标文件未按招标文件要求签署、盖章的；

（三）不具备招标文件中规定的资格要求的；

（四）报价超过招标文件中规定的预算金额或者最高限价的；

（五）投标文件含有采购人不能接受的附加条件的；

（六）法律、法规和招标文件规定的其他无效情形。

第六十四条 评标结果汇总完成后，除下列情形外，任何人不得修改评标结果：

（一）分值汇总计算错误的；

（二）分项评分超出评分标准范围的；

（三）评标委员会成员对客观评审因素评分不一致的；

（四）经评标委员会认定评分畸高、畸低的。

评标报告签署前，经复核发现存在以上情形之一的，评标委员会应当当场修改评标结果，并在评标报告中记载；评标报告签署后，采购人或者采购代理机构发现存在以上情形之一的，应当组织原评标委员会进行重新评审，重新评审改变评标结果的，书面报告本级财政部门。

投标人对本条第一款情形提出质疑的，采购人或者采购代理机构可以组织原评标委员会进行重新评审，重新评审改变评标结果的，应当书面报告本级财政部门。

第六十五条 评标委员会发现招标文件存在歧义、重大缺陷导致评标工作无法进行，或者招标文件内容违反国家有关强制性规定的，应当停止评标工作，与采购人或者采购代理机构沟通并作书面记录。采购人或者采购代理机构确认后，应当修改招标文件，重新组织采购活动。

第六十六条 采购人、采购代理机构应当采取必要措施，保证评标在严格保密的情况下进行。除采购人代表、评标现场组织人员外，采购人的其他工作人员以及与评标工作无关的人员不得进入评标现场。

有关人员对评标情况以及在评标过程中获悉的国家秘密、商业秘密负有保密责任。

第六十七条　评标委员会或者其成员存在下列情形导致评标结果无效的，采购人、采购代理机构可以重新组建评标委员会进行评标，并书面报告本级财政部门，但采购合同已经履行的除外：

（一）评标委员会组成不符合本办法规定的；
（二）有本办法第六十二条第一至五项情形的；
（三）评标委员会及其成员独立评标受到非法干预的；
（四）有政府采购法实施条例第七十五条规定的违法行为的。

有违法违规行为的原评标委员会成员不得参加重新组建的评标委员会。

第五章　中标和合同

第六十八条　采购代理机构应当在评标结束后2个工作日内将评标报告送采购人。

采购人应当自收到评标报告之日起5个工作日内，在评标报告确定的中标候选人名单中按顺序确定中标人。中标候选人并列的，由采购人或者采购人委托评标委员会按照招标文件规定的方式确定中标人；招标文件未规定的，采取随机抽取的方式确定。

采购人自行组织招标的，应当在评标结束后5个工作日内确定中标人。

采购人在收到评标报告5个工作日内未按评标报告推荐的中标候选人顺序确定中标人，又不能说明合法理由的，视同按评标报告推荐的顺序确定排名第一的中标候选人为中标人。

第六十九条　采购人或者采购代理机构应当自中标人确定之日起2个工作日内，在省级以上财政部门指定的媒体上公告中标结果，招标文件应当随中标结果同时公告。

中标结果公告内容应当包括采购人及其委托的采购代理机构的名称、地址、联系方式，项目名称和项目编号，中标人名称、地址和中标金额，主要中标标的的名称、规格型号、数量、单价、服务要求，中标公告期限以及评审专家名单。

中标公告期限为1个工作日。

邀请招标采购人采用书面推荐方式产生符合资格条件的潜在投标人的，还应当将所有被推荐供应商名单和推荐理由随中标结果同时公告。

在公告中标结果的同时，采购人或者采购代理机构应当向中标人发出中标通知书；对未通过资格审查的投标人，应当告知其未通过的原因；采用综合评分法评审的，还应当告知未中标人本人的评审得分与排序。

第七十条　中标通知书发出后，采购人不得违法改变中标结果，中标人无正当理由不得放弃中标。

第七十一条　采购人应当自中标通知书发出之日起30日内，按照招标文件和中标人投标文件的规定，与中标人签订书面合同。所签订的合同不得对招标文件确定的事项和中标人投标文件作实质性修改。

采购人不得向中标人提出任何不合理的要求作为签订合同的条件。

第七十二条　政府采购合同应当包括采购人与中标人的名称和住所、标的、数量、质量、价款或者报酬、履行期限及地点和方式、验收要求、违约责任、解决争议的方法等内容。

第七十三条 采购人与中标人应当根据合同的约定依法履行合同义务。

政府采购合同的履行、违约责任和解决争议的方法等适用《中华人民共和国合同法》。

第七十四条 采购人应当及时对采购项目进行验收。采购人可以邀请参加本项目的其他投标人或者第三方机构参与验收。参与验收的投标人或者第三方机构的意见作为验收书的参考资料一并存档。

第七十五条 采购人应当加强对中标人的履约管理，并按照采购合同约定，及时向中标人支付采购资金。对于中标人违反采购合同约定的行为，采购人应当及时处理，依法追究其违约责任。

第七十六条 采购人、采购代理机构应当建立真实完整的招标采购档案，妥善保存每项采购活动的采购文件。

第六章　法律责任

第七十七条 采购人有下列情形之一的，由财政部门责令限期改正；情节严重的，给予警告，对直接负责的主管人员和其他直接责任人员由其行政主管部门或者有关机关依法给予处分，并予以通报；涉嫌犯罪的，移送司法机关处理：

（一）未按照本办法的规定编制采购需求的；

（二）违反本办法第六条第二款规定的；

（三）未在规定时间内确定中标人的；

（四）向中标人提出不合理要求作为签订合同条件的。

第七十八条 采购人、采购代理机构有下列情形之一的，由财政部门责令限期改正，情节严重的，给予警告，对直接负责的主管人员和其他直接责任人员，由其行政主管部门或者有关机关给予处分，并予通报；采购代理机构有违法所得的，没收违法所得，并可以处以不超过违法所得3倍、最高不超过3万元的罚款，没有违法所得的，可以处以1万元以下的罚款：

（一）违反本办法第八条第二款规定的；

（二）设定最低限价的；

（三）未按照规定进行资格预审或者资格审查的；

（四）违反本办法规定确定招标文件售价的；

（五）未按规定对开标、评标活动进行全程录音录像的；

（六）擅自终止招标活动的；

（七）未按照规定进行开标和组织评标的；

（八）未按照规定退还投标保证金的；

（九）违反本办法规定进行重新评审或者重新组建评标委员会进行评标的；

（十）开标前泄露已获取招标文件的潜在投标人的名称、数量或者其他可能影响公平竞争的有关招标投标情况的；

（十一）未妥善保存采购文件的；

（十二）其他违反本办法规定的情形。

第七十九条 有本办法第七十七条、第七十八条规定的违法行为之一，经改正后仍然影响或者可能影响中标结果的，依照政府采购法实施条例第七十一条规定处理。

第八十条　政府采购当事人违反本办法规定，给他人造成损失的，依法承担民事责任。

第八十一条　评标委员会成员有本办法第六十二条所列行为之一的，由财政部门责令限期改正；情节严重的，给予警告，并对其不良行为予以记录。

第八十二条　财政部门应当依法履行政府采购监督管理职责。财政部门及其工作人员在履行监督管理职责中存在懒政怠政、滥用职权、玩忽职守、徇私舞弊等违法违纪行为的，依照政府采购法、《中华人民共和国公务员法》、《中华人民共和国行政监察法》、政府采购法实施条例等国家有关规定追究相应责任；涉嫌犯罪的，移送司法机关处理。

第七章　附　　则

第八十三条　政府采购货物服务电子招标投标、政府采购货物中的进口机电产品招标投标有关特殊事宜，由财政部另行规定。

第八十四条　本办法所称主管预算单位是指负有编制部门预算职责，向本级财政部门申报预算的国家机关、事业单位和团体组织。

第八十五条　本办法规定按日计算期间的，开始当天不计入，从次日开始计算。期限的最后一日是国家法定节假日的，顺延到节假日后的次日为期限的最后一日。

第八十六条　本办法所称的"以上"、"以下"、"内"、"以内"，包括本数；所称的"不足"，不包括本数。

第八十七条　各省、自治区、直辖市财政部门可以根据本办法制定具体实施办法。

第八十八条　本办法自2017年10月1日起施行。财政部2004年8月11日发布的《政府采购货物和服务招标投标管理办法》（财政部令第18号）同时废止。

附录六：政府采购非招标采购方式管理办法

中华人民共和国财政部令第74号

《政府采购非招标采购方式管理办法》已经2013年10月28日财政部部务会议审议通过，现予公布，自2014年2月1日起施行。

部长　楼继伟

二〇一三年十二月十九日

政府采购非招标采购方式管理办法

第一章　总　　则

第一条　为了规范政府采购行为，加强对采用非招标采购方式采购活动的监督管理，维护国家利益、社会公共利益和政府采购当事人的合法权益，依据《中华人民共和国政府采购法》（以下简称政府采购法）和其他法律、行政法规的有关规定，制定本办法。

第二条　采购人、采购代理机构采用非招标采购方式采购货物、工程和服务的，适用本办法。

本办法所称非招标采购方式，是指竞争性谈判、单一来源采购和询价采购方式。

竞争性谈判是指谈判小组与符合资格条件的供应商就采购货物、工程和服务事宜进行谈判，供应商按照谈判文件的要求提交响应文件和最后报价，采购人从谈判小组提出的成交候选人中确定成交供应商的采购方式。

单一来源采购是指采购人从某一特定供应商处采购货物、工程和服务的采购方式。

询价是指询价小组向符合资格条件的供应商发出采购货物询价通知书，要求供应商一次报出不得更改的价格，采购人从询价小组提出的成交候选人中确定成交供应商的采购方式。

第三条　采购人、采购代理机构采购以下货物、工程和服务之一的，可以采用竞争性谈判、单一来源采购方式采购；采购货物的，还可以采用询价采购方式：

（一）依法制定的集中采购目录以内，且未达到公开招标数额标准的货物、服务；

（二）依法制定的集中采购目录以外、采购限额标准以上，且未达到公开招标数额标准的货物、服务；

（三）达到公开招标数额标准、经批准采用非公开招标方式的货物、服务；

（四）按照招标投标法及其实施条例必须进行招标的工程建设项目以外的政府采购工程。

第二章 一般规定

第四条 达到公开招标数额标准的货物、服务采购项目,拟采用非招标采购方式的,采购人应当在采购活动开始前,报经主管预算单位同意后,向设区的市、自治州以上人民政府财政部门申请批准。

第五条 根据本办法第四条申请采用非招标采购方式采购的,采购人应当向财政部门提交以下材料并对材料的真实性负责:

(一)采购人名称、采购项目名称、项目概况等项目基本情况说明;

(二)项目预算金额、预算批复文件或者资金来源证明;

(三)拟申请采用的采购方式和理由。

第六条 采购人、采购代理机构应当按照政府采购法和本办法的规定组织开展非招标采购活动,并采取必要措施,保证评审在严格保密的情况下进行。

任何单位和个人不得非法干预、影响评审过程和结果。

第七条 竞争性谈判小组或者询价小组由采购人代表和评审专家共 3 人以上单数组成,其中评审专家人数不得少于竞争性谈判小组或者询价小组成员总数的 2/3。采购人不得以评审专家身份参加本部门或本单位采购项目的评审。采购代理机构人员不得参加本机构代理的采购项目的评审。

达到公开招标数额标准的货物或者服务采购项目,或者达到招标规模标准的政府采购工程,竞争性谈判小组或者询价小组应当由 5 人以上单数组成。

采用竞争性谈判、询价方式采购的政府采购项目,评审专家应当从政府采购评审专家库内相关专业的专家名单中随机抽取。技术复杂、专业性强的竞争性谈判采购项目,通过随机方式难以确定合适的评审专家的,经主管预算单位同意,可以自行选定评审专家。技术复杂、专业性强的竞争性谈判采购项目,评审专家中应当包含 1 名法律专家。

第八条 竞争性谈判小组或者询价小组在采购活动过程中应当履行下列职责:

(一)确认或者制定谈判文件、询价通知书;

(二)从符合相应资格条件的供应商名单中确定不少于 3 家的供应商参加谈判或者询价;

(三)审查供应商的响应文件并作出评价;

(四)要求供应商解释或者澄清其响应文件;

(五)编写评审报告;

(六)告知采购人、采购代理机构在评审过程中发现的供应商的违法违规行为。

第九条 竞争性谈判小组或者询价小组成员应当履行下列义务:

(一)遵纪守法,客观、公正、廉洁地履行职责;

(二)根据采购文件的规定独立进行评审,对个人的评审意见承担法律责任;

(三)参与评审报告的起草;

(四)配合采购人、采购代理机构答复供应商提出的质疑;

(五)配合财政部门的投诉处理和监督检查工作。

第十条 谈判文件、询价通知书应当根据采购项目的特点和采购人的实际需求制定,并经采购人书面同意。采购人应当以满足实际需求为原则,不得擅自提高经费预算和资产配置等采购标准。

谈判文件、询价通知书不得要求或者标明供应商名称或者特定货物的品牌，不得含有指向特定供应商的技术、服务等条件。

第十一条　谈判文件、询价通知书应当包括供应商资格条件、采购邀请、采购方式、采购预算、采购需求、采购程序、价格构成或者报价要求、响应文件编制要求、提交响应文件截止时间及地点、保证金交纳数额和形式、评定成交的标准等。

谈判文件除本条第一款规定的内容外，还应当明确谈判小组根据与供应商谈判情况可能实质性变动的内容，包括采购需求中的技术、服务要求以及合同草案条款。

第十二条　采购人、采购代理机构应当通过发布公告、从省级以上财政部门建立的供应商库中随机抽取或者采购人和评审专家分别书面推荐的方式邀请不少于3家符合相应资格条件的供应商参与竞争性谈判或者询价采购活动。

符合政府采购法第二十二条第一款规定条件的供应商可以在采购活动开始前加入供应商库。财政部门不得对供应商申请入库收取任何费用，不得利用供应商库进行地区和行业封锁。

采取采购人和评审专家书面推荐方式选择供应商的，采购人和评审专家应当各自出具书面推荐意见。采购人推荐供应商的比例不得高于推荐供应商总数的50%。

第十三条　供应商应当按照谈判文件、询价通知书的要求编制响应文件，并对其提交的响应文件的真实性、合法性承担法律责任。

第十四条　采购人、采购代理机构可以要求供应商在提交响应文件截止时间之前交纳保证金。保证金应当采用支票、汇票、本票、网上银行支付或者金融机构、担保机构出具的保函等非现金形式交纳。保证金数额应当不超过采购项目预算的2%。

供应商为联合体的，可以由联合体中的一方或者多方共同交纳保证金，其交纳的保证金对联合体各方均具有约束力。

第十五条　供应商应当在谈判文件、询价通知书要求的截止时间前，将响应文件密封送达指定地点。在截止时间后送达的响应文件为无效文件，采购人、采购代理机构或者谈判小组、询价小组应当拒收。

供应商在提交询价响应文件截止时间前，可以对所提交的响应文件进行补充、修改或者撤回，并书面通知采购人、采购代理机构。补充、修改的内容作为响应文件的组成部分。补充、修改的内容与响应文件不一致的，以补充、修改的内容为准。

第十六条　谈判小组、询价小组在对响应文件的有效性、完整性和响应程度进行审查时，可以要求供应商对响应文件中含义不明确、同类问题表述不一致或者有明显文字和计算错误的内容等作出必要的澄清、说明或者更正。供应商的澄清、说明或者更正不得超出响应文件的范围或者改变响应文件的实质性内容。

谈判小组、询价小组要求供应商澄清、说明或者更正响应文件应当以书面形式作出。供应商的澄清、说明或者更正应当由法定代表人或其授权代表签字或者加盖公章。由授权代表签字的，应当附法定代表人授权书。供应商为自然人的，应当由本人签字并附身份证明。

第十七条　谈判小组、询价小组应当根据评审记录和评审结果编写评审报告，其主要内容包括：

（一）邀请供应商参加采购活动的具体方式和相关情况，以及参加采购活动的供应商名单；

（二）评审日期和地点，谈判小组、询价小组成员名单；

（三）评审情况记录和说明，包括对供应商的资格审查情况、供应商响应文件评审情况、谈判情况、报价情况等；

（四）提出的成交候选人的名单及理由。

评审报告应当由谈判小组、询价小组全体人员签字认可。谈判小组、询价小组成员对评审报告有异议的，谈判小组、询价小组按照少数服从多数的原则推荐成交候选人，采购程序继续进行。对评审报告有异议的谈判小组、询价小组成员，应当在报告上签署不同意见并说明理由，由谈判小组、询价小组书面记录相关情况。谈判小组、询价小组成员拒绝在报告上签字又不书面说明其不同意见和理由的，视为同意评审报告。

第十八条 采购人或者采购代理机构应当在成交供应商确定后2个工作日内，在省级以上财政部门指定的媒体上公告成交结果，同时向成交供应商发出成交通知书，并将竞争性谈判文件、询价通知书随成交结果同时公告。成交结果公告应当包括以下内容：

（一）采购人和采购代理机构的名称、地址和联系方式；

（二）项目名称和项目编号；

（三）成交供应商名称、地址和成交金额；

（四）主要成交标的的名称、规格型号、数量、单价、服务要求；

（五）谈判小组、询价小组成员名单及单一来源采购人员名单。

采用书面推荐供应商参加采购活动的，还应当公告采购人和评审专家的推荐意见。

第十九条 采购人与成交供应商应当在成交通知书发出之日起30日内，按照采购文件确定的合同文本以及采购标的、规格型号、采购金额、采购数量、技术和服务要求等事项签订政府采购合同。

采购人不得向成交供应商提出超出采购文件以外的任何要求作为签订合同的条件，不得与成交供应商订立背离采购文件确定的合同文本以及采购标的、规格型号、采购金额、采购数量、技术和服务要求等实质性内容的协议。

第二十条 采购人或者采购代理机构应当在采购活动结束后及时退还供应商的保证金，但因供应商自身原因导致无法及时退还的除外。未成交供应商的保证金应当在成交通知书发出后5个工作日内退还，成交供应商的保证金应当在采购合同签订后5个工作日内退还。

有下列情形之一的，保证金不予退还：

（一）供应商在提交响应文件截止时间后撤回响应文件的；

（二）供应商在响应文件中提供虚假材料的；

（三）除因不可抗力或谈判文件、询价通知书认可的情形以外，成交供应商不与采购人签订合同的；

（四）供应商与采购人、其他供应商或者采购代理机构恶意串通的；

（五）采购文件规定的其他情形。

第二十一条 除资格性审查认定错误和价格计算错误外，采购人或者采购代理机构不得以任何理由组织重新评审。采购人、采购代理机构发现谈判小组、询价小组未按照采购文件规定的评定成交的标准进行评审的，应当重新开展采购活动，并同时书面报告本级财政部门。

第二十二条 除不可抗力等因素外，成交通知书发出后，采购人改变成交结果，或者成交供应商拒绝签订政府采购合同的，应当承担相应的法律责任。

成交供应商拒绝签订政府采购合同的，采购人可以按照本办法第三十六条第二款、第四十九条第二款规定的原则确定其他供应商作为成交供应商并签订政府采购合同，也可以重新开展采购活动。拒绝签订政府采购合同的成交供应商不得参加对该项目重新开展的采购活动。

第二十三条　在采购活动中因重大变故，采购任务取消的，采购人或者采购代理机构应当终止采购活动，通知所有参加采购活动的供应商，并将项目实施情况和采购任务取消原因报送本级财政部门。

第二十四条　采购人或者采购代理机构应当按照采购合同规定的技术、服务等要求组织对供应商履约的验收，并出具验收书。验收书应当包括每一项技术、服务等要求的履约情况。大型或者复杂的项目，应当邀请国家认可的质量检测机构参加验收。验收方成员应当在验收书上签字，并承担相应的法律责任。

第二十五条　谈判小组、询价小组成员以及与评审工作有关的人员不得泄露评审情况以及评审过程中获悉的国家秘密、商业秘密。

第二十六条　采购人、采购代理机构应当妥善保管每项采购活动的采购文件。采购文件包括采购活动记录、采购预算、谈判文件、询价通知书、响应文件、推荐供应商的意见、评审报告、成交供应商确定文件、单一来源采购协商情况记录、合同文本、验收证明、质疑答复、投诉处理决定以及其他有关文件、资料。采购文件可以电子档案方式保存。

采购活动记录至少应当包括下列内容：

（一）采购项目类别、名称；

（二）采购项目预算、资金构成和合同价格；

（三）采购方式，采用该方式的原因及相关说明材料；

（四）选择参加采购活动的供应商的方式及原因；

（五）评定成交的标准及确定成交供应商的原因；

（六）终止采购活动的，终止的原因。

第三章　竞争性谈判

第二十七条　符合下列情形之一的采购项目，可以采用竞争性谈判方式采购：

（一）招标后没有供应商投标或者没有合格标的，或者重新招标未能成立的；

（二）技术复杂或者性质特殊，不能确定详细规格或者具体要求的；

（三）非采购人所能预见的原因或者非采购人拖延造成采用招标所需时间不能满足用户紧急需要的；

（四）因艺术品采购、专利、专有技术或者服务的时间、数量事先不能确定等原因不能事先计算出价格总额的。公开招标的货物、服务采购项目，招标过程中提交投标文件或者经评审实质性响应招标文件要求的供应商只有两家时，采购人、采购代理机构按照本办法第四条经本级财政部门批准后可以与该两家供应商进行竞争性谈判采购，采购人、采购代理机构应当根据招标文件中的采购需求编制谈判文件，成立谈判小组，由谈判小组对谈判文件进行确认。符合本款情形的，本办法第三十三条、第三十五条中规定的供应商最低数量可以为两家。

第二十八条　符合本办法第二十七条第一款第一项情形和第二款情形，申请采用竞争性谈判采购方式时，除提交本办法第五条第一至三项规定的材料外，还应当提交下列申请材料：

（一）在省级以上财政部门指定的媒体上发布招标公告的证明材料；

（二）采购人、采购代理机构出具的对招标文件和招标过程是否有供应商质疑及质疑处理情况的说明；

（三）评标委员会或者3名以上评审专家出具的招标文件没有不合理条款的论证意见。

第二十九条　从谈判文件发出之日起至供应商提交首次响应文件截止之日止不得少于3个工作日。

提交首次响应文件截止之日前，采购人、采购代理机构或者谈判小组可以对已发出的谈判文件进行必要的澄清或者修改，澄清或者修改的内容作为谈判文件的组成部分。澄清或者修改的内容可能影响响应文件编制的，采购人、采购代理机构或者谈判小组应当在提交首次响应文件截止之日3个工作日前，以书面形式通知所有接收谈判文件的供应商，不足3个工作日的，应当顺延提交首次响应文件截止之日。

第三十条　谈判小组应当对响应文件进行评审，并根据谈判文件规定的程序、评定成交的标准等事项与实质性响应谈判文件要求的供应商进行谈判。未实质性响应谈判文件的响应文件按无效处理，谈判小组应当告知有关供应商。

第三十一条　谈判小组所有成员应当集中与单一供应商分别进行谈判，并给予所有参加谈判的供应商平等的谈判机会。

第三十二条　在谈判过程中，谈判小组可以根据谈判文件和谈判情况实质性变动采购需求中的技术、服务要求以及合同草案条款，但不得变动谈判文件中的其他内容。实质性变动的内容，须经采购人代表确认。

对谈判文件作出的实质性变动是谈判文件的有效组成部分，谈判小组应当及时以书面形式同时通知所有参加谈判的供应商。

供应商应当按照谈判文件的变动情况和谈判小组的要求重新提交响应文件，并由其法定代表人或授权代表签字或者加盖公章。由授权代表签字的，应当附法定代表人授权书。供应商为自然人的，应当由本人签字并附身份证明。

第三十三条　谈判文件能够详细列明采购标的的技术、服务要求的，谈判结束后，谈判小组应当要求所有继续参加谈判的供应商在规定时间内提交最后报价，提交最后报价的供应商不得少于3家。

谈判文件不能详细列明采购标的的技术、服务要求，需经谈判由供应商提供最终设计方案或解决方案的，谈判结束后，谈判小组应当按照少数服从多数的原则投票推荐3家以上供应商的设计方案或者解决方案，并要求其在规定时间内提交最后报价。

最后报价是供应商响应文件的有效组成部分。

第三十四条　已提交响应文件的供应商，在提交最后报价之前，可以根据谈判情况退出谈判。采购人、采购代理机构应当退还退出谈判的供应商的保证金。

第三十五条　谈判小组应当从质量和服务均能满足采购文件实质性响应要求的供应商中，按照最后报价由低到高的顺序提出3名以上成交候选人，并编写评审报告。

第三十六条　采购代理机构应当在评审结束后2个工作日内将评审报告送采购人确认。

采购人应当在收到评审报告后5个工作日内，从评审报告提出的成交候选人中，根据质量和服务均能满足采购文件实质性响应要求且最后报价最低的原则确定成交供应商,也可以书面授权谈判小组直接确定成交供应商。采购人逾期未确定成交供应商且不提出异议的,视为确定评审报告提出的最后报价最低的供应商为成交供应商。

第三十七条 出现下列情形之一的,采购人或者采购代理机构应当终止竞争性谈判采购活动,发布项目终止公告并说明原因,重新开展采购活动:

(一)因情况变化,不再符合规定的竞争性谈判采购方式适用情形的;

(二)出现影响采购公正的违法、违规行为的;

(三)在采购过程中符合竞争要求的供应商或者报价未超过采购预算的供应商不足3家的,但本办法第二十七条第二款规定的情形除外。

第四章 单一来源采购

第三十八条 属于政府采购法第三十一条第一项情形,且达到公开招标数额的货物、服务项目,拟采用单一来源采购方式的,采购人、采购代理机构在按照本办法第四条报财政部门批准之前,应当在省级以上财政部门指定媒体上公示,并将公示情况一并报财政部门。公示期不得少于5个工作日,公示内容应当包括:

(一)采购人、采购项目名称和内容;

(二)拟采购的货物或者服务的说明;

(三)采用单一来源采购方式的原因及相关说明;

(四)拟定的唯一供应商名称、地址;

(五)专业人员对相关供应商因专利、专有技术等原因具有唯一性的具体论证意见,以及专业人员的姓名、工作单位和职称;

(六)公示的期限;

(七)采购人、采购代理机构、财政部门的联系地址、联系人和联系电话。

第三十九条 任何供应商、单位或者个人对采用单一来源采购方式公示有异议的,可以在公示期内将书面意见反馈给采购人、采购代理机构,并同时抄送相关财政部门。

第四十条 采购人、采购代理机构收到对采用单一来源采购方式公示的异议后,应当在公示期满后5个工作日内,组织补充论证,论证后认为异议成立的,应当依法采取其他采购方式;论证后认为异议不成立的,应当将异议意见、论证意见与公示情况一并报相关财政部门。

采购人、采购代理机构应当将补充论证的结论告知提出异议的供应商、单位或者个人。

第四十一条 采用单一来源采购方式采购的,采购人、采购代理机构应当组织具有相关经验的专业人员与供应商商定合理的成交价格并保证采购项目质量。

第四十二条 单一来源采购人员应当编写协商情况记录,主要内容包括:

(一)依据本办法第三十八条进行公示的,公示情况说明;

(二)协商日期和地点,采购人员名单;

(三)供应商提供的采购标的成本、同类项目合同价格以及相关专利、专有技术等情况说明;

(四)合同主要条款及价格商定情况。

协商情况记录应当由采购全体人员签字认可。对记录有异议的采购人员,应当签署不同意见并说明理由。采购人员拒绝在记录上签字又不书面说明其不同意见和理由的,视为同意。

第四十三条 出现下列情形之一的，采购人或者采购代理机构应当终止采购活动，发布项目终止公告并说明原因，重新开展采购活动：

（一）因情况变化，不再符合规定的单一来源采购方式适用情形的；

（二）出现影响采购公正的违法、违规行为的；

（三）报价超过采购预算的。

第五章　询　　价

第四十四条 询价采购需求中的技术、服务等要求应当完整、明确，符合相关法律、行政法规和政府采购政策的规定。

第四十五条 从询价通知书发出之日起至供应商提交响应文件截止之日止不得少于3个工作日。提交响应文件截止之日前，采购人、采购代理机构或者询价小组可以对已发出的询价通知书进行必要的澄清或者修改，澄清或者修改的内容作为询价通知书的组成部分。澄清或者修改的内容可能影响响应文件编制的，采购人、采购代理机构或者询价小组应当在提交响应文件截止之日3个工作日前，以书面形式通知所有接收询价通知书的供应商，不足3个工作日的，应当顺延提交响应文件截止之日。

第四十六条 询价小组在询价过程中，不得改变询价通知书所确定的技术和服务等要求、评审程序、评定成交的标准和合同文本等事项。

第四十七条 参加询价采购活动的供应商，应当按照询价通知书的规定一次报出不得更改的价格。

第四十八条 询价小组应当从质量和服务均能满足采购文件实质性响应要求的供应商中，按照报价由低到高的顺序提出3名以上成交候选人，并编写评审报告。

第四十九条 采购代理机构应当在评审结束后2个工作日内将评审报告送采购人确认。

采购人应当在收到评审报告后5个工作日内，从评审报告提出的成交候选人中，根据质量和服务均能满足采购文件实质性响应要求且报价最低的原则确定成交供应商，也可以书面授权询价小组直接确定成交供应商。采购人逾期未确定成交供应商且不提出异议的，视为确定评审报告提出的最后报价最低的供应商为成交供应商。

第五十条 出现下列情形之一的，采购人或者采购代理机构应当终止询价采购活动，发布项目终止公告并说明原因，重新开展采购活动：

（一）因情况变化，不再符合规定的询价采购方式适用情形的；

（二）出现影响采购公正的违法、违规行为的；

（三）在采购过程中符合竞争要求的供应商或者报价未超过采购预算的供应商不足3家的。

第六章　法律责任

第五十一条 采购人、采购代理机构有下列情形之一的，责令限期改正，给予警告；有关法律、行政法规规定处以罚款的，并处罚款；涉嫌犯罪的，依法移送司法机关处理：

（一）未按照本办法规定在指定媒体上发布政府采购信息的；

（二）未按照本办法规定组成谈判小组、询价小组的；

（三）在询价采购过程中与供应商进行协商谈判的；

（四）未按照政府采购法和本办法规定的程序和要求确定成交候选人的；

（五）泄露评审情况以及评审过程中获悉的国家秘密、商业秘密的。

采购代理机构有前款情形之一，情节严重的，暂停其政府采购代理机构资格3至6个月；情节特别严重或者逾期不改正的，取消其政府采购代理机构资格。

第五十二条 采购人有下列情形之一的，责令限期改正，给予警告；有关法律、行政法规规定处以罚款的，并处罚款：

（一）未按照政府采购法和本办法的规定采用非招标采购方式的；

（二）未按照政府采购法和本办法的规定确定成交供应商的；

（三）未按照采购文件确定的事项签订政府采购合同，或者与成交供应商另行订立背离合同实质性内容的协议的；

（四）未按规定将政府采购合同副本报本级财政部门备案的。

第五十三条 采购人、采购代理机构有本办法第五十一条、第五十二条规定情形之一，且情节严重或者拒不改正的，其直接负责的主管人员和其他直接责任人员属于国家机关工作人员的，由任免机关或者监察机关依法给予处分，并予通报。

第五十四条 成交供应商有下列情形之一的，责令限期改正，情节严重的，列入不良行为记录名单，在1至3年内禁止参加政府采购活动，并予以通报：

（一）未按照采购文件确定的事项签订政府采购合同，或者与采购人另行订立背离合同实质性内容的协议的；

（二）成交后无正当理由不与采购人签订合同的；

（三）拒绝履行合同义务的。

第五十五条 谈判小组、询价小组成员有下列行为之一的，责令改正，给予警告；有关法律、行政法规规定处以罚款的，并处罚款；涉嫌犯罪的，依法移送司法机关处理：

（一）收受采购人、采购代理机构、供应商、其他利害关系人的财物或者其他不正当利益的；

（二）泄露评审情况以及评审过程中获悉的国家秘密、商业秘密的；

（三）明知与供应商有利害关系而不依法回避的；

（四）在评审过程中擅离职守，影响评审程序正常进行的；

（五）在评审过程中有明显不合理或者不正当倾向性的；

（六）未按照采购文件规定的评定成交的标准进行评审的。

评审专家有前款情形之一，情节严重的，取消其政府采购评审专家资格，不得再参加任何政府采购项目的评审，并在财政部门指定的政府采购信息发布媒体上予以公告。

第五十六条 有本办法第五十一条、第五十二条、第五十五条违法行为之一，并且影响或者可能影响成交结果的，应当按照下列情形分别处理：

（一）未确定成交供应商的，终止本次采购活动，依法重新开展采购活动；

（二）已确定成交供应商但采购合同尚未履行的，撤销合同，从合格的成交候选人中另行确定成交供应商，没有合格的成交候选人的，重新开展采购活动；

（三）采购合同已经履行的，给采购人、供应商造成损失的，由责任人依法承担赔偿责任。

第五十七条　政府采购当事人违反政府采购法和本办法规定，给他人造成损失的，应当依照有关民事法律规定承担民事责任。

第五十八条　任何单位或者个人非法干预、影响评审过程或者结果的，责令改正；该单位责任人或者个人属于国家机关工作人员的，由任免机关或者监察机关依法给予处分。

第五十九条　财政部门工作人员在实施监督管理过程中违法干预采购活动或者滥用职权、玩忽职守、徇私舞弊的，依法给予处分；涉嫌犯罪的，依法移送司法机关处理。

第七章　附　　则

第六十条　本办法所称主管预算单位是指负有编制部门预算职责，向同级财政部门申报预算的国家机关、事业单位和团体组织。

第六十一条　各省、自治区、直辖市人民政府财政部门可以根据本办法制定具体实施办法。

第六十二条　本办法自 2014 年 2 月 1 日起施行。

附录七：《关于印发政府和社会资本合作模式操作指南（试行）》的通知

财金〔2014〕113号

各省、自治区、直辖市、计划单列市财政厅（局），新疆生产建设兵团财务局：

根据《财政部关于推广运用政府和社会资本合作模式有关问题的通知》（财金〔2014〕76号），为保证政府和社会资本合作项目实施质量，规范项目识别、准备、采购、执行、移交各环节操作流程，现印发《政府和社会资本合作模式操作指南（试行）》，请遵照执行。

附件：政府和社会资本合作模式操作指南（试行）

财政部

二〇一四年十一月二十九日

附件：

政府和社会资本合作模式操作指南

（试行）

第一章 总 则

第一条 为科学规范地推广运用政府和社会资本合作模式（Public-Private Partnership，PPP），根据《中华人民共和国预算法》、《中华人民共和国政府采购法》、《中华人民共和国合同法》、《国务院关于加强地方政府性债务管理的意见》（国发〔2014〕43号）、《国务院关于深化预算管理制度改革的决定》（国发〔2014〕45号）和《财政部关于推广运用政府和社会资本合作模式有关问题的通知》（财金〔2014〕76号）等法律、法规、规章和规范性文件，制定本指南。

第二条 本指南所称社会资本是指已建立现代企业制度的境内外企业法人，但不包括本级政府所属融资平台公司及其他控股国有企业。

第三条 本指南适用于规范政府、社会资本和其他参与方开展政府和社会资本合作项目的识别、准备、采购、执行和移交等活动。

第四条 财政部门应本着社会主义市场经济基本原则，以制度创新、合作契约精神，加强与政府相关部门的协调，积极发挥第三方专业机构作用，全面统筹政府和社会资本合作管理工作。

各省、自治区、直辖市、计划单列市和新疆生产建设兵团财政部门应积极设立政府和社会资本合作中心或指定专门机构，履行规划指导、融资支持、识别评估、咨询服务、宣传培训、绩效评价、信息统计、专家库和项目库建设等职责。

第五条 各参与方应按照公平、公正、公开和诚实信用的原则，依法、规范、高效实施政府和社会资本合作项目。

第二章 项目识别

第六条 投资规模较大、需求长期稳定、价格调整机制灵活、市场化程度较高的基础设施及公共服务类项目，适宜采用政府和社会资本合作模式。

政府和社会资本合作项目由政府或社会资本发起，以政府发起为主。

（一）政府发起。

财政部门（政府和社会资本合作中心）应负责向交通、住建、环保、能源、教育、医疗、体育健身和文化设施等行业主管部门征集潜在政府和社会资本合作项目。行业主管部门可从国民经济和社会发展规划及行业专项规划中的新建、改建项目或存量公共资产中遴选潜在项目。

（二）社会资本发起。

社会资本应以项目建议书的方式向财政部门（政府和社会资本合作中心）推荐潜在政府和社会资本合作项目。

第七条 财政部门（政府和社会资本合作中心）会同行业主管部门，对潜在政府和社会资本合作项目进行评估筛选，确定备选项目。财政部门（政府和社会资本合作中心）应根据筛选结果制定项目年度和中期开发计划。

对于列入年度开发计划的项目，项目发起方应按财政部门（政府和社会资本合作中心）的要求提交相关资料。新建、改建项目应提交可行性研究报告、项目产出说明和初步实施方案；存量项目应提交存量公共资产的历史资料、项目产出说明和初步实施方案。

第八条 财政部门（政府和社会资本合作中心）会同行业主管部门，从定性和定量两方面开展物有所值评价工作。定量评价工作由各地根据实际情况开展。

定性评价重点关注项目采用政府和社会资本合作模式与采用政府传统采购模式相比能否增加供给、优化风险分配、提高运营效率、促进创新和公平竞争等。

定量评价主要通过对政府和社会资本合作项目全生命周期内政府支出成本现值与公共部门比较值进行比较，计算项目的物有所值量值，判断政府和社会资本合作模式是否降低项目全生命周期成本。

第九条 为确保财政中长期可持续性，财政部门应根据项目全生命周期内的财政支出、政府债务等因素，对部分政府付费或政府补贴的项目，开展财政承受能力论证，每年政府付费或政府补贴等财政支出不得超出当年财政收入的一定比例。

通过物有所值评价和财政承受能力论证的项目，可进行项目准备。

第三章 项目准备

第十条 县级（含）以上地方人民政府可建立专门协调机制，主要负责项目评审、组织协调和检查督导等工作，实现简化审批流程、提高工作效率的目的。政府或其指定的有关职能部门或事业单位可作为项目实施机构，负责项目准备、采购、监管和移交等工作。

第十一条 项目实施机构应组织编制项目实施方案，依次对以下内容进行介绍：

(一) 项目概况。

项目概况主要包括基本情况、经济技术指标和项目公司股权情况等。

基本情况主要明确项目提供的公共产品和服务内容、项目采用政府和社会资本合作模式运作的必要性和可行性,以及项目运作的目标和意义。

经济技术指标主要明确项目区位、占地面积、建设内容或资产范围、投资规模或资产价值、主要产出说明和资金来源等。

项目公司股权情况主要明确是否要设立项目公司以及公司股权结构。

(二) 风险分配基本框架。

按照风险分配优化、风险收益对等和风险可控等原则,综合考虑政府风险管理能力、项目回报机制和市场风险管理能力等要素,在政府和社会资本间合理分配项目风险。

原则上,项目设计、建造、财务和运营维护等商业风险由社会资本承担,法律、政策和最低需求等风险由政府承担,不可抗力等风险由政府和社会资本合理共担。

(三) 项目运作方式。

项目运作方式主要包括委托运营、管理合同、建设-运营-移交、建设-拥有-运营、转让-运营-移交和改建-运营-移交等。

具体运作方式的选择主要由收费定价机制、项目投资收益水平、风险分配基本框架、融资需求、改扩建需求和期满处置等因素决定。

(四) 交易结构。

交易结构主要包括项目投融资结构、回报机制和相关配套安排。

项目投融资结构主要说明项目资本性支出的资金来源、性质和用途,项目资产的形成和转移等。

项目回报机制主要说明社会资本取得投资回报的资金来源,包括使用者付费、可行性缺口补助和政府付费等支付方式。

相关配套安排主要说明由项目以外相关机构提供的土地、水、电、气和道路等配套设施和项目所需的上下游服务。

(五) 合同体系。

合同体系主要包括项目合同、股东合同、融资合同、工程承包合同、运营服务合同、原料供应合同、产品采购合同和保险合同等。项目合同是其中最核心的法律文件。

项目边界条件是项目合同的核心内容,主要包括权利义务、交易条件、履约保障和调整衔接等边界。

权利义务边界主要明确项目资产权属、社会资本承担的公共责任、政府支付方式和风险分配结果等。

交易条件边界主要明确项目合同期限、项目回报机制、收费定价调整机制和产出说明等。

履约保障边界主要明确强制保险方案以及由投资竞争保函、建设履约保函、运营维护保函和移交维修保函组成的履约保函体系。

调整衔接边界主要明确应急处置、临时接管和提前终止、合同变更、合同展期、项目新增改扩建需求等应对措施。

(六) 监管架构。

监管架构主要包括授权关系和监管方式。授权关系主要是政府对项目实施机构的授权,以及政府直接或通过项目实施机构对社会资本的授权;监管方式主要包括履约管理、行政监管和公众监督等。

（七）采购方式选择。

项目采购应根据《中华人民共和国政府采购法》及相关规章制度执行，采购方式包括公开招标、竞争性谈判、邀请招标、竞争性磋商和单一来源采购。项目实施机构应根据项目采购需求特点，依法选择适当采购方式。

公开招标主要适用于核心边界条件和技术经济参数明确、完整、符合国家法律法规和政府采购政策，且采购中不作更改的项目。

第十二条 财政部门（政府和社会资本合作中心）应对项目实施方案进行物有所值和财政承受能力验证，通过验证的，由项目实施机构报政府审核；未通过验证的，可在实施方案调整后重新验证；经重新验证仍不能通过的，不再采用政府和社会资本合作模式。

第四章 项目采购

第十三条 项目实施机构应根据项目需要准备资格预审文件，发布资格预审公告，邀请社会资本和与其合作的金融机构参与资格预审，验证项目能否获得社会资本响应和实现充分竞争，并将资格预审的评审报告提交财政部门（政府和社会资本合作中心）备案。

项目有3家以上社会资本通过资格预审的，项目实施机构可以继续开展采购文件准备工作；项目通过资格预审的社会资本不足3家的，项目实施机构应在实施方案调整后重新组织资格预审；项目经重新资格预审合格社会资本仍不够3家的，可依法调整实施方案选择的采购方式。

第十四条 资格预审公告应在省级以上人民政府财政部门指定的媒体上发布。资格预审合格的社会资本在签订项目合同前资格发生变化的，应及时通知项目实施机构。

资格预审公告应包括项目授权主体、项目实施机构和项目名称、采购需求、对社会资本的资格要求、是否允许联合体参与采购活动、拟确定参与竞争的合格社会资本的家数和确定方法，以及社会资本提交资格预审申请文件的时间和地点。提交资格预审申请文件的时间自公告发布之日起不得少于15个工作日。

第十五条 项目采购文件应包括采购邀请、竞争者须知（包括密封、签署、盖章要求等）、竞争者应提供的资格、资信及业绩证明文件、采购方式、政府对项目实施机构的授权、实施方案的批复和项目相关审批文件、采购程序、响应文件编制要求、提交响应文件截止时间、开启时间及地点、强制担保的保证金交纳数额和形式、评审方法、评审标准、政府采购政策要求、项目合同草案及其他法律文本等。

采用竞争性谈判或竞争性磋商采购方式的，项目采购文件除上款规定的内容外，还应明确评审小组根据与社会资本谈判情况可能实质性变动的内容，包括采购需求中的技术、服务要求以及合同草案条款。

第十六条 评审小组由项目实施机构代表和评审专家共5人以上单数组成，其中评审专家人数不得少于评审小组成员总数的2/3。评审专家可以由项目实施机构自行选定，但评审专家中应至少包含1名财务专家和1名法律专家。项目实施机构代表不得以评审专家身份参加项目的评审。

第十七条 项目采用公开招标、邀请招标、竞争性谈判、单一来源采购方式开展采购的，按照政府采购法律法规及有关规定执行。

项目采用竞争性磋商采购方式开展采购的，按照下列基本程序进行：

（一）采购公告发布及报名。

竞争性磋商公告应在省级以上人民政府财政部门指定的媒体上发布。竞争性磋商公告应包括项目实施机构和项目名称、项目结构和核心边界条件、是否允许未进行资格预审的社会资本参与采购活动，以及审查原则、项目产出说明、对社会资本提供的响应文件要求、获取采购文件的时间、地点、方式及采购文件的售价、提交响应文件截止时间、开启时间及地点。提交响应文件的时间自公告发布之日起不得少于10日。

（二）资格审查及采购文件发售。

已进行资格预审的，评审小组在评审阶段不再对社会资本资格进行审查。允许进行资格后审的，由评审小组在响应文件评审环节对社会资本进行资格审查。项目实施机构可以视项目的具体情况，组织对符合条件的社会资本的资格条件，进行考察核实。

采购文件售价，应按照弥补采购文件印制成本费用的原则确定，不得以营利为目的，不得以项目采购金额作为确定采购文件售价依据。采购文件的发售期限自开始之日起不得少于5个工作日。

（三）采购文件的澄清或修改。

提交首次响应文件截止之日前，项目实施机构可以对已发出的采购文件进行必要的澄清或修改，澄清或修改的内容应作为采购文件的组成部分。澄清或修改的内容可能影响响应文件编制的，项目实施机构应在提交首次响应文件截止时间至少5日前，以书面形式通知所有获取采购文件的社会资本；不足5日的，项目实施机构应顺延提交响应文件的截止时间。

（四）响应文件评审。

项目实施机构应按照采购文件规定组织响应文件的接收和开启。

评审小组对响应文件进行两阶段评审：

第一阶段：确定最终采购需求方案。评审小组可以与社会资本进行多轮谈判，谈判过程中可实质性修订采购文件的技术、服务要求以及合同草案条款，但不得修订采购文件中规定的不可谈判核心条件。实质性变动的内容，须经项目实施机构确认，并通知所有参与谈判的社会资本。具体程序按照《政府采购非招标方式管理办法》及有关规定执行。

第二阶段：综合评分。最终采购需求方案确定后，由评审小组对社会资本提交的最终响应文件进行综合评分，编写评审报告并向项目实施机构提交候选社会资本的排序名单。具体程序按照《政府采购货物和服务招标投标管理办法》及有关规定执行。

第十八条 项目实施机构应在资格预审公告、采购公告、采购文件、采购合同中，列明对本国社会资本的优惠措施及幅度、外方社会资本采购我国生产的货物和服务要求等相关政府采购政策，以及对社会资本参与采购活动和履约保证的强制担保要求。社会资本应以支票、汇票、本票或金融机构、担保机构出具的保函等非现金形式缴纳保证金。参加采购活动的保证金的数额不得超过项目预算金额的2%。履约保证金的数额不得超过政府和社会资本合作项目初始投资总额或资产评估值的10%。无固定资产投资或投资额不大的服务型合作项目，履约保证金的数额不得超过平均6个月的服务收入额。

第十九条 项目实施机构应组织社会资本进行现场考察或召开采购前答疑会，但不得单独或分别组织只有一个社会资本参加的现场考察和答疑会。

第二十条 项目实施机构应成立专门的采购结果确认谈判工作组。按照候选社会资本的排名，依次与候选社会资本及与其合作的金融机构就合同中可变的细节问题进行合同签署前的确认谈判，率先达成一致的即为中选者。确认谈判不得涉及合同中不可谈判的核心条款，不得与排序在前但已终止谈判的社会资本进行再次谈判。

第二十一条　确认谈判完成后，项目实施机构应与中选社会资本签署确认谈判备忘录，并将采购结果和根据采购文件、响应文件、补遗文件和确认谈判备忘录拟定的合同文本进行公示，公示期不得少于5个工作日。合同文本应将中选社会资本响应文件中的重要承诺和技术文件等作为附件。合同文本中涉及国家秘密、商业秘密的内容可以不公示。

公示期满无异议的项目合同，应在政府审核同意后，由项目实施机构与中选社会资本签署。

需要为项目设立专门项目公司的，待项目公司成立后，由项目公司与项目实施机构重新签署项目合同，或签署关于承继项目合同的补充合同。

项目实施机构应在项目合同签订之日起2个工作日内，将项目合同在省级以上人民政府财政部门指定的媒体上公告，但合同中涉及国家秘密、商业秘密的内容除外。

第二十二条　各级人民政府财政部门应当加强对PPP项目采购活动的监督检查，及时处理采购活动中的违法违规行为。

第五章　项目执行

第二十三条　社会资本可依法设立项目公司。政府可指定相关机构依法参股项目公司。项目实施机构和财政部门（政府和社会资本合作中心）应监督社会资本按照采购文件和项目合同约定，按时足额出资设立项目公司。

第二十四条　项目融资由社会资本或项目公司负责。社会资本或项目公司应及时开展融资方案设计、机构接洽、合同签订和融资交割等工作。财政部门（政府和社会资本合作中心）和项目实施机构应做好监督管理工作，防止企业债务向政府转移。

社会资本或项目公司未按照项目合同约定完成融资的，政府可提取履约保函直至终止项目合同；遇系统性金融风险或不可抗力的，政府、社会资本或项目公司可根据项目合同约定协商修订合同中相关融资条款。

当项目出现重大经营或财务风险，威胁或侵害债权人利益时，债权人可依据与政府、社会资本或项目公司签订的直接介入协议或条款，要求社会资本或项目公司改善管理等。在直接介入协议或条款约定期限内，重大风险已解除的，债权人应停止介入。

第二十五条　项目合同中涉及的政府支付义务，财政部门应结合中长期财政规划统筹考虑，纳入同级政府预算，按照预算管理相关规定执行。财政部门（政府和社会资本合作中心）和项目实施机构应建立政府和社会资本合作项目政府支付台账，严格控制政府财政风险。在政府综合财务报告制度建立后，政府和社会资本合作项目中的政府支付义务应纳入政府综合财务报告。

第二十六条　项目实施机构应根据项目合同约定，监督社会资本或项目公司履行合同义务，定期监测项目产出绩效指标，编制季报和年报，并报财政部门（政府和社会资本合作中心）备案。

政府有支付义务的，项目实施机构应根据项目合同约定的产出说明，按照实际绩效直接或通知财政部门向社会资本或项目公司及时足额支付。设置超额收益分享机制的，社会资本或项目公司应根据项目合同约定向政府及时足额支付应享有的超额收益。

项目实际绩效优于约定标准的，项目实施机构应执行项目合同约定的奖励条款，并可将其作为项目期满合同能否展期的依据；未达到约定标准的，项目实施机构应执行项目合同约定的惩处条款或救济措施。

第二十七条 社会资本或项目公司违反项目合同约定，威胁公共产品和服务持续稳定安全供给，或危及国家安全和重大公共利益的，政府有权临时接管项目，直至启动项目提前终止程序。

政府可指定合格机构实施临时接管。临时接管项目所产生的一切费用，将根据项目合同约定，由违约方单独承担或由各责任方分担。社会资本或项目公司应承担的临时接管费用，可以从其应获终止补偿中扣减。

第二十八条 在项目合同执行和管理过程中，项目实施机构应重点关注合同修订、违约责任和争议解决等工作。

（一）合同修订。

按照项目合同约定的条件和程序，项目实施机构和社会资本或项目公司可根据社会经济环境、公共产品和服务的需求量及结构等条件的变化，提出修订项目合同申请，待政府审核同意后执行。

（二）违约责任。

项目实施机构、社会资本或项目公司未履行项目合同约定义务的，应承担相应违约责任，包括停止侵害、消除影响、支付违约金、赔偿损失以及解除项目合同等。

（三）争议解决。

在项目实施过程中，按照项目合同约定，项目实施机构、社会资本或项目公司可就发生争议且无法协商达成一致的事项，依法申请仲裁或提起民事诉讼。

第二十九条 项目实施机构应每3－5年对项目进行中期评估，重点分析项目运行状况和项目合同的合规性、适应性和合理性；及时评估已发现问题的风险，制定应对措施，并报财政部门（政府和社会资本合作中心）备案。

第三十条 政府相关职能部门应根据国家相关法律法规对项目履行行政监管职责，重点关注公共产品和服务质量、价格和收费机制、安全生产、环境保护和劳动者权益等。

社会资本或项目公司对政府职能部门的行政监管处理决定不服的，可依法申请行政复议或提起行政诉讼。

第三十一条 政府、社会资本或项目公司应依法公开披露项目相关信息，保障公众知情权，接受社会监督。

社会资本或项目公司应披露项目产出的数量和质量、项目经营状况等信息。政府应公开不涉及国家秘密、商业秘密的政府和社会资本合作项目合同条款、绩效监测报告、中期评估报告和项目重大变更或终止情况等。

社会公众及项目利益相关方发现项目存在违法、违约情形或公共产品和服务不达标准的，可向政府职能部门提请监督检查。

第六章 项目移交

第三十二条 项目移交时，项目实施机构或政府指定的其他机构代表政府收回项目合同约定的项目资产。

项目合同中应明确约定移交形式、补偿方式、移交内容和移交标准。移交形式包括期满终止移交和提前终止移交；补偿方式包括无偿移交和有偿移交；移交内容包括项目资产、人员、文档和知识产权等；移交标准包括设备完好率和最短可使用年限等指标。

采用有偿移交的，项目合同中应明确约定补偿方案；没有约定或约定不明的，项目实施机构应按照"恢复相同经济地位"原则拟定补偿方案，报政府审核同意后实施。

第三十三条 项目实施机构或政府指定的其他机构应组建项目移交工作组，根据项目合同约定与社会资本或项目公司确认移交情形和补偿方式，制定资产评估和性能测试方案。

项目移交工作组应委托具有相关资质的资产评估机构，按照项目合同约定的评估方式，对移交资产进行资产评估，作为确定补偿金额的依据。

项目移交工作组应严格按照性能测试方案和移交标准对移交资产进行性能测试。性能测试结果不达标的，移交工作组应要求社会资本或项目公司进行恢复性修理、更新重置或提取移交维修保函。

第三十四条 社会资本或项目公司应将满足性能测试要求的项目资产、知识产权和技术法律文件，连同资产清单移交项目实施机构或政府指定的其他机构，办妥法律过户和管理权移交手续。社会资本或项目公司应配合做好项目运营平稳过渡相关工作。

第三十五条 项目移交完成后，财政部门（政府和社会资本合作中心）应组织有关部门对项目产出、成本效益、监管成效、可持续性、政府和社会资本合作模式应用等进行绩效评价，并按相关规定公开评价结果。评价结果作为政府开展政府和社会资本合作管理工作决策参考依据。

第七章 附 则

第三十六条 本操作指南自印发之日起施行，有效期 3 年。

第三十七条 本操作指南由财政部负责解释。

附1 政府和社会资本合作项目操作流程图

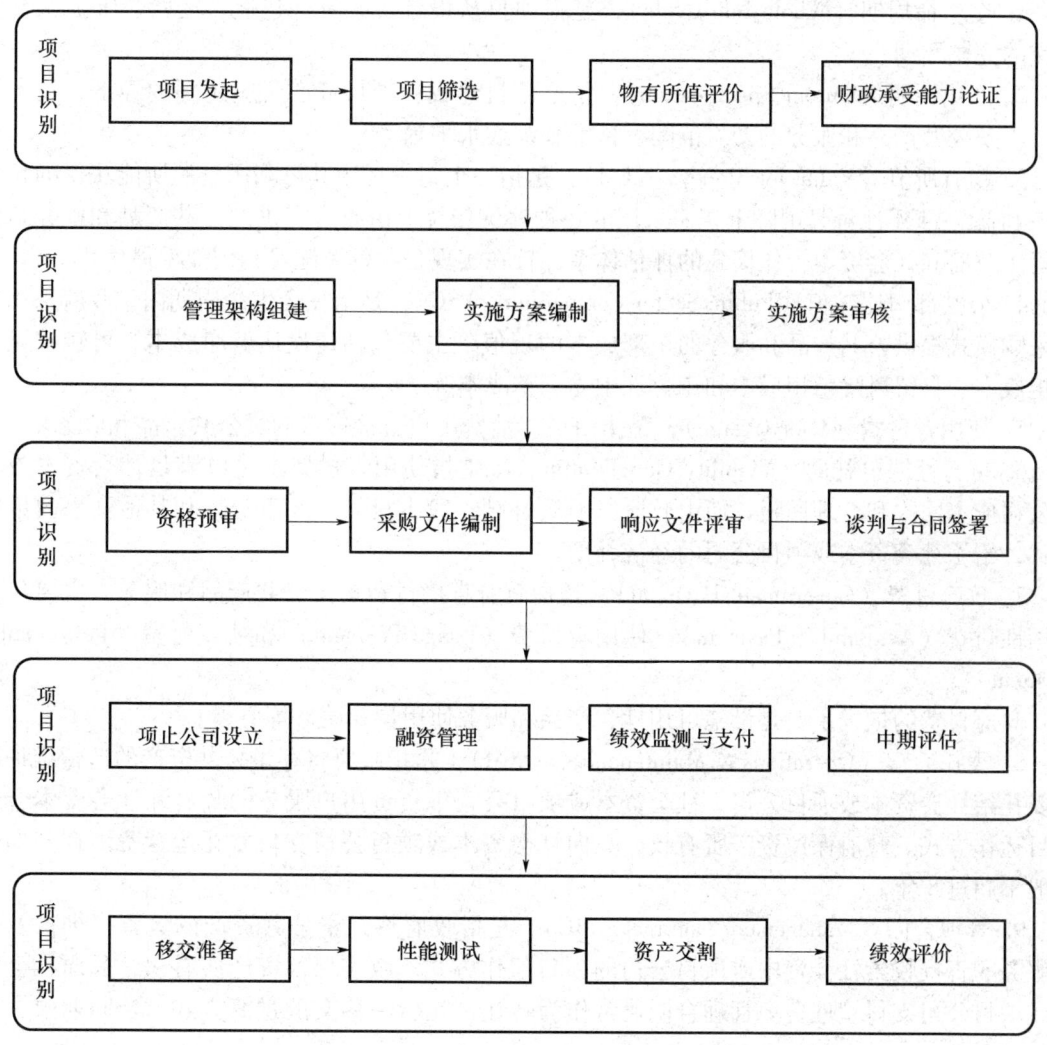

附2 名词解释

1. 全生命周期（Whole Life Cycle），是指项目从设计、融资、建造、运营、维护至终止移交的完整周期。

2. 产出说明（Output Specification），是指项目建成后项目资产所应达到的经济、技术标准，以及公共产品和服务的交付范围、标准和绩效水平等。

3. 物有所值（Value for Money，VFM），是指一个组织运用其可利用资源所能获得的长期最大利益。VFM评价是国际上普遍采用的一种评价传统上由政府提供的公共产品和服务是否可运用政府和社会资本合作模式的评估体系，旨在实现公共资源配置利用效率最优化。

4. 公共部门比较值（Public Sector Comparator，PSC），是指在全生命周期内，政府采用传统采购模式提供公共产品和服务的全部成本的现值，主要包括建设运营净成本、可转移风险承担成本、自留风险承担成本和竞争性中立调整成本等。

5. 使用者付费（User Charge），是指由最终消费用户直接付费购买公共产品和服务。

6. 可行性缺口补助（Viability Gap Funding），是指使用者付费不足以满足社会资本或项目公司成本回收和合理回报，而由政府以财政补贴、股本投入、优惠贷款和其他优惠政策的形式，给予社会资本或项目公司的经济补助。

7. 政府付费（Government Payment），是指政府直接付费购买公共产品和服务，主要包括可用性付费（Availability Payment）、使用量付费（Usage Payment）和绩效付费（Performance Payment）。

政府付费的依据主要是设施可用性、产品和服务使用量和质量等要素。

8. 委托运营（Operations & Maintenance，O&M），是指政府将存量公共资产的运营维护职责委托给社会资本或项目公司，社会资本或项目公司不负责用户服务的政府和社会资本合作项目运作方式。政府保留资产所有权，只向社会资本或项目公司支付委托运营费。合同期限一般不超过8年。

9. 管理合同（Management Contract，MC），是指政府将存量公共资产的运营、维护及用户服务职责授权给社会资本或项目公司的项目运作方式。政府保留资产所有权，只向社会资本或项目公司支付管理费。管理合同通常作为转让-运营-移交的过渡方式，合同期限一般不超过3年。

10. 建设-运营-移交（Build-Operate-Transfer，BOT），是指由社会资本或项目公司承担新建项目设计、融资、建造、运营、维护和用户服务职责，合同期满后项目资产及相关权利等移交给政府的项目运作方式。合同期限一般为20~30年。

11. 建设-拥有-运营（Build-Own-Operate，BOO），由BOT方式演变而来，二者区别主要是BOO方式下社会资本或项目公司拥有项目所有权，但必须在合同中注明保证公益性的约束条款，一般不涉及项目期满移交。

12. 转让-运营-移交（Transfer-Operate-Transfer，TOT），是指政府将存量资产所有权有偿转让给社会资本或项目公司，并由其负责运营、维护和用户服务，合同期满后资产及其所有权等移交给政府的项目运作方式。合同期限一般为20~30年。

13. 改建-运营-移交（Rehabilitate-Operate-Transfer，ROT），是指政府在TOT模式的基础上，增加改扩建内容的项目运作方式。合同期限一般为20~30年。

附录八：财政部民政部工商总局关于印发《政府购买服务管理办法（暂行）的通知

财综〔2014〕96号

党中央有关部门，国务院各部委、各直属机构，全国人大常委会办公厅，全国政协办公厅，高法院，高检院，有关人民团体，各民主党派中央，全国工商联，各省、自治区、直辖市、计划单列市财政厅（局）、民政厅（局）、工商行政管理局，新疆生产建设兵团财务局、民政局、工商行政管理局：

根据党的十八届三中全会有关精神和《国务院办公厅关于政府向社会力量购买服务的指导意见》（国办发〔2013〕96号）部署，为加快推进政府购买服务改革，我们制定了《政府购买服务管理办法（暂行）》。现印发给你们，请认真贯彻执行。

附件：政府购买服务管理办法（暂行）

财政部
民政部
工商总局
二〇一四年十二月十五日

附件：

政府购买服务管理办法（暂行）

第一章 总则

第一条 为了进一步转变政府职能，推广和规范政府购买服务，更好发挥市场在资源配置中的决定性作用，根据《中华人民共和国预算法》、《中华人民共和国政府采购法》、《中共中央关于全面深化改革若干重大问题的决定》、《国务院办公厅关于政府向社会力量购买服务的指导意见》（国办发〔2013〕96号）等有关要求和规定，制定本办法。

第二条 本办法所称政府购买服务，是指通过发挥市场机制作用，把政府直接提供的一部分公共服务事项以及政府履职所需服务事项，按照一定的方式和程序，交由具备条件的社会力量和事业单位承担，并由政府根据合同约定向其支付费用。

政府购买服务范围应当根据政府职能性质确定，并与经济社会发展水平相适应。属于事务性管理服务的，应当引入竞争机制，通过政府购买服务方式提供。

第三条 政府购买服务遵循以下基本原则：

（一）积极稳妥，有序实施。从实际出发，准确把握社会公共服务需求，充分发挥政府主导作用，探索多种有效方式，加大社会组织承接政府购买服务支持力度，增强社会组织平等参与承接政府购买公共服务的能力，有序引导社会力量参与服务供给，形成改善公共服务的合力。

（二）科学安排，注重实效。突出公共性和公益性，重点考虑、优先安排与改善民生密切相关、有利于转变政府职能的领域和项目，明确权利义务，切实提高财政资金使用效率。

（三）公开择优，以事定费。按照公开、公平、公正原则，坚持费随事转，通过公平竞争择优选择方式确定政府购买服务的承接主体，建立优胜劣汰的动态调整机制。

（四）改革创新，完善机制。坚持与事业单位改革、社会组织改革相衔接，推进政事分开、政社分开，放宽市场准入，凡是社会能办好的，都交给社会力量承担，不断完善体制机制。

第二章 购买主体和承接主体

第四条 政府购买服务的主体（以下简称购买主体）是各级行政机关和具有行政管理职能的事业单位。

第五条 党的机关、纳入行政编制管理且经费由财政负担的群团组织向社会提供的公共服务以及履职服务，可以根据实际需要，按照本办法规定实施购买服务。

第六条 承接政府购买服务的主体（以下简称承接主体），包括在登记管理部门登记或经国务院批准免予登记的社会组织、按事业单位分类改革应划入公益二类或转为企业的事业单位、依法在工商管理或行业主管部门登记成立的企业、机构等社会力量。

第七条 承接主体应当具备以下条件：

（一）依法设立，具有独立承担民事责任的能力；

（二）治理结构健全，内部管理和监督制度完善；

（三）具有独立、健全的财务管理、会计核算和资产管理制度；

（四）具备提供服务所必需的设施、人员和专业技术能力；

（五）具有依法缴纳税收和社会保障资金的良好记录；

（六）前三年内无重大违法记录，通过年检或按要求履行年度报告公示义务，信用状况良好，未被列入经营异常名录或者严重违法企业名单；

（七）符合国家有关政事分开、政社分开、政企分开的要求；

（八）法律、法规规定以及购买服务项目要求的其他条件。

第八条 承接主体的资质及具体条件，由购买主体根据第六条、第七条规定，结合购买服务内容具体需求确定。

第九条 政府购买服务应当与事业单位改革相结合，推动事业单位与主管部门理顺关系和去行政化，推进有条件的事业单位转为企业或社会组织。

事业单位承接政府购买服务的，应按照费随事转原则，相应调整财政预算保障方式，防止出现既通过财政拨款养人办事，同时又花钱购买服务的行为。

第十条 购买主体应当在公平竞争的原则下鼓励行业协会商会参与承接政府购买服务，培育发展社会组织，提升社会组织承担公共服务能力，推动行业协会商会与行政机构脱钩。

第十一条 购买主体应当保障各类承接主体平等竞争，不得以不合理的条件对承接主体实行差别化歧视。

第三章　购买内容及指导目录

第十二条　政府购买服务的内容为适合采取市场化方式提供、社会力量能够承担的服务事项。政府新增或临时性、阶段性的服务事项，适合社会力量承担的，应当按照政府购买服务的方式进行。不属于政府职能范围，以及应当由政府直接提供、不适合社会力量承担的服务事项，不得向社会力量购买。

第十三条　各级财政部门负责制定本级政府购买服务指导性目录，确定政府购买服务的种类、性质和内容。

财政部门制定政府购买服务指导性目录，应当充分征求相关部门意见，并根据经济社会发展变化、政府职能转变及公众需求等情况及时进行动态调整。

第十四条　除法律法规另有规定外，下列服务应当纳入政府购买服务指导性目录：

（一）基本公共服务。公共教育、劳动就业、人才服务、社会保险、社会救助、养老服务、儿童福利服务、残疾人服务、优抚安置、医疗卫生、人口和计划生育、住房保障、公共文化、公共体育、公共安全、公共交通运输、三农服务、环境治理、城市维护等领域适宜由社会力量承担的服务事项。

（二）社会管理性服务。社区建设、社会组织建设与管理、社会工作服务、法律援助、扶贫济困、防灾救灾、人民调解、社区矫正、流动人口管理、安置帮教、志愿服务运营管理、公共公益宣传等领域适宜由社会力量承担的服务事项。

（三）行业管理与协调性服务。行业职业资格和水平测试管理、行业规范、行业投诉等领域适宜由社会力量承担的服务事项。

（四）技术性服务。科研和技术推广、行业规划、行业调查、行业统计分析、检验检疫检测、监测服务、会计审计服务等领域适宜由社会力量承担的服务事项。

（五）政府履职所需辅助性事项。法律服务、课题研究、政策（立法）调研草拟论证、战略和政策研究、综合性规划编制、标准评价指标制定、社会调查、会议经贸活动和展览服务、监督检查、评估、绩效评价、工程服务、项目评审、财务审计、咨询、技术业务培训、信息化建设与管理、后勤管理等领域中适宜由社会力量承担的服务事项。

（六）其他适宜由社会力量承担的服务事项。

第十五条　纳入指导性目录的服务事项，应当实施购买服务。

第四章　购买方式及程序

第十六条　购买主体应当根据购买内容的供求特点、市场发育程度等因素，按照方式灵活、程序简便、公开透明、竞争有序、结果评价的原则组织实施政府购买服务。

第十七条　购买主体应当按照政府采购法的有关规定，采用公开招标、邀请招标、竞争性谈判、单一来源采购等方式确定承接主体。

与政府购买服务相关的采购限额标准、公开招标数额标准、采购方式审核、信息公开、质疑投诉等按照政府采购相关法律制度规定执行。

第十八条　购买主体应当在购买预算下达后，根据政府采购管理要求编制政府采购实施计划，报同级政府采购监管部门备案后开展采购活动。

购买主体应当及时向社会公告购买内容、规模、对承接主体的资质要求和应提交的相关材料等相关信息。

第十九条　按规定程序确定承接主体后，购买主体应当与承接主体签订合同，并可根据服务项目的需求特点，采取购买、委托、租赁、特许经营、战略合作等形式。

合同应当明确购买服务的内容、期限、数量、质量、价格等要求，以及资金结算方式、双方的权利义务事项和违约责任等内容。

第二十条　购买主体应当加强购买合同管理，督促承接主体严格履行合同，及时了解掌握购买项目实施进度，严格按照国库集中支付管理有关规定和合同执行进度支付款项，并根据实际需求和合同规定积极帮助承接主体做好与相关政府部门、服务对象的沟通、协调。

第二十一条　承接主体应当按合同履行提供服务的义务，认真组织实施服务项目，按时完成服务项目任务，保证服务数量、质量和效果，主动接受有关部门、服务对象及社会监督，严禁转包行为。

第二十二条　承接主体完成合同约定的服务事项后，购买主体应当及时组织对履约情况进行检查验收，并依据现行财政财务管理制度加强管理。

第五章　预算及财务管理

第二十三条　政府购买服务所需资金，应当在既有财政预算中统筹安排。购买主体应当在现有财政资金安排的基础上，按规定逐步增加政府购买服务资金比例。对预算已安排资金且明确通过购买方式提供的服务项目，按相关规定执行；对预算已安排资金但尚未明确通过购买方式提供的服务项目，可以根据实际情况转为通过政府购买服务方式实施。

第二十四条　购买主体应当充分发挥行业主管部门、行业组织和专业咨询评估机构、专家等专业优势，结合项目特点和相关经费预算，综合物价、工资、税费等因素，合理测算安排政府购买服务所需支出。

第二十五条　财政部门在布置年度预算编制工作时，应当对购买服务相关预算安排提出明确要求，在预算报表中制定专门的购买服务项目表。

购买主体应当按要求填报购买服务项目表，并将列入集中采购目录或采购限额标准以上的政府购买服务项目同时反映在政府采购预算中，与部门预算一并报送财政部门审核。

第二十六条　财政部门负责政府购买服务管理的机构对购买主体填报的政府购买服务项目表进行审核。

第二十七条　财政部门审核后的购买服务项目表，随部门预算批复一并下达给相关购买主体。购买主体应当按照财政部门下达的购买服务项目表，组织实施购买服务工作。

第二十八条　承接主体应当建立政府购买服务台账，记录相关文件、工作计划方案、项目和资金批复、项目进展和资金支付、工作汇报总结、重大活动和其他有关资料信息，接受和配合相关部门对资金使用情况进行监督检查及绩效评价。

第二十九条　承接主体应当建立健全财务制度，严格遵守相关财政财务规定，对购买服务的项目资金进行规范的财务管理和会计核算，加强自身监督，确保资金规范管理和使用。

第三十条　承接主体应当建立健全财务报告制度，按要求向购买主体提供资金的使用情况、项目执行情况、成果总结等材料。

第六章 绩效和监督管理

第三十一条 财政部门应当按照建立全过程预算绩效管理机制的要求,加强成本效益分析,推进政府购买服务绩效评价工作。

财政部门应当推动建立由购买主体、服务对象及专业机构组成的综合性评价机制,推进第三方评价,按照过程评价与结果评价、短期效果评价与长远效果评价、社会效益评价与经济效益评价相结合的原则,对购买服务项目数量、质量和资金使用绩效等进行考核评价。评价结果作为选择承接主体的重要参考依据。

第三十二条 财政、审计等有关部门应当加强对政府购买服务的监督、审计,确保政府购买服务资金规范管理和合理使用。对截留、挪用和滞留资金以及其他违反本办法规定的行为,依照《中华人民共和国政府采购法》、《财政违法行为处罚处分条例》等国家有关规定追究法律责任;涉嫌犯罪的,依法移交司法机关处理。

第三十三条 民政、工商管理及行业主管等部门应当按照职责分工将承接主体承接政府购买服务行为信用记录纳入年检(报)、评估、执法等监管体系,不断健全守信激励和失信惩戒机制。

第三十四条 购买主体应当加强服务项目标准体系建设,科学设定服务需求和目标要求,建立服务项目定价体系和质量标准体系,合理编制规范性服务标准文本。

第三十五条 购买主体应当建立监督检查机制,加强对政府购买服务的全过程监督,积极配合有关部门将承接主体的承接政府购买服务行为纳入年检(报)、评估、执法等监管体系。

第三十六条 财政部门和购买主体应当按照《中华人民共和国政府信息公开条例》、《政府采购信息公告管理办法》以及预算公开的相关规定,公开财政预算及部门和单位的政府购买服务活动的相关信息,涉及国家秘密、商业秘密和个人隐私的信息除外。

第三十七条 财政部门应当会同相关部门、购买主体建立承接主体承接政府购买服务行为信用记录,对弄虚作假、冒领财政资金以及有其他违法违规行为的承接主体,依法给予行政处罚,并列入政府购买服务黑名单。

第七章 附   则

第三十八条 本办法由财政部会同有关部门负责解释。

第三十九条 本办法自 2015 年 1 月 1 日起施行。

附录九：财政部关于印发《政府采购竞争性磋商采购方式管理暂行办法》的通知

财库〔2014〕214号

党中央有关部门，国务院各部委、各直属机构，全国人大常委会办公厅，全国政协办公厅，高法院，高检院，有关人民团体，各省、自治区、直辖市、计划单列市财政厅（局），新疆生产建设兵团财务局，各集中采购机构：

为了深化政府采购制度改革，适应推进政府购买服务、推广政府和社会资本合作（PPP）模式等工作需要，根据《中华人民共和国政府采购法》和有关法律法规，财政部制定了《政府采购竞争性磋商采购方式管理暂行办法》。现印发给你们，请遵照执行。

附件：政府采购竞争性磋商采购方式管理暂行办法

财政部

二〇一四年十二月三十一日

附件

政府采购竞争性磋商采购方式管理暂行办法

第一章 总 则

第一条 为了规范政府采购行为，维护国家利益、社会公共利益和政府采购当事人的合法权益，依据《中华人民共和国政府采购法》（以下简称政府采购法）第二十六条第一款第六项规定，制定本办法。

第二条 本办法所称竞争性磋商采购方式，是指采购人、政府采购代理机构通过组建竞争性磋商小组（以下简称磋商小组）与符合条件的供应商就采购货物、工程和服务事宜进行磋商，供应商按照磋商文件的要求提交响应文件和报价，采购人从磋商小组评审后提出的候选供应商名单中确定成交供应商的采购方式。

第三条 符合下列情形的项目，可以采用竞争性磋商方式开展采购：

（一）政府购买服务项目；

（二）技术复杂或者性质特殊，不能确定详细规格或者具体要求的；

（三）因艺术品采购、专利、专有技术或者服务的时间、数量事先不能确定等原因不能事先计算出价格总额的；

（四）市场竞争不充分的科研项目，以及需要扶持的科技成果转化项目；

（五）按照招标投标法及其实施条例必须进行招标的工程建设项目以外的工程建设项目。

第二章 磋商程序

第四条 达到公开招标数额标准的货物、服务采购项目，拟采用竞争性磋商采购方式的，采购人应当在采购活动开始前，报经主管预算单位同意后，依法向设区的市、自治州以上人民政府财政部门申请批准。

第五条 采购人、采购代理机构应当按照政府采购法和本办法的规定组织开展竞争性磋商，并采取必要措施，保证磋商在严格保密的情况下进行。

任何单位和个人不得非法干预、影响磋商过程和结果。

第六条 采购人、采购代理机构应当通过发布公告、从省级以上财政部门建立的供应商库中随机抽取或者采购人和评审专家分别书面推荐的方式邀请不少于3家符合相应资格条件的供应商参与竞争性磋商采购活动。

符合政府采购法第二十二条第一款规定条件的供应商可以在采购活动开始前加入供应商库。财政部门不得对供应商申请入库收取任何费用，不得利用供应商库进行地区和行业封锁。

采取采购人和评审专家书面推荐方式选择供应商的，采购人和评审专家应当各自出具书面推荐意见。采购人推荐供应商的比例不得高于推荐供应商总数的50%。

第七条 采用公告方式邀请供应商的，采购人、采购代理机构应当在省级以上人民政府财政部门指定的政府采购信息发布媒体发布竞争性磋商公告。竞争性磋商公告应当包括以下主要内容：

（一）采购人、采购代理机构的名称、地点和联系方法；
（二）采购项目的名称、数量、简要规格描述或项目基本概况介绍；
（三）采购项目的预算；
（四）供应商资格条件；
（五）获取磋商文件的时间、地点、方式及磋商文件售价；
（六）响应文件提交的截止时间、开启时间及地点；
（七）采购项目联系人姓名和电话。

第八条 竞争性磋商文件（以下简称磋商文件）应当根据采购项目的特点和采购人的实际需求制定，并经采购人书面同意。采购人应当以满足实际需求为原则，不得擅自提高经费预算和资产配置等采购标准。

磋商文件不得要求或者标明供应商名称或者特定货物的品牌，不得含有指向特定供应商的技术、服务等条件。

第九条 磋商文件应当包括供应商资格条件、采购邀请、采购方式、采购预算、采购需求、政府采购政策要求、评审程序、评审方法、评审标准、价格构成或者报价要求、响应文件编制要求、保证金交纳数额和形式以及不予退还保证金的情形、磋商过程中可能实质性变动的内容、响应文件提交的截止时间、开启时间及地点以及合同草案条款等。

第十条 从磋商文件发出之日起至供应商提交首次响应文件截止之日止不得少于10日。

磋商文件售价应当按照弥补磋商文件制作成本费用的原则确定，不得以营利为目的，不得以项目预算金额作为确定磋商文件售价依据。磋商文件的发售期限自开始之日起不得少于5个工作日。

提交首次响应文件截止之日前，采购人、采购代理机构或者磋商小组可以对已发出的磋商文件进行必要的澄清或者修改，澄清或者修改的内容作为磋商文件的组成部分。澄清或者修改的内容可能影响响应文件编制的，采购人、采购代理机构应当在提交首次响应文件截止时间至少5日前，以书面形式通知所有获取磋商文件的供应商；不足5日的，采购人、采购代理机构应当顺延提交首次响应文件截止时间。

第十一条 供应商应当按照磋商文件的要求编制响应文件，并对其提交的响应文件的真实性、合法性承担法律责任。

第十二条 采购人、采购代理机构可以要求供应商在提交响应文件截止时间之前交纳磋商保证金。磋商保证金应当采用支票、汇票、本票或者金融机构、担保机构出具的保函等非现金形式交纳。磋商保证金数额应当不超过采购项目预算的2%。供应商未按照磋商文件要求提交磋商保证金的，响应无效。

供应商为联合体的，可以由联合体中的一方或者多方共同交纳磋商保证金，其交纳的保证金对联合体各方均具有约束力。

第十三条 供应商应当在磋商文件要求的截止时间前，将响应文件密封送达指定地点。在截止时间后送达的响应文件为无效文件，采购人、采购代理机构或者磋商小组应当拒收。

供应商在提交响应文件截止时间前，可以对所提交的响应文件进行补充、修改或者撤回，并书面通知采购人、采购代理机构。补充、修改的内容作为响应文件的组成部分。补充、修改的内容与响应文件不一致的，以补充、修改的内容为准。

第十四条 磋商小组由采购人代表和评审专家共3人以上单数组成，其中评审专家人数不得少于磋商小组成员总数的2/3。采购人代表不得以评审专家身份参加本部门或本单位采购项目的评审。采购代理机构人员不得参加本机构代理的采购项目的评审。

采用竞争性磋商方式的政府采购项目，评审专家应当从政府采购评审专家库内相关专业的专家名单中随机抽取。符合本办法第三条第四项规定情形的项目，以及情况特殊、通过随机方式难以确定合适的评审专家的项目，经主管预算单位同意，可以自行选定评审专家。技术复杂、专业性强的采购项目，评审专家中应当包含1名法律专家。

第十五条 评审专家应当遵守评审工作纪律，不得泄露评审情况和评审中获悉的商业秘密。

磋商小组在评审过程中发现供应商有行贿、提供虚假材料或者串通等违法行为的，应当及时向财政部门报告。

评审专家在评审过程中受到非法干涉的，应当及时向财政、监察等部门举报。

第十六条 磋商小组成员应当按照客观、公正、审慎的原则，根据磋商文件规定的评审程序、评审方法和评审标准进行独立评审。未实质性响应磋商文件的响应文件按无效响应处理，磋商小组应当告知提交响应文件的供应商。

磋商文件内容违反国家有关强制性规定的，磋商小组应当停止评审并向采购人或者采购代理机构说明情况。

第十七条 采购人、采购代理机构不得向磋商小组中的评审专家作倾向性、误导性的解释或者说明。

采购人、采购代理机构可以视采购项目的具体情况，组织供应商进行现场考察或召开磋商前答疑会，但不得单独或分别组织只有一个供应商参加的现场考察和答疑会。

第十八条 磋商小组在对响应文件的有效性、完整性和响应程度进行审查时，可以要求供应商对响应文件中含义不明确、同类问题表述不一致或者有明显文字和计算错误的内容等作出必要的澄清、说明或者更正。供应商的澄清、说明或者更正不得超出响应文件的范围或者改变响应文件的实质性内容。

磋商小组要求供应商澄清、说明或者更正响应文件应当以书面形式作出。供应商的澄清、说明或者更正应当由法定代表人或其授权代表签字或者加盖公章。由授权代表签字的，应当附法定代表人授权书。供应商为自然人的，应当由本人签字并附身份证明。

第十九条 磋商小组所有成员应当集中与单一供应商分别进行磋商，并给予所有参加磋商的供应商平等的磋商机会。

第二十条 在磋商过程中，磋商小组可以根据磋商文件和磋商情况实质性变动采购需求中的技术、服务要求以及合同草案条款，但不得变动磋商文件中的其他内容。实质性变动的内容，须经采购人代表确认。

对磋商文件作出的实质性变动是磋商文件的有效组成部分，磋商小组应当及时以书面形式同时通知所有参加磋商的供应商。

供应商应当按照磋商文件的变动情况和磋商小组的要求重新提交响应文件，并由其法定代表人或授权代表签字或者加盖公章。由授权代表签字的，应当附法定代表人授权书。供应商为自然人的，应当由本人签字并附身份证明。

第二十一条 磋商文件能够详细列明采购标的的技术、服务要求的，磋商结束后，磋商小组应当要求所有实质性响应的供应商在规定时间内提交最后报价，提交最后报价的供应商不得少于3家。

磋商文件不能详细列明采购标的的技术、服务要求，需经磋商由供应商提供最终设计方案或解决方案的，磋商结束后，磋商小组应当按照少数服从多数的原则投票推荐3家以上供应商的设计方案或者解决方案，并要求其在规定时间内提交最后报价。

最后报价是供应商响应文件的有效组成部分。符合本办法第三条第四项情形的，提交最后报价的供应商可以为2家。

第二十二条 已提交响应文件的供应商，在提交最后报价之前，可以根据磋商情况退出磋商。采购人、采购代理机构应当退还退出磋商的供应商的磋商保证金。

第二十三条 经磋商确定最终采购需求和提交最后报价的供应商后，由磋商小组采用综合评分法对提交最后报价的供应商的响应文件和最后报价进行综合评分。

综合评分法，是指响应文件满足磋商文件全部实质性要求且按评审因素的量化指标评审得分最高的供应商为成交候选供应商的评审方法。

第二十四条 综合评分法评审标准中的分值设置应当与评审因素的量化指标相对应。磋商文件中没有规定的评审标准不得作为评审依据。

评审时，磋商小组各成员应当独立对每个有效响应的文件进行评价、打分，然后汇总每个供应商每项评分因素的得分。

综合评分法货物项目的价格分值占总分值的比重（即权值）为30%至60%，服务项目的价格分值占总分值的比重（即权值）为10%至30%。采购项目中含不同采购对象的，以占项目资金比例最高的采购对象确定其项目属性。符合本办法第三条第三项的规定和执行统一价格标准的项目，其价格不列为评分因素。有特殊情况需要在上述规定范围外设定价格分权重的，应当经本级人民政府财政部门审核同意。

综合评分法中的价格分统一采用低价优先法计算，即满足磋商文件要求且最后报价最低的供应商的价格为磋商基准价，其价格分为满分。其他供应商的价格分统一按照下列公式计算：

磋商报价得分 =（磋商基准价/最后磋商报价）×价格权值×100

项目评审过程中，不得去掉最后报价中的最高报价和最低报价。

第二十五条 磋商小组应当根据综合评分情况，按照评审得分由高到低顺序推荐 3 名以上成交候选供应商，并编写评审报告。符合本办法第二十一条第三款情形的，可以推荐 2 家成交候选供应商。评审得分相同的，按照最后报价由低到高的顺序推荐。评审得分且最后报价相同的，按照技术指标优劣顺序推荐。

第二十六条 评审报告应当包括以下主要内容：

（一）邀请供应商参加采购活动的具体方式和相关情况；

（二）响应文件开启日期和地点；

（三）获取磋商文件的供应商名单和磋商小组成员名单；

（四）评审情况记录和说明，包括对供应商的资格审查情况、供应商响应文件评审情况、磋商情况、报价情况等；

（五）提出的成交候选供应商的排序名单及理由。

第二十七条 评审报告应当由磋商小组全体人员签字认可。磋商小组成员对评审报告有异议的，磋商小组按照少数服从多数的原则推荐成交候选供应商，采购程序继续进行。对评审报告有异议的磋商小组成员，应当在报告上签署不同意见并说明理由，由磋商小组书面记录相关情况。磋商小组成员拒绝在报告上签字又不书面说明其不同意见和理由的，视为同意评审报告。

第二十八条 采购代理机构应当在评审结束后 2 个工作日内将评审报告送采购人确认。

采购人应当在收到评审报告后 5 个工作日内，从评审报告提出的成交候选供应商中，按照排序由高到低的原则确定成交供应商，也可以书面授权磋商小组直接确定成交供应商。采购人逾期未确定成交供应商且不提出异议的，视为确定评审报告提出的排序第一的供应商为成交供应商。

第二十九条 采购人或者采购代理机构应当在成交供应商确定后 2 个工作日内，在省级以上财政部门指定的政府采购信息发布媒体上公告成交结果，同时向成交供应商发出成交通知书，并将磋商文件随成交结果同时公告。成交结果公告应当包括以下内容：

（一）采购人和采购代理机构的名称、地址和联系方式；

（二）项目名称和项目编号；

（三）成交供应商名称、地址和成交金额；

（四）主要成交标的的名称、规格型号、数量、单价、服务要求；

（五）磋商小组成员名单。

采用书面推荐供应商参加采购活动的，还应当公告采购人和评审专家的推荐意见。

第三十条 采购人与成交供应商应当在成交通知书发出之日起 30 日内，按照磋商文件确定的合同文本以及采购标的、规格型号、采购金额、采购数量、技术和服务要求等事项签订政府采购合同。

采购人不得向成交供应商提出超出磋商文件以外的任何要求作为签订合同的条件，不得与成交供应商订立背离磋商文件确定的合同文本以及采购标的、规格型号、采购金额、采购数量、技术和服务要求等实质性内容的协议。

第三十一条 采购人或者采购代理机构应当在采购活动结束后及时退还供应商的磋商保

证金，但因供应商自身原因导致无法及时退还的除外。未成交供应商的磋商保证金应当在成交通知书发出后 5 个工作日内退还，成交供应商的磋商保证金应当在采购合同签订后 5 个工作日内退还。

有下列情形之一的，磋商保证金不予退还：
（一）供应商在提交响应文件截止时间后撤回响应文件的；
（二）供应商在响应文件中提供虚假材料的；
（三）除因不可抗力或磋商文件认可的情形以外，成交供应商不与采购人签订合同的；
（四）供应商与采购人、其他供应商或者采购代理机构恶意串通的；
（五）磋商文件规定的其他情形。

第三十二条 除资格性检查认定错误、分值汇总计算错误、分项评分超出评分标准范围、客观分评分不一致、经磋商小组一致认定评分畸高、畸低的情形外，采购人或者采购代理机构不得以任何理由组织重新评审。采购人、采购代理机构发现磋商小组未按照磋商文件规定的评审标准进行评审的，应当重新开展采购活动，并同时书面报告本级财政部门。

采购人或者采购代理机构不得通过对样品进行检测、对供应商进行考察等方式改变评审结果。

第三十三条 成交供应商拒绝签订政府采购合同的，采购人可以按照本办法第二十八条第二款规定的原则确定其他供应商作为成交供应商并签订政府采购合同，也可以重新开展采购活动。拒绝签订政府采购合同的成交供应商不得参加对该项目重新开展的采购活动。

第三十四条 出现下列情形之一的，采购人或者采购代理机构应当终止竞争性磋商采购活动，发布项目终止公告并说明原因，重新开展采购活动：
（一）因情况变化，不再符合规定的竞争性磋商采购方式适用情形的；
（二）出现影响采购公正的违法、违规行为的；
（三）除本办法第二十一条第三款规定的情形外，在采购过程中符合要求的供应商或者报价未超过采购预算的供应商不足 3 家的。

第三十五条 在采购活动中因重大变故，采购任务取消的，采购人或者采购代理机构应当终止采购活动，通知所有参加采购活动的供应商，并将项目实施情况和采购任务取消原因报送本级财政部门。

第三章　附　　则

第三十六条 相关法律制度对政府和社会资本合作项目采用竞争性磋商采购方式另有规定的，从其规定。

第三十七条 本办法所称主管预算单位是指负有编制部门预算职责，向同级财政部门申报预算的国家机关、事业单位和团体组织。

第三十八条 本办法自发布之日起施行。

附录十：财政部关于印发《政府和社会资本合作项目政府采购管理办法》的通知

财库〔2014〕215 号

党中央有关部门，国务院各部委、各直属机构，全国人大常委会办公厅，全国政协办公厅，高法院，高检院，有关人民团体，各省、自治区、直辖市、计划单列市财政厅（局），新疆生产建设兵团财务局，各集中采购机构：

为了贯彻落实《国务院关于创新重点领域投融资机制鼓励社会投资的指导意见》（国发〔2014〕60号），推广政府和社会资本合作（PPP）模式，规范PPP项目政府采购行为，根据《中华人民共和国政府采购法》和有关法律法规，财政部制定了《政府和社会资本合作项目政府采购管理办法》。现印发给你们，请遵照执行。

附件：政府和社会资本合作项目政府采购管理办法

财政部

二〇一四年十二月三十一日

附件

政府和社会资本合作项目政府采购管理办法

第一章 总 则

第一条 为了规范政府和社会资本合作项目政府采购（以下简称PPP项目采购）行为，维护国家利益、社会公共利益和政府采购当事人的合法权益，依据《中华人民共和国政府采购法》（以下简称政府采购法）和有关法律、行政法规、部门规章，制定本办法。

第二条 本办法所称PPP项目采购，是指政府为达成权利义务平衡、物有所值的PPP项目合同，遵循公开、公平、公正和诚实信用原则，按照相关法规要求完成PPP项目识别和准备等前期工作后，依法选择社会资本合作者的过程。PPP项目实施机构（采购人）在项目实施过程中选择合作社会资本（供应商），适用本办法。

第三条 PPP项目实施机构可以委托政府采购代理机构办理PPP项目采购事宜。PPP项目咨询服务机构从事PPP项目采购业务的，应当按照政府采购代理机构管理的有关要求及时进行网上登记。

第二章 采购程序

第四条 PPP项目采购方式包括公开招标、邀请招标、竞争性谈判、竞争性磋商和单一来源采购。项目实施机构应当根据 PPP 项目的采购需求特点，依法选择适当的采购方式。公开招标主要适用于采购需求中核心边界条件和技术经济参数明确、完整、符合国家法律法规及政府采购政策，且采购过程中不作更改的项目。

第五条　PPP 项目采购应当实行资格预审。项目实施机构应当根据项目需要准备资格预审文件，发布资格预审公告，邀请社会资本和与其合作的金融机构参与资格预审，验证项目能否获得社会资本响应和实现充分竞争。

第六条　资格预审公告应当在省级以上人民政府财政部门指定的政府采购信息发布媒体上发布。资格预审合格的社会资本在签订 PPP 项目合同前资格发生变化的，应当通知项目实施机构。

资格预审公告应当包括项目授权主体、项目实施机构和项目名称、采购需求、对社会资本的资格要求、是否允许联合体参与采购活动、是否限定参与竞争的合格社会资本的数量及限定的方法和标准，以及社会资本提交资格预审申请文件的时间和地点。提交资格预审申请文件的时间自公告发布之日起不得少于 15 个工作日。

第七条　项目实施机构、采购代理机构应当成立评审小组，负责 PPP 项目采购的资格预审和评审工作。评审小组由项目实施机构代表和评审专家共 5 人以上单数组成，其中评审专家人数不得少于评审小组成员总数的 2/3。评审专家可以由项目实施机构自行选定，但评审专家中至少应当包含 1 名财务专家和 1 名法律专家。项目实施机构代表不得以评审专家身份参加项目的评审。

第八条　项目有 3 家以上社会资本通过资格预审的，项目实施机构可以继续开展采购文件准备工作；项目通过资格预审的社会资本不足 3 家的，项目实施机构应当在调整资格预审公告内容后重新组织资格预审；项目经重新资格预审后合格社会资本仍不够 3 家的，可以依法变更采购方式。

资格预审结果应当告知所有参与资格预审的社会资本，并将资格预审的评审报告提交财政部门（政府和社会资本合作中心）备案。

第九条　项目采购文件应当包括采购邀请、竞争者须知（包括密封、签署、盖章要求等）、竞争者应当提供的资格、资信及业绩证明文件、采购方式、政府对项目实施机构的授权、实施方案的批复和项目相关审批文件、采购程序、响应文件编制要求、提交响应文件截止时间、开启时间及地点、保证金交纳数额和形式、评审方法、评审标准、政府采购政策要求、PPP 项目合同草案及其他法律文本、采购结果确认谈判中项目合同可变的细节，以及是否允许未参加资格预审的供应商参与竞争并进行资格后审等内容。项目采购文件中还应当明确项目合同必须报请本级人民政府审核同意，在获得同意前项目合同不得生效。

采用竞争性谈判或者竞争性磋商采购方式的，项目采购文件除上款规定的内容外，还应当明确评审小组根据与社会资本谈判情况可能实质性变动的内容，包括采购需求中的技术、服务要求以及项目合同草案条款。

第十条　项目实施机构应当在资格预审公告、采购公告、采购文件、项目合同中列明采购本国货物和服务、技术引进和转让等政策要求，以及对社会资本参与采购活动和履约保证的担保要求。

第十一条　项目实施机构应当组织社会资本进行现场考察或者召开采购前答疑会，但不得单独或者分别组织只有一个社会资本参加的现场考察和答疑会。项目实施机构可以视项目的具体情况，组织对符合条件的社会资本的资格条件进行考察核实。

第十二条 评审小组成员应当按照客观、公正、审慎的原则,根据资格预审公告和采购文件规定的程序、方法和标准进行资格预审和独立评审。已进行资格预审的,评审小组在评审阶段可以不再对社会资本进行资格审查。允许进行资格后审的,由评审小组在响应文件评审环节对社会资本进行资格审查。

评审小组成员应当在资格预审报告和评审报告上签字,对自己的评审意见承担法律责任。对资格预审报告或者评审报告有异议的,应当在报告上签署不同意见,并说明理由,否则视为同意资格预审报告和评审报告。

评审小组发现采购文件内容违反国家有关强制性规定的,应当停止评审并向项目实施机构说明情况。

第十三条 评审专家应当遵守评审工作纪律,不得泄露评审情况和评审中获悉的国家秘密、商业秘密。

评审小组在评审过程中发现社会资本有行贿、提供虚假材料或者串通等违法行为的,应当及时向财政部门报告。

评审专家在评审过程中受到非法干涉的,应当及时向财政、监察等部门举报。

第十四条 PPP项目采购评审结束后,项目实施机构应当成立专门的采购结果确认谈判工作组,负责采购结果确认前的谈判和最终的采购结果确认工作。

采购结果确认谈判工作组成员及数量由项目实施机构确定,但应当至少包括财政预算管理部门、行业主管部门代表,以及财务、法律等方面的专家。涉及价格管理、环境保护的PPP项目,谈判工作组还应当包括价格管理、环境保护行政执法机关代表。评审小组成员可以作为采购结果确认谈判工作组成员参与采购结果确认谈判。

第十五条 采购结果确认谈判工作组应当按照评审报告推荐的候选社会资本排名,依次与候选社会资本及与其合作的金融机构就项目合同中可变的细节问题进行项目合同签署前的确认谈判,率先达成一致的候选社会资本即为预中标、成交社会资本。

第十六条 确认谈判不得涉及项目合同中不可谈判的核心条款,不得与排序在前但已终止谈判的社会资本进行重复谈判。

第十七条 项目实施机构应当在预中标、成交社会资本确定后10个工作日内,与预中标、成交社会资本签署确认谈判备忘录,并将预中标、成交结果和根据采购文件、响应文件及有关补遗文件和确认谈判备忘录拟定的项目合同文本在省级以上人民政府财政部门指定的政府采购信息发布媒体上进行公示,公示期不得少于5个工作日。项目合同文本应当将预中标、成交社会资本响应文件中的重要承诺和技术文件等作为附件。项目合同文本涉及国家秘密、商业秘密的内容可以不公示。

第十八条 项目实施机构应当在公示期满无异议后2个工作日内,将中标、成交结果在省级以上人民政府财政部门指定的政府采购信息发布媒体上进行公告,同时发出中标、成交通知书。

中标、成交结果公告内容应当包括:项目实施机构和采购代理机构的名称、地址和联系方式;项目名称和项目编号;中标或者成交社会资本的名称、地址、法人代表;中标或者成交标的名称、主要中标或者成交条件(包括但不限于合作期限、服务要求、项目概算、回报机制)等;评审小组和采购结果确认谈判工作组成员名单。

第十九条 项目实施机构应当在中标、成交通知书发出后30日内,与中标、成交社会资本签订经本级人民政府审核同意的PPP项目合同。

需要为PPP项目设立专门项目公司的，待项目公司成立后，由项目公司与项目实施机构重新签署PPP项目合同，或者签署关于继承PPP项目合同的补充合同。

第二十条　项目实施机构应当在PPP项目合同签订之日起2个工作日内，将PPP项目合同在省级以上人民政府财政部门指定的政府采购信息发布媒体上公告，但PPP项目合同中涉及国家秘密、商业秘密的内容除外。

第二十一条　项目实施机构应当在采购文件中要求社会资本交纳参加采购活动的保证金和履约保证金。社会资本应当以支票、汇票、本票或者金融机构、担保机构出具的保函等非现金形式交纳保证金。参加采购活动的保证金数额不得超过项目预算金额的2%。履约保证金的数额不得超过PPP项目初始投资总额或者资产评估值的10%，无固定资产投资或者投资额不大的服务型PPP项目，履约保证金的数额不得超过平均6个月服务收入额。

第三章　争议处理和监督检查

第二十二条　参加PPP项目采购活动的社会资本对采购活动的询问、质疑和投诉，依照有关政府采购法律制度规定执行。

项目实施机构和中标、成交社会资本在PPP项目合同履行中发生争议且无法协商一致的，可以依法申请仲裁或者提起民事诉讼。

第二十三条　各级人民政府财政部门应当加强对PPP项目采购活动的监督检查，依法处理采购活动中的违法违规行为。

第二十四条　PPP项目采购有关单位和人员在采购活动中出现违法违规行为的，依照政府采购法及有关法律法规追究法律责任。

第四章　附　　则

第二十五条　本办法自发布之日起施行。

附录十一：财政部关于政府采购竞争性磋商采购方式管理暂行办法有关问题的补充通知

财库〔2015〕124号

党中央有关部门，国务院各部委、各直属机构，全国人大常委会办公厅，全国政协办公厅，高法院，高检院，各民主党派中央，有关人民团体，各省、自治区、直辖市、计划单列市财政厅（局），新疆生产建设兵团财务局，各集中采购机构：

为了深入推进政府采购制度改革和政府购买服务工作，促进实现物"有所值价值"目标，提高政府采购效率，现就《财政部关于印发〈政府采购竞争性磋商采购方式管理暂行办法〉的通知》（财库〔2014〕214号）有关问题补充通知如下：

采用竞争性磋商采购方式采购的政府购买服务项目（含政府和社会资本合作项目），在采购过程中符合要求的供应商（社会资本）只有2家的，竞争性磋商采购活动可以继续进行。采购过程中符合要求的供应商（社会资本）只有1家的，采购人（项目实施机构）或者采购代理机构应当终止竞争性磋商采购活动，发布项目终止公告并说明原因，重新开展采购活动。

请遵照执行。

中华人民共和国财政部
二〇一五年六月三十日

附录十二：交通运输部办公厅关于印发《收费公路政府和社会资本合作操作指南》的通知

交办财审〔2017〕173号

各省、自治区、直辖市、新疆生产建设兵团及计划单列市交通运输厅（局、委）：

为进一步规范收费公路领域政府和社会资本合作（PPP）项目操作流程，结合2016年以来财政部、国家发展改革委等部门出台的PPP规范性文件，部对2015年部办公厅印发的《收费公路政府和社会资本合作操作指南（试行）》（交办财审〔2015〕192号）作了进一步修订完善，形成《收费公路政府和社会资本合作操作指南》。经部同意，现予印发。

交通运输部办公厅
2017年11月22日

收费公路政府和社会资本合作操作指南

第一章 总 则

第一条 为推动收费公路领域开展政府和社会资本合作（Public–Private Partnership，简称PPP），规范收费公路PPP模式的操作流程，根据《中共中央 国务院关于深化投融资体制改革的意见》（中发〔2016〕18号）、《国务院办公厅转发财政部 发展改革委 人民银行关于在公共服务领域推广政府和社会资本合作模式的意见》（国办发〔2015〕42号）、《基础设施和公用事业特许经营管理办法》（国家发展改革委、财政部、住建部、交通运输部、水利部、人民银行令2015年第25号）、《财政部关于印发〈政府和社会资本合作项目财政管理暂行办法〉的通知》（财金〔2016〕92号）、《国家发展改革委关于印发〈传统基础设施领域实施政府和社会资本合作项目工作导则〉的通知》（发改投资〔2016〕2231号）、《财政部 交通运输部关于在收费公路领域推广运用政府和社会资本使用模式的实施意见》（财建〔2015〕111号）等规定，编制本指南。

第二条 本指南所称社会资本方，是指已建立现代企业制度的各类国有企业、民营企业、外商投资企业、混合所有制企业，以及其他投资、经营主体。

第三条 本指南适用于规范新建、改扩建收费公路领域开展的政府和社会资本合作项目（以下简称收费公路PPP项目）的识别、准备、社会资本方选择、执行和移交等活动。

第四条 收费公路PPP项目，是指社会资本方按照市场化原则出资，独资或与政府指定机构共同成立项目公司，通过特许经营等方式，参与收费公路投资、建设、运营和维护。政府通过授予特许经营权、合理定价、财政补贴等事先约定的收益规则，使社会资本方获得合理回报，实现防范并化解政府性债务风险，激发市场活力，增加公路基础设施有效供给等目标。

  第五条 收费公路 PPP 项目的实施应当遵循风险分担、收益共享、物有所值、公共利益最大化等原则，各方应当按照公平、公正、公开和诚实信用的原则参与。

第二章 项目识别和准备

  第六条 各级交通运输主管部门应根据公路交通发展规划，在项目前期研究论证阶段，根据项目的特点及 PPP 模式的有关要求，判断项目是否适合引入社会资本方，将确定采取 PPP 模式的潜在项目，纳入 PPP 项目库。

  需要使用各类政府投资资金的收费公路 PPP 项目，应当纳入三年滚动政府投资计划。

  第七条 收费公路 PPP 项目可由政府或社会资本方发起，以政府发起为主。

  各级交通运输主管部门应配合财政、发展改革部门对纳入收费公路 PPP 项目库的潜在项目进行评估筛选，并根据公路交通发展规划提出收费公路 PPP 项目开发建议。

  社会资本方可通过提交项目建议书的方式向交通运输主管部门或财政、发展改革等部门直接推荐潜在项目。

  第八条 收费不足以满足社会资本方或项目公司成本回收和合理回报，且政府对项目依法给予支持政策仍不能完全覆盖成本、实现合理回报的，可考虑给予合理的财政支持。对符合公路交通发展规划和车辆购置税支持政策的项目，可按照交通运输重点项目资金申请和审核规定，申请车辆购置税资金支持。

  可以采取建设期投资补助、资本金注入、运营补贴、贷款贴息等一种或多种方式对收费公路 PPP 项目给予支持，其中建设期投资补助、运营补贴和贷款贴息等作为可行性缺口补助，不作为项目资本金。

  政府采用资本金注入方式支持收费公路 PPP 项目的，应明确政府出资人代表。政府指定的出资人代表按照本指南第二十六条第三款中所述的方式与社会资本方共同设立项目公司。

  第九条 经过本级人民政府授权，各级交通运输主管部门可作为项目实施机构或者指定有关单位作为项目实施机构，负责项目识别和准备、社会资本方选择、执行和移交等 PPP 模式全生命周期的管理工作。

  第十条 项目实施机构在项目工程可行性研究完成专家预审查后，可组织开展项目推介，介绍项目情况，了解潜在社会资本方财务实力、投融资能力、投资意向和条件等信息，进一步评估项目开展 PPP 模式的可行性，设计 PPP 模式的基本框架。

  第十一条 对于确定采用 PPP 模式的项目，在开展项目前期各项工作的同时，项目实施机构组织编制 PPP 项目实施方案。

  实施方案主要内容包括：项目基本情况、项目运作方式、交易结构（包括投融资结构、财务测算和回报机制等）、建设运营和移交方案、风险分配方案、绩效评价、合同体系和主要内容、社会资本方应当具备的条件及选择方式、保障和监管措施以及应当明确的其他事项等。

  在实施方案编制过程中，各级交通运输主管部门应积极依托本级人民政府建立的 PPP 项目部门联动协调机制，统筹考虑开展 PPP 项目政府可赋予的政策措施，包括征地拆迁、项目沿线土地开发使用、建设期投资补助或者运营补贴等，并在实施方案和社会资本方选择招标文件中予以明示。

对于申请车辆购置税资金的项目，还应当在实施方案中提出资金申请理由、支持额度和政府支持方式，有关政府支持方式参见本指南第八条。

实施方案可委托第三方进行编制，承担编制任务的第三方应尽量避免与潜在社会资本方存在关联关系，如存在关联关系，不得利用其关联关系损害社会资本方选择的公正性。

第十二条 项目实施机构在编制完成项目实施方案后，向发展改革部门提交项目可行性研究报告（含相关附件，下同）或项目申请报告履行项目审批（核准）程序。

政府采用建设期投资补助、运营补贴、贷款贴息方式参与收费公路PPP项目，按照核准制管理；政府采用资本金注入或既有资本金注入又有建设期投资补助、运营补贴、贷款贴息一种或几种方式参与收费公路PPP项目，按照审批制管理。

对于需要交通运输部进行行业审查的项目，同步逐级向交通运输部报送可行性研究报告或项目申请报告等相关材料，并在上报文件中提出政府支持方式。

交通运输部按程序出具行业审查（核准）意见，对于符合国家公路发展规划、国家投资政策和车辆购置税资金安排规定的项目，将同时明确车辆购置税资金的安排上限和支持方式。

第十三条 项目审批（核准）后，项目实施机构根据项目审批或核准意见对项目实施方案进行完善。

各级交通运输主管部门或项目实施机构应重视项目初步设计方案的深化研究，细化工程技术方案和投资概算等内容，并作为确定项目实施方案的重要依据。

第十四条 项目实施机构可组织相关专家对项目实施方案进行评审。实施方案评审通过后，项目实施机构可委托专家或第三方编制项目物有所值评价报告。

项目实施机构应积极配合本级财政部门对物有所值评价报告进行审核。物有所值评价审核未通过的，项目实施机构可对实施方案进行调整后重新提请审核。

第十五条 经审核通过物有所值评价的项目，由交通运输主管部门协调本级财政部门，依据项目实施方案和物有所值评价报告，组织编制财政承受能力论证报告，并出具财政承受能力论证报告审核意见。财政承受能力论证审核未通过的，项目实施机构可对实施方案进行调整后重新提请审核。

第三章 社会资本方选择

第十六条 项目实施机构向本级人民政府上报项目实施方案申请联合评审。通过实施方案联合评审并经本级人民政府批准后，由项目实施机构按照相关规定组织开展社会资本方选择工作。

第十七条 项目实施机构应将上级或本级人民政府相关部门明确的支持政策作为选择社会资本方的基本条件对外公开发布。

第十八条 项目实施机构根据项目实施方案和项目特点，通过公开招标、竞争性谈判等竞争方式择优选择社会资本方。

第十九条 通过公开招标、竞争性谈判等竞争方式选择社会资本方的程序，按照现行法律法规和有关规定实施。

第二十条 项目实施机构应当根据项目的特点和需要，依据批准的实施方案编制招标文件和PPP合同草案。招标文件和PPP合同草案中各项承诺和保障等相关交易条件不得超出已批准的实施方案规定的范围。

第二十一条 项目实施机构应当根据收费公路 PPP 项目的特点和需要，对潜在社会资本方的财务状况、投融资能力、商业信誉、市场信用、项目建设管理经验和项目运营管理经验等资格条件作出要求，但不得以不合理的条件限制或者排斥潜在社会资本方，不得对不同所有制形式的潜在社会方实行歧视性待遇。

项目实施机构应当接受具备投融资能力的潜在社会资本方参与投标，不得将具备设计或施工资格能力作为参与投标的强制性条件。对于具备设计或施工资格能力的社会资本方，或者自身不具备设计或施工资格能力但联合了具有相应资格能力的设计或施工单位共同组成联合体投标的社会资本方，按照《中华人民共和国招标投标法实施条例》第九条规定，中标后可以不再对设计或施工任务进行招标。对于不具备设计或施工资格能力的社会资本方，应当允许其中标后依法对设计或施工任务进行招标。

第二十二条 收费公路 PPP 项目社会资本方招标的评标办法可以采用综合评估法或者法律、行政法规允许的其他评标办法。

采用综合评估法的，应当在招标文件中载明对竞价因素、管理经验、专业能力、投资能力、融资实力以及信用状况等评价内容的评分权重和评分方法，根据综合得分由高到低推荐中标候选人。

根据收费公路 PPP 项目的运作模式和特点，社会资本方招标的竞价因素可设置为项目合作期限、需要政府给予的财政补贴额度、社会资本方提出的合理投资回报率、通行费收入最低需求等一项或者多项因素。

第二十三条 采用公开招标方式的，项目实施机构应当在省级交通运输主管部门政府网站或者其他政府网站上公示前三名中标候选社会资本方名单及排名，公示期不得少于 3 个工作日。

第二十四条 公示结束后，项目实施机构可根据需要组织项目谈判小组，必要时邀请第三方提供专业支持。

谈判小组按照候选社会资本方的排名，依次与候选社会资本方进行合同确认谈判，率先达成一致的即为中选社会资本方。项目实施机构应与中选社会资本方签署确认谈判备忘录，并根据信息公开相关规定，公示相关信息。

第二十五条 谈判确定的合同文本及相关文件不能与实施方案、物有所值评价报告、财政承受能力论证报告及招标文件中已明确不得变动的核心条款发生实质性变更。

第二十六条 公示期满无异议的，由项目实施机构或交通运输主管部门会同投资主管部门将 PPP 项目合同提交本级人民政府批准。

经批准通过后，根据本级人民政府的授权由相关单位或项目实施机构与依法选定的社会资本方签订投资协议，约定其在规定期限内注册成立项目公司（项目法人），并与项目公司签订收费公路 PPP 项目合同。

项目公司可以由社会资本方单独设立，也可以由政府指定出资人代表采取出资入股或设立特殊股份的方式与社会资本方共同设立。

收费公路 PPP 项目合同应当主要包括以下内容：

（一）项目名称、内容；
（二）合作范围和期限；
（三）政府和项目公司的权利和义务；
（四）融资方案、投融资期限和方式；

（五）收费标准及其调整机制；
（六）项目建设标准及相关要求；
（七）养护管理和服务质量标准；
（八）合理投资回报确定及调整机制；
（九）履约保证金的有关要求；
（十）合作期内风险分担与保障；
（十一）建设运营服务监测和绩效评价；
（十二）安全质量保证金制度及其责任；
（十三）政府承诺和保障；
（十四）应急预案和临时接管预案；
（十五）合同期限届满后，项目移交方式、程序和要求等；
（十六）合同变更、提前终止及补偿；
（十七）监督检查；
（十八）违约责任；
（十九）争议解决方式；
（二十）需要明确的其他事项。

第二十七条 收费公路PPP项目法人确定后，如与审批或核准时的项目法人不一致，由项目实施机构或交通运输主管部门组织协调按照有关规定依法办理项目法人变更手续。

第二十八条 对于申请车辆购置税资金支持的收费公路PPP项目，在正式签署收费公路PPP项目合同后，由省级交通运输主管部门组织向交通运输部报送项目车辆购置税资金申请函、收费公路PPP项目合同及各项审批文件等相关材料。

其他收费公路PPP项目按照项目管理权限上报有关部门。

第二十九条 交通运输部收到省级交通运输主管部门上报的材料并确认符合条件后，对材料进行审查。通过审查的，交通运输部出具资金安排确认函，明确车辆购置税资金具体安排数额。

第四章 项目执行

第一节 项目财政预算管理

第三十条 各级交通运输主管部门应当根据预算管理要求，将收费公路PPP项目合同中约定的政府跨年度财政支出责任纳入中期财政规划，经财政部门审核汇总后，报本级人民政府审核，保障政府在项目全生命周期内的履约能力。

第三十一条 经本级人民政府同意纳入中期财政规划的收费公路PPP项目，由交通运输主管部门按照预算编制程序和要求，将合同中符合预算管理要求的下一年度财政资金支出纳入预算管理，报请财政部门审核后纳入预算草案，经本级人民政府同意后报本级人民代表大会审议。

第二节 项目建设

第三十二条 项目公司正式成立后，应尽快开展项目融资。项目实施机构应会同本级财政部门敦促和监督社会资本方或项目公司做好项目融资工作。

各级交通运输主管部门不得为项目公司或社会资本方的融资提供担保。项目公司或社会资本方未按照收费公路 PPP 项目合同约定完成融资的，项目实施机构可依法提出履约要求，必要时提出终止收费公路 PPP 项目合同的要求。

第三十三条　项目公司或社会资本方要按照合同约定统筹项目投入和产出，严格按照设计文件组织工程建设，加强施工管理，确保工程质量，并对工程质量负责。

第三十四条　项目实施机构可以采取聘请设计审查单位、对项目监理单位或者中心试验室试验检测服务进行直接招标等措施，对设计及工程质量进行监控；也可以聘请第三方中介机构对项目进行成本审计或者承担其他评估工作。

第三十五条　各级交通运输主管部门应根据收费公路 PPP 项目合同及有关规定，对项目公司或社会资本方履行 PPP 项目建设责任进行监督。

第三十六条　项目建成后至试运营通车前，项目实施机构应当对项目的建设规模、建设内容等合同约定和涉及公众服务的内容进行验收，并向交通运输主管部门出具验收意见，作为试运营通车收费的前置条件。

第三节　项目运营

第三十七条　项目公司或社会资本方要根据有关法律、行政法规、标准规范和收费公路 PPP 项目合同，对收费公路及其沿线设施进行日常检查、运营、维护，保证收费公路处于良好的技术状态，为社会公众提供安全便捷、畅通高效、绿色智能的公共服务。

第三十八条　交通运输主管部门或项目实施机构应当按照收费公路 PPP 项目合同严格履行有关义务，为项目公司建设运营收费公路 PPP 项目提供便利和支持，提高公共服务水平。

第三十九条　交通运输主管部门或项目实施机构应根据收费公路 PPP 项目合同中的运营服务绩效标准和考核办法，定期对项目运营服务进行绩效评价，绩效评价结果应作为项目公司或社会资本方取得项目回报的依据。

第四十条　交通运输主管部门或项目实施机构应每 3～5 年对项目进行中期评估，重点分析项目运行状况和项目合同的合规性、适应性和合理性；及时评估已发现问题的风险，制定应对措施，并报交通运输主管部门或者本级人民政府备案。

第四十一条　交通运输主管部门或项目实施机构、项目公司应依照《收费公路管理条例》的要求，公开披露项目相关信息，保障公众知情权，接受社会监督。

第四十二条　在收费公路 PPP 项目合同有效期内，合同内容确需变更的，协议当事人应当在协商一致的基础上签订补充合同，并报原审批机构审批。

第四十三条　在项目合作期内，因收费公路 PPP 项目合同一方严重违约或不可抗力等原因，导致社会资本方或项目公司无法继续履行合同约定义务，或者出现合同约定的提前终止合同情形的，在与债权人协商一致后，经原审批机构审批，可以提前终止合同。

收费公路 PPP 项目合同提前终止的，项目实施机构或交通运输主管部门指定的其他机构可以提前收回特许经营权，并根据实际情况和合同约定给予合理补偿或惩罚。

第五章　项目移交

第四十四条　在 PPP 合同期满后，社会资本方或项目公司应当以良好的运营和养护状态将收费公路PPP项目合同约定的项目及其附属设施、相关资料等无偿移交给政府有关部门或项目实施机构。

收费公路PPP项目合同中应当明确约定项目移交的过渡期、移交内容和标准、移交程序、质量保证及违约责任等。

第四十五条 项目移交应设置过渡期。过渡期宜为PPP合作期限届满前1年或2年，政府有关部门或项目实施机构和社会资本方或项目公司应当联合组建项目移交委员会，研究制定项目移交方案，共同做好项目移交过渡期的相关工作。

项目移交方案应当包括移交的资产、资料明细，双方委派的移交人员及移交程序等内容。

第四十六条 PPP合同期满前6个月，原审批机构应当对收费公路进行鉴定和验收。经鉴定和验收，公路符合取得收费公路权益时核定的技术等级和标准的，社会资本方或项目公司方可按照国家有关规定向交通运输主管部门办理公路移交手续；不符合取得收费公路权益时核定的技术等级和标准的，社会资本方或项目公司应当在交通运输主管部门确定的期限内进行维修养护，达到要求后，方可按照规定办理公路移交手续。

第四十七条 项目移交完成后，交通运输主管部门应会同政府有关部门对项目运行养护状况、成本效益、监管成效等进行评估。

第六章 附 则

第四十八条 本指南由交通运输部财务审计司会同综合规划司、公路局负责解释。

第四十九条 本指南自印发之日起施行，有效期五年，《收费公路政府和社会资本合作操作指南（试行）》（交办财审〔2015〕192号）同时废止。

附录十三：公路工程设计施工总承包管理办法

中华人民共和国交通运输部令 2015 年第 10 号

《公路工程设计施工总承包管理办法》已于 2015 年 6 月 19 日经第 8 次部务会议通过，现予公布，自 2015 年 8 月 1 日起施行。

部长　杨传堂
2015 年 6 月 26 日

公路工程设计施工总承包管理办法

第一章　总　　则

第一条　为促进公路工程设计与施工相融合，提高公路工程设计施工质量，推进现代工程管理，依据有关法律、行政法规，制定本办法。

第二条　公路新建、改建、扩建工程和独立桥梁、隧道（以下简称公路工程）的设计施工总承包，适用本办法。

本办法所称设计施工总承包（以下简称总承包），是指将公路工程的施工图勘察设计、工程施工等工程内容由总承包单位统一实施的承发包方式。

第三条　国家鼓励具备条件的公路工程实行总承包。

总承包可以实行项目整体总承包，也可以分路段实行总承包，或者对交通机电、房建及绿化工程等实行专业总承包。

项目法人可以根据项目实际情况，确定采用总承包的范围。

第四条　各级交通运输主管部门依据职责负责对公路工程总承包的监督管理。

交通运输主管部门应当对总承包合同相关当事方执行法律、法规、规章和强制性标准等情况进行督查，对初步设计、施工图设计、设计变更等进行管理。按照有关规定对总承包单位进行信用评价。

第二章　总承包单位选择及合同要求

第五条　总承包单位由项目法人依法通过招标方式确定。

项目法人负责组织公路工程总承包招标。

公路工程总承包招标应当在初步设计文件获得批准并落实建设资金后进行。

第六条　总承包单位应当具备以下要求：

（一）同时具备与招标工程相适应的勘察设计和施工资质，或者由具备相应资质的勘察设计和施工单位组成联合体；

（二）具有与招标工程相适应的财务能力，满足招标文件中提出的关于勘察设计、施工能力、业绩等方面的条件要求；

（三）以联合体投标的，应当根据项目的特点和复杂程度，合理确定牵头单位，并在联合体协议中明确联合体成员单位的责任和权利；

（四）总承包单位（包括总承包联合体成员单位，下同）不得是总承包项目的初步设计单位、代建单位、监理单位或以上单位的附属单位。

第七条 总承包招标文件的编制应当使用交通运输部统一制定的标准招标文件。

在总承包招标文件中，应当对招标内容、投标人的资格条件、报价组成、合同工期、分包的相关要求、勘察设计与施工技术要求、质量等级、缺陷责任期工程修复要求、保险要求、费用支付办法等作出明确规定。

第八条 总承包招标应当向投标人提供初步设计文件和相应的勘察资料，以及项目有关批复文件和前期咨询意见。

第九条 总承包投标文件应当结合工程地质条件和技术特点，按照招标文件要求编制。投标文件应当包括以下内容：

（一）初步设计的优化建议；

（二）项目实施与设计施工进度计划；

（三）拟分包专项工程；

（四）报价清单及说明；

（五）按招标人要求提供的施工图设计技术方案；

（六）以联合体投标的，还应当提交联合体协议；

（七）以项目法人和总承包单位的联合名义依法投保相关的工程保险的承诺。

第十条 招标人应当合理确定投标文件的编制时间，自招标文件开始发售之日起至投标人提交投标文件截止时间止，不得少于60天。

招标人应当根据项目实际情况，提出投标人在投标文件中提供施工图设计技术方案的具体要求。招标人在招标文件中明确中标人有权使用未中标人的技术方案的，一般应当同时明确给予相应的费用补偿。

第十一条 招标人应当根据工程地质条件、技术特点和施工难度确定评标方法。

评标专家抽取应当符合有关法律法规的规定。评标委员会应当包含勘察设计、施工等专家，总人数应当不少于9人。

第十二条 项目法人应当与中标单位签订总承包合同。

第十三条 项目法人和总承包单位应当在招标文件或者合同中约定总承包风险的合理分担。风险分担可以参照以下因素约定：

项目法人承担的风险一般包括：

（一）项目法人提出的工期调整、重大或者较大设计变更、建设标准或者工程规模的调整。

（二）因国家税收等政策调整引起的税费变化。

（三）钢材、水泥、沥青、燃油等主要工程材料价格与招标时基价相比，波动幅度超过合同约定幅度的部分。

（四）施工图勘察设计时发现的在初步设计阶段难以预见的滑坡、泥石流、突泥、涌水、溶洞、采空区、有毒气体等重大地质变化，其损失与处治费用可以约定由项目法人承担，或者约定项目法人和总承包单位的分担比例。工程实施中出现重大地质变化的，其损失与处治费用除保险公司赔付外，可以约定由总承包单位承担，或者约定项目法人与总承包单位的分担比例。因总承包单位施工组织、措施不当造成的上述问题，其损失与处治费用由总承包单位承担。

（五）其他不可抗力所造成的工程费用的增加。

除项目法人承担的风险外，其他风险可以约定由总承包单位承担。

第十四条 总承包费用或者投标报价应当包括相应工程的施工图勘察设计费、建筑安装工程费、设备购置费、缺陷责任期维修费、保险费等。总承包采用总价合同，除应当由项目法人承担的风险费用外，总承包合同总价一般不予调整。

项目法人应当在初步设计批准概算范围内确定最高投标限价。

第三章　总承包管理

第十五条 项目法人应当依据合同加强总承包管理，督促总承包单位履行合同义务，加强工程勘察设计管理和地质勘察验收，严格对工程质量、安全、进度、投资和环保等环节进行把关。

项目法人对总承包单位在合同履行中存在过失或偏差行为，可能造成重大损失或者严重影响合同目标实现的，应当对总承包单位法人代表进行约谈，必要时可以依据合同约定，终止总承包合同。

第十六条 采用总承包的项目，初步设计应当加大设计深度，加强地质勘察，明确重大技术方案，严格核定工程量和概算。

初步设计单位负责总承包项目初步设计阶段的勘察设计，按照项目法人要求对施工图设计或者设计变更进行咨询核查。

第十七条 总承包单位应当按照合同规定和工程施工需要，分阶段提交详勘资料和施工图设计文件，并按照审查意见进行修改完善。施工图设计应当符合经审批的初步设计文件要求，满足工程质量、耐久和安全的强制性标准和相关规定，经项目法人同意后，按照相关规定报交通运输主管部门审批。施工图设计经批准后方可组织实施。

第十八条 总承包单位依据总承包合同，对施工图设计及工程质量、安全、进度负总责。负责施工图勘察设计、工程施工和缺陷责任期工程修复工作，配合项目法人完成征地拆迁、地方协调、项目审计及交竣工验收等工作。

第十九条 项目法人根据建设项目的规模、技术复杂程度等要素，依据有关规定程序选择社会化的监理开展工程监理工作。监理单位应当依据有关规定和合同，对总承包施工图勘察设计、工程质量、施工安全、进度、环保、计量支付和缺陷责任期工程修复等进行监理，对总承包单位编制的勘察设计计划、采购与施工的组织实施计划、施工图设计文件、专项技术方案、项目实施进度计划、质量安全保障措施、计量支付、工程变更等进行审核。

第二十条 总承包工程应当按照批准的施工图设计组织施工。总承包单位应当根据工程特点和合同约定，细化设计施工组织计划，拟定设计施工进度安排、工程质量和施工安全目标、环境保护措施、投资完成计划。

第二十一条 总承包单位应当加强设计与施工的协调，建立工程管理与协调制度，根据工程实际及时完善、优化设计，改进施工方案，合理调配设计和施工力量，完善质量保证体系。

第二十二条 工程永久使用的大宗材料、关键设备和主要构件可由项目法人依法招标采购，也可由总承包单位按规定采购。招标人在招标文件中应当明确采购责任。由总承包单位采购的，应当采取集中采购的方式，采购方案应当经项目法人同意，并接受项目法人的监督。

第二十三条 总承包单位应当加强对分包工程的管理。选择的分包单位应当具备相应资格条件，并经项目法人同意，分包合同应当送项目法人。

第二十四条 总承包工程应当按照招标文件明确的计量支付办法与程序进行计量支付。

当采用工程量清单方式进行管理时，总承包单位应当依据交通运输主管部门批准的施工图设计文件，按照各分项工程合计总价与合同总价一致的原则，调整工程量清单，经项目法人审定后作为支付依据；工程实施中，按照清单及合同条款约定进行计量支付；项目完成后，总承包单位应当根据调整后最终的工程量清单编制竣工文件和工程决算。

第二十五条 总承包工程实施过程中需要设计变更的，较大变更或者重大变更应当依据有关规定报交通运输主管部门审批。一般变更应当在实施前告知监理单位和项目法人，项目法人认为变更不合理的有权予以否定。任何设计变更不得降低初步设计批复的质量安全标准，不得降低工程质量、耐久性和安全度。

设计变更引起的工程费用变化，按照风险划分原则处理。其中，属于总承包单位风险范围的设计变更（含完善设计），超出原报价部分由总承包单位自付，低于原报价部分，按第二十四条规定支付。属于项目法人风险范围的设计变更，工程量清单与合同总价均调整，按规定报批后执行。

项目法人应当根据设计变更管理规定，制定鼓励总承包单位优化设计、节省造价的管理制度。

第二十六条 总承包单位应当按照有关规定和合同要求，负责缺陷责任期的工程修复等工作，确保公路技术状况符合规定要求。

第二十七条 总承包单位完成合同约定的全部工程，符合质量安全标准，在缺陷责任期内履行规定义务后，项目法人应当按照合同完成全部支付。

第二十八条 总承包单位应当按照交、竣工验收的有关规定，编制和提交竣工图纸和相关文件资料。

第四章 附 则

第二十九条 本办法自 2015 年 8 月 1 日起施行。

附录十四：经营性公路建设项目投资人招标投标管理规定

中华人民共和国交通运输部令2015年第13号

《关于修改〈经营性公路建设项目投资人招标投标管理规定〉的决定》已于2015年6月19日经第8次部务会议通过，现予公布。

部长　杨传堂
2015年6月24日

经营性公路建设项目投资人招标投标管理规定

（2007年10月16日交通部发布　根据2015年6月24日交通运输部《关于修改〈经营性公路建设项目投资人招标投标管理规定〉的决定》修正）

第一章　总　则

第一条　为规范经营性公路建设项目投资人招标投标活动，根据《中华人民共和国公路法》、《中华人民共和国招标投标法》和《收费公路管理条例》，制定本规定。

第二条　在中华人民共和国境内的经营性公路建设项目投资人招标投标活动，适用本规定。

本规定所称经营性公路是指符合《收费公路管理条例》的规定，由国内外经济组织投资建设，经批准依法收取车辆通行费的公路（含桥梁和隧道）。

第三条　经营性公路建设项目投资人招标投标活动应当遵循公开、公平、公正、诚信、择优的原则。

任何单位和个人不得非法干涉招标投标活动。

第四条　国务院交通主管部门负责全国经营性公路建设项目投资人招标投标活动的监督管理工作。主要职责是：

（一）根据有关法律、行政法规，制定相关规章和制度，规范和指导全国经营性公路建设项目投资人招标投标活动；

（二）监督全国经营性公路建设项目投资人招标投标活动，依法受理举报和投诉，查处招标投标活动中的违法行为；

（三）对全国经营性公路建设项目投资人进行动态管理，定期公布投资人信用情况。

第五条　省级人民政府交通主管部门负责本行政区域内经营性公路建设项目投资人招标投标活动的监督管理工作。主要职责是：

（一）贯彻执行有关法律、行政法规、规章，结合本行政区域内的实际情况，制定具体管理制度；

（二）确定下级人民政府交通主管部门对经营性公路建设项目投资人招标投标活动的监督管理职责；

（三）发布本行政区域内经营性公路建设项目投资人招标信息；

（四）负责组织对列入国家高速公路网规划和省级人民政府确定的重点经营性公路建设项目的投资人招标工作；

（五）指导和监督本行政区域内的经营性公路建设项目投资人招标投标活动，依法受理举报和投诉，查处招标投标活动中的违法行为。

第六条 省级以下人民政府交通主管部门的主要职责是：

（一）贯彻执行有关法律、行政法规、规章和相关制度；

（二）负责组织本行政区域内除第五条第（四）项规定以外的经营性公路建设项目投资人招标工作；

（三）按照省级人民政府交通主管部门的规定，对本行政区域内的经营性公路建设项目投资人招标投标活动进行监督管理。

第二章 招 标

第七条 需要进行投资人招标的经营性公路建设项目应当符合下列条件：

（一）符合国家和省、自治区、直辖市公路发展规划；

（二）符合《收费公路管理条例》第十八条规定的技术等级和规模；

（三）已经编制项目可行性研究报告。

第八条 招标人是依照本规定提出经营性公路建设项目、组织投资人招标工作的交通主管部门。

招标人可以自行组织招标或委托具有相应资格的招标代理机构代理有关招标事宜。

第九条 经营性公路建设项目投资人招标应当采用公开招标方式。

第十条 经营性公路建设项目投资人招标实行资格审查制度。资格审查方式采取资格预审或资格后审。

资格预审，是指招标人在投标前对潜在投标人进行资格审查。

资格后审，是指招标人在开标后对投标人进行资格审查。

实行资格预审的，一般不再进行资格后审，但招标文件另有规定的除外。

第十一条 资格审查的基本内容应当包括投标人的财务状况、注册资本、净资产、投融资能力、初步融资方案、从业经验和商业信誉等情况。

第十二条 经营性公路建设项目招标工作应当按照以下程序进行：

（一）发布招标公告；

（二）潜在投标人提出投资意向；

（三）招标人向提出投资意向的潜在投标人推介投资项目；

（四）潜在投标人提出投资申请；

（五）招标人向提出投资申请的潜在投标人详细介绍项目情况，可以组织潜在投标人踏勘项目现场并解答有关问题；

（六）实行资格预审的，由招标人向提出投资申请的潜在投标人发售资格预审文件；实行资格后审的，由招标人向提出投资申请的投标人发售招标文件；

（七）实行资格预审的，潜在投标人编制资格预审申请文件，并递交招标人；招标人应当对递交资格预审申请文件的潜在投标人进行资格审查，并向资格预审合格的潜在投标人发售招标文件；

（八）投标人编制投标文件，并提交招标人；

（九）招标人组织开标，组建评标委员会；

（十）实行资格后审的，评标委员会应当在开标后首先对投标人进行资格审查；

（十一）评标委员会进行评标，推荐中标候选人；

（十二）招标人确定中标人，并发出中标通知书；

（十三）招标人与中标人签订投资协议。

第十三条 招标人应通过国家指定的全国性报刊、信息网络等媒介发布招标公告。

采用国际招标的，应通过相关国际媒介发布招标公告。

第十四条 招标人应当参照国务院交通主管部门制定的经营性公路建设项目投资人招标资格预审文件范本编制资格预审文件，并结合项目特点和需要确定资格审查标准。

招标人应当组建资格预审委员会对递交资格预审申请文件的潜在投标人进行资格审查。资格预审委员会由招标人代表和公路、财务、金融等方面的专家组成，成员人数为七人以上单数。

第十五条 招标人应当参照国务院交通主管部门制定的经营性公路建设项目投资人招标文件范本，并结合项目特点和需要编制招标文件。

招标人编制招标文件时，应当充分考虑项目投资回收能力和预期收益的不确定性，合理分配项目的各类风险，并对特许权内容、最长收费期限、相关政策等予以说明。招标人编制的可行性研究报告应当作为招标文件的组成部分。

第十六条 招标人应当合理确定资格预审申请文件和投标文件的编制时间。

编制资格预审申请文件时间，自资格预审文件开始发售之日起至潜在投标人提交资格预审申请文件截止之日止，不得少于三十个工作日。

编制投标文件的时间，自招标文件开始发售之日起至投标人提交投标文件截止之日止，不得少于四十五个工作日。

第十七条 列入国家高速公路网规划和需经国务院投资主管部门核准的经营性公路建设项目投资人招标投标活动，应当按照招标工作程序，及时将招标文件、资格预审结果、评标报告报国务院交通主管部门备案。国务院交通主管部门应当在收到备案文件七个工作日内，对不符合法律、法规规定的内容提出处理意见，及时行使监督职责。

其他经营性公路建设项目投资人招标投标活动的备案工作按照省级人民政府交通主管部门的有关规定执行。

第三章 投 标

第十八条 投标人是响应招标、参加投标竞争的国内外经济组织。

采用资格预审方式招标的，潜在投标人通过资格预审后，方可参加投标。

第十九条 投标人应当具备以下基本条件：

（一）总资产六亿元人民币以上，净资产二亿五千万元人民币以上；

（二）最近连续三年每年均为盈利，且年度财务报告应当经具有法定资格的中介机构审计；

（三）具有不低于项目估算的投融资能力，其中净资产不低于项目估算投资的百分之三十五；

（四）商业信誉良好，无重大违法行为。

招标人可以根据招标项目的实际情况，提高对投标人的条件要求。

第二十条 两个以上的国内外经济组织可以组成一个联合体，以一个投标人的身份共同投标。联合体各方均应符合招标人对投标人的资格审查标准。

以联合体形式参加投标的，应提交联合体各方签订的共同投标协议。共同投标协议应当明确约定联合体各方的出资比例、相互关系、拟承担的工作和责任。联合体中标的，联合体各方应当共同与招标人签订项目投资协议，并向招标人承担连带责任。

联合体的控股方为联合体主办人。

第二十一条 投标人应当按照招标文件的要求编制投标文件，投标文件应当对招标文件提出的实质性要求和条件作出响应。

第二十二条 招标文件明确要求提交投标担保的，投标人应按照招标文件要求的额度、期限和形式提交投标担保。投标人未按照招标文件的要求提交投标担保的，其提交的投标文件为废标。

投标担保的额度一般为项目投资的千分之三，但最高不得超过五百万元人民币。

第二十三条 投标人参加投标，不得弄虚作假，不得与其他投标人串通投标，不得采取商业贿赂以及其他不正当手段谋取中标，不得妨碍其他投标人投标。

第四章 开标与评标

第二十四条 开标应当在招标文件确定的提交投标文件截止时间的同一时间公开进行。

开标由招标人主持，邀请所有投标人代表参加。招标人对开标过程应当记录，并存档备查。

第二十五条 评标由招标人依法组建的评标委员会负责。评标委员会由招标人代表和公路、财务、金融等方面的专家组成，成员人数为七人以上单数。招标人代表的人数不得超过评标委员会总人数的三分之一。

与投标人有利害关系以及其他可能影响公正评标的人员不得进入相关项目的评标委员会，已经进入的应当更换。

评标委员会成员的名单在中标结果确定前应当保密。

第二十六条 评标委员会可以直接或者通过招标人以书面方式要求投标人对投标文件中含义不明确、对同类问题表述不一致或者有明显文字错误的内容作出必要的澄清或者说明，但是澄清或者说明不得超出或者改变投标文件的范围或者改变投标文件的实质性内容。

第二十七条 经营性公路建设项目投资人招标的评标办法应当采用综合评估法或者最短收费期限法。

采用综合评估法的，应当在招标文件中载明对收费期限、融资能力、资金筹措方案、融资经验、项目建设方案、项目运营、移交方案等评价内容的评分权重，根据综合得分由高到低推荐中标候选人。

采用最短收费期限法的，应当在投标人实质性响应招标文件的前提下，推荐经评审的收费期限最短的投标人为中标候选人，但收费期限不得违反国家有关法规的规定。

第二十八条 评标委员会完成评标后，应当向招标人提出书面评标报告，推荐一至三名中标候选人，并标明排名顺序。

评标报告需要由评标委员会全体成员签字。

第五章 中标与协议的签订

第二十九条 招标人应当确定排名第一的中标候选人为中标人。招标人也可以授权评标委员会直接确定中标人。

排名第一的中标候选人有下列情形之一的，招标人可以确定排名第二的中标候选人为中标人：

（一）自动放弃中标；

（二）因不可抗力提出不能履行合同；

（三）不能按照招标文件要求提交履约保证金；

（四）存在违法行为被有关部门依法查处，且其违法行为影响中标结果的。

如果排名第二的中标候选人存在上述情形之一，招标人可以确定排名第三的中标候选人为中标人。

三个中标候选人都存在本条第二款所列情形的，招标人应当依法重新招标。

招标人不得在评标委员会推荐的中标候选人之外确定中标人。

第三十条 提交投标文件的投标人少于三个或者因其他原因导致招标失败的，招标人应当依法重新招标。重新招标前，应当根据前次的招标情况，对招标文件进行适当调整。

第三十一条 招标人确定中标人后，应当在十五个工作日内向中标人发出中标通知书，同时通知所有未中标的投标人。

第三十二条 招标文件要求中标人提供履约担保的，中标人应当提供。担保的金额一般为项目资本金出资额的百分之十。

履约保证金应当在中标人履行项目投资协议后三十日内予以退还。其他形式的履约担保，应当在中标人履行项目投资协议后三十日内予以撤销。

第三十三条 招标人和中标人应当自中标通知书发出之日起三十个工作日内按照招标文件和中标人的投标文件订立书面投资协议。投资协议应包括以下内容：

（一）招标人与中标人的权利义务；

（二）履约担保的有关要求；

（三）违约责任；

（四）免责事由；

（五）争议的解决方式；

（六）双方认为应当规定的其他事项。

招标人应当在与中标人签订投资协议后五个工作日内向所有投标人退回投标担保。

第三十四条 中标人应在签订项目投资协议后九十日内到工商行政管理部门办理项目法人的工商登记手续，完成项目法人组建。

第三十五条 招标人与项目法人应当在完成项目核准手续后签订项目特许权协议。特许权协议应当参照国务院交通主管部门制定的特许权协议示范文本并结合项目的特点和需要制定。特许权协议应当包括以下内容：

（一）特许权的内容及期限；

（二）双方的权利及义务；

（三）项目建设要求；

（四）项目运营管理要求；

（五）有关担保要求；

（六）特许权益转让要求；

（七）违约责任；

（八）协议的终止；

（九）争议的解决；

（十）双方认为应规定的其他事项。

第六章　附　　则

第三十六条　对招投标活动中的违法行为，应当按照国家有关法律、法规的规定予以处罚。

第三十七条　招标人违反本办法规定，以不合理的条件限制或者排斥潜在投标人，对潜在投标人实行歧视待遇的，由上级交通主管部门责令改正。

第三十八条　本规定自 2008 年 1 月 1 日起施行。

附录十五：公路工程建设项目招标投标管理办法

中华人民共和国交通运输部令2015年第24号

《公路工程建设项目招标投标管理办法》已于2015年12月2日经第23次部务会议通过，现予公布，自2016年2月1日起施行。

部长　杨传堂
2015年12月8日

公路工程建设项目招标投标管理办法

第一章　总　　则

第一条　为规范公路工程建设项目招标投标活动，完善公路工程建设市场管理体系，根据《中华人民共和国公路法》《中华人民共和国招标投标法》《中华人民共和国招标投标法实施条例》等法律、行政法规，制定本办法。

第二条　在中华人民共和国境内从事公路工程建设项目勘察设计、施工、施工监理等的招标投标活动，适用本办法。

第三条　交通运输部负责全国公路工程建设项目招标投标活动的监督管理工作。

省级人民政府交通运输主管部门负责本行政区域内公路工程建设项目招标投标活动的监督管理工作。

第四条　各级交通运输主管部门应当按照国家有关规定，推进公路工程建设项目招标投标活动进入统一的公共资源交易平台进行。

第五条　各级交通运输主管部门应当按照国家有关规定，推进公路工程建设项目电子招标投标工作。招标投标活动信息应当公开，接受社会公众监督。

第六条　公路工程建设项目的招标人或者其指定机构应当对资格审查、开标、评标等过程录音录像并存档备查。

第二章　招　　标

第七条　公路工程建设项目招标人是提出招标项目、进行招标的项目法人或者其他组织。

第八条　对于按照国家有关规定需要履行项目审批、核准手续的依法必须进行招标的公路工程建设项目，招标人应当按照项目审批、核准部门确定的招标范围、招标方式、招标组织形式开展招标。

公路工程建设项目履行项目审批或者核准手续后，方可开展勘察设计招标；初步设计文件批准后，方可开展施工监理、设计施工总承包招标；施工图设计文件批准后，方可开展施工招标。施工招标采用资格预审方式的，在初步设计文件批准后，可以进行资格预审。

第九条 有下列情形之一的公路工程建设项目，可以不进行招标：

（一）涉及国家安全、国家秘密、抢险救灾或者属于利用扶贫资金实行以工代赈、需要使用农民工等特殊情况；

（二）需要采用不可替代的专利或者专有技术；

（三）采购人自身具有工程施工或者提供服务的资格和能力，且符合法定要求；

（四）已通过招标方式选定的特许经营项目投资人依法能够自行施工或者提供服务；

（五）需要向原中标人采购工程或者服务，否则将影响施工或者功能配套要求；

（六）国家规定的其他特殊情形。

招标人不得为适用前款规定弄虚作假，规避招标。

第十条 公路工程建设项目采用公开招标方式的，原则上采用资格后审办法对投标人进行资格审查。

第十一条 公路工程建设项目采用资格预审方式公开招标的，应当按照下列程序进行：

（一）编制资格预审文件；

（二）发布资格预审公告，发售资格预审文件，公开资格预审文件关键内容；

（三）接收资格预审申请文件；

（四）组建资格审查委员会对资格预审申请人进行资格审查，资格审查委员会编写资格审查报告；

（五）根据资格审查结果，向通过资格预审的申请人发出投标邀请书；向未通过资格预审的申请人发出资格预审结果通知书，告知未通过的依据和原因；

（六）编制招标文件；

（七）发售招标文件，公开招标文件的关键内容；

（八）需要时，组织潜在投标人踏勘项目现场，召开投标预备会；

（九）接收投标文件，公开开标；

（十）组建评标委员会评标，评标委员会编写评标报告、推荐中标候选人；

（十一）公示中标候选人相关信息；

（十二）确定中标人；

（十三）编制招标投标情况的书面报告；

（十四）向中标人发出中标通知书，同时将中标结果通知所有未中标的投标人；

（十五）与中标人订立合同。

采用资格后审方式公开招标的，在完成招标文件编制并发布招标公告后，按照前款程序第（七）项至第（十五）项进行。

采用邀请招标的，在完成招标文件编制并发出投标邀请书后，按照前款程序第（七）项至第（十五）项进行。

第十二条 国有资金占控股或者主导地位的依法必须进行招标的公路工程建设项目，采用资格预审的，招标人应当按照有关规定组建资格审查委员会审查资格预审申请文件。资格审查委员会的专家抽取以及资格审查工作要求，应当适用本办法关于评标委员会的规定。

第十三条 资格预审审查办法原则上采用合格制。

资格预审审查办法采用合格制的，符合资格预审文件规定审查标准的申请人均应当通过资格预审。

第十四条 资格预审审查工作结束后，资格审查委员会应当编制资格审查报告。资格审查报告应当载明下列内容：

（一）招标项目基本情况；

（二）资格审查委员会成员名单；

（三）监督人员名单；

（四）资格预审申请文件递交情况；

（五）通过资格审查的申请人名单；

（六）未通过资格审查的申请人名单以及未通过审查的理由；

（七）评分情况；

（八）澄清、说明事项纪要；

（九）需要说明的其他事项；

（十）资格审查附表。

除前款规定的第（一）、（三）、（四）项内容外，资格审查委员会所有成员应当在资格审查报告上逐页签字。

第十五条 资格预审申请人对资格预审审查结果有异议的，应当自收到资格预审结果通知书后3日内提出。招标人应当自收到异议之日起3日内作出答复；作出答复前，应当暂停招标投标活动。

招标人未收到异议或者收到异议并已作出答复的，应当及时向通过资格预审的申请人发出投标邀请书。未通过资格预审的申请人不具有投标资格。

第十六条 对依法必须进行招标的公路工程建设项目，招标人应当根据交通运输部制定的标准文本，结合招标项目具体特点和实际需要，编制资格预审文件和招标文件。

资格预审文件和招标文件应当载明详细的评审程序、标准和方法，招标人不得另行制定评审细则。

第十七条 招标人应当按照省级人民政府交通运输主管部门的规定，将资格预审文件及其澄清、修改，招标文件及其澄清、修改报相应的交通运输主管部门备案。

第十八条 招标人应当自资格预审文件或者招标文件开始发售之日起，将其关键内容上传至具有招标监督职责的交通运输主管部门政府网站或者其指定的其他网站上进行公开，公开内容包括项目概况、对申请人或者投标人的资格条件要求、资格审查办法、评标办法、招标人联系方式等，公开时间至提交资格预审申请文件截止时间2日前或者投标截止时间10日前结束。

招标人发出的资格预审文件或者招标文件的澄清或者修改涉及前款规定的公开内容的，招标人应当在向交通运输主管部门备案的同时，将澄清或者修改的内容上传至前款规定的网站。

第十九条 潜在投标人或者其他利害关系人可以按照国家有关规定对资格预审文件或者招标文件提出异议。招标人应当对异议作出书面答复。未在规定时间内作出书面答复的，应当顺延提交资格预审申请文件截止时间或者投标截止时间。

招标人书面答复内容涉及影响资格预审申请文件或者投标文件编制的，应当按照有关澄清或者修改的规定，调整提交资格预审申请文件截止时间或者投标截止时间，并以书面形式通知所有获取资格预审文件或者招标文件的潜在投标人。

第二十条 招标人应当合理划分标段、确定工期,提出质量、安全目标要求,并在招标文件中载明。标段的划分应当有利于项目组织和施工管理、各专业的衔接与配合,不得利用划分标段规避招标、限制或者排斥潜在投标人。

招标人可以实行设计施工总承包招标、施工总承包招标或者分专业招标。

第二十一条 招标人结合招标项目的具体特点和实际需要,设定潜在投标人或者投标人的资质、业绩、主要人员、财务能力、履约信誉等资格条件,不得以不合理的条件限制、排斥潜在投标人或者投标人。

除《中华人民共和国招标投标法实施条例》第三十二条规定的情形外,招标人有下列行为之一的,属于以不合理的条件限制、排斥潜在投标人或者投标人:

(一)设定的资质、业绩、主要人员、财务能力、履约信誉等资格、技术、商务条件与招标项目的具体特点和实际需要不相适应或者与合同履行无关;

(二)强制要求潜在投标人或者投标人的法定代表人、企业负责人、技术负责人等特定人员亲自购买资格预审文件、招标文件或者参与开标活动;

(三)通过设置备案、登记、注册、设立分支机构等无法律、行政法规依据的不合理条件,限制潜在投标人或者投标人进入项目所在地进行投标。

第二十二条 招标人应当根据国家有关规定,结合招标项目的具体特点和实际需要,合理确定对投标人主要人员以及其他管理和技术人员的数量和资格要求。投标人拟投入的主要人员应当在投标文件中进行填报,其他管理和技术人员的具体人选由招标人和中标人在合同谈判阶段确定。对于特别复杂的特大桥梁和特长隧道项目主体工程和其他有特殊要求的工程,招标人可以要求投标人在投标文件中填报其他管理和技术人员。

本办法所称主要人员是指设计负责人、总监理工程师、项目经理和项目总工程师等项目管理和技术负责人。

第二十三条 招标人可以自行决定是否编制标底或者设置最高投标限价。招标人不得规定最低投标限价。

接受委托编制标底或者最高投标限价的中介机构不得参加该项目的投标,也不得为该项目的投标人编制投标文件或者提供咨询。

第二十四条 招标人应当严格遵守有关法律、行政法规关于各类保证金收取的规定,在招标文件中载明保证金收取的形式、金额以及返还时间。

招标人不得以任何名义增设或者变相增设保证金或者随意更改招标文件载明的保证金收取形式、金额以及返还时间。招标人不得在资格预审期间收取任何形式的保证金。

第二十五条 招标人在招标文件中要求投标人提交投标保证金的,投标保证金不得超过招标标段估算价的2%。投标保证金有效期应当与投标有效期一致。

依法必须进行招标的公路工程建设项目的投标人,以现金或者支票形式提交投标保证金的,应当从其基本账户转出。投标人提交的投标保证金不符合招标文件要求的,应当否决其投标。招标人不得挪用投标保证金。

第二十六条 招标人应当按照国家有关法律法规规定,在招标文件中明确允许分包的或者不得分包的工程和服务,分包人应当满足的资格条件以及对分包实施的管理要求。招标人不得在招标文件中设置对分包的歧视性条款。

招标人有下列行为之一的,属于前款所称的歧视性条款:

(一)以分包的工作量规模作为否决投标的条件;

（二）对投标人符合法律法规以及招标文件规定的分包计划设定扣分条款；

（三）按照分包的工作量规模对投标人进行区别评分；

（四）以其他不合理条件限制投标人进行分包的行为。

第二十七条 招标人应当在招标文件中合理划分双方风险，不得设置将应由招标人承担的风险转嫁给勘察设计、施工、监理等投标人的不合理条款。招标文件应当设置合理的价格调整条款，明确约定合同价款支付期限、利息计付标准和日期，确保双方主体地位平等。

第二十八条 招标人应当根据招标项目的具体特点以及本办法的相关规定，在招标文件中合理设定评标标准和方法。评标标准和方法中不得含有倾向或者排斥潜在投标人的内容，不得妨碍或者限制投标人之间的竞争。禁止采用抽签、摇号等博彩性方式直接确定中标候选人。

第二十九条 以暂估价形式包括在招标项目范围内的工程、货物、服务，属于依法必须进行招标的项目范围且达到国家规定规模标准的，应当依法进行招标。招标项目的合同条款中应当约定负责实施暂估价项目招标的主体以及相应的招标程序。

第三章　　投　　标

第三十条 投标人是响应招标、参加投标竞争的法人或者其他组织。

投标人应当具备招标文件规定的资格条件，具有承担所投标项目的相应能力。

第三十一条 投标人在投标文件中填报的资质、业绩、主要人员资历和目前在岗情况、信用等级等信息，应当与其在交通运输主管部门公路建设市场信用信息管理系统上填报并发布的相关信息一致。

第三十二条 投标人应当按照招标文件要求装订、密封投标文件，并按照招标文件规定的时间、地点和方式将投标文件送达招标人。

公路工程勘察设计和施工监理招标的投标文件应当以双信封形式密封，第一信封内为商务文件和技术文件，第二信封内为报价文件。

对公路工程施工招标，招标人采用资格预审方式进行招标且评标方法为技术评分最低标价法的，或者采用资格后审方式进行招标的，投标文件应当以双信封形式密封，第一信封内为商务文件和技术文件，第二信封内为报价文件。

第三十三条 投标文件按照要求送达后，在招标文件规定的投标截止时间前，投标人修改或者撤回投标文件的，应当以书面函件形式通知招标人。

修改投标文件的函件是投标文件的组成部分，其编制形式、密封方式、送达时间等，适用对投标文件的规定。

投标人在投标截止时间前撤回投标文件且招标人已收取投标保证金的，招标人应当自收到投标人书面撤回通知之日起 5 日内退还其投标保证金。

投标截止后投标人撤销投标文件的，招标人可以不退还投标保证金。

第三十四条 投标人根据招标文件有关分包的规定，拟在中标后将中标项目的部分工作进行分包的，应当在投标文件中载明。

投标人在投标文件中未列入分包计划的工程或者服务，中标后不得分包，法律法规或者招标文件另有规定的除外。

第四章 开标、评标和中标

第三十五条 开标应当在招标文件确定的提交投标文件截止时间的同一时间公开进行；开标地点应当为招标文件中预先确定的地点。

投标人少于3个的，不得开标，投标文件应当当场退还给投标人；招标人应当重新招标。

第三十六条 开标由招标人主持，邀请所有投标人参加。开标过程应当记录，并存档备查。投标人对开标有异议的，应当在开标现场提出，招标人应当当场作出答复，并制作记录。未参加开标的投标人，视为对开标过程无异议。

第三十七条 投标文件按照招标文件规定采用双信封形式密封的，开标分两个步骤公开进行：

第一步骤对第一信封内的商务文件和技术文件进行开标，对第二信封不予拆封并由招标人予以封存；

第二步骤宣布通过商务文件和技术文件评审的投标人名单，对其第二信封内的报价文件进行开标，宣读投标报价。未通过商务文件和技术文件评审的，对其第二信封不予拆封，并当场退还给投标人；投标人未参加第二信封开标的，招标人应当在评标结束后及时将第二信封原封退还投标人。

第三十八条 招标人应当按照国家有关规定组建评标委员会负责评标工作。

国家审批或者核准的高速公路、一级公路、独立桥梁和独立隧道项目，评标委员会专家应当由招标人从国家重点公路工程建设项目评标专家库相关专业中随机抽取；其他公路工程建设项目的评标委员会专家可以从省级公路工程建设项目评标专家库相关专业中随机抽取，也可以从国家重点公路工程建设项目评标专家库相关专业中随机抽取。

对于技术复杂、专业性强或者国家有特殊要求，采取随机抽取方式确定的评标专家难以保证胜任评标工作的特殊招标项目，可以由招标人直接确定。

第三十九条 交通运输部负责国家重点公路工程建设项目评标专家库的管理工作。

省级人民政府交通运输主管部门负责本行政区域公路工程建设项目评标专家库的管理工作。

第四十条 评标委员会应当民主推荐一名主任委员，负责组织评标委员会成员开展评标工作。评标委员会主任委员与评标委员会的其他成员享有同等权利与义务。

第四十一条 招标人应当向评标委员会提供评标所必需的信息，但不得明示或者暗示其倾向或者排斥特定投标人。

评标所必需的信息主要包括招标文件、招标文件的澄清或者修改、开标记录、投标文件、资格预审文件。招标人可以协助评标委员会开展下列工作并提供相关信息：

（一）根据招标文件，编制评标使用的相应表格；

（二）对投标报价进行算术性校核；

（三）以评标标准和方法为依据，列出投标文件相对于招标文件的所有偏差，并进行归类汇总；

（四）查询公路建设市场信用信息管理系统，对投标人的资质、业绩、主要人员资历和目前在岗情况、信用等级进行核实。

招标人不得对投标文件作出任何评价，不得故意遗漏或者片面摘录，不得在评标委员会对所有偏差定性之前透露存有偏差的投标人名称。

评标委员会应当根据招标文件规定，全面、独立评审所有投标文件，并对招标人提供的上述相关信息进行核查，发现错误或者遗漏的，应当进行修正。

第四十二条 评标委员会应当按照招标文件确定的评标标准和方法进行评标。招标文件没有规定的评标标准和方法不得作为评标的依据。

第四十三条 公路工程勘察设计和施工监理招标，应当采用综合评估法进行评标，对投标人的商务文件、技术文件和报价文件进行评分，按照综合得分由高到低排序，推荐中标候选人。评标价的评分权重不宜超过10%，评标价得分应当根据评标价与评标基准价的偏离程度进行计算。

第四十四条 公路工程施工招标，评标采用综合评估法或者经评审的最低投标价法。综合评估法包括合理低价法、技术评分最低标价法和综合评分法。

合理低价法，是指对通过初步评审的投标人，不再对其施工组织设计、项目管理机构、技术能力等因素进行评分，仅依据评标基准价对评标价进行评分，按照得分由高到低排序，推荐中标候选人的评标方法。

技术评分最低标价法，是指对通过初步评审的投标人的施工组织设计、项目管理机构、技术能力等因素进行评分，按照得分由高到低排序，对排名在招标文件规定数量以内的投标人的报价文件进行评审，按照评标价由低到高的顺序推荐中标候选人的评标方法。

招标人在招标文件中规定的参与报价文件评审的投标人数量不得少于3个。

综合评分法，是指对通过初步评审的投标人的评标价、施工组织设计、项目管理机构、技术能力等因素进行评分，按照综合得分由高到低排序，推荐中标候选人的评标方法。其中评标价的评分权重不得低于50%。

经评审的最低投标价法，是指对通过初步评审的投标人，按照评标价由低到高排序，推荐中标候选人的评标方法。

公路工程施工招标评标，一般采用合理低价法或者技术评分最低标价法。技术特别复杂的特大桥梁和特长隧道项目主体工程，可以采用综合评分法。工程规模较小、技术含量较低的工程，可以采用经评审的最低投标价法。

第四十五条 实行设计施工总承包招标的，招标人应当根据工程地质条件、技术特点和施工难度确定评标办法。

设计施工总承包招标的评标采用综合评分法的，评分因素包括评标价、项目管理机构、技术能力、设计文件的优化建议、设计施工总承包管理方案、施工组织设计等因素，评标价的评分权重不得低于50%。

第四十六条 评标委员会成员应当客观、公正、审慎地履行职责，遵守职业道德。评标委员会成员应当依据评标办法规定的评审顺序和内容逐项完成评标工作，对本人提出的评审意见以及评分的公正性、客观性、准确性负责。

除评标价和履约信誉评分项外，评标委员会成员对投标人商务和技术各项因素的评分一般不得低于招标文件规定该因素满分值的60%；评分低于满分值60%的，评标委员会成员应当在评标报告中作出说明。

招标人应当对评标委员会成员在评标活动中的职责履行情况予以记录，并在招标投标情况的书面报告中载明。

第四十七条 招标人应当根据项目规模、技术复杂程度、投标文件数量和评标方法等因素合理确定评标时间。超过三分之一的评标委员会成员认为评标时间不够的，招标人应当适当延长。

评标过程中，评标委员会成员有回避事由、擅离职守或者因健康等原因不能继续评标的，应当及时更换。被更换的评标委员会成员作出的评审结论无效，由更换后的评标委员会成员重新进行评审。

根据前款规定被更换的评标委员会成员如为评标专家库专家，招标人应当从原评标专家库中按照原方式抽取更换后的评标委员会成员，或者在符合法律规定的前提下相应减少评标委员会中招标人代表数量。

第四十八条 评标委员会应当查询交通运输主管部门的公路建设市场信用信息管理系统，对投标人的资质、业绩、主要人员资历和目前在岗情况、信用等级等信息进行核实。若投标文件载明的信息与公路建设市场信用信息管理系统发布的信息不符，使得投标人的资格条件不符合招标文件规定的，评标委员会应当否决其投标。

第四十九条 评标委员会发现投标人的投标报价明显低于其他投标人报价或者在设有标底时明显低于标底的，应当要求该投标人对相应投标报价作出书面说明，并提供相关证明材料。

投标人不能证明可以按照其报价以及招标文件规定的质量标准和履行期限完成招标项目的，评标委员会应当认定该投标人以低于成本价竞标，并否决其投标。

第五十条 评标委员会应当根据《中华人民共和国招标投标法实施条例》第三十九条、第四十条、第四十一条的有关规定，对在评标过程中发现的投标人与投标人之间、投标人与招标人之间存在的串通投标的情形进行评审和认定。

第五十一条 评标委员会对投标文件进行评审后，因有效投标不足3个使得投标明显缺乏竞争的，可以否决全部投标。未否决全部投标的，评标委员会应当在评标报告中阐明理由并推荐中标候选人。

投标文件按照招标文件规定采用双信封形式密封的，通过第一信封商务文件和技术文件评审的投标人在3个以上的，招标人应当按照本办法第三十七条规定的程序进行第二信封报价文件开标；在对报价文件进行评审后，有效投标不足3个的，评标委员会应当按照本条第一款规定执行。

通过第一信封商务文件和技术文件评审的投标人少于3个的，评标委员会可以否决全部投标；未否决全部投标的，评标委员会应当在评标报告中阐明理由，招标人应当按照本办法第三十七条规定的程序进行第二信封报价文件开标，但评标委员会在进行报价文件评审时仍有权否决全部投标；评标委员会未在报价文件评审时否决全部投标的，应当在评标报告中阐明理由并推荐中标候选人。

第五十二条 评标完成后，评标委员会应当向招标人提交书面评标报告。评标报告中推荐的中标候选人应当不超过3个，并标明排序。

评标报告应当载明下列内容：

（一）招标项目基本情况；

（二）评标委员会成员名单；

（三）监督人员名单；

（四）开标记录；

（五）符合要求的投标人名单；

（六）否决的投标人名单以及否决理由；
（七）串通投标情形的评审情况说明；
（八）评分情况；
（九）经评审的投标人排序；
（十）中标候选人名单；
（十一）澄清、说明事项纪要；
（十二）需要说明的其他事项；
（十三）评标附表。

对评标监督人员或者招标人代表干预正常评标活动，以及对招标投标活动的其他不正当言行，评标委员会应当在评标报告第（十二）项内容中如实记录。

除第二款规定的第（一）、（三）、（四）项内容外，评标委员会所有成员应当在评标报告上逐页签字。对评标结果有不同意见的评标委员会成员应当以书面形式说明其不同意见和理由，评标报告应当注明该不同意见。评标委员会成员拒绝在评标报告上签字又不书面说明其不同意见和理由的，视为同意评标结果。

第五十三条 依法必须进行招标的公路工程建设项目，招标人应当自收到评标报告之日起3日内，在对该项目具有招标监督职责的交通运输主管部门政府网站或者其指定的其他网站上公示中标候选人，公示期不得少于3日，公示内容包括：
（一）中标候选人排序、名称、投标报价；
（二）中标候选人在投标文件中承诺的主要人员姓名、个人业绩、相关证书编号；
（三）中标候选人在投标文件中填报的项目业绩；
（四）被否决投标的投标人名称、否决依据和原因；
（五）招标文件规定公示的其他内容。

投标人或者其他利害关系人对依法必须进行招标的公路工程建设项目的评标结果有异议的，应当在中标候选人公示期间提出。招标人应当自收到异议之日起3日内作出答复；作出答复前，应当暂停招标投标活动。

第五十四条 除招标人授权评标委员会直接确定中标人外，招标人应当根据评标委员会提出的书面评标报告和推荐的中标候选人确定中标人。国有资金占控股或者主导地位的依法必须进行招标的公路工程建设项目，招标人应当确定排名第一的中标候选人为中标人。排名第一的中标候选人放弃中标、因不可抗力不能履行合同、不按照招标文件要求提交履约保证金，或者被查实存在影响中标结果的违法行为等情形，不符合中标条件的，招标人可以按照评标委员会提出的中标候选人名单排序依次确定其他中标候选人为中标人，也可以重新招标。

第五十五条 依法必须进行招标的公路工程建设项目，招标人应当自确定中标人之日起15日内，将招标投标情况的书面报告报对该项目具有招标监督职责的交通运输主管部门备案。前款所称书面报告至少应当包括下列内容：
（一）招标项目基本情况；
（二）招标过程简述；
（三）评标情况说明；
（四）中标候选人公示情况；
（五）中标结果；

（六）附件，包括评标报告、评标委员会成员履职情况说明等。

有资格预审情况说明、异议及投诉处理情况和资格审查报告的，也应当包括在书面报告中。

第五十六条 招标人应当及时向中标人发出中标通知书，同时将中标结果通知所有未中标的投标人。

第五十七条 招标人和中标人应当自中标通知书发出之日起30日内，按照招标文件和中标人的投标文件订立书面合同，合同的标的、价格、质量、安全、履行期限、主要人员等主要条款应当与上述文件的内容一致。招标人和中标人不得再行订立背离合同实质性内容的其他协议。

招标人最迟应当在中标通知书发出后5日内向中标候选人以外的其他投标人退还投标保证金，与中标人签订书面合同后5日内向中标人和其他中标候选人退还投标保证金。以现金或者支票形式提交的投标保证金，招标人应当同时退还投标保证金的银行同期活期存款利息，且退还至投标人的基本账户。

第五十八条 招标文件要求中标人提交履约保证金的，中标人应当按照招标文件的要求提交。履约保证金不得超过中标合同金额的10%。招标人不得指定或者变相指定履约保证金的支付形式，由中标人自主选择银行保函或者现金、支票等支付形式。

第五十九条 招标人应当加强对合同履行的管理，建立对中标人主要人员的到位率考核制度。

省级人民政府交通运输主管部门应当定期组织开展合同履约评价工作的监督检查，将检查情况向社会公示，同时将检查结果记入中标人单位以及主要人员个人的信用档案。

第六十条 依法必须进行招标的公路工程建设项目，有下列情形之一的，招标人在分析招标失败的原因并采取相应措施后，应当依照本办法重新招标：

（一）通过资格预审的申请人少于3个的；
（二）投标人少于3个的；
（三）所有投标均被否决的；
（四）中标候选人均未与招标人订立书面合同的。

重新招标的，资格预审文件、招标文件和招标投标情况的书面报告应当按照本办法的规定重新报交通运输主管部门备案。

重新招标后投标人仍少于3个的，属于按照国家有关规定需要履行项目审批、核准手续的依法必须进行招标的公路工程建设项目，报经项目审批、核准部门批准后可以不再进行招标；其他项目可由招标人自行决定不再进行招标。

依照本条规定不再进行招标的，招标人可以邀请已提交资格预审申请文件的申请人或者已提交投标文件的投标人进行谈判，确定项目承担单位，并将谈判报告报对该项目具有招标监督职责的交通运输主管部门备案。

第五章 监督管理

第六十一条 各级交通运输主管部门应当按照《中华人民共和国招标投标法》《中华人民共和国招标投标法实施条例》等法律法规、规章以及招标投标活动行政监督职责分工，加强对公路工程建设项目招标投标活动的监督管理。

第六十二条　各级交通运输主管部门应当建立健全公路工程建设项目招标投标信用体系，加强信用评价工作的监督管理，维护公平公正的市场竞争秩序。

招标人应当将交通运输主管部门的信用评价结果应用于公路工程建设项目招标。鼓励和支持招标人优先选择信用等级高的从业企业。

招标人对信用等级高的资格预审申请人、投标人或者中标人，可以给予增加参与投标的标段数量，减免投标保证金，减少履约保证金、质量保证金等优惠措施。优惠措施以及信用评价结果的认定条件应当在资格预审文件和招标文件中载明。

资格预审申请人或者投标人的信用评价结果可以作为资格审查或者评标中履约信誉项的评分因素，各信用评价等级的对应得分应当符合省级人民政府交通运输主管部门有关规定，并在资格预审文件或者招标文件中载明。

第六十三条　投标人或者其他利害关系人认为招标投标活动不符合法律、行政法规规定的，可以自知道或者应当知道之日起10日内向交通运输主管部门投诉。

就本办法第十五条、第十九条、第三十六条、第五十三条规定事项投诉的，应当先向招标人提出异议，异议答复期间不计算在前款规定的期限内。

第六十四条　投诉人投诉时，应当提交投诉书。投诉书应当包括下列内容：

（一）投诉人的名称、地址及有效联系方式；

（二）被投诉人的名称、地址及有效联系方式；

（三）投诉事项的基本事实；

（四）异议的提出及招标人答复情况；

（五）相关请求及主张；

（六）有效线索和相关证明材料。

对本办法规定应先提出异议的事项进行投诉的，应当提交已提出异议的证明文件。未按规定提出异议或者未提交已提出异议的证明文件的投诉，交通运输主管部门可以不予受理。

第六十五条　投诉人就同一事项向两个以上交通运输主管部门投诉的，由具体承担该项目招标投标活动监督管理职责的交通运输主管部门负责处理。

交通运输主管部门应当自收到投诉之日起3个工作日内决定是否受理投诉，并自受理投诉之日起30个工作日内作出书面处理决定；需要检验、检测、鉴定、专家评审的，所需时间不计算在内。

投诉人缺乏事实根据或者法律依据进行投诉的，或者有证据表明投诉人捏造事实、伪造材料的，或者投诉人以非法手段取得证明材料进行投诉的，交通运输主管部门应当予以驳回，并对恶意投诉按照有关规定追究投诉人责任。

第六十六条　交通运输主管部门处理投诉，有权查阅、复制有关文件、资料，调查有关情况，相关单位和人员应当予以配合。必要时，交通运输主管部门可以责令暂停招标投标活动。

交通运输主管部门的工作人员对监督检查过程中知悉的国家秘密、商业秘密，应当依法予以保密。

第六十七条　交通运输主管部门对投诉事项作出的处理决定，应当在对该项目具有招标监督职责的交通运输主管部门政府网站上进行公告，包括投诉的事由、调查结果、处理决定、处罚依据以及处罚意见等内容。

第六章 法律责任

第六十八条 招标人有下列情形之一的，由交通运输主管部门责令改正，可以处三万元以下的罚款：

（一）不满足本办法第八条规定的条件而进行招标的；

（二）不按照本办法规定将资格预审文件、招标文件和招标投标情况的书面报告备案的；

（三）邀请招标不依法发出投标邀请书的；

（四）不按照项目审批、核准部门确定的招标范围、招标方式、招标组织形式进行招标的；

（五）不按照本办法规定编制资格预审文件或者招标文件的；

（六）由于招标人原因导致资格审查报告存在重大偏差且影响资格预审结果的；

（七）挪用投标保证金，增设或者变相增设保证金的；

（八）投标人数量不符合法定要求不重新招标的；

（九）向评标委员会提供的评标信息不符合本办法规定的；

（十）不按照本办法规定公示中标候选人的；

（十一）招标文件中规定的履约保证金的金额、支付形式不符合本办法规定的。

第六十九条 投标人在投标过程中存在弄虚作假、与招标人或者其他投标人串通投标、以行贿谋取中标、无正当理由放弃中标以及进行恶意投诉等投标不良行为的，除依照有关法律、法规进行处罚外，省级交通运输主管部门还可以扣减其年度信用评价分数或者降低年度信用评价等级。

第七十条 评标委员会成员未对招标人根据本办法第四十一条第二款（一）至（四）项规定提供的相关信息进行认真核查，导致评标出现疏漏或者错误的，由交通运输主管部门责令改正。

第七十一条 交通运输主管部门应当依法公告对公路工程建设项目招标投标活动中招标人、招标代理机构、投标人以及评标委员会成员等的违法违规或者恶意投诉等行为的行政处理决定，并将其作为招标投标不良行为信息记入相应当事人的信用档案。

第七章 附 则

第七十二条 使用国际组织或者外国政府贷款、援助资金的项目进行招标，贷款方、资金提供方对招标投标的具体条件和程序有不同规定的，可以适用其规定，但违背中华人民共和国的社会公共利益的除外。

第七十三条 采用电子招标投标的，应当按照本办法和国家有关电子招标投标的规定执行。

第七十四条 本办法自2016年2月1日起施行。《公路工程施工招标投标管理办法》（交通部令2006年第7号）、《公路工程施工监理招标投标管理办法》（交通部令2006年第5号）、《公路工程勘察设计招标投标管理办法》（交通部令2001年第6号）和《关于修改〈公路工程勘察设计招标投标管理办法〉的决定》（交通运输部令2013年第3号）、《关于贯彻国务院办公厅关于进一步规范招投标活动的若干意见的通知》（交公路发〔2004〕688号）、《关于公路建设项目货物招标严禁指定材料产地的通知》(厅公路字〔2007〕224号)、《公路工程施工招标资格预审办法》(交公路发〔2006〕57号)、《关于加强公路工程评标专家管理工作的通知》(交公路发〔2003〕464号)、《关于进一步加强公路工程施工招标评标管理工作的通知》(交公路发〔2008〕261号)、《关于进一步加强公路工程施工招标资格审查工作的通知》(交公路发〔2009〕123号)、《关于改革使用国际金融组织或者外国政府贷款公路建设项目施工招标管理制度的通知》(厅公路字〔2008〕40号)、《公路工程勘察设计招标评标办法》(交公路发〔2001〕582号)、《关于认真贯彻执行公路工程勘察设计招标投标管理办法的通知》(交公路发〔2002〕303号)同时废止。